本书的研究与出版得到
香港特别行政区大学教育资助委员会
卓越学科领域计划（第五轮）
"中国社会的历史人类学"（AoE/H-01/08）
广东省东方历史研究基金会

资助

东方历史学术文库

资源、产权与秩序

明清鄱阳湖区的
渔课制度与水域社会

RESOURCES, PROPERTY
RIGHTS AND ORDER:
Fishery Tax System and Lake Society
in the Poyang Lake Region during Ming
and Qing Periods

刘诗古 ◇ 著

社会科学文献出版社
SOCIAL SCIENCES ACADEMIC PRESS (CHINA)

《东方历史学术文库》
改版弁言

从 1998 年起，文库改由社会科学文献出版社出版。

设立文库的初衷，"出版前言"都讲了，这是历史记录，改版后仍保留，这也表明改版并不改变初衷，而且要不断改进，做得更好。

1994 年，面对学术著作出书难，由于中国社会科学出版社的毅然支持，文库得以顺利面世，迄 1997 年，已出版专著 25 部。1998年，当资助文库的东方历史研究出版基金面临调息困难时，社会科学文献出版社又慨然接过接力棒，并于当年又出了改版后专著 6 部。5 年草创，文库在史学园地立了起来，应征书稿逐年增多，质量总体在提高，读者面日益扩大，听到了肯定的声音，这些得来不易，是要诚挚感谢大家的；而需要格外关注的是，我们的工作还有许多缺点、不足和遗憾，必须认真不断加以改进。

如何改进？把这几年想的集中到一点，就是要全力以赴出精品。

文库创立伊始就定下资助出版的专著，无例外要作者提供完成的书稿，由专家推荐，采取匿名审稿，经编委初审、评委终审并无记名投票通过，从制度上保证选优原则；评委们对专家推荐的书稿，是既充分尊重又认真评选，主张"宁肯少些，但要好些"；前后两家出版社也都希望出的是一套好书。这些证明，从主观上大家都要求出精品。从客观来说，有限的资助只能用在刀刃上；而读者对文库的要求更是在不断提高，这些也要求非出精品不可。总之，只有出精品才能永葆文库的活力。

出精品，作者提供好书稿是基础。如"出版前言"所指出的，开辟研究的新领域、采用科学的研究新方法、提出新的学术见解，持之有故，言之成理，达到或基本达到这些条件的，都是好书。当然，取法乎上，希望"上不封顶"；自然，也要合格有"底"，初步设想相当于经过进一步研究、修改的优秀博士论文的水平，是合格的"底"。有了好书稿、合格的书稿，还需推荐专家和评委的慧眼，推荐和评审都要出以推进学术的公心，以公平竞争为准则。最后，还要精心做好编辑、校对、设计、印装等每一道工序，不然也会功亏一篑。

5周岁，在文库成长路上，还只是起步阶段，前面的路还长，需要的是有足够耐力的远行者。

《东方历史学术文库》编辑委员会

1998 年 9 月

《东方历史学术文库》
出版前言

在当前改革大潮中，我国经济发展迅猛，人民生活有较大提高，思想观念随之逐步改变，全国热气腾腾，呈现出一派勃勃生机，举国公认，世界瞩目。社会主义市场经济在发展而尚待完善的过程中，不可避免地也会产生一定的负面效应，那就是在社会各个角落弥漫着"利之所在，虽千仞之山，无所不上；深渊之下，无所不入"的浊流。出版界也难遗世而独立、不受影响，突出表现为迎合市民心理的读物汗牛充栋，而高品位的学术著作，由于印数少、赔本多，则寥若晨星。尚无一定知名度的中青年学者，往往求出书而无门，感受尤深。这种情况虽然不会永远如此，但已使莘莘学子扼腕叹息。

历史科学的责任，是研究过去，总结经验，探索规律，指导现实。我国历来有重视历史的传统，中华民族立于世界之林数千年者，与此关系匪浅。中国是东方大国，探索东方社会本身的发展规律，能更加直接为当前建设有中国特色的社会主义所借鉴。

新中国成立以来，国家对历史学科十分关心，但限于财力尚未充裕，资助项目难以面面俱到。我们是一群有志于东方史研究的中青年学人，有鉴于此，几年前自筹资金设立了一个民间研究机构，现为中国史学会东方历史研究中心。创业伊始，主要是切磋研究。但感到自己研究能力毕竟有限，于是决定利用自筹资金设立"东方历史研究出版基金"，资助有关东方历史的优秀研究成果出版。凡入选的著作，均以《东方历史学术文库》作为丛书的总名。

　　我们这一举措，得到了老一辈史学家的鼓励、中青年同行的关注。胡绳同志为基金题词，在京的多位著名史学专家慨然应邀组成学术评审委员会，复蒙中国社会科学出版社允承出版，全国不少中青年学者纷纷应征，投赐稿件。来稿不乏佳作——或是开辟了新的研究领域；或在深度和广度上超过同类著作；或采用了新的研究方法；或提出了新的学术见解，皆持之有故，言之成理。百花齐放，绚丽多彩。这些给了我们巨大的鼓舞，也增强了我们办好此事的信心。

　　资助出版每年评选一次。凡提出申请的著作，首先需专家书面推荐，再经编辑委员会初审筛选，最后由学术评审委员会评审论证，投票通过。但由于基金为数有限，目前每年仅能资助若干种著作的出版，致使有些佳著不能入选，这是一大遗憾，也是我们歉疚的。

　　大厦之成，非一木能擎。史学的繁荣，出版的困难，远非我们这点绵薄之力能解决其万一。我们此举，意在抛砖引玉，期望海内外企业界，或给予我们财务支持，使我们得以扩大资助的数量；或另创学术著作基金，为共同繁荣历史学而努力。

《东方历史学术文库》编辑委员会

1994 年 9 月

序

　　最近十几年来，我带领上海交通大学历史系研究团队，一直致力于地方历史文献的搜集、整理与研究。《鄱阳湖区文书》（全10册）的出版，就是其中的成果之一。从某种意义上说，本书是诗古对《鄱阳湖区文书》的研究成果，前后花费了五年多的时间。前三年他在上海交通大学撰写博士学位论文，后两年在香港中文大学做博士后研究。

　　按照赵思渊等人的分类方法，地方历史文献可以分为契约、账簿、赋役、诉讼、行政、家谱、信函、日用类书与工具书、家礼、宗教、戏剧、教育考试、医药等13大类，各类下面再分若干小类，相应的研究大致分为产权、赋役、家计、社会与文化等5大类。《鄱阳湖区文书》则主要包括契约、赋役、诉讼、信函、行政等5大类，相应的研究包括产权、赋役与社会3大类。这也是或也应该是本书的主要内容。

　　鉴于鄱阳湖区特殊的地理环境，本书首先讨论了鄱阳湖的历史地理变迁。早在20世纪80年代，先师谭其骧先生与张修桂先生合作，发表过专论。诗古根据新出宋版《太平寰宇记》及其他资料，对历史上鄱阳南湖的形成过程提出不同看法，认为虽"鄱阳湖"之名出现于唐末五代的文献中，但今天鄱阳湖的基本范围和形态，最早在北宋末期至南宋初期才得以在文献中最终确证。

　　作者接着利用族谱及渔民文献讨论鄱阳湖区社会的形成与明初制度的关系。作者讨论的对象为鄱阳莲湖朱氏，都昌北山邹氏和西源曹家，余干康山的袁、王两姓。除朱氏外，其余四族均藏有丰富的契约文书，构成《鄱阳湖区文书》之主体。以上各族都强调自己的祖先来得比别人更早，且都有一个重要的祖先在明初"闸办"了湖池，向官府登记纳课。诗古称，这套表述虽然有很强的建构色彩，但其中的"闸办"故事可以与其他的明代文献相匹配。

这就涉及我们在鄱阳湖区渔民历史文书的发现。其中《嘉靖七年高安县来苏邹氏渔民文书》保存于原籍高安、后迁居于都昌的邹氏渔民手中。几经辗转，在九江市的某个小区，我拍得了这套文书的部分图片。只是未得允许，不能收录于《鄱阳湖区文书》。另一份《嘉靖二十一年都昌县渔米课册》，则是循着 20 世纪 50 年代一份档案的提示，发现于县城西门外邹氏村民的悬梁下。以此为中心，本书第三章、第四章和第五章，讲述的就是明代鄱阳湖区渔课制度的建立、演变以及在基层社会的实际运作。

湖区的基层社会是由渔民、船夫、商贩、周边的农民，以及其他各色人等组成的。由《嘉靖二十一年都昌县渔米课册》的记载可知，明代鄱阳湖区的渔民，并不类似于东南沿海的"疍民"。这些登记在渔课册中的渔户都有明确的都图信息，并非不在籍的"水上人"。他们面临的主要问题并非寻找"上岸"的权利，而是入湖捕鱼的权利。诗古由是推测，明代中叶参与"宸濠之乱"的九姓渔户，并非没有户籍、常年舟居水上的人群，而是聚居于安义县后港的渔户。他们中的部分或被擒斩，或改业隐藏，于是他们的渔课，不得不佥派给其他渔户承纳。作为证明，都昌县的部分渔户也承办了"安义县九姓渔户课米"。接下来，诗古继续讨论清代政府对渔船户的编保与稽查，营汛的设置与水域社会的治理，证明明清时期的鄱阳湖水域是政府通过赋役、保甲与营汛控制的有序社会。

利用《鄱阳湖区文书》中的契约文书，诗古进一步讨论清代湖区"水面权"之分化与转让。他认为，鄱阳湖拥有两个变动的物理"表面"。一个是"春泛渺水"时的水面，一个是"冬干枯水"时的水底。在产权形态上，"湖权"可以分割成"水面权"与"湖地权"。在"渺水"时主要的产权形态是"水面权",在"枯水"时则"水面权"与"湖地权"兼而有之。在实际的产权交易和转让过程中,二者又可再次各自分化出"面权"与"底权"。就产权分割的形式而言,水面的分割要较田地的分割复杂得多。

明清时期的土地市场,却是一个资本竞逐的场所。以典地、押租、典租为特征的租佃制度,是传统租佃制度的主要形态,也是金融市场与土地市场高度结合的形态。而在鄱阳湖区,虽然产权的划分更为复杂、细腻,却不见其中有金融资本的存在。此一差异,令我们设想,湖区捕捞业的专属性或排他性,可能是阻碍资本进入的原因。或许,由于鄱阳湖区渔产市场之狭小,更无法吸引外来资本的流入。如果将湖区产权与土地产权相比较,前者似乎是封闭的,后者则是开放的。

循此思路,诗古讨论了清代水面捕捞纠纷与湖区秩序,渔业纠纷与官府"隔属"审理之困境。复杂环境中形成的复杂产权,使水域社会矛盾趋于复杂,也考验政府的施政能力。其实,作为附录的跨县草洲纠纷案,仍然可以在这一逻辑中进行讨论,而不必令其脱离全文的框架,孤悬于文末。

由于《鄱阳湖区文书》中缺乏家计文书,本书本不必在此处纠缠。而在本书中,为了达成这一目标,诗古不得不从第一历史档案馆所藏清代刑科题本中的湖区命案中,挖掘渔民的日常生活史。关于船户与挑夫,作者也征引多种历史文献,力图描绘与勾勒他们的日常生活场景。这一努力值得称赞,然而从全书统一的逻辑出发,这似乎不是一个好的安排。

拉拉杂杂写了这么多,本来应当写些祝贺的话,结果写成了读后感。如果真是读后感也罢,结果又写了书评。如果循着书评的思路继续往下写,序将不序。就此打住,是为序。

曹树基

2018 年 3 月

目　录

图表目录

第一章

绪　论

在江西省北部与长江之间，一汪湖水春涨秋落。这就是中国最大的淡水湖——鄱阳湖。（见图 1-1）今天的鄱阳湖跨南昌、九江和上饶三个地级市，沿湖有南昌、进贤、新建、永修、德安、星子、九江、湖口、都昌、鄱阳、余干等 11 个市县。该湖也是典型的季节性湖泊，"春夏水涨，则一望汪洋；冬秋水涸，则各分界限"。① 在"渺水"季节，水体侵入湖岸，形成大量的湖港支汊，浩渺无边，面积约可达 3841 平方公里。② 在"枯水"季节，水体随江入海，露出大量面积不等且界限分明的湖池、深潭和草洲，呈现河网交错的平原景观。传统时期，由于缺乏可资利用的土地和山林，沿湖居民多以捕鱼为生。农业生产所需的肥料和生活所需的薪柴，也只能依靠湖水退后露出的草洲供给，由此形成了一套不同于陆地的社会经济制度。

长期以来，相对于陆地社会而言，学界对于水域社会的关注相对不足。这与水域社会的资料分散和不易获得有关，也与研究者的学术视野和关心的议题紧密关联，二者共同制约了学术界对水域社

---

① （清）陈骧修，张琼英等纂《鄱阳县志》卷五《山川》，清道光四年（1824）刻本，第 30 页 a。

② 谭其骧、张修桂：《鄱阳湖演变的历史过程》，《复旦学报》（社会科学版）1982年第 2 期，第 42 页。

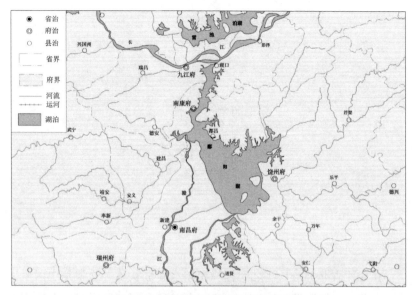

图1-1　清代的鄱阳湖及其周边区域

　　资料来源：本图绘制的底图来自复旦大学历史地理研究中心"中国历史地理信息系统"中的"1820 年层数据"，http://yugong.fudan.edu.cn/views/chgis_download.php，最后访问时间：2016 年 2 月 6 日。此外，亦参考了谭其骧主编《中国历史地图集》第 8 册，中国地图出版社，1996，第 33～34 页。

会历史的讨论。[①] 近 30 年来，随着全球经济的发展，人类越来越关注江、河、湖、海资源的利用以及其中蕴藏的丰富水利、渔业、矿产资源，从而使得国际海洋边界和渔权争端问题成为滨海国家的核心关涉。[②] 在明清以降的鄱阳湖地区，大量水面边界争端和草洲权属纠纷展现的是沿湖居民围绕自然资源的共享与竞争所形成的复杂历史图景。那些流传至今的文献记载和民间故事，反映的是各种利益群体（如家族）为了争夺水面捕捞权或草洲使用权，展开了长达数

---

① 梁洪生：《捕捞权的争夺："私业"、"官河"与"习惯"——对鄱阳湖区渔民历史文书的解读》，《清华大学学报》（哲学社会科学版）2008 年第 5 期。

② Micah S. Muscolino, *Fishing Wars and Environmental Change in Late Imperial and Modern China*, Cambridge: Harvard University Asia Center, 2009；陈冠任：《萌动、递嬗与突破：中华民国渔权发展史（1912～1982）》，台北，政治大学历史学系，2013；彭宁：《晚清中韩渔业纠纷研究》，硕士学位论文，中国社会科学院，2012。

百年的互动，形成了不同于陆地的水域社会。虽然内陆湖泊与海洋有明显的不同，但在自然资源与人类互动过程中引发的"问题"却有着高度的相似性。

鄱阳湖"水面权"的获得、转让与保护，实际上是整个湖区不同人群在不同时空中演绎出的不同故事。这些故事需置于王朝国家发展的大历史脉络中来加以理解，通过对以渔业资源的激烈竞争为中心的水域社会历史的梳理和描述，探讨传统王朝国家力量与水域社会的互动，从而对湖区渔民社群之间频发的资源竞争和业权暴力做出历史性的解释。本书也尝试通过对内陆湖泊渔业捕捞权纠纷的讨论，深化对"公共池塘资源"治理理论的思考。

一　选题的缘起

我虽然出生和成长于江西，但与鄱阳湖并无直接的渊源。第一次与鄱阳湖地区"接触"发生在 2007 年 4 月，为了参加学校一个称为"求实杯"的征文活动，我与四位本科同学在梁洪生教授的指导下组成了一个田野小分队，前往赣东北沿湖地区考察民间信仰。此前，我读过一些江西籍学者讨论江西的论著，其中就有胡平、摩罗等先生的著作。摩罗先生是都昌人，在他的博客中写有一篇回老家过年的文章，提到都昌与鄱阳交界处有一座香火旺盛的蟠龙殿，却有两个独立的神殿，一个面向都昌，一个面向鄱阳，供奉一样的神灵。这一现象引起了我们的好奇，于是决定去当地做些田野考察。我们一行五人从南昌上车，路经进贤、余干和鄱阳三县，车窗外是鄱阳湖平原，偶尔也能看到一些河流和湖汊。

若干年之后，在一项与江西省鄱阳县政府的合作中，基于研究的需要，我们查阅了鄱阳县档案馆的相关资料，并从中意外发现了几份 20 世纪 50 年代处理鄱阳湖湖港草洲纠纷的文件。当然，这几份文件根本不足以支撑一项学术讨论，但却引起了我们对湖港草洲问题的关注。2010 年 1 月，曹树基教授和我前往赣东北以及鄱阳湖地区查阅血吸虫病防治档案。在进贤县档案馆，经过一上午的辛苦寻找，我们没能找到血吸虫病资料，但又一次意外看到了鄱阳湖湖港草洲资料。当我们离开档案馆时，曹老师转头对我开玩笑地说："想不到竟有这么多的湖港草洲资料，将来你继续攻读博士学位的话，可以考虑把鄱阳湖湖港草洲问题作为你博士论文的选题。"那时我才硕士一年级，并没有把此话当真，不过是随口一说而已。

那时我们的想法很简单，认为鄱阳湖湖港草洲肯定与血吸虫病流行以及环境变迁有着密切关联。这是一个很好的环境史题目，可以避免在未来博士论文选题上花费过多的时间。2012 年 3 月，我完成了自己硕士阶段的学习，在人生的十字路口选择了继续攻读博士学位。于是，当年的这一"设想"变成了我需要认真考虑的现实问题。2012 年 4 月，为了确认这一选题的可行性，我前往江西省档案馆查阅相关资料，结果令人欣喜。初步判断，江西省档案馆有关鄱阳湖湖港草洲问题的卷宗约有 214 个，文件更是不可胜计。令人遗憾的是，这些档案资料的获取非常困难，既不允许拍照，也禁止复印，只能坐在档案馆用电脑进行抄录。

对于江西省档案馆的资料，任何试图轻易获得的念头都是不现实的。就算以最快的打字速度工作，一天也只能抄录 6000 字左右的材料。为此，我决定采取一种"曲线救国"的方式。这批省档案馆收存的鄱阳湖湖港草洲资料中有一大部分是沿湖各县上报给省委的文件，那么在各县档案馆中也应该保留有类似的文件底稿。即便是省里形成并下发的文件，在各县档案馆也应找到相应的存留。2012 年 6 月底，我回到南昌参加南昌大学历史系组织的"区域文化与地方社会"会议。在会议结束之后，我随即开始了环鄱阳湖各县的资料收集工作。2010 年，我们曾为收集鄱阳湖血吸虫病防治档案去过新建、进贤、九江、星子和永修五县。然而，这五个县的馆藏档案情况非常不理想，个中缘由已难以追溯。

南昌、余干、鄱阳和都昌等县的档案馆都不同程度地保存了 1949 年后各政府部门为了处理湖港草洲纠纷而形成的协议书和调查报告。更为可贵的是，鄱阳湖周边各县都设有一个专门负责管理渔民和渔业的渔政分局，而这些渔政部门保存的档案资料非常丰富。可以说，这批渔政档案是我们从事档案搜集工作以来，第一次成系统、大规模的发现。但是，这次的田野走访既幸运又略有遗憾，幸运的是获得了大量的湖港、草洲档案，遗憾的是没有能在乡村找到更多的谱牒文献，更未见明清时期的契约文书。

这些渔政档案和纠纷协议的时段都在1949年之后，如果没有更早的民间谱牒和其他明清文献相匹配的话，我们试图梳理明清以来鄱阳湖地区社会变迁的想法显然是不现实的。于是，我独自前往都昌与鄱阳交界的中馆、银宝湖及南峰地区，一位当地的律师朋友用摩托车载着我在烈日下跑遍了这一带的乡村，找地方上的老人和村干部了解，却并无大的收获。为此，曹老师决定亲自陪我再到沿湖各村庄走一趟，一个村庄一个村庄地进行走访和调查。此时，这批渔政档案提供了非常丰富的历史信息，指引着我们有针对性地走访了沿湖在历史时期发生过湖港、草洲产权纠纷的近20多个村庄，搜集到了大量明清契约、诉讼文书和渔课册，以及散见于各村落的族谱资料。这批渔民历史文书，构成了本书的史料基础。在对这批文书进行整理出版的同时，我从中形成自己的学术问题，逐渐构成了本书的基本内容。

有必要说明的是，之所以选取上述这些村庄作为我们主要的田野考察对象，主要基于以下两点考虑：其一，这些村庄都位于现今鄱阳湖的沿岸，在过去大都有湖面捕捞权和草洲使用习惯，家族人口众多，且主要靠捕鱼为生，兼从草洲中采草肥田，从事农业生产，带有典型的湖区社会特征。其二，有资料显示，在明清时期，这些村庄中的人群一直与鄱阳湖及其周边的人群互动密切。由于水无"硬"界，又是季节性涨落，以致大部分水面或渔场的物理边界呈现出季节性变化的特征。明清时期沿湖各人群之间为了争夺湖面捕捞权和草洲使用权，曾经发生过不计其数的纠纷和械斗，甚至酿成人命大案，彼此争讼不休。

二 问题与资料

2016 年 6 月 14 日上午，江西省南昌市新建区南矶乡渔民和九江市都昌县棠荫岛渔民，因渔业资源纠纷在鄱阳湖南矶山水域发生群体冲突。在这次冲突中，南矶乡一位万姓渔民中枪身亡，另有至少 5 人受伤。2012 年 5 月 24 日，新建县南矶乡与上饶市余干县康山乡部分渔民发生械斗，南矶乡多名渔民被打伤，致一名渔民死亡。5 月 29 日，南矶乡 300 多人为此事赴省政府集体上访。类似的渔民冲突事件，在现今的鄱阳湖地区时有发生。每年春夏渺水季节，湖水上涨，一片汪洋，渔民难以辨认捕捞界线，特别是在两县交界地带，容易发生捕捞纠纷。于是，在每年的丰水期，江西省渔政局及下属各县渔政部门、公安局都要联合沿湖各乡镇组织干部下湖进行涉渔安全维稳工作，以防止渔民出现纠纷和械斗。如果我们将关注的视野向前延伸，就会发现在历史上鄱阳湖地区的水面捕捞冲突同样大量存在。

1952 年 7 月 7 日，江西省人民政府主席邵式平给中南军政委员会写了一封请示函。此时，新中国成立还不到三年时间，中南地区的土地改革刚进入尾声。该报告提道：

> 本府湖沼河港及鄱阳湖草洲历年均为地主及封建公堂所占有把持，连年引起了无穷的纠纷。解放后地主虽打垮，又引起了地界、业权与使用权之纠纷，本府历次派员仲裁调解，幸未酿成严重事件。为求合理解决，永息争端，复经本府指派专人会同本地政府查勘，并搜集材料，征集群众意见，认为只有根据土地法第十八条"收归国有"，规定合理使用权，才能获得彻底解决。本府根据上项原则，制定江西省人民政府关于湖沼河港及鄱阳湖草洲暂行办法，于 6 月 25 日提交省府第 127 次行政会议讨论通过，兹将该办法并捡同有关材料

送交批示为覆。①

这给我们提供了三点信息：其一，在解放以前，湖沼河港和鄱阳湖草洲均系地主及家族公堂所有，因此连年引起纠纷；其二，解放后地主虽被打垮，但却并没有因此减少纠纷的发生；其三，省府认为，只有根据土地法之规定，把湖沼河港及草洲收归国有，合理分配使用权，才能使纠纷获得彻底解决。不难发现，江西省政府把湖区连年纠纷归因于地主及公堂所有制结构。此处的"公堂"应该指的是家族的祠堂，凸显的是湖港、草洲的族有性质。但是，在打倒地主之后，湖区的各类纠纷并没有就此减少，甚至反而增加。为此，江西省政府提出"湖沼河港及草洲一律收归国有"的办法，以图彻底解决。从各县保存的大量渔政档案看，20 世纪 50 年代强有力的国家介入并没有使得渔业、草洲纠纷减少。这一把自然资源"国有化"的制度设计并没有显示出优越性，反而一度引发了更为频繁的纠纷。

在经济学领域，人们把"排他性困难、竞争性高"的自然资源系统称为"公共池塘资源"，如近海渔场、灌溉系统、森林草场和地下水流域等。这些资源系统由于边界的不确定性，加上人类从这些系统中提取资源的行为，使得其管理一直面临困境。面对这种治理困境，一些人主张由"国家"对绝大多数自然资源实行控制，另一些人则主张把这些资源完全私有化。② 显然，鄱阳湖属于典型的"公共池塘资源"系统，渔业资源排他性困难，且竞争性高。新中国建立后，政府选择了前种方式，把自然资源收归国有，然后通过国家权力将资源分配给不同的人群使用。而在解放前，整个鄱阳湖区实行的是一套私有化制度，水面、草洲可以自由买卖和租佃，与 1949

---

① 《江西省人民政府关于湖沼河港及鄱阳湖草洲暂行管理办法向中南军政委员会的报告》（1952 年 7 月 9 日），江西省档案馆：X035 - 2 - 692。
② 〔美〕埃莉诺·奥斯特罗姆（Elinor Ostrom）：《公共事物的治理之道：集体行动制度的演进》，余逊达等译，上海译文出版社，2012，第 11～19 页。

年之后的"国有化"恰好相反。

为了更好地理解 20 世纪 50 年代初推行湖港"国有化"对鄱阳湖区社会结构及旧有渔业秩序的意义，梳理明清至民国时期鄱阳湖地区水面捕捞权的发展脉络就显得尤为必要。只有放在比较的视野下，我们才能理解 20 世纪 50 年代初的制度变迁对地方社会及传统秩序的影响。循着这一思考，我们有兴趣了解的是，1949 年以前鄱阳湖地区的水面产权结构及使用习惯。20 世纪 60 年代，江西省水产厅曾对鄱阳湖地区水面、渔具的所有权和使用权问题进行过调查，认为："江河湖港，在历史上早已形成了一条使用界线，比如在一条湖港内，那一段属于那几个地方的渔民使用，那一段河港可以使用那几种工具，都有一定的习惯。"[①] 对于没有租赁水面和捕鱼习惯，以耕种为主的农民，按例根本不允许私自添置网具，用来捕鱼从事副业生产。[②]

问题是，在历史上这些江河湖港的使用或捕捞习惯是如何形成的？江河湖港本是一种自然物，属于"无主"的自然资源，为什么有些人可以在此水面捕鱼，而其他人则不可以？这应该经历了一个从"无主"到"有主"的复杂历史过程，从而建立起一种排他性的产权体系。更为基本的问题是，人们是如何在一个原本"开放获取"的自然资源系统中建立起产权制度的？这一对产权理论问题的追问又必然将我们导向对湖区社会历史过程的追溯。

在实地田野调查过程中，我注意到一个有趣的现象，并不是所有在湖边居住的人都可以拥有入湖捕鱼的权利。在沿湖地区，一定疆域范围内居住的人，对于不同类型的自然资源的享用权利并非均等的。在当地人的语言系统中，人们喜欢用"有分"或"无分"来表达对某一湖池水面的权利关系。有理由相信，今天那些声称对水

---

①　《关于渔业生产问题的调查报告》（1961 年 9 月 9 日），江西省档案馆：X100 - 1 - 149。

②　《关于捕捞场所和生产资料所有制问题》（1961 年 8 月 12 日），江西省档案馆：X100 - 1 - 149。

面"有分"的湖边大族是历史上历次水面纠纷的胜利者，而那些失败者的声音则不易寻觅，或者已经消失不见。

于是，每当问及村民自家湖港、草洲的来历时，往往得到的回答都是"祖上传下来的"等类似说法。在传统社会中，子承父业似乎是最为常见的财产流转方式，"祖上传下来的"也就自然成了子孙"管业"最正当的依据。然而，"产权"并不能在时间上无限期地向前延伸，而是起源于过去某些特定的关键时间点，如"君主许可"，或"首次占有"。同时，"产权"也会随时间的推移而发生变化，"产权"并不是永久性的权力，而是一种同时受着众多规则约束的权力，特别对于那些"排他性"不强的公共资源。① 因此，我们需要了解，这些湖边村民口中的"祖业"又是如何获得的，在不同的历史时期又经历了怎样的变迁。

在鲁滨逊的世界里，产权是不起作用的，或者说是没有意义的。② 有一种观点认为，只有当一种公共资源的经济价值上升之时，人们才会倾向于把这种资源的产权界定得更加清楚。③ 由此，产权是一种社会工具，其界定则需要经历一个演进过程。当然，生活在明清中国的人们并不知道"产权"这一词，因为这是一个现代法律、经济概念。但是，不知道"产权"这一现代概念，并不意味着明清中国不存在一种权利关系的界定制度。按照寺田浩明的说法，明清时期中国人对财产权利的惯用表述是"业"，行使权利称之为"管业"。④ 人们

---

① 可参见 Thomas W. Merrill, "Introduction. (Symposium: Time, Property Rights, and the Common Law)," *Washington University Law Quarterly*, 1986, Vol. 64, pp. 660 – 665; Richard A. Epstein, "Past and Future: The Temporal Dimension In The Law of Property," *Washington University Law Quarterly*, 1986, Vol. 64, pp. 667 – 722.

② H. 登姆塞茨：《关于产权的理论》，载〔美〕R. 科斯、A. 阿尔钦、D. 诺斯等著《财产权利与制度变迁——产权学派与新制度学派译文集》，上海三联书店，1991，第 97 页。

③ H. 登姆塞茨：《关于产权的理论》，载〔美〕R. 科斯、A. 阿尔钦、D. 诺斯等著《财产权利与制度变迁——产权学派与新制度学派译文集》，第 96~113 页。

④ 〔日〕寺田浩明：《权利与冤抑：寺田浩明中国法史论集》，王亚新译，清华大学出版社，2012，第 217~219 页。

对某类资源的权利不是永久不变的，它们是资源拥有者努力加以保护、他人企图夺取和政府予以保护持续互动的结果。[①] 或者说，一项权利的有效性离不开"第三方"（如政府）的保护。

1960年，科斯（Ronald H. Coase）的《社会成本问题》一文，提醒人们注意"在真实世界中，交易的达成是需要成本的，当交易费用不为零时，产权的初始界定是尤为重要的"。问题是，初始产权该由谁来配置呢？依据什么配置呢？科斯对此并没有明确的回答。埃里克森（Robert C. Ellickson）公道地指出："科斯在自己的整个学术生涯，都强调个人有能力创造出相互有利的安排，而无需一个中央协调者的帮助。"尽管如此，从其他一些论述中可以发现，科斯还是下意识地强调"应当由国家来界定初始产权"。对此，埃里克森并不认同，指责这一想法有着"法律中心论"的倾向，即把法律，特别是把国家以立法程序制定颁布的成文法律，视为社会秩序和发展的前提。相反，他认为"一些非正式规范，而不是正式法律规则，解决了人类相互间出现的大多数争议"。这种规范从社会群体的博弈互动中产生，最好的法律说到底不过是对社会群体长期反复博弈产生的规范之承认和演化。[②]

不难发现，二者的分歧在于社会秩序是由国家制定的法律还是民间非正式规范决定的。埃里克森《无需法律的秩序》一书，通过描述和分析美国加州夏斯塔县乡村居民如何化解因牲畜引发的种种纠纷，被学界视为"颠覆了国家或正式法律是社会秩序唯一或主要渊源，而民间法或民间规范最多是正式法律之补充或从属这样的命题。他确立了民间法或民间规范是社会秩序之根本这样一个普遍性命题"。[③] 这一

---

① 〔美〕Y. 巴泽尔：《产权的经济分析》，费方域、段毅才译，上海人民出版社，1997，第3页。

② 苏力：《研究真实世界中的法律》（译者序），载〔美〕罗伯特·C. 埃里克森著《无需法律的秩序：邻人如何解决纠纷》，苏力译，中国政法大学出版社，2003，第1~20页。

③ 苏力：《研究真实世界中的法律》（译者序），载〔美〕罗伯特·C. 埃里克森著《无需法律的秩序：邻人如何解决纠纷》，苏力译，第9页。

类似分歧同样出现在"明清中国乡村社会纠纷处理和秩序形成"问题的讨论中。一个普遍的观点认为，大部分日常纠纷是通过宗族或村落、同业团体等民间自律性组织自行解决，很少诉诸官府。这种观点实际上是强调了民间非正式规范对维护乡村社会秩序的重要性。有学者对此观点进行了系统修正，认为以往的乡村纠纷"民间处理说"忽视了国家律法审判的作用，进而提出"中国乡村社会秩序是国家审判与民间调停同时进行、相互补充而形成的"。[①] 近来，随着地方司法档案和民间文书的发现，研究者得以接触到大量诉讼文献，使得乡村秩序"官民互补形成说"逐渐成为共识。[②]

在明清鄱阳湖历次的"湖产"或"捕捞权"纠纷中，无论是在官方讼争还是民间调解过程中，都不可避免会涉及这些"湖产"的来历以及"管业"的凭证问题。在湖池水面"业权"纠纷中，民间社会流传的"祖先传下来"的说法并不具有说服力，往往需要有各类历史"管业"凭证的支持。这类"管业"凭证大致有三类：族谱、契约文书、纳税执照或赋役册。在这些渔民留存下来的历史文献中，人们都在力图述说一个自家祖先在湖边定居历史比其他人更早的故事，并都有一个重要的祖先在明初通过湖池的"闸办"和向河泊所"登记纳课"获得了特定湖池水面的捕捞权，以此证明各自"入湖权"的合法由来。人们把明初向官府"闸办"纳税视为水面"业权"最有力的证明，纳税意味着权利获得了政府的认可和保护。然而，我们不甚了解的是，明清时期的政府是如何进行渔户管理和渔课征解的。

① 〔日〕中岛乐章：《明代乡村纠纷与秩序：以徽州文书为中心》，郭万平、高飞译，江苏人民出版社，2010，第 46~48 页。
② 可参阅〔日〕中岛乐章著《明代乡村纠纷与秩序：以徽州文书为中心》，郭万平、高飞译；吴佩林《清代县域民事纠纷与法律秩序考察》，中华书局，2013；春杨《清代民间纠纷调解的规则与秩序——以徽州私约为中心的解读》，《山东大学学报》（哲学社会科学版）2008 年第 2 期；张佩国《民间法秩序的法律人类学解读》，《开放时代》2008 年第 2 期。

在明清渔课制度变迁之外，本书也注意到湖池水面的物理形态不同于土地，很难在低成本的情况下建立起明确的排他性产权。这也就是我们通常所说的"水无硬界"，一直被人们视为湖区渔民越界捕鱼纠纷频发的主要原因。但是，我们需要深究的是，湖泊水面物理边界的不清，是否就一定意味着权利边界的模糊。在"水无硬界"的自然形态下，人们要建立起一套产权秩序需要面对更多的挑战。此外，由于水面独特的物理特性，不能像土地一样进行空间上的物理分割，"水面权"的交易、转让与分割方式也比土地更为复杂。既然渔民社群之间存在湖池水面的自由买卖、租佃，加上家族内部的分家析产过程，一个湖池水面很容易就会被几个不同地方的渔民共同占有。由此，湖面的使用关系必然会日益复杂。

在使用关系日趋复杂的湖面，渔民之间往往会因取鱼范围及作业网具发生纠纷。正如前文引述的邵式平给中南局的报告，20世纪50年代的渔民纠纷，往往需要政府派专人联合当地政府进行查勘和调解。在明清时期，湖区因越界取鱼或网具冲突时常引发渔民之间的纠纷，本地渔民以及渔民社群在长期的历史实践中发展出了一套民间解决捕捞冲突的办法。在冲突发生之后，渔民之间也要保持必要的沟通，以便达成和解协议。如果渔民社群之间的民间调处失败，人们就会寻求官方的法律途径解决，使得民间纠纷上告到官府。通过诉讼案的细致分析，本书力图揭示法秩序在湖区的实际运作情况，以及湖区社会的内在结构。

本书主要以笔者新近在鄱阳湖地区发现的1500余页的明清契约、诉讼文书和渔课册籍为主，并辅之以沿湖各族的族谱资料、地方志和墓志铭等传统文献，以及1949年以来形成的大量湖港、草洲纠纷处理档案。在目前已知的明清文献中，如此大规模的湖区渔民历史文献的发现尚属首例。这些渔民文书，不仅有湖港、草洲的买卖契约和规范捕捞秩序的合约、议约字，也有大量的纳课凭据，如渔课册和纳税执照，以及大宗的渔业、草洲诉讼文献。① 这些文书贯穿了明代中期至新中国初期的 400 余年，种类丰富，有较高的研究价值。

这批文书之所以能保存至今，与沿湖各村把这些文书视作各自资源占有和控制的重要历史凭证有关。直到今天，在与其他湖区人群发生水面、草洲纠纷或讼案时，这些历史文书还可以发挥重要的作用，用以证明过去的产权形态以及历史使用习惯，充当着历史"证人"的角色。遗憾的是，在鄱阳县的田野考察中，除了族谱和部分纠纷文件外，并没有发现有明清契约、诉讼文书的留存痕迹，甚至连 20 世纪 50 年代渔政档案的保存情况也不理想。

在文献产生学层面，不同的文献类型对应着不同的社会经济秩序。广义上的契约主要有两种，一类是"单契"，另一类则是"合约"。无论是在内容或形式上，二者都有明显的不同。有学者认为，"单契"体现的是一种不对等的买卖关系，契尾的签名一般是较为弱势的卖方。"合约"体现的则是一种对等的协商关系，契尾所有当事人都需要签名画押，各执一份作为日后的凭据。② 理解文献本身的生产过程，有助于我们对文献的把握和解读。

在鄱阳湖地区，"单契"不仅包括买卖湖池水面的交易契约，还包括各种担保性字据，如收领船网字、立犯越界取鱼字及立承催大差字等，都是卖方或理亏的一方写给买方或湖主的不对等凭证。在处理水面捕捞纠纷的时候，渔民社群会邀集中人及当事人置酒立约，建立约束性规则。无论是湖产买卖的单契，还是其他的立领犯字、合同议字，订立当事人或参与人都是地方乡绅，反映的是湖区社会各类人群之间的互动。大量诉讼文书的出现显示了民间社会寻求官

① 这一系列资料的扫描电子件保存于上海交通大学人文学院历史资料室，经过 5 年多的整理，目前已由上海交通大学出版社正式出版。详见曹树基主编，刘诗古、刘啸编《鄱阳湖区文书》（全 10 册），上海交通大学出版社，2018。关于这批文书的发现、收集与整理过程，可以参阅本书的《附录一：鄱阳湖区文书的发现、收集与整理》。

② 俞江：《契约与合同之辨：以清代契约文书为出发点》，《中国社会科学》2003 年第 6 期。

方法律途径解决渔业纠纷的诉求，从中可观察国家与社会之间的互动过程。

三　学术史回顾

近 30 年来，中国社会经济的区域研究已经成为一种主流的学术取向。这一取向部分是对以往宏大历史叙事风格的反动，同时也表达出一种试图通过区域的、个案的、具体事件的研究来重新理解中国历史的学术努力。但是，正如陈春声所言："时下所见大量的区域研究作品中，具有严格学术史意义的思想创造还是凤毛麟角，许多研究成果在学术上的贡献，仍主要限于地方性资料的发现与整理，以及在此基础上对某些过去较少为人关注的'地方性'知识的描述。"由此，他认为，很多的区域研究著作，实际上是《中国通史》教科书的地方性版本，或者只是一场既有思考和写作框架下的文字填空游戏。这些传统区域研究的学术创造和思想发明不足，重要的原因是学术从业者缺失追寻历史内在脉络的学术自觉。①

近些年来，不仅官方档案资料陆续向公众和学者开放，且地方民间文献的搜集和利用也越来越受到研究者的重视。史料的稀缺似乎已不再是当下历史学者的主要焦虑。然而，当我们面对如此多"井喷式"的新史料时，机遇与挑战是并存的。这些新史料的出现对于历史研究者而言，无疑是一种让过去研究者羡慕的事情，有可能推动各领域的研究走向深入和多元。但是，大量新史料不一定必然能产生好的学术研究。反而，大量新史料的出现，给学术从业者带来了新的挑战，即我们应该如何解读和处理这些文本？又该如何充分利用新史料进行高水平的实证性研究和理论性分析？显然，"如何找出合适的理论以及避免迷失在错综复杂的

---

① 陈春声：《走向历史现场》，《读书》2006 年第 9 期，第 24 页。

历史材料里不能自拔"，已经成为我们当下史学工作者需要共同面
对的挑战。

对此，有一群被称为"华南学派"的研究者已经做了大量开创
性的工作，并形成了一套相对成熟的观察或研究区域社会的理论与
方法。① 他们强调文献解读与实地调查的结合，强调"地点感"和
"时间序列"的重要性，强调把传统以"国家的历史"为主的叙事
模式，转到以"人的历史"为主的观察视角，这在后来被人们称为
"历史人类学"。② 从 2006 年开始，北京三联书店陆续出版了《历
史·田野》丛书，至今已有两辑，共有 13 本区域研究的专著，或讨
论区域研究的方法，或讨论核心问题的经验研究，至今依然可以说
代表着区域研究的最高水平。③ 此外，山西大学行龙主编的《田野·
社会》丛书，立足于华北社会的区域研究，也注重文献与田野的结
合，在河滩地、水利、灾荒等议题上进行了有益的探索。④

在过去很长的一段时间里，相比陆地社会而言，关于内陆湖泊
水域的"捕捞权"以及渔民社会问题的实证研究一直相对薄弱，但
是研究论著和学术成果却依然可以用"汗牛充栋"来形容。然而，
这些研究的关注点主要集中在中国渔业史这一主题上，反而较少涉
及渔课制度、渔民社群、渔业纠纷和水域社会等议题。如果具体到
明清鄱阳湖区域历史的话，以往的研究也大多出自江西本地的学者，
在地方史的框架内进行讨论，关注点主要在生态环境、区域开发、
水利及圩田开发等问题上，并未对水面产权、渔业纠纷及水域社会

① 科大卫：《告别华南研究》，载华南研究会编《学步与超越：华南研究会论文集》，香港，文化创造出版社，2004，第 9 ~ 30 页。
② 陈春声：《走向历史现场》，《读书》2006 年第 9 期，第 24 页；刘志伟、孙歌：《在历史中寻找中国——关于区域史研究认识论的对话》，东方出版中心，2016。
③ 第 1 辑主要包括黄国信、赵世瑜、黄志繁、张应强、连瑞枝、黄海妍、温春来、郑锐达、郑振满九位学者，第 2 辑则包括陈贤波、贺喜、肖文评、谢湜四位学者的专著。
④ 目前只出版了第 1 辑，包括郝平、胡英泽、韩晓莉、张俊峰四位学者的专著。

治理等问题进行深入讨论。① 为了便于梳理和讨论，按照讨论主题的不同大概可以分为以下五类：

（一）历史地理

在关于鄱阳湖演变历史的讨论中，尤以谭其骧和张修桂两位先生的研究最为出色，至今依然可视为学界最权威的说法。该文通过对各种正史地理志的梳理，不仅正确指出了历史时期鄱阳湖经历了一个从无到有，从小到大的演变过程，而且完整再现了秦汉以来鄱阳湖由古彭蠡泽向南发展而来的过程和几个重要变化的时间节点。② 其中最为重要的一个发现是，今天鄱阳湖主体部分的"南湖"形成于"唐末五代至北宋初期"，至今依然被视为学界关于此问题的定论。然而，由于张文所引支撑这一立论的两条关键史料并非乐史《太平寰宇记》的原文，而是明清时人窜入的"伪文"，其内容实际上反映的是明清时期鄱阳湖的范围和形态，而非北宋初期。因此，张文对于鄱阳南湖形成时间的结论仍有进一步讨论的必要。

在张文发表后的第二年，中国科学院南京地理与湖泊研究所朱海虹、苏守德等先生依据钻孔资料，认为"鄱阳湖原是一个由南向北倾斜的古赣江下游河谷盆地。全新世早期，水面仅限于北部，南部仍为河流沉积区，后来的水侵是由北向南推进的"。③ 这一结论与张文及一般的认识并无冲突。然而，在鄱阳南湖形成时间问题上，

---

① 许怀林：《鄱阳湖流域生态环境的历史考察》，江西科学技术出版社，2003；许怀林：《宋元以前鄱阳湖地区经济发展优势的探讨》，《江西师范大学学报》（哲学社会科学版）1986 年第 3 期，第 1~8 页。

② 谭其骧、张修桂：《鄱阳湖演变的历史过程》，《复旦学报》（社会科学版）1982年第 2 期，第 30 页；张修桂：《中国历史地貌与古地图研究》，社会科学文献出版社，2006，第 162~180 页。

③ 朱海虹、苏守德等：《鄱阳湖的成因、演变及其三角洲沉积》，《中国科学院南京地理研究所集刊》第 1 号，科学出版社，1983，第 28~38 页。这一系列研究成果可见于江西省科学院、中国科学院南京地理与湖泊研究所和江西省山江湖开发治理委员会办公室一起编辑出版的《鄱阳湖地图集》，科学出版社，1993。

却有着很大的不同，朱氏等认为"鄱阳南湖的形成时期应在南朝末至唐初"。[1] 值得注意的是，朱氏等得出此结论的主要证据同样是历史文献，并简单地辅之以钻孔数据。对于历史文献，张文已经有过非常细致的爬梳，显然并不足以支撑朱氏等得出的结论。朱氏等在使用钻孔数据的时候，只说"均见湖相淤泥层"，[2] 并以此推测湖泊的形成过程，问题是朱氏等并没有给出湖相淤泥层的形成时间，而这恰恰才是判定湖泊范围和形成时间最为关键的要素。由于朱氏等对历史文献缺乏足够的辨析，导致了不够谨慎的联想和推测，才得出"鄱阳南湖形成于南朝末至唐初"的结论。

魏嵩山、肖华忠在《鄱阳湖流域开发探源》一书的开篇，也对鄱阳湖的形成及演变进行了细致的史料梳理。该书认为，唐代彭蠡泽向南扩展后的湖区范围，只限于今南山、武陵山以北，其南仍为陆地，只有湖区的北界、东界才与今日湖区范围大体相当。至宋代，彭蠡泽继续向南扩展，才大体奠定今鄱阳湖的大体范围。[3] 与张文相比，魏氏和肖氏虽然大量利用了唐宋诗词来考证鄱阳湖的范围变迁，但是关键史料依然是《太平寰宇记》中"康郎山"和"莲荷山"两条记录，而这两条记录在版本上存在问题，不能反映北宋初期的情况。

2016 年，吴修安在其博士学位论文中专门有一章对"鄱阳湖的形成与演变"进行了详细的讨论。他在广泛检阅唐宋史籍的基础上，参考已有的历史地理学者和自然地理学者的成果，也认为对相关史料有重新检讨分析的必要。首先，他同样注意到了《太平寰宇记》中有部分内容并非乐史原文，而是后世窜入；其次，他认为以往研

---

[1]　朱海虹、苏守德等：《鄱阳湖的成因、演变及其三角洲沉积》，《中国科学院南京地理研究所集刊》第 1 号，第 28~38 页；另见于苏守德《鄱阳湖成因与演变的历史论证》，《湖泊科学》1992 年第 4 卷第 1 期，第 40~46 页。

[2]　朱海虹、苏守德等：《鄱阳湖的成因、演变及其三角洲沉积》，《中国科学院南京地理研究所集刊》第 1 号，第 33 页。

[3]　魏嵩山、肖华忠：《鄱阳湖流域开发探源》，江西教育出版社，1995，第 1~13 页。

究忽视了唐代有关"担石湖"的记载；最后，他认为自然地理学者使用的"湖相沉积"并不能作为鄱阳湖扩张的直接证据，而在寻求史料支持时缺乏批判的眼光，成果让人难以信服。[①] 他考证认为，到了晚唐北宋时期，湖泊景观已成为江西不可或缺的地理意象，唐前期鄡阳平原的北部已沦陷为湖，唐中叶的"担石湖"已是洪州和饶州之间的大型湖泊，宋代以前鄱阳湖在鄱阳山以西。[②] 这些梳理和考证弥补了以往研究的不足，并对唐宋时期鄱阳湖的演变过程提出了新的认识。

（二）生计与认同

早期人类文明大部分出现在陆地与河流交错的河谷区域，如两河文明、古埃及与中国。渔、猎、樵、采则是早期人类的最主要的生计方式，但是随着定居稻作农业的发展，人类开始更多地倾向于定居农耕生活，在此基础上发展和形成了一种叫"国家"的组织。在漫长的人类社会演进过程中，很多人自愿或被迫卷入了"国家"体系之内，有些人则继续沿袭了过去的渔、猎生活，在江、河、湖、海中捕鱼为生，继而从事船只运输。这群人从事着与陆地人不同的生计，也很少有机会接受教育，那么他们的社会是如何整合的？或者说不同的生活环境和生计模式，是否会影响到人类社会的整合和认同方式？在南中国的福建、广东与广西地区，生活着数量可观的"疍民"，他们水居、舟居或岸居。早在半个世纪之前，一些人类学家和社会学家就开始在广东和香港地区从事一些渔民村庄的研究。人们有兴趣的是"大一统与地方社会"的关系，即如此多元的地方如何造就一个统一的"中国"。

对于"疍民"的起源，陈序经梳理了多种学说或传说，但认为

---

① 吴修安：《唐宋时期鄱阳湖流域的环境变迁与地域社会》，博士学位论文，台湾大学，2016，第 6～7 页。

② 吴修安：《唐宋时期鄱阳湖流域的环境变迁与地域社会》，第 37～48 页。

无法给出一个合理或满意的解答。这与他们长期游离于国家之外、缺乏文字记载有关。这些水居的"疍民"肯定不可能从水里冒出来，而是来自陆上世界，但为什么从陆上跑到水上居住呢？这虽是一个重要议题，可惜至今限于资料进展甚微。在"疍民"的研究中，陈不仅参考了大量的中国古籍文献，也间断性地做了一些社会调查。在实地社会调查的基础上，结合民国年间广州市公安局所做的船户人口统计，陈认为珠江流域及广东沿海一带的"疍民"，不少于100万人。此外，陈对"疍民"的生活、职业、教育、家庭与婚姻、宗教信仰及歌谣，以及"疍民"与政府的关系等方面，依据历史资料以及实地观察，进行了非常细致的梳理和分析。[①]

如果说陈序经关于"疍民"的讨论还是主要以历史文献为基础，那么人类学者华德英（Barbara E. Ward）对香港渔村和水上人的实地考察和研究则进一步细化了我们对水上人社会的认识，并在范式上给人以启发。她认为，"疍民"这个词及其代表的这群水上人，本质上是文化的而不是种族意义上的。从她对滘西这个渔村类民族志似的描写中，读者可以了解到水上渔民社区的空间结构、生计分工、捕捞方法、渔业技术以及经济、社会结构。[②] 在这些细节的描述中，华德英一再比较这些水上人与陆上居民的差异，二者很多的不同都可以归结于不同的生活方式，如那些水上从事货船运输的居民，与陆上的运输业老板有更多共同之处，而不是那些同样生活在水上的捕鱼者。这实际上提醒研究者"水上人"是个有内部差异的概念，包括了水上各种生计的人群，本身就不是一个单一化的群体。[③]

---

① 陈序经：《疍民的研究》，商务印书馆，1946。
② 〔英〕华德英：《从人类学看香港社会：华德英教授论文集》，冯承聪等编译，香港，大学出版印务公司，1985。
③ 如鲁西奇、宋翔提到滨海人群根据其生计可分为"渔户"、"灶户"和"艇户"，可参阅鲁西奇《中古时代滨海地域的"水上人群"》，《历史研究》2015 年第 3期；鲁西奇、宋翔《中古时代滨海地域的"鱼盐之利"与滨海人群的生计》，《华东师范大学学报》（哲学社会科学版）2016 年第 4 期。

华德英注意到滘西渔民与中国大多数文人共享着一些共同的"意识形态"，并对此表现极大的尊重，经常以此作为行为的准则。如滘西渔民的家庭结构受着一种父系继嗣、从父居的"意识形态"左右，这与大多数陆地上的中国人并无二样。但是，滘西也有一些不一样的地方，如中国文人对"寡妇再婚"持反对态度，但滘西人并不这么认为。基于此，华德英提出了三种针对中国社会秩序而生的模型：一是"自身模型"，二是"意识形态模型"，三是"局内观察者模型"。这些词汇听起来略显难懂，根据贺喜的阐释，可以理解为"水上人对水上人的看法"、"水上人对中国习惯的看法"和"水上人对旁边的人的看法"。[①] 这对分析"当地人如何看待自身社会及周边人群"提供了一种新的理解路径。在明清时期，大量的疍民上岸开发沙田，通过王朝国家和宗族的语言来实现了水上人向岸上人的身份转换。[②]

20世纪60年代，台湾人类学者王崧兴以参与观察的方法，对台湾东部的龟山岛汉人渔村从事长期的田野工作，并完成民族志报告《龟山岛——汉人渔村社会之研究》。[③] 黄应贵认为，"（王先生）以跳出过去中国士大夫传统对汉人社会了解上的偏见，而得以接触、了解广大庶民的现实生活"。[④] 王崧兴提到，该报告的重点在该岛渔村的经济生活、社会结构以及宗教活动，重点议题则有两个：一是"渔团之结构如何反应于其社会宗教生活"；二是"表现于渔业技术的个人主义指向跟表现于宗教生活之社区精神指向，有何矛盾与冲突，又如何加以统合"。在结论部分，王氏提及在对墨西哥的Tepoztlan社区研究中，两个训练有素的人类学家得出了完全不一样

---

① 贺喜：《亦神亦祖：粤西南信仰构建的社会史》，三联书店，2011，第5页。
② 萧凤霞、刘志伟：《宗族、市场、盗贼与疍民——明以后珠江三角洲的族群与社会》，《中国社会经济史研究》2004年第3期。
③ 王崧兴：《龟山岛——汉人渔村社会之研究》，台北，中研院民族学研究所，1967。
④ 黄应贵：《王崧兴先生的学术研究》，载黄应贵、叶春荣主编《从周边看汉人的社会与文化：王崧兴先生纪念论文集》，台北，中研院民族学研究所，1997。

的调查结果。Robert Redfield 把它描写成一个同质性、孤立、高度统合、互相合作的社会，但 Oscar Lewis 则把它描写为缺乏合作、充满紧张不安、互不信任的分裂社会。原因在于，前者只看到日常生活中祭典仪式的一面，后者则只看到经济需求与资源竞争的一面，于是出现了前述两种完全不同的社会面向。龟山岛渔村同样表现出社会的多面向，在渔业捕捞及生产过程中的竞争与计较，在宗教活动中的统合和一致。

王崧兴在观察中发现，"海里的一条鱼跟长在耕地上的一棵农作物很不同，谁捕到鱼就归谁的。因此，居民的竞争心甚强，同时也嫉妒别人渔获多。而海面并无划分水域，私人所有权观念不发达"。这一发现非常重要，遗憾的是他并未对渔民之间如何处理捕捞纠纷进行讨论。在渔民的社会组织上，亲属关系并不特别重要，看不到宗族、大家族的存在与活动。相反的，渔业的经营和作业采用的是契约性的合作股东制，船与渔具由若干个股东出资购买，船队则由几个股东和不出资的"海脚"（类似雇佣的船工）组成。[1] 船和渔具的购置成本远高于农业耕种所需的成本，且捕鱼作业需要多个壮劳力，更需要协作而不是单干。

最近，贺喜和科大卫编辑出版的《帝国晚期和近代中国的渔民：船居和棚居的历史人类学研究》一书，把这个议题向前再推进了一大步。[2] 核心问题是，如何找寻没有"历史"的"水上人"的历史。这些水上人很少能掌握文字，撰写水上人历史的，几乎都是陆上人，不可避免采取的是陆上人的眼光。弗里德曼曾问，"水上人"与"陆上人"是不是有一个生活差异的不同，导致有一个族群建立了一种有别于"陆上人"的文化，逐渐形成了"水上人"这个概念。贺喜在雷州半岛的实地调查发现，水上群体是一个"家屋"社会，而不

① 王崧兴：《龟山岛——汉人渔村社会之研究》，第 82~87 页。
② Xi He and David Faure eds., *The Fisher Folk of Late Imperial and Modern China: An Historical Anthropology of Boat-and-Shed Living*, Oxon and New York：Routledge Press, 2016.

是一个"宗族"社会。① 该书认为，"水上人"与"陆上人"的最根本差异是有没有在岸上建房子的权利，因为一条船的空间有限。该书从方法论上提醒我们注意，要慎重对待读书人创造出来的"文字"，更多地注意这些没有留下"文字"记录人群的仪式、信仰以及他们的故事。

与前述学者不同，胡艳红从历史民俗学的视角出发，对太湖流域水上居民的信仰生活进行了细致讨论。该书着重对民国以降的渔民社会，如国家对水上居民的统合过程，以及新中国成立以后的一系列政治运动对水上人群"信仰生活"的影响与改变进行了探讨。由于水上居民缺乏文字书写传统，很难找到可供讨论的文字记录，该书利用了参与观察、实地调查、口述访谈等人类学方法获得大量第一手资料，并与官方档案史料配合，极大丰富了我们对太湖流域水上居民日常生活、居住空间、船只建造、人群关系及信仰生活的认识。②

（三）环境与人群

根据刘翠溶的说法，"自 1970 年代以来，环境史才逐渐成为西方历史学界的一个研究领域"。③ 正如有学者指出的那样，这一研究领域的兴起，是在一种对工业革命之后全球环境恶化的检讨中展开的，其目的在于"加深我们了解在时间过程中，人类如何受自然环境的影响，以及人类如何影响环境和得到了什么结果"。④ 长期以来，学界的研究大多只关注人类活动本身，而对自然、环境的变化普遍缺乏兴趣。近些年来，人们已经感觉到，人类与环境从来就不

---

① 贺喜：《从家屋到宗族？——广东西南地区上岸水上人的社会》，《民俗研究》2010 年第 2 期。
② 胡艳红：《江南の水上居民：太湖渔民の信仰生活とその变容》，东京，风响社，2017。
③ 刘翠溶编《自然与人为互动：环境史研究的视角》，台北，中研院、联经出版事业股份有限公司，2008，第 1 页。
④ 刘翠溶编《自然与人为互动：环境史研究的视角》，第 1 页。

是一个可以相互割裂开来讨论的课题，二者一直密切相连、互动频繁。

近些年来，以环境史或生态史的角度对区域社会史进行研究已经成为一种新的学术潮流。这种研究在方法上主张多学科、大跨度的交叉研究，往往集中对某个自然地理单元（如河流、湖泊或山脉）进行长时段的研究。有学者指出，在追溯环境史的学术源头时，人们时常会提及它与法国年鉴学派的亲缘关系。① 众所周知，法国年鉴学派非常强调整体史观，促使他们一开始就重视自然地理条件的结构因素，但同时要指出的是，年鉴学派最终旨趣不在于自然环境本身，而只是要把自然环境视为地域社会形成的一个基础性"舞台"。也正是因为年鉴学派的此种研究取向，使得它与环境史学存在明显的区别。在年鉴学派看来，自然环境之所以是地域社会的基础性"舞台"，是因其有着"长时段"的稳定性。② 从某种意义上，这种认识充满了正确性，这也正是地域社会之所以存在不同的关键。然而，这种论断同时忽略了自然环境的变化和它的脆弱、不稳定性，而这类议题正是环境史的核心关注。

对于环境史与社会史的关系，已有学者进行了详细的梳理。③ 可以说，以往的大多数区域研究都与年鉴学派的取向相似，都把自然环境视为人类历史的一个背景，有着相对稳定的结构。作为对此取向有部分修正的环境史或生态史，则把自然环境视为一个动态的变迁过程。李玉尚通过对黄渤海地区鱼类种群、渔汛渔期的研究发现，海洋鱼类的种群和资源数量有时会发生剧烈变动，而这一变动除了与人类的捕捞等活动有关外，还与自然环境自身

---

① 胡英泽：《流动的土地：明清以来黄河小北干流区域社会研究》，北京大学出版社，2012，第7页。
② 可参见〔法〕费尔南·布罗代尔著《菲利普二世时代的地中海和地中海世界》，唐家龙等译，商务印书馆，1996；〔法〕埃马纽埃尔·勒华拉杜里著《蒙塔尤——1294～1324年奥克西坦尼的一个山村》，许明龙等译，商务印书馆，1997。
③ 胡英泽：《流动的土地：明清以来黄河小北干流区域社会研究》，第7～9页。

的变动密切相关。他的这一系列研究表明，"只有了解自然和人为因素在不同时期渔业资源的变动中各自扮演了什么角色，才能较为公允地理解海洋生态系统和人类系统之间的关系"。① 这也提示本书关注鄱阳湖地区的自然环境、鱼类种群和资源数量的变动信息。

如今，越来越多的研究趋向于从环境史的视角研究地域社会，试图重新诠释自然物与人类社会的复杂关系。胡英泽就以黄河小北干流区域为例，讨论了环境变迁下黄河滩田这类"流动的土地"，进而围绕滩地边界的控制与争夺对明清以来生态环境与区域社会、国家与地方之间的互动关系展开了分析。这一研究不仅在研究视角上与前人不同，且在史料的挖掘和使用上都用力甚深。② 另一位特别值得提及的是王建革，他先后出版的三本专著分别研究了三个完全不同生态系统的地域社会，即农牧地区、华北农耕地区和江南水乡。③ 与胡英泽的社会史取向的研究相比，王建革更像是纯正的生态环境史或部分的历史地理研究。另外，王氏关注的面向也很广，涉及水环境、水利、土壤、耕作制度和灾害等问题。

近年来，吴赘从"农进渔退"的视角，在对明清以来鄱阳湖区的筑堤围垦史进行梳理和考察的基础上，认为鄱阳湖区的筑堤围垦不仅改变了湖区的生态结构，还推动着区域产业结构由渔业向农业的转变，故此鄱阳湖的明清史可以视为一部湖区被不断围垦农耕化的历史。④ 其实，在更早期的研究中，吴赘侧重于鄱阳湖渔业的过度

---

① 李玉尚：《海有丰歉：黄渤海的鱼类与环境变迁（1368～1958）》，上海交通大学出版社，2011。
② 胡英泽：《流动的土地：明清以来黄河小北干流区域社会研究》，第7～9页。
③ 王建革：《水乡生态与江南社会（9～20世纪）》，北京大学出版社，2013；《传统社会末期华北的生态与社会》，三联书店，2009；《农牧生态与传统蒙古社会》，山东人民出版社，2006。
④ 吴赘：《"农进渔退"：明清以来鄱阳湖区经济、生态与社会变迁的历史内涵》，《江西师范大学学报》（哲学社会科学版）2013年第2期。

开发和资源争夺上，进而对渔业与地方社会的关系进行了探讨。① 可以说，吴赘的研究始终围绕"人与环境的互动"展开，既注意到人类对湖区生态环境的改造过程，也揭示出湖区社会的内在脉络。

此外，学术界也对中国古代社会公共资源纠纷问题进行过一些讨论，涉及的议题主要集中在"水利"、"山林"和"渔业"等上。其中值得提及的是，赵世瑜通过对山西汾水流域"分水"故事的分析，指出水资源的公共物品特性以及由此而来的产权界定困难，才是使得水利纠纷层出不穷的关键因素。此外，他也认为，国家只依照传统的民间习惯对水利纠纷进行处理的策略，并不能说明国家在处理基层事务上的软弱无力，而是凸显了水资源的公共属性使得其分配或处分必须依赖于民间自己的水利组织和传统规则。② 此后，梁洪生以一批鄱阳湖区渔民文书为基础，指出了湖区"水无硬界"和"业权季节性模糊"的特性。③ 最近，杜洪涛以中都大兴府仰山栖隐寺与三家村的"山林"之争为例，只简略地向我们展示了金代"山林"资源的争讼过程，并未对山林的管理展开讨论。④

尤为值得提及的是，穆盛博（Micah S. Muscolino）已经注意到"历史学家过于关注清代政府如何处理关于自然资源的暴力纠纷，但却忽略了本地社群如何设法解决冲突"。他的研究取向明显受到了"公共池塘资源"理论的影响，从而对本地人设计的制度安排格外注意。他的研究显示，在舟山渔场捕鱼的渔民主要来自浙江和福建，这些人事实上拥有渔场的排他性权利并确立了一套捕捞规则，以协调他们对渔业资源的利用。以区域为基础的同乡组织将渔场划分为

① 吴赘：《民国以来鄱阳湖渔业与地方社会——以余干县瑞洪为中心》，硕士学位论文，江西师范大学，2009。
② 赵世瑜：《分水之争：公共资源与乡土社会的权力和象征——以明清山西汾水流域的若干案例为中心》，《中国社会科学》2005 年第 2 期，第 189～203 页。
③ 梁洪生：《捕捞权的争夺："私业"、"官河"与"习惯"——对鄱阳湖区渔民历史文书的解读》，《清华大学学报》（哲学社会科学版）2008 年第 5 期。
④ 杜洪涛：《金代公共资源问题的一个侧面——以大都大兴府仰山栖隐寺与三家村的"山林"之争为例》，《史学集刊》2014 年第 2 期，第 115～121 页。

不同片区，每一个渔帮都必须在指定的水域内捕鱼。这些渔民团体依靠这些丰富的非正式策略，有效避免了为控制和争夺"公共池塘资源"而产生的暴力冲突。①

（四）制度与社会

关于明清渔业经济史和渔民社会史的研究，一直处于相对薄弱的状态。② 然而，通论性的渔业史著作却有很多，最早的有清末沈同芳的《中国渔业史》，③ 而后则有 1937 年李士豪、屈若搴的《中国渔业史》。④ 这类著作对中国渔业发展的历史进行粗线条的勾画，并介绍渔政制度、渔业技术和水产贸易等方面的内容。最近 20 年，这种局面有了初步的改善。1993 年，中国渔业史研究会历经十年的资料搜集，完成了一部时间跨度大、内容相对详尽的《中国渔业史》，分段对各个时期的渔业情况进行了叙述。⑤ 然而，该书限于资料，依然只能厚今薄古，对明清以前的描述甚为粗略。诸如此类的渔业史著作还有许多，在此不再罗列。

近些年来，历史学家开始介入渔业史或渔民社会的研究。为了表述的方便，可将已有的研究概括分为两类：其一是以正史和方志资料为基础的渔业制度史研究；其二则是以地方民间文献为主，并辅之以档案资料的社会经济史研究。前者以梳理和辨析明清渔业制度沿革变迁为己任，兼论及渔业生产和渔户管理等问题。其代表性

---

① 〔美〕穆盛博（Micah S. Muscolino）：《近代中国的渔业战争和环境变化》，胡文亮译，江苏人民出版社，2015，第 6 ~ 7 页；此外，还有一本关于美国加利福尼亚渔业（California fisheries）的研究专著值得提及，详细讨论了渔业中的生态与法律议题，可参阅 Arthur F. Mcevoy, *The Fisherman's Problem: Ecology and Law in the California Fisheries, 1850 - 1980*, Cambridge: Cambridge University Press, 1986。
② 傅衣凌：《〈王阳明集〉中的江西"九姓渔户"——附论江西九姓渔户与宸濠之乱的关系》，《厦门大学学报》1963 年第 1 期，第 63 ~ 68 页。
③ 沈同芳：《中国渔业历史》，上海小说林活版，1906。
④ 李士豪、屈若搴：《中国渔业史》，上海书店，1984。
⑤ 中国渔业史编委会编著《中国渔业史》，中国科学技术出版社，1993。

著作有日本学者中村治兵卫的《中国渔业史の研究》① 和尹玲玲《明清长江中下游渔业经济研究》② 两书。

中村氏对唐、宋、明三代的渔业政策、渔课征收、渔户管理、鱼贸市场以及渔具、渔法等进行了梳理，但因该书使用的史料主要出自正史、地方志等文献，未能就明清渔课制度的建立及演变展开更为深入和细致的讨论。在中村氏之后，尹玲玲利用《明实录》和地方志书中的史料，首次对明代的渔政制度及明清长江流域渔业经济进行了全面详细的讨论。通过对河泊所兴废、裁革历史的整理，从制度史层面揭示了明代渔课税制存在一个"从籍定渔户——画潭定界税人——以业求人税湖"的演变过程。③ 徐斌则以湖广地区为中心，指出明代的渔课有一个定额化的趋势，官府及河泊所对于渔户的管理，均是从国家赋税的角度出发，实质上暗含着一种"以户征课"的渔税制度。此外，对于明代中后期河泊所的大量废弛，徐斌认为原因并非全在水域淤塞、鱼利减少上，而是一定程度上反映了南方江、湖地区开发的不断深入。④

在明清中国，除了内陆江河、湖泊之外，还有大量的沿海水域。杨培娜以闽粤沿海地区为例，利用大量地方志书中的渔业资料，指出明弘治至嘉靖年间渔课折银征纳的进行，使得渔课额更多成为一种会计意义上的存在，州县官为了补足课额，不再拘泥于由河泊所或渔、疍户完纳。这种变化为各色民人以办纳渔课之名，自行在濒海进行海界圈占开了方便之门。⑤ 上述三位的研究都以地方和区域作为讨论的空间范围，所用资料不仅有地方志书，还使用了各类明清的官方史料，极大丰富了我们对明代渔课制度变迁的理解和认识。

---

① 〔日〕中村治兵卫：《中国渔业史の研究》，东京，刀水书房，1995。
② 尹玲玲：《明清长江中下游渔业经济研究》，齐鲁书社，2004。
③ 尹玲玲：《明清长江中下游渔业经济研究》，第 340 页。
④ 徐斌：《明代河泊所的变迁与渔户管理——以湖广地区为中心》，《江汉论坛》2008 年第 12 期，第 84～88 页。
⑤ 杨培娜：《明代中后期渔课征纳制度变革与闽粤海界圈占》，《学术研究》2012 年第 9 期，第 120～126 页。

随着民间渔民历史文书的发现，特别是明清"渔课册籍"（湖北又名"赤历册"）的出现，为研究者开展视角向下的微观区域研究提供了可能。梁洪生以在星子县渔民家中发现的一批历史文书为基础，通过梳理"私业"、"官河"与"习惯"捕捞区之间的关系，讨论了鄱阳湖地区因"湖区业权的季节性模糊"带来的渔业资源争夺问题。其中提到一份《星子明清时代河港课税分册》的手抄本，虽没有课册具体的时间或年号，但在开篇收录有一县令的判词及原委说明，内容涉及张、李两姓争界取鱼的情况。① 此后，徐斌以湖北省档案馆所藏的民国卷宗中的七部"赤历册"为分析对象，发现"赤历册"的结构是以渔户的编甲为纲，而将人户及办课水域系于其下，在攒造初期与黄册类似，并称之为"水上"黄册。明清册籍记载的对象也呈现从"业甲人户为主转变为水域为主"的变动，与里甲系统的赋役制度相似。②

鲁西奇、徐斌基于同一批湖北省档案馆所藏之"赤历册"，将河泊所"赤历册"的攒造放入明初里甲制度的实行这一宏大制度结构中进行考察。该研究认为，在明初的江汉平原，那些散布于低洼湖区的渔民，并未被编入黄册里甲系统，而是被河泊所编入"赤历册"的"业甲"系统。在籍属、纳课和应役方面，渔户均与黄册里甲户分属不同系统。同时，该文也注意到，编入河泊所"业甲"的业户，基本上是共同拥有一片水域的人，但并非全部都是渔户，也可能同时是黄册里甲户，二者之间存在某种程度上的交叉。③ 最近徐斌通过对数种湖册的解读，进一步对国家在水域社会的形成和发展过程中扮演的角色以及水上人群如何利用国家制度等议题进行了讨论。④ 在

---

① 梁洪生：《捕捞权的争夺："私业"、"官河"与"习惯"——对鄱阳湖区渔民历史文书的解读》，《清华大学学报》（哲学社会科学版）2008 年第 5 期，第 48～60 页。

② 徐斌：《明清河泊所赤历册研究——以湖北地区为中心》，《中国农史》2011 年第 2 期，第 65～77 页。

③ 鲁西奇、徐斌：《明清时期江汉平原里甲制度的实行及其变革》，《中央研究院历史语言研究所集刊》2013 年第 3 期，第 149～197 页。

④ 徐斌：《清代水域上的征课体系、产权与湖区社会——以湖北大冶河泾湖册为中心》，《历史人类学学刊》第 14 卷第 1 期，2016 年 4 月，第 73～106 页。

此基础上，徐斌提出了"新水域史"的概念。①

在研究过程中，徐斌和梁洪生都注意到明清以来湖区水面产权问题，以及因湖区水面权争夺而引发的渔民纠纷和诉讼，讨论的地域主要集中于两湖地区和鄱阳湖区域。梁洪生认为，正是由于"湖区业权的季节性模糊"带来了渔业资源争夺和湖区管理上的难题，而1949年后"湖港收归国有"的产权变革，实际上是对湖区传统管理体系的瓦解，结果导致了湖区捕捞秩序的重新混乱，这是一种制度性的退步。② 徐斌则以两湖地区为中心，讨论了明清湖池水域占有的类型以及水面产权分化的复杂形态，归纳出水面权分割的三个标准，以资源利用的行业划分、以湖水季节性涨落划分和以捕鱼工具划分。他认为，明清以来湖池水域所有权处于不断的分化中，而"官有水面民有化"则是这种分化的大趋势。③

（五）法律与产权

产权（Property Right）是一个外来的法律概念，不是中国本土产生的词汇。在过去，人们一般认为中国的财产权定义不清，且未被国家有效保护。这种看法并非毫无依据，清代的成文法《大清律例》以刑事惩罚的界定为主，并没有直接提及包括产权在内的民事权利，甚至难以发现与"权利"相关的表达。中国法律对刑罚的重视，容易给人造成国家很少关注私人间经济活动的错觉。其实，虽然清代法律和日常表达中都没有"权利"一词，但"有主""无主"的观念及表述却是时常可见的。此外，一个不容忽视的现象是，中国各地存留有大量私人间的书面契约。这些契约被人们应用于广泛的经济活动中，实际

---

① 徐斌：《以水为本位：对"土地史观"的反思与"新水域史"的提出》，《武汉大学学报》（人文科学版）2017年第1期，第122～128页。
② 梁洪生：《捕捞权的争夺："私业"、"官河"与"习惯"——对鄱阳湖区渔民历史文书的解读》，《清华大学学报》（哲学社会科学版）2008年第5期，第48～60页。
③ 徐斌：《明清湖池水域所有制研究——以两湖地区为中心》，《中国社会经济史研究》2006年第1期，第1～8页。

建构着人们每一天的行为关系和交易方式，翔实记录了中国人日常经济活动的细节。这些新近的研究表明，中国民间存在一套复杂的产权安排，政府在构建和保护这些权利中也发挥着重要作用。①

不过，一些研究者也意识到，早期近代中国的产权体制是在一套复杂的机制中得以运作的。可分割的父系继承、家庭而非个人的财产所有权，广泛使用契约来确立产权及其转移，以及国家法律、官僚机构和非正式的民间惯例，都为产权制度的实现提供了依据。在清代的实践中，通过"先占"来获取无主物的产权，是一种普遍的模式。在更为一般的意义上，对有主物的产权获取则需要通过权利的让渡来实现，如继承和交易等。大量契约文书的搜集和整理都表明，一个普遍的契约文化超越了地域限制，在中国广泛地存在。这些契约是确定产权的重要手段之一，并在各类财产诉讼中作为重要的证据出现。但是，如何维护产权体系并保证各类私人契约得到有效执行，成为大家讨论传统中国产权的核心问题。②

在湖区社会的产权纠纷中，大多不可避免涉及对水面捕捞权和草洲业权问题的讨论。其中以张小也的研究最为典型，通过对湖北汉川汈汊黄氏宗谱中收存的一批"湖案"（诉讼、契约和合同书）资料的分析，探讨了明清时期汈汊湖区域社会的民事法秩序。这一研究不仅开始使用民间诉讼和契约等新文献，还放弃了就诉讼材料讨论法律制度的取向，而从权利的实现与宗族建设、司法审判与民间秩序之间复杂的关系入手，揭示出"湖分"纠纷的主体往往是宗族，而非个人，同时宗族内部也存在多层的权力—义务关系。③

万振凡、周声柱以都昌和鄱阳两县为中心，讨论了清以来鄱阳

---

① 〔美〕曾小萍、欧中坦、加德拉编《早期近代中国的契约与产权》，李超等译，浙江大学出版社，2011；彭凯翔：《清代司法实践中的产权制度：若干评议》，《经济资料译丛》2016 年第 3 期。
② 〔美〕曾小萍、欧中坦、加德拉编《早期近代中国的契约与产权》，李超等译；彭凯翔：《清代司法实践中的产权制度：若干评议》，《经济资料译丛》2016 年第 3 期。
③ 张小也：《明清时期区域社会中的民事法秩序——以湖北汉川汈汊黄氏的〈湖案〉为中心》，《中国社会科学》2005 年第 6 期，第 189~201 页。

湖民间纠纷处理的历史惯性，认为水面捕捞权的确认依赖于"习惯"，而湖区资源的分配和纠纷的处理，依据的是宗族势力的大小，即"势管青山力管湖"。① 李敏以族谱资料中所收录的"湖契"为对象，讲述了一个宗族争讼草洲业权的故事，最后认为草洲业权的获得和保护依靠的是宗族的"强势"力量，而非正式的业权证明。② 某种程度上，二者的观点基本相同。此外，胡荣明利用江西省档案馆所藏民国水利纠纷档案，对 1928～1948 年间鄱阳湖区水利纠纷的发生、解决过程进行了详细的梳理和讨论，从而给我们展示了湖区社会复杂的秩序结构。③

如果说以上的研究都是基于区域个案，那么步德茂（Thomas M Buoye）的研究则向我们提供了另一个思路。尽管步氏使用的主要资料来自刑科题本中的案例，但他并不停留在案例本身的分析，而是试图把乡村社会一系列产权暴力争端放在 18 世纪以来整个人口和商业扩张的背景下理解。从他的研究中，我们可以看到，清代的土地产权暴力非常普遍，甚至严重到王朝政府不得不修改了大清律，然而在基层社会中保护现存产权或界定新产权的私人努力一直存续，构成了新的暴力争端的潜在因素。从司法制度而言，步氏认为："诉诸于暴力来解决产权争端并非 18 世纪中国农村的常规，也不是解决产权竞争性主张的有效方式。民间调解和官府裁决是社会可接受的解决争端之法"。④ 尤为可贵的是，步氏察觉到"频繁出现的紧张源于坚持和恢复土地为不可侵犯的祖传物的观点"这一与市场相悖的

① 万振凡、周声柱：《清以来鄱阳湖区民间纠纷处理的历史惯性——以都昌、鄱阳两县为中心》，《南昌大学学报》（人文社会科学版）2011 年第 1 期，第 109～115 页。
② 李敏：《"权势格局"与业权归属：鄱阳湖草洲纠纷的历史考察——以银宝湖黄土湖为中心》，硕士学位论文，南昌大学，2009。
③ 胡荣明：《民国鄱阳湖区的水利纠纷研究（1928～1948）——以水利纠纷档案为中心的考察》，硕士学位论文，南昌大学，2008。
④ 〔美〕步德茂（Thomas M Buoye）：《过失杀人、市场与道德经济：18 世纪中国财产权的暴力纠纷》，张世明等译，社会科学文献出版社，2008，第 6 页。

乡村传统。

上述研究成果的出现，不仅深化了我们对明清渔业经济和渔民社会的认识，而且一度引发了学界对这类问题的关注，也启发了本书的思考。然而，相对陆地社会而言，限于资料的不足和搜寻的困难，学界关于湖区社会的专题研究依然薄弱，且进展缓慢。与上述稍有不同，本书力图从沿湖人群自身的由来问题，进而分析这些人群与水面之间的关系，以及沿湖的先来者与后到者之间是怎样围绕着湖面捕捞权进行互动的？是否真的如其他学者所已指出的那样，可以把这个互动过程简单地视为"势管青山力管湖"，或宗族"权势格局"的结果？在明清时期渔业纠纷的处理过程中，沿湖渔民社群及州县政府又发挥着怎样的作用？

四 思路与框架

对于一项区域研究而言，历史地理是必不可少的基础工作。在没有深入原始史料之前，我基本接受了张修桂教授的结论，并注意到支撑这一结论的关键证据来自北宋初期《太平寰宇记》中的两条记录，即"莲荷山"和"康郎山"。而后，我阅读宋本《太平寰宇记》，却发现宋本并没有"莲荷山"和"康郎山"之记载。王文楚等在比较了其他版本之后，认定金陵书局本中"莲荷山"和"康郎山"条目，"非乐史原文，为后人所窜入"。由此，张文所引"莲荷山"和"康郎山"两条记载，并不能真实反映北宋初期及以前鄱阳湖的范围和位置，而是把明清时期鄱阳湖的范围误作为了北宋时期。本书第二章通过对唐宋史籍的重新梳理和考证，并结合在田野考察中发现的康山王氏祖先圹记等新史料，对此进行了重新讨论。

在旧鄡阳平原，汉高帝曾设立过鄡阳县。由此推测，两汉时期的鄡阳平原可能生活着一定数量的人口。至南北朝、隋唐时期，鄡阳平原逐渐向沼泽化演变，当地原住居民陆续迁离，刘宋永初二年

（421）鄡阳县被撤销。[①] 遗憾的是，由于这个演变是个渐进的过程，且经历了相对漫长的时间，加上遗留下来的历史文献很少，我们已经无法对鄡阳平原向沼泽湖泊化发展的详细过程进行描述，更难以对这种自然变化所引发的人群活动做细致的分析。尽管如此，我们的疑惑依然存在，在这场自然变迁中，原先生活在鄡阳平原的人群，到底去了哪里？今天鄱阳湖沿岸的人群会不会跟原来居住在鄡阳平原的人群存在某种关联？这或许是一个难以求证的问题，却启发了我的进一步思考，甚至成为我进入鄱阳湖研究的切入点。

从目前掌握的资料看，没有证据可以说明二者之间存在关系。他们既非古鄡阳人的后裔，也非旧鄡阳平原而来的迁居者。由此，本书开始追问一些基本的问题：这些沿湖居住的人从哪而来？又是什么时间迁居到今鄱阳湖沿岸定居的？这些问题的回答，需要阅读大量的族谱资料。在田野调查中，每到一个村庄，首先是寻找老人和族谱，然后才是其他的文献。令人遗憾的是，沿湖各姓的族谱，保存情况都不太理想，清代的谱牒已经难得一见，较早的大都只有民国时期的族谱，以 1949 年之后新修的族谱为多。据老人回忆，过去的老谱基本上都在"文革"中被当作"四旧"烧毁了。这对本书试图讨论人群的定居史问题带来了难度。所幸的是在族谱之外，我还搜集到一些其他类型的史料，如墓志铭、渔课册等，可以互补。

尽管本书会以一定的文字讨论鄱阳湖的自然演变过程以及沿湖人群的定居史，但本研究的旨趣却并非仅限于此。我们认为，一项关于特定地域社会的研究，必须基于对此地域的自然环境和人群由来的清晰了解。换句话说，正是因为鄱阳湖地区复杂的自然生态系统，从而在与周边人群的长期历史互动中，逐渐形成了一个非常复杂的地域社会。与以往区域研究不同的是，本研究立足于"透过历

---

① 谭其骧、张修桂：《鄱阳湖演变的历史过程》，《复旦学报》（社会科学版）1982 年第 2 期，第 42～51 页。

史时间来研究特定的人类社会与自然系统间的界面"，① 即不仅关注人类活动和水域社会本身，更强调人类围绕自然资源的复杂互动。

在法学领域，关于某个自然物的"产权"起源问题有两种经典理论——"优先占有"和"劳动产权论"。前者认为人类对某个物体的权力源自在他人之前先占有它，也即第一个占有这个自然物的人可以优先拥有这个物的产权。后者认为人类起初处于普遍的无财产状态，只拥有自己的身体以及劳动，必须通过对自然物施加劳动才能获得产权。② 实际上，"优先占有"理论关涉一个重要命题，即"时间与产权"之间的关系，并隐含着"先到者优先拥有"的理念。然而，"产权"并不能在时间上无限期地向前延伸，而是起源于过去某些决定性的时间点，如"君主许可"，或"优先占有"。同时，"产权"也会随时间的推移而发生变化，这就是说"产权"并不是永久性的权力，而是一种同时受着众多规则约束的权力。③

与上述两种理论相似，在实地的访谈中，渔民一致强调自己的祖先比别人来得早，即"优先占有"是祖先对湖面"有分"的关键原因。此外，在阅读沿湖各姓的族谱过程中，笔者也注意到"明初"是个关键的时间节点，对于明清时期鄱阳湖区水面秩序的确立具有不可替代的重要性。在各姓谱牒的记述中，屡次出现"闸办"和"承课"这两个关键词，直接触及洪武初年明王朝在鄱阳湖区设立河泊所的制度革新。循着谱牒提供的线索，第三章开始对明初鄱阳湖区的湖港"闸办"以及造册征课这一制度问题进行梳理。或许可以说，明洪武年间对湖池港汊的丈量和渔户网具的登记造册，大体确

---

① 可参见刘翠溶、伊懋可主编《积渐所至：中国环境史论文集》上册，台北，中研院经济研究所，1995，第 8 页。

② 〔英〕约翰·洛克（John Locke）：《政府论》下篇，商务印书馆，1996，第 18 ~ 33 页。

③ 可参阅 Thomas W. Merrill, "Introduction. (Symposium: Time, Property Rights, and the Common Law)," *Washington University Law Quarterly*, 1986, Vol. 64, pp. 660 – 665; Richard A. Epstein, "Past and Future: The Temporal Dimension In The Law of Property," *Washington University Law Quarterly*, 1986, Vol. 64, pp. 667 – 722.

立了整个鄱阳湖区水面产权的初始秩序。对于明王朝如何编立渔课册，怎样进行渔户的管理和渔课的征解，渔课的具体种类和税额的确定等问题，以及明代渔课制度之演变等问题，本书第四章将进行详细的讨论。

虽然第四章已经谈及了明代渔课制度的演变问题，但主要集中在制度层面的讨论，并没有详细梳理河泊所裁革之后特别是清代渔课征解制度在基层社会的实际运作情况。第五章将结合明清方志、地方档案以及在湖区发现的一批清代道光至光绪年间渔民缴纳渔课的执照和渔课册，对嘉靖以降渔课征解的制度演变以及基层社会图景进行尽可能的说明。

在渔课制度之外，本书也有兴趣去了解那些活动于鄱阳湖上的普通人以及他们的日常生计模式和社会组织形态。众所周知，在华南沿海一带，生活着一群舟居或棚居的"水上人"，被称为"疍民"。[①] 由此，有人认为江西的"九姓渔户"可能就是类似"疍民"的"水上人"。但是，那些登记在渔课册中的渔户都有明确的都、图信息，并非不在籍的"水上人"。本书第六章将对《王阳明全集》中有关安义县"九姓渔户"的记载进行重新梳理和解读，并结合其他文献对历史上鄱阳湖水域的活动人群以及生计方式展开细致的分析。相对于那些定居的农业社区而言，对渔船户的管理明显更具挑战性。该章进一步讨论了明清政府是如何对这些活动于鄱阳湖水域的渔船户进行管理的，在治理方式上是否与陆地社会不同。

各家族对湖区资源占有的合法性主要来源于地方传统和国家承认这两个因素，而地方传统最主要表现在各自的定居历史和身份确认上，国家的承认则需要以"承担纳税义务"作为必要的前提，二者共同决定了地域社会中哪些家族可以占有和使用自然资源。此外，

---

① 陈序经：《疍民的研究》；Xi He and David Faure eds. , *The Fisher Folk of Late Imperial and Modern China : An Historical Anthropology of Boat-and-Shed Living*, Oxon and New York : Routledge Press, 2016.

随着家庭人口的自然增长，会出现分家析产的过程，不仅家庭本身会出现分户，连带着原有家庭占有的湖港也会在产权上出现"股权"的分割。这一变动关涉到人群和社会两个问题，凸显的是家族内部的资源分配和产权析分过程。另一个并行的过程是，明初各家族通过向王朝承纳国课而获得的湖池水面也会以市场买卖的方式进行转让，导致"湖分"超出"族产"范畴，进入一个更大范围的市场网络，由此造成水面产权结构以及使用关系的复杂化。

鄱阳湖拥有两个变动的物理"表面"。一个是"春泛渺水"时的水面，一个是"冬干枯水"时的水底。只不过，"枯水"水底的形态更为复杂，不仅包括了湖田、草洲等土地形态，也包括了枯水之后的小面积湖池、深潭以及人为拦埕水道形成的各种水面。明末以降，鄱阳湖地区存在一个活跃的"水面权"交易市场。由于水面不能像土地一样进行空间上的物理分割，"水面权"的交易无法以面积为单位进行，只能以虚拟的"股"或"分"为单位进行转让。在清代，"水面权"的交易主要有一般租佃、永佃和杜卖三种形式。实际上，不仅"永佃"概念存在于民间社会，而且"永佃"这种交易形式也得到了官方的认可。只不过，这种"永佃"并不是完全的市场行为，而是受到了非市场因素的影响。

在明清的渔业生产实践中，鄱阳湖区渔民形成了一套严格的渔场捕捞规则，也找到了若干条可以预防以及处理渔业纠纷的有效方式，从而有效避免或减少了渔民之间的纠纷和械斗。与全球其他近海渔场的案例相似，鄱阳湖区渔民也更趋向于解决捕捞过程中各类船、网之间的物理干扰和捕捞场地、捕捞时点的分配问题，但没有资料和证据显示渔民试图直接解决渔业资源的提取问题。明初的"闸办"登课，从国家层面限定了谁可以在特定水面捕鱼的问题，但却没有对渔民的捕捞行为建立起有效的限制规则，而渔民社群之间的调处和沟通机制，以书立"合同议约"的方式对渔民的捕捞行为进行有效的约束，与官方形成互补。

第七、八两个章节，分别讨论了水面权交易市场和渔民社群调处机制的存在对湖区资源分配和产权秩序维持上发挥的积极作用。但是，市场原则和民间调处都有其自身的局限性，并不能完全解决湖区渔民之间潜在的利益冲突。于是，清代鄱阳湖仍有相当一部分的渔业纠纷控告到了官府层面，试图通过官方及法律途径解决冲突。在第九章中，一批新近在鄱阳湖区发现的渔业诉讼文献向我们详细展现了民间渔业纠纷进入官府司法审判阶段之后的历史过程和审理困境，揭示出国家司法制度、湖区社会秩序以及二者在实际的诉讼过程中的互动和妥协过程。该章发现，渔业纠纷的两造多以家族为主，这与土地社会以个人或单个家庭为主的讼争有着明显的不同。此外，渔民社群一直试图借助官方的法律手段解决纠纷，但一旦陷入诉讼官司之中，却意味着需要花费巨大的人力物力，而地域"隔属"困境下的审判，不仅容易让案件的调查取证陷入僵局，更会让原告陷入无休止的候审。

在州县官正式审讯陷入困局之后，地方社会的民间调解就会积极行动，在两造之间寻求和解之道。地方社群的调处行为，很难说完全出于自觉，也会受到州县官的影响。如果说在诉讼的开始阶段，两造并不会轻易接受戚友的调解方案，而是对官府做出正义的判决仍然抱有希望。但是，在"久讼不决"和"劳力伤财"的现实面前，两造更容易参与和解，做出妥协。而参与调解的人，大都是地方上有功名的监生、生员、职员人等，以及地保、族长等。这些人在促成两造和解、允服之后，就会向州县官呈交息词，出示和解字据，请求销案处理。在诉讼和调解之间，体现了国家与地方的复杂互动，二者共同塑造着地方社会的秩序。在历经长时间的诉讼而得不到解决的情况下，民间调解就会重新成为司法审判的补充措施。

第二章

鄱阳湖的地理变迁与圩田开发

鄱阳湖，在古代有过彭蠡泽、彭蠡湖、扬澜湖、宫亭湖等多种
称谓。长期以来，人们把"鄱阳湖"等同于早期文献中出现的"彭
蠡泽"或"彭蠡湖"。然而，谭其骧和张修桂两位先生的研究（以
下简称张文[①]）表明，鄱阳湖在历史时期经历了一个从无到有、从
小到大的演变过程，"彭蠡泽"亦并非今天的鄱阳湖。张文认为，
至少在鄡阳县撤销以前，今天鄱阳湖的广大水体尚未形成，而是
一片河网交错、田园阡陌和水陆交通发达的平原景观。直到唐末
五代和北宋时期，由于赣江主干流改道吴城入江，加剧了婴子口
一带的泥沙淤积，加上长江干流径流量增加，造成江水倒灌和顶
托出水的结果，北彭蠡湖开始迅速向东南方的鄡阳平原扩展，大
体奠定了今天鄱阳湖的范围与形态，至明清时期又发育出了众多
的汊湖。[②]

---

① 此文虽然是谭其骧与张修桂两位先生联合署名发表，但主要的研究工作是由张修
桂先生负责的。从谭其骧先生不把此文收入《长水集》，而张修桂先生将其收入
《中国历史地貌与古地图研究》，亦可说明这点。

② 谭其骧、张修桂：《鄱阳湖演变的历史过程》，《复旦学报》（社会科学版）1982
年第 2 期，第 42 ~ 51 页；又可见于张修桂《中国历史地貌与古地图研究》，第
162 ~ 180 页。

一　引言

张文关于"彭蠡古泽"和"彭蠡湖"的研究有两个重要的结论。其一，早期的彭蠡古泽，无论其地理位置和形成原因，都和今天的鄱阳湖没有任何关系；其二，六朝隋唐时代，彭蠡湖的范围仍然局限在今鄱阳北湖地区，今日的鄱阳南湖在当时尚未形成。[①] 现今这两点已成为学界的基本共识。然而，对于"彭蠡湖"越过婴子口和松门山一线，逐渐向东南方的鄡阳平原扩展，从而大体形成现今鄱阳南湖的时间上，却依然存在不同的理解。

最大的疑惑，源自张文所引《太平寰宇记》中的两条关键性史料，现摘录如下：

> 《太平寰宇记》洪州南昌县："松门山在县北，水路二百一十五里，北临彭蠡湖"。在饶州鄱阳县下又载："故鄱阳县在彭蠡湖东、鄱水之北；莲荷山在县西四十里彭蠡湖中，望如荷叶浮水面"。说明北宋初期，彭蠡湖溢出婴子口过松门之后，不但已进入鄱阳县境，而且距鄱阳县城很近。所以《寰宇记》在饶州余干县下明确指出："康郎山在县西北八十里鄱阳湖中"，这是鄱阳湖之名首次见于史籍的记载。[②]

众所周知，《太平寰宇记》成书于北宋初期，[③] 是继唐代《元和郡县图志》后又一部现存较早且较为完整的地理总志，保留了大量

---

① 谭其骧、张修桂:《鄱阳湖演变的历史过程》,《复旦学报》(社会科学版) 1982年第 2 期, 第 32~35 页。
② 谭其骧、张修桂:《鄱阳湖演变的历史过程》,《复旦学报》(社会科学版) 1982年第 2 期, 第 36 页。
③ 可参见 (宋) 乐史《太平寰宇记》第 1 册, 王文楚等点校, 中华书局, 2007, 第 1 页。

珍贵的史料。仅从文字上看，张文所引《太平寰宇记》中"莲荷山"和"康郎山"两条史料，确实足以证明北宋初期，鄱阳北湖已经越过婴子口和松门山一线，其东进入了鄱阳县境，到了离鄱阳县城不远的莲荷山，南则到了余干县北部的康郎山。这两条史料是"鄱阳湖"之名见于地理类史籍的较早记载。

然而，张文所引"莲荷山"和"康郎山"两条史料，均引自光绪八年（1882）金陵书局所刊印的《太平寰宇记》。[①] 在新近点校出版的《太平寰宇记》前言中，王文楚等明确指出了金陵书局版本存在问题：

> 金陵书局本是以乐氏祠堂本为本，乐史后裔"家祠藏本，世不甚重之，然视他刻差为完善，故今刻一用此本"。参正万廷兰刻本及清初朱彝尊所见之仁和朱氏影钞旧本，详加校勘，以万廷兰本陈兰森所补缺的七卷，为"己意补之，今并不取"，学风甚是严谨。杨守敬推崇备至，大加赞赏，称誉为"校订颇审"，是清代以来留传较好的版本，不仅优胜于万廷兰本，极少有优于宋版者，但错误难免，其最严重的弊端莫过于参糅混杂了数量可观的非乐史原作，而是后世，可能多为明清人补易窜入的伪文，几乎以假乱真，如不校核，难以识别。[②]

上文告诉我们三个重要信息：其一，金陵书局所刊的《太平寰宇记》是以乐氏祠堂本为底本；其二，杨守敬对金陵书局本非常推崇和赞赏，认为是清代以来较好的版本；其三，金陵书局本存在着严重弊端，其中混杂了大量后人添加进去的"伪文"，甚至已到了可以假乱真的程度。很显然，这种后世"参糅混杂"的弊端，对于历史研究

---

① 谭其骧、张修桂：《鄱阳湖演变的历史过程》，《复旦学报》（社会科学版）1982年第2期，第39页。
② （宋）乐史：《太平寰宇记》第1册，王文楚等点校，第7～8页。

而言，其影响是至关重要的。对此，在使用金陵书局本的《太平寰宇记》时，更需谨慎和小心。

正如杨守敬所言，在没有更好的版本出现之前，金陵书局本是所有版本中较好的，这也难怪乎张文的材料会尽引自此版本。其实，早在金陵书局刊印前两年，即光绪六年（1880）杨守敬东渡日本，就在日本发现了宋椠残本的《太平寰宇记》，光绪九年（1883）重刊在《古逸丛书》中，但尚缺二卷半。问题是，杨氏只将原先国内刻本所缺的五卷半重刊，而没有把宋版残本全部重刊，以致国内大部分学者难以看到宋版《太平寰宇记》。直到 2000 年，宋版残本才由中华书局影印，原件则存日本东京，中日学者一致认定为南宋刻本。①

对照宋版《太平寰宇记》，就可发现张文所引"莲荷山"和"康郎山"两条史料，在宋版中并没有记载。王文楚等在比较了其他版本之后，认定金陵书局本中"莲荷山"和"康郎山"条目，"宋版、万本、中大本、库本皆无，非乐史原文，为后人所窜入"。② 另外，余干县下包括"康郎山"在内，共有七条"窜入"。其中"五彩山"一条，称"接东乡县界"。"东乡县"之名，早在五代《旧唐书》③ 和北宋《太平寰宇记》④ 中已见记载。然而，这些文献中的"东乡县"主要指的是山南西道达州之下属县，与本处讨论之"东乡县"并不指代同一政区。明嘉靖《东乡县志》载："正德七年分临川地建东乡县，割金溪、安仁、余干、进贤地益之"。⑤ 又据《明史》卷四三《地理志》之记载，东乡县设于明正德七年（1512）八月，⑥ 则北宋时并无此县，可证"康郎山"等条并非乐史原文，而

① （宋）乐史：《太平寰宇记》第 1 册，王文楚等点校，第 6 页。
② （宋）乐史：《太平寰宇记》第 5 册，王文楚等点校，第 2162～2163 页。
③ （后晋）刘昫等：《旧唐书》第 3 册，中华书局，1975，第 1531 页。
④ （宋）乐史：《太平寰宇记》第 6 册，王文楚等点校，第 2679～2680 页。
⑤ （明）秦镒修，饶文璧纂《东乡县志》卷前《表》，《天一阁藏明代方志选刊》，据明嘉靖三年（1524）刻本影印，上海古籍出版社，1963，第 2 页 b。
⑥ （清）张廷玉等：《明史》卷四三《地理志》，中华书局，1974，第 1061 页。

是明清时人窜入的"伪文"。①

由此，张文所引"莲荷山"和"康郎山"两条记载，并不能真实反映北宋初期及以前鄱阳湖的范围和位置，而是把明清时期鄱阳湖的范围误作为了北宋时期。站在事后诸葛亮的立场，张文所引金陵书局本"莲荷山"和"康郎山"两条记载本身，即明显与"松门山"条记载相冲突。如果鄱阳北湖已越过松门山扩展到鄱阳和余干县境，那么"松门山"至少已有三面临水，而非仅仅"北临彭蠡湖"。然而，由于"莲荷山"和"康郎山"两条记载过于强硬，以致张文忽视上述的冲突和矛盾，也就放过了"破绽"背后的故事。

至此，读者不难发现，以《太平寰宇记》中所载"莲荷山"和"康郎山"两条史料作为论证唐末五代至北宋初期彭蠡湖越过婴子口和松门山一线向东南扩展到鄱阳、余干县境的证据，似乎存在不小的问题。在没有其他更有力的证据出现之前，我们还不能完全确定，北宋初期"彭蠡湖"已经拓展到了鄱阳、余干县境，即今天鄱阳湖的广大水体已经形成。

由此，有必要对鄱阳湖的形成和演变过程进行重新地分析。本章将重点讨论两个问题：其一，对史籍中若干关涉"鄱阳湖"之名由来且相互冲突的重要史料进行考证和辨析；其二，通过对唐宋史籍中相关史料的重新梳理，进而对今鄱阳湖的形成时间进行再讨论。

二　"鄱阳湖"之名的由来

在正式讨论鄱阳湖的形成之前，有必要对"鄱阳山"这一地点进行梳理和考证。这是因为明清时期有大量史籍记载，"鄱阳湖"之名的出现与"鄱阳山"有着直接的联系。这一经典表述最早出现在《大明一统志》中，"鄱阳湖，在鄱阳县西四十里，即《禹贡》彭蠡

---

① （宋）乐史：《太平寰宇记》第5册，王文楚等点校，第2163页。

也，延袤数百里，隋以鄱阳山所接，故名"，① 随后嘉靖《江西通志》及其他各类文献大多沿用此说。② 然而，其中又以顾祖禹《读史方舆纪要》中的记载影响最广，现摘录如下：

> 鄱阳湖即彭蠡湖，在南昌府东北一百五十里，饶州府西四十里，南康府城东五里，九江府东南九十里，周回四百五十里，浸四郡之境……自隋以前概谓之彭蠡，炀帝时以鄱阳山所接，兼有鄱阳之称。大业十二年，刘子翊讨鄱阳贼林士宏，战于彭蠡湖，败死。③

上文提供了一个关键信息，即鄱阳湖在隋以前称为"彭蠡湖"，在隋炀帝时"彭蠡湖"扩展到了"鄱阳山"，从而兼有了"鄱阳湖"的名称。在顾祖禹看来，事情似乎已经很清楚，"鄱阳湖"之名始于隋，其由来则源自"鄱阳山"。如此一来，"鄱阳山"这一地名尤为重要，只要能够确定它的地理位置，就可以知道隋时鄱阳湖的范围。

令人不解的是，《大明一统志》和嘉靖《江西通志》中，在"鄱阳山"条下又说"鄱阳山，在府城西北一百十五里鄱阳湖中。初名力士山，唐改今名"。④ 可以发现，"鄱阳湖"与"鄱阳山"两条记载前后存在明显的矛盾，既然"鄱阳山"之名在唐代始有，那么隋代以"彭蠡湖"接"鄱阳山"而有"鄱阳湖"之说就难以成立。

---

① （明）李贤等撰《大明一统志》卷五〇《饶州府》，三秦出版社，1990，第800 页。

② （明）林庭㭿、周广纂修《江西通志》卷八《饶州府》，《四库全书存目丛书》史部第 182 册，据江西省图书馆藏明嘉靖刻本影印，齐鲁书社，1996，第 308～309 页。

③ （清）顾祖禹：《读史方舆纪要》第 8 册，贺次君、施和金点校，中华书局，2005，第 3885～3886 页。

④ （明）李贤等撰《大明一统志》卷五〇《饶州府》，第 799 页；（明）林庭㭿、周广纂修《江西通志》卷八《饶州府》，《四库全书存目丛刊》史部第 182 册，第305～306 页。

张文认为这是"没有根据的误传，记载就容易自相矛盾"。① 这种看法有其合理性，但这类历史记录的出现，应有一定的缘由，并不能简单地视之为"错误"。对于"鄱阳山"，《读史方舆纪要》有更为详细的记载：

> 鄱阳山，府西北百十五里鄱阳湖中。初名力士山，亦名石
> 印山。《三国志》："孙皓天玺元年，鄱阳历陵有山石文理成字，
> 吴人谓石印封发，天下太平。"《江表传》："历陵有石山临水，
> 高百丈，其三十丈所，有七穿骈罗，穿中色黄赤，俗相传谓之
> 石印，即鄱阳山是也。"历陵，今九江府德安县，孙吴时山盖当
> 二县之界。②

上述资料显示，明清时期的"鄱阳山"，在饶州府城鄱阳西北一百一十五里的鄱阳湖中。另外，"鄱阳山"在过去还有两个别名——"力士山"和"石印山"。其中别名"力士山"与《大明一统志》的记载相同，而"石印山"则是《读史方舆纪要》新添入之名称。从《读史方舆纪要》的记载文本看，《江表传》中就出现了"鄱阳山"之名，而《江表传》系西晋人虞溥所著。然而，《太平寰宇记》"石印山"一条称："按《江表传》云：历阳有石山临水，高百丈，其三十丈所，有七穿骈罗，穿中色黄赤，俗相传谓之石印。"③ 很明显，《读史方舆纪要》中"即鄱阳山是也"实为顾祖禹所加，并非《江表传》原文。同时，《太平寰宇记》中也并无"鄱阳山"的记载。据此，清人许鸣盘认为《太平寰宇记》"记石印山，而不记鄱阳山，则为一山可知"。④ 而事实上，在明清史籍中，人们大都做了类似的理解。

---

① 谭其骧、张修桂：《鄱阳湖演变的历史过程》，《复旦学报》（社会科学版）1982年第 2 期，第 35 页。
② （清）顾祖禹：《读史方舆纪要》第 8 册，贺次君、施和金点校，第 3946 页。
③ （宋）乐史：《太平寰宇记》第 5 册，王文楚等点校，第 2135 页。
④ （清）许鸿盘：《方舆考证》卷五二，济宁，潘氏华鉴阁，1933。

　　然而，如果"石印山"与"鄱阳山"确系同一座山，那么鄱阳山"唐改今名"之说就存在问题。其原因在于，如果唐代既已有"鄱阳山"之名，那么北宋初期的《太平寰宇记》就不会继续以"石印山"条目记载此山。在隋唐至北宋初期的地理志书中，都未见"鄱阳山"之记载。直到北宋中期的《元丰九域志》，始在鄱阳县"古迹"[①]下载有"鄱阳山"，这是目前见于史籍最早的记载。[②]结合下文可知，此时"漫涨"的湖水已在四望山至长山一带将都昌和鄱阳分隔，今天的长山已与都昌陆地分离，遂被土人或行舟之人称为"鄱阳山"。在地理志书中，"鄱阳湖"之名最早出现在南宋的《舆地纪胜》中。因此，从二者在史籍中的出现时间看，"鄱阳湖"由"鄱阳山"而名的说法似乎是成立的，只是时间上尚有疑点。

　　清代鄱阳人李正瑜为此还专门写有《鄱阳山辨》一文，认为"鄱阳山"即强山，理由是鄱阳山"去城西北百十五里鄱阳湖中"，[③]而强山"在立德乡去西南六十里"，[④]然"按水程饶治至都邑之周溪镇百二十里，注百十五里者大近，六十里者大远，当于其间取之"。[⑤]从距离上判断，"鄱阳山"应该位于鄱阳县城至都昌周溪镇之间。再则，李氏指出，在饶州城西北鄱阳湖中，"小小数山之外，更无一山，所谓鄱阳山者，正不见有何山也，玩注初名力士山，力士云者，强之义也。强山又名狂山，狂惟力士多有之，则强山之即鄱阳山也无疑"。[⑥]由上可知，李氏认定"强山"即"鄱阳山"，主要基于以

---

①　由于《元丰九域志》所载过于简略，北宋绍圣四年（1097）黄裳即拟辑录各地山川、民俗、物产、古迹等，以补其缺，名为《新定九域志》，书中遂增"古迹"一门。可参见（宋）王存撰《元丰九域志》上册，王文楚、魏嵩山点校，中华书局，1984，第3页。

②　（宋）王存：《元丰九域志》上册，王文楚、魏嵩山点校，第245页。

③　（清）陈骧修，张琼英等纂《鄱阳县志》卷三一《艺文志·辨》，第6页b。

④　（清）陈骧修，张琼英等纂《鄱阳县志》卷三一《艺文志·辨》，第6页b。

⑤　（清）陈骧修，张琼英等纂《鄱阳县志》卷三一《艺文志·辨》，第6页b~7页a。

⑥　（清）陈骧修，张琼英等纂《鄱阳县志》卷三一《艺文志·辨》，第7页a。

下三点证据：其一，在空间距离上，"鄱阳山"与"强山"的位置大体相同；其二，在饶州城西北鄱阳湖中，没有一座山叫"鄱阳山"；其三，从字义上看，"力士"与"强"同义，二者也应该是同一座山。

除此之外，李氏还对"鄱阳山"之名的由来进行了说明，"然称为鄱阳者，疑是别于都昌山而言之。四山，古鄡阳县治，注详郡志古迹，今属都昌，荒烟蔓草，邱墟之瓦砾存焉，固都邑东南之尽境也。当是其土人与泛舟往来者，见强山巍耸于湖中，指而目之，曰此鄱阳山也，则一山而又改一名矣，流传日久遂忘其故"，① 即之所以称"鄱阳山"，是为了区别于都昌县的山而以县名作山名。四山，即"四望山"，古鄡阳所在地，也是都昌东南的边界。由此，可以肯定的是，"鄱阳山"这个地名形成的时候，此山还没有完全处于湖中，其东南面必定还与鄱阳县陆地相连，但是"漫涨"的彭蠡湖水已把此山与都昌县境分隔。否则，从距离而言，此山离都昌县更近，而离鄱阳县更远，但却不叫"都昌山"，原因即在此。

在道光《鄱阳县志》中，李正瑜指出："穿凿之家以山擅一邑之名，不求其实属何山，志于全境诸山之后，标一鄱阳山，而不着其所在之乡，其为漫笔也，可知矣，后之修志者宜正之。"② 可以想见，在李氏之前，对于"鄱阳山"究竟位于何处以及实属何山等问题，前人也一直没有弄清楚，而是简单地把它登载于鄱阳各山的最后，仅载有它离饶州城的距离，而没有载明它的具体地理方位。尽管李氏已告知后来志书编纂者应改正这一局面，但就在道光《鄱阳县志》中，修志者似乎并没有采纳李氏的意见，将"强山"和"鄱阳山"视为一山记载，而是照旧分列登载，只在"鄱阳山"条后标注了"邑人李正瑜有辨见艺文"等字。③ 由此可知，县志编修者并不把李

① （清）陈骧修，张琼英等纂《鄱阳县志》卷三一《艺文志·辨》，第7页 a~7页 b。
② （清）陈骧修，张琼英等纂《鄱阳县志》卷三一《艺文志·辨》，第7页 b。
③ （清）陈骧修，张琼英等纂《鄱阳县志》卷五《山川》，第14页 b。

氏的考辨当作定论，而是仅作读者参考。而后，同治《鄱阳县志》
只将"长山"替代了"强山"，但照旧把"长山"和"鄱阳山"视
作两山分列记载。① 可见，迟至清代同治年间，"强山"与"鄱阳
山"是否同为一山，依然存在分歧。

不仅如此，同治《鄱阳县志》连道光志书中的《鄱阳山辨》一
文也未收入，这颇让人不理解。尽管如此，结合今天长山的地理位
置，李氏《鄱阳山辨》还是很具有说服力的，无论从逻辑上还是举
证上，"鄱阳山"最有可能的就是"强山"（今长山）。然而，直到
20 世纪末，依然有学者误把鄱阳县附近的"莲荷山"视作"鄱阳
山"，并结合前引《读史方舆纪要》关于"鄱阳湖"隋代源于"鄱
阳山"之记载，认为"鄱阳湖大水面形成于公元 400 年前后，为距
今约 1600 年的年轻湖泊"的结论，② 不仅与张文结论相差甚远，也
难以令人信服。

关于"鄱阳湖"之名源于"鄱阳山"的说法，最早的记载出现
在南宋王象之的《舆地纪胜》③ 中，而后大量明清史籍和地方志书
沿用此说。然而，值得注意的是，《舆地纪胜》既没有给出"鄱
阳湖"因"鄱阳山"而名的具体时间，也没有其他任何关于"鄱
阳山"的记载。正如上文业已指出的，迟至《大明一统志》才开
始出现"鄱阳湖"因"鄱阳山"而名的确切时间记载，同时也在
"山川"中有了"鄱阳山"的条目。由此可知，那些声称"隋代"
鄱阳湖就以"彭蠡湖"接"鄱阳山"而名的记载，大多都是出现
在明清时期，而未见载于唐宋史籍。很有可能的是，明清史籍和
地方志书在沿用《舆地纪胜》记载的同时，又对此进行了"时

---

① （清）陈志培修，王廷鉴等纂《鄱阳县志》卷一《山川》，清同治十年（1871）
　 刻本，第 39 页 b～40 页 a。
② 苏守德：《鄱阳湖成因与演变的历史论证》，《湖泊科学》1992 年第 4 卷第 1 期，
　 第 43 页。
③ （宋）王象之：《舆地纪胜》卷二三，第 2 册，李勇先校点，四川大学出版社，
　 2005，第 1095 页。

间"上的"考证"，从而就有了"鄱阳湖"之名形成于"隋代"的说法。

三　鄱阳南湖的形成过程

（一）唐、五代时期

在唐开元年间，张九龄曾从东都洛阳南下赴洪州就任。张九龄从东都至江宁的路线与后来的李翱一样，都是经漕道南下。但是，至江宁后，张九龄并没有从常州、苏州、杭州转衢州这条路线进入江西，而是直接溯长江而上，经宣州当涂至江州，入彭蠡湖经庐山至洪州。① 在路途中，张九龄留下了"湖口望庐山瀑布水"、"彭蠡湖上"、"入庐山仰望瀑布水"、"出为豫章郡途次庐山东岩下"及"自彭蠡湖初入江"等诗句。② 从"自彭蠡湖初入江"推断，张九龄应该是在游览庐山之后沿着赣江水道至洪州。由此看来，唐前期彭蠡湖与洪州之间依然还是江河水道景观，鄡阳平原的北部尚未沦陷为湖泊。除了张九龄之外，王勃、李白、孟浩然、白居易等都曾游历过江州、彭蠡湖、庐山、洪州一带，但在他们的诸多诗文中对鄡阳平原的水文变化均无任何的记录。如鄡阳平原已经湖泊化，这些曾经亲自游历过江西北部的文人墨客，应该要比一些地理志书的编撰者更能直接感受到这种地理变化。

我国现存最早又较完整的地方总志，是唐朝地理名著《元和郡县图志》，写成于唐宪宗元和八年（813）。③ 更早的则有初唐李泰《括地志》，但内容简略。《括地志》江州条下载"彭蠡湖在江州浔

---

① （唐）张九龄撰，熊飞校注《张九龄集校注》上册，中华书局，2008，第243页。
② （唐）张九龄撰，熊飞校注《张九龄集校注》上册，第237～240、246～248页。
③ （唐）李吉甫：《元和郡县图志》上册，贺次君点校，中华书局，1983，第1页。

阳县东南五十二里"，而在饶州条下并无"彭蠡湖"之记载。① 虽然
《元和郡县图志》在《括地志》基础上扩充了内容，但依然只在江
州都昌县下载有"彭蠡湖，在西六十里。与浔阳县分湖为界"。洪
州、饶州条下并无记载。② 杜佑亦有记，"宋武帝大破卢循于左里，
即彭蠡湖口也"。③ 值得注意的是，李吉甫、杜佑两人都曾做过饶州
刺史，但却在他们编纂的史籍中对彭蠡湖水体的扩张现象只字未提，
给人的印象是唐代中期的"彭蠡湖"依然只位于今天鄱阳北湖的狭
长地带，并未跨过松门山一线向东南方向扩展。

　　元和四年（809），李翱经浙江衢州过江西玉山至信州，"丙申，
上干越亭。己亥，直渡担石湖。辛丑，至洪州"。④ 此时，李翱是渡
"担石湖"至洪州，还尚未见"鄱阳湖"的出现，且从"自湖至洪
州一百有一十八里，逆流"判断，经由的航道主要是河流而不是湖
泊。这条航道很可能是赣江过洪州后分出的支流，东北会余干水经
担石湖向北会鄱江水。据杜佑《通典》记载："鄱阳郡……西至章郡
担石湖，中流为界，一百七十里"。⑤ 另据"章郡……东北到鄱阳郡
四百四十里"⑥判断，可知"一百七十里"是鄱阳郡至担石湖，而
不是至章郡的距离，断句应在"西至章郡担石湖"与"中流为界"
之间，担石湖在豫章郡辖内。李翱与杜佑都注意到，在唐代中期鄡
阳平原的南部一带，余干水之下游已经形成"担石湖"水体，成为
洪州与饶州的界湖。但是，对于"担石湖"的范围，李翱和杜佑都
没有给出更多的信息。该水体的东界很可能在豫章郡与鄱阳郡交界

① （唐）李泰等著，贺次君辑校《括地志辑校》，中华书局，1980，第 231、235 ~
236 页。
② （唐）李吉甫：《元和郡县图志》下册，贺次君点校，第669 ~ 671、677 页。
③ （唐）杜佑：《通典》卷一○二《浔阳郡》，王文锦等点校，中华书局，1988，第
4840 页。
④ （唐）李翱：《李文公集》卷一八《来南录》，上海书店出版社，1989，第
147 页 b。
⑤ （唐）杜佑：《通典》卷一八二《鄱阳郡》，王文锦等点校，第4839 页。
⑥ （唐）杜佑：《通典》卷一八二《章郡》，王文锦等点校，第4841 页。

处，且尚未进入鄱阳郡辖区内。

不过，《太平寰宇记》洪州项下载："担石湖，在州东北，水路屈曲二百六十里，其湖水中有两石山有孔，如人穿担状。古老云壮士担此二石置湖中，因以为名。"[①] 据此，"担石湖"名称的由来是因为湖中有两座石山耸立，似有力大之人担此两石置于湖中。近些年，本书作者曾多次在余干县瑞洪、康山一带进行实地考察，符合"担石"景象的只有康山西北方向的南矶山。南矶山，现隶属于新建县南矶乡，由南山和矶山两山组成，在丰水季两山之间的通道被水淹没，形成两山中间有一孔的景象。由此推断，唐中叶南矶山应该已在担石湖中，此湖的北界起码已越过南矶山。此外，在《太平寰宇记》余干县下载有："邹子港，在县西北二十里，余干江水之一支，水口即为担石湖也。"[②] 这说明"担石湖"的南界大致位于余干江水口的邹子港。至此，我们大致可以确定"担石湖"的范围南已抵达现余干县瑞洪附近区域，北界则越过了现新建县南矶山，东界在豫章郡与鄱阳郡的交界处。

至迟在唐中叶，"担石湖"已经是一个横陈在洪州与饶州之间的较大水体，并且成为当时人们往来东西南北的水路交通要道。[③] 关于担石湖的记载，不仅有前文提及的李翱《来南录》，还有唐代刘长卿"夕次檐（担）石湖，梦洛阳亲故"和窦叔向"过担石湖"的著名诗句，前者曾用"天涯望不尽"与"万里云海空"来形容该水体的浩渺，而后者则有"日衔高浪出，天入四空无"之句。[④] 但是，实地去过鄱阳湖的人都应该知道，在丰水期只要孤舟进入一个小湖汊，就可以感受到湖水的浩渺无涯，加上四周都是平原，更显湖面的广

---

① （宋）乐史：《太平寰宇记》第 5 册，王文楚等点校，第 2103 页。
② （宋）乐史：《太平寰宇记》第 5 册，王文楚等点校，第 2141 页。
③ 吴修安：《唐宋时期鄱阳湖流域的环境变迁与地域社会》，博士学位论文，台湾大学，2016，第 40 页。
④ （唐）刘长卿：《刘随州集》卷六，上海书店出版社，1989，第 2 页 a；（宋）李昉等编《文苑英华》第 2 册，中华书局，1982，第 1494 页。

阔。所以，我们还不能据此就把"担石湖"视为一个与现今鄱阳湖相似的大型湖泊。

在唐末和五代时人的诗文中，首次出现了"鄱阳湖"之名。此名称随后得以沿用，成为人们对该水体的主要称呼。现将唐末和五代时期两首以"鄱阳湖"为题的诗列举如下。其一是释贯休的《春过鄱阳湖》：

> 百虑片帆下，风波极目看。吴山兼鸟没，楚色入衣寒。
> 过此愁人处，始知行路难。夕阳沙岛上，回首一长叹。①

释贯休生于唐大和六年（832），卒于梁乾化二年（912），是晚唐、五代初著名的诗僧、画家和书法家。②唐大中十一年（857），他从浙江的处州西行，初次进入江西境内，在洪州的开元寺修行了三年，而后多次往返于浙江故乡和江西的西山、庐山、鄱阳等地。③上引的这首诗是释贯休在唐咸通十一年（870）再游江西时，从池州的九华途径鄱阳赴洪州的途中所作。④其中"吴山兼鸟没，楚色入衣寒"之句，"吴山"指浙江故乡，"楚色"则指江西，描述的是他乘船从东向西过鄱阳湖的景象。因为豫章郡素有"楚头吴尾"之称，东为吴越之地，西为楚地。由于连续在这一地区活动了多年，释贯休对当时的江西北部地区是熟悉的。唐中和元年（881）秋，贯休避乱再入庐山，途径鄱阳时有诗一首《鄱阳道中作》，其中有"湖平帆尽落，天淡月初圆"之句，再次描写了湖面辽阔的情景。⑤

---

① （唐）释贯休：《禅月集》卷七《春过鄱阳湖》，台北，台湾商务印书馆，2011，第19页。
② （唐）贯休著，胡大浚笺注《贯休歌诗系年笺注》下册，中华书局，2011，第1115页。
③ （唐）贯休著，胡大浚笺注《贯休歌诗系年笺注》下册，第1126、1162页。
④ （唐）贯休著，胡大浚笺注《贯休歌诗系年笺注》上册，第375~376页。
⑤ （唐）贯休著，胡大浚笺注《贯休歌诗系年笺注》上册，第416~417页。

　　四顾无边鸟不飞，大波惊隔楚山微。

　　纷纷雨外灵均过，瑟瑟云中帝子归。

　　逆鲤似梭投远浪，小舟如叶傍斜晖。

　　鸱夷去后何人到，爱者虽多见者稀。[①]

这首诗作于唐景福元年（892）秋八月。[②] 在 891 年，韦庄离开浙江，前往江西、湖南游历，之后入京应举。其中"大波惊隔楚山微"和"小舟如叶傍斜晖"之句，意指由于大湖的浩渺，使得西边的群山和行船都显得渺小。在同一时间的另外一首诗中，韦庄有"鸟栖彭蠡树，月上建昌船"[③] 之句，却依然使用了"彭蠡"一词。这既可以理解为"鄱阳湖"和"彭蠡湖"存在区分，并不指称同一处水体，也可以视为"彭蠡湖"与"鄱阳湖"已经通用。贯休和韦庄都用了"鄱阳湖"做标题，如果标题确非后来刊刻者所加的话，这就意味着至迟在唐末，"鄱阳湖"之名已经形成，并在当时的诗人中得到认同和使用。

　　值得注意的是，与贯休一样，韦庄也是从浙江到洪州，途径鄱阳湖。在传统时期，浙江衢州、婺州通往江西洪州的便捷之道，是从浙西过玉山到上饶，然后顺着河道至弋阳、余干或鄱阳，这是一段可以确定的路程。至于到达余干、鄱阳之后如何前往洪州？上文贯休、韦庄都提到泛舟过鄱阳湖赴洪州或庐山的情景，但却没有提及具体的路线。结合前文李翱南下岭南时走的路线，贯休、韦庄所经过的"鄱阳湖"应该就是李翱、刘长卿与窦叔向等人所称的"担石湖"。不过，至唐代末期的诗词中，曾经在唐中叶史籍中频繁被路过江西的诗人提及的"担石湖"已经逐渐被"鄱阳湖"所替代。由此推测，至唐末五代时，北部的彭蠡湖水体可能已经越过松门山一带，向东南鄡阳平原扩张，并与南部的"担石湖"相接。

---

①　（五代）韦庄：《浣花集》卷七《泛鄱阳湖》，台北，台湾商务印书馆，2011，第29 页。

②　（五代）韦庄著，聂安福笺注《韦庄集笺注》，上海古籍出版社，2002，第 264 页。

③　（五代）韦庄著，聂安福笺注《韦庄集笺注》，第 260 页。

（二）两宋时期

在本章的开篇，笔者即已指出张文所引《太平寰宇记》两条关键史料的版本问题，以致张文关于鄱阳南湖形成时间的结论有重新讨论的必要。虽然《太平寰宇记》存在明清时人"窜入"的"伪文"，但参照宋版《太平寰宇记》，里面尚有若干条记载可资讨论。

其一，在饶州鄱阳县下，载有"鄱江水。自当县、浮梁、乐平、余干等三县合为鄱江，经郡城南，又过都昌县，入彭蠡湖"。[①] 这表明，北宋初期"彭蠡湖"尚未扩展到鄱阳县城附近，不然鄱江之水就不必过都昌县入彭蠡湖，而是直接过县城不远就可入湖；其二，在洪州南昌县下，载"松门山，在县北水路二百一十五里，其山多松，遂以为名。北临大江及彭蠡湖"。[②] 由此可知，彭蠡湖尚在松门山之北；其三，在南康军下，载有"东南渡江至松口，三十里入都昌县界"。[③] 松口即松门山彭蠡口，从南康星子县城到都昌县要先渡过赣江到松门山，但是松门山到都昌界三十里却未注明是水路，都昌县下亦未载县东南有湖，从而可判断彭蠡湖尚未越过松门山南扩。由此可知，乐史虽是江西宜黄人，但却并未注意到彭蠡湖水体向东南鄱阳平原大规模扩张的变化，也只字未提"鄱阳湖"水体的出现。

仅从《太平寰宇记》看，北宋初期彭蠡湖的位置并未向东南方的鄱阳平原扩展。值得注意的是，在夏秋丰水季节，彭蠡湖之水会沿着各江道向上游漫涨，从而在鄱阳平原阻遏江水形成许多局部湖泊。如在饶州余干县下载："邬子港，在县西北二十里。余干江水之一支，水口即为担石湖也。"[④] 余干江水受彭蠡湖水体上涨的影响，在余干江水口形成了担石湖。另外，在洪州南昌县下载东湖，"水通

---

① 王文楚等点校指出，宋版《太平寰宇记》作"经郡城南过，入都昌县"。可参见（宋）乐史撰《太平寰宇记》第5册，王文楚等点校，第2138、2162页。
② （宋）乐史：《太平寰宇记》第5册，王文楚等点校，第2102页。
③ （宋）乐史：《太平寰宇记》第5册，王文楚等点校，第2261页。
④ （宋）乐史：《太平寰宇记》第5册，王文楚等点校，第2141页。

章江，增减与江水同"，① 表明南昌县城附近的东湖，尽管距离遥远，但依然会受到彭蠡湖水涨的影响而出现水位变化。这些记载显示，北宋初期，彭蠡湖主体虽未向东南方的鄱阳平原入侵，但彭蠡湖水体已经出现了季节性的向河流上游漫涨的事实，甚至由于下游水体的阻遏，河流上游区域已经开始形成局部水体。

北宋所修地理总志，除《太平寰宇记》外，还有《元丰九域志》和《舆地广记》，所载政区前者为北宋中期元丰之制，后者为北宋末期政和之制。② 在《元丰九域志》江州德化县下，仅载有"彭蠡湖"三字，而在饶州、洪州下未见任何记载。③ 同样，在《舆地广记》中，只在江州德化县、彭泽县和南康军星子县下载有"彭蠡湖"，而饶州、洪州下未见记载。④ 以上信息显示，直到北宋末期，地理志书中没有出现"鄱阳湖"之记载，也没有发现"彭蠡湖"的范围扩展到饶州、洪州境内的任何记载，"彭蠡湖"只在江州德化县境内有载。这说明在北宋时期，几乎没有地理志书注意到鄱阳平原的地理变迁，彭蠡湖的范围也未见有明显的变动。彭蠡湖水体顺着江道在逐渐向上游入侵鄱阳平原，从而形成沿江两岸水面季节性涨落，在低洼地区已经形成面积不等的湖面。

尽管北宋时期的各类地理志书对"鄱阳湖"完全忽视，没有任何的记载。但是，在当时文人的诗词中，仍有多处提及"鄱阳湖"。南唐至北宋初期的徐铉，分别在"移饶州别周使君"⑤ 和"送表侄达师归鄱阳"⑥ 两首诗中都提到了"鄱阳湖"。此外，北宋名臣赵抃

① （宋）乐史：《太平寰宇记》第 5 册，王文楚等点校，第 2103 页。
② （宋）王存：《元丰九域志》上册，王文楚、魏嵩山点校，第 3 页。
③ （宋）王存：《元丰九域志》上册，王文楚、魏嵩山点校，第 242～250 页。
④ （宋）欧阳忞：《舆地广记》上、下册，李勇先、王小红校注，四川大学出版社，2003，第 691～693、696～697、702～703、715～717 页。
⑤ （宋）徐铉撰，吴淑编《骑省集》卷三，台北，台湾商务印书馆，1986，第 22～23 页。
⑥ （宋）徐铉撰，吴淑编《骑省集》卷二一，第 167 页。

也分别在"经鄱阳湖"① 和"过鄱阳湖先寄洪守唐介待制"② 两首诗中提及"鄱阳湖"。这些诗文都是徐铉和赵抃在旅行途中路过鄱阳湖而作，相对于那些坐在书房依靠史籍编写地理志书的人而言，他们无疑更能切身感受到鄡阳平原的水文地理变化。这也提醒研究者注意，历代的地理志书并不能及时反映自然地理的变迁过程，而是具有明显的滞后性。此外，北宋初期晏殊在《晏元献公类要》提道："鄱阳湖，在（都昌县）南至二十里，源出饶州。"③ 实际上，北宋初期，北部彭蠡湖水体已经越过了松门山一线，扩张至都昌县的南部。然而，北宋地理志书对"鄱阳湖"水体的忽视，可能侧面反映了该水体尚处于由小变大的过程中，众多原先散落在鄡阳平原的陂湖、河流逐渐与彭蠡湖、"担石湖"这样较大的水体连成一片。

南宋时期有两本重要的地理志书，即《舆地纪胜》和《方舆胜览》。前者成书于南宋嘉定、宝庆间，后者成书于宋理宗嘉熙年间，约晚于前者十几年。上文已提到，关于"鄱阳湖"这个地名，最早的记载就出现在《舆地纪胜》中。在饶州鄱阳县下载："鄱阳湖，湖中有鄱阳山，故名。其湖绵亘数百里，亦名彭蠡湖。"④ 同时，鄱江水"经过城下入彭蠡湖"，⑤ 而无须经过都昌县，直接入湖。另外，在隆兴府南昌县下，亦记载有"彭蠡湖，去进贤县一百二十里，接南康饶州及本府三州之境。弥茫浩渺，与天无际"。⑥ 这提示我们，至南宋，北部的彭蠡湖已经确定无疑越过了松门山一线向东南扩展到了鄱阳县和南昌县境，纵跨南康、饶州和隆兴三府之境，并在地理志书中出现了"鄱阳湖"之称。

《方舆胜览》大体沿用了《舆地纪胜》的记载。同时，关于

① （宋）赵抃：《赵清献公集》卷七，藏厦门大学图书馆古籍库，明末刻本，第10页a。
② （宋）赵抃：《赵清献公集》卷一〇，第12页b。
③ （宋）晏殊：《晏元献公类要》卷一《南康军》，国家图书馆出版社，2013，第19页。
④ （宋）王象之：《舆地纪胜》卷二三，第2册，李勇先校点，第1095页。
⑤ （宋）王象之：《舆地纪胜》卷二三，第2册，李勇先校点，第1096页。
⑥ （宋）王象之：《舆地纪胜》卷二六，第3册，李勇先校点，第1217页。

"鄱阳湖"的记载开始大量出现于南宋时期的诗歌和游记中。周弼有诗《鄱阳湖》云："鄱阳湖浸东南境，有人曾量三十六万顷",① 非常形象地写出了鄱阳湖浸入东南鄱阳平原的变迁。南宋诗人杨万里在《诚斋集》中，写有大量关于鄱阳湖的游记，如"四月十三日度鄱阳湖，湖心一山曰康郎山，其状如蛭，浮水上",② 这就有力表明南宋前期余干北部的康郎山已经处于湖心之中。一路上，杨万里端午前一日"鄱阳湖观竞渡",③ 由于鄱阳湖风浪大，遇有阻风行船不便，于是就有"泊湖心康郎山旁小洲三宿，作闷歌行"十二首。④ 随后，从康郎山"过湖入港"而"小泊棠阴",⑤ 离开棠阴后寄宿在四望山（即鄡阳旧址），而后从四望山过都昌县入彭蠡湖。⑥ 从杨万里的游记诗歌中，都昌县东南的棠阴、四望山都已在鄱阳湖中。

除了杨万里之外，范成大在《骖鸾录》中，也记载了过余干县宿鄡子口的情景，"闰月一日，宿鄡子口。鄡子者，鄱阳湖尾也，名为盗区，非便风张帆，及有船伴不可过"。⑦ 范成大的游记，表明至南宋中期，鄱阳湖已经与担石湖连为一体，最南端到了唐中叶担石湖的南界——鄡子口附近。另外，笔者在余干县康山王家村发现了一块南宋时期的墓志铭，亦可佐证康郎山此时已在湖中的事实。现将《宋故王公正之圹记》内容全文引用如下：

> 圹有记，系年月，著姓氏也。孝子顺孙皆可笔之于书，焉用文之？王公正之葬前事，其子征予记，辞不获，乃为书之。公姓王，讳大中，字正之，大父旻，考珪，世为饶州余干福应人，公迁于洪崖，今为洪崖康山人。公凝状端凝，辞色温粹，

① （宋）陈起：《江湖后集》卷一，台北，台湾商务印书馆，1985，第724页。
② （宋）杨万里：《诚斋集》卷一四，第1册，台北，台湾商务印书馆，2011，第127页。
③ （宋）杨万里：《诚斋集》卷二四，第1册，第230页。
④ （宋）杨万里：《诚斋集》卷三五，第1册，第330页。
⑤ （宋）杨万里：《诚斋集》卷三五，第1册，第330页。
⑥ （宋）杨万里：《诚斋集》卷三五，第1册，第331页。
⑦ （宋）范成大：《骖鸾录》，中华书局，1985，第7页。

畴昔闻公自谓，幼侍伯兄，从明远徐先生游，始来洪崖，见一
乡善士，必尊敬之，惟其逮事前辈尊宿，耳目习熟故家典刑，
故动与理暗合也。公始迁地以棠梨名，俄有睥睨其傍者，公委
而去之，如弃敝屣，人咸称其见义而作。康山榷酤，额隶于官，
比年授之匪人，名存实泯，有司曾不识一钱，贰令采之与议，
下文册以畀公，公即其地而居焉，极（机）为经画，额解以时，
居康山自此始也。公之先君子在日，公请来就养，日奉甘旨，
始终一如，迨其殁，则敛袭、窆窆之事，悉身其责，不以委诸
昆。诸昆相继去世，公为之经纪后事，俾其子若女，咸有所归。
姻族之疏远，有不能给者，亦解衣推食，无靳色。晚年婚嫁毕，
敕断家事。率辰漏下一刻，课佛书若干卷，遍乃已，隆暑沍寒
靡间也。俾三子各其居，公侍时朦日，杖策往来，子孙欢迎，
翛然自得，尤爱其季子元礼所居湖山，四面架几净滑，翁□媪
婆娑其间，视为菟裘将老之地。康山宛在湖中，士大夫东南行
者，维舟其下，必上元礼所居而登览焉。公屣履出迎，惟恐后，
好事者为公留住（信）宿，犹依依不忍者，去必浓墨大字为公
诗之壁。程史君（鸣凤）有"不似炉薰一卷经"之句，盖亦美
公之辞也，观此可知公之为人矣。公生于开禧丙寅九月甲辰，
卒于景定甲子四月壬申，享年五十有八，娶董氏，子男三，元
谅、元善、元礼，媳妇康氏、董氏、江氏，女一，适江西谌廷
佐。孙男六，三凤娶袁氏，三仁、三杰、三聘、寄孙、五哥。
孙女八，长适王梦炳，次许适袁友端，三许适邵应瑞，四许适
程日新，余未笄。曾孙男一，登孙。以咸淳乙丑九月辛酉葬公
于鲲池之皋，距所居百步，不啻便定省也。姑述其梗概，纳诸
幽宫云。里末进士胡宪记。①

① 此碑出土于余干县康山乡，现收藏于王家村王茂平先生家中，感谢王茂平先生将
此碑慷慨示以。其中加有下划线的文字是原《宋故王公正之圹记》中的剥蚀脱漏
之处，其中多数文字位于因"文革""破四旧"导致的碑文断裂之处。

上引《圹记》的落款是"进士胡宪记"。胡宪，南宋余干县人，曾于景定元年（1260）参加过"解试"。[①] 同时，圹记主人公也生活在南宋开禧至景定年间。由此，通过圹记作者和圹记主人公的信息，我们可以断定这是一块南宋末期的墓志。尤为重要的是，圹记中载有"康山宛在湖中，士大夫东南行者，维舟其下，必上元礼所居而登览焉"。[②] 虽然"宛"字有"如同""好像"之意，但结合前引杨万里"四月十三日度鄱阳湖，湖心一山曰康郎山，其状如蛭，浮水上"[③] 之记载，可以肯定南宋中后期康山已在湖中无疑。此外，上引碑文也说明此时的康山已是鄱阳湖上重要的水路航道之一，以致宋代政府在康山设立"榷酤"收取酒税，现在康山王氏的祖先就是因为被有司任作"榷酤"而定居康山的。

　　此外，吴修安根据 1983 年出土《宋故赵善士墓志》中"公宅之北，邻于鄱阳大湖"的记载，并结合其他相关史料，认为南宋初鄱阳湖的西南界已到达了赵家围一带。[④] 同时，南宋洪迈《夷坚志》中有记载云："鄱阳近郭（双港）数十里多陂湖，富家分主之"。[⑤] 由此可知，在离鄱阳县城不远的双港已有许多大大小小的湖泽存在，南宋初期鄱阳湖的东界大致已经越过莲荷山、鄱阳山抵达鄱阳县城附近。鄱阳湖的南界则与唐中叶以来担石湖的南界基本相同，大致在邬子港、瑞洪一带，康郎山已位于湖中。北界的棠荫、四望山都已在湖中或湖边，界址与现今鄱阳湖的北界基本相同。至此，现今鄱阳湖的大体范围已基本形成。

---

① （明）林庭㭓、周广纂修《江西通志》卷九《饶州府》，《四库全书存目丛刊》史部第182 册，第 376 页。

② 《宋故王公正之圹记》残碑，现收藏于余干县康山乡王家村王茂平先生家中。

③ （宋）杨万里：《诚斋集》卷一四，第 1 册，第 127 页。

④ 吴修安：《唐宋时期鄱阳湖流域的环境变迁与地域社会》，博士学位论文，台湾大学，2016，第 44 页。

⑤ （宋）洪迈：《夷坚志》支庚卷七《双港富民子》，据上海图书馆藏清影宋抄本影印，收入《续修四库全书》第 1265 册，上海古籍出版社，1995，第 685 ~ 686 页。

四　明清湖区的圩田开发

虽然今天鄱阳湖的大体范围最早在两宋之际的文献中才得以证实，但这块区域的历史却远早于此。春秋时期，今鄱阳湖所在的区域分别为吴、楚占据，故有"吴头楚尾"之说。秦统一六国之后，始有政区建置，今鄱阳湖区域较早见载于文献的是番阳县，属九江郡。至西汉，在此增设了南昌、海昏、鄡阳、历陵、余汗等县，说明该区域的人口和经济有了一定的发展。秦汉时期，今鄱阳湖地区及赣江是中原通往岭南地区的交通要道，开发相对较早。然而，至南朝宋时，废除了鄡阳、海昏两县，对此大多数学者认为与彭蠡湖水体南浸有关。此后，北方的多次战乱，如安史之乱等，中原人口大量南迁，府县数目不断增加。①

除了前文提及的唐、五代时期的诗词，宋代也有不少的游记、诗词提及鄱阳湖。但是，在很长一段时期内，"鄱阳湖"并未进入大多数中国人的视野，也很少出现在各类正史文献中，只是部分在文人墨客游历或旅行过程中会偶有提及。反而，赣江作为沟通岭南与中原的重要交通线，却时常见诸早期的文献中，其在江西历史上的意义可能远比鄱阳湖重要。在近代铁路开通以前，赣江一直发挥着重要的交通航运功能，而鄱阳湖中自然资源的价值却是逐渐才被沿湖居民发现的。至迟在北宋末期，鄱阳湖已经有渔民在从事渔业生产，杨时曾有一首著名的《鄱阳湖观打鱼》，生动描绘了秋冬水落时节渔民在湖上打鱼的场景。

> 秋高水初落，鳞介满沙脊。浩如太仓粟，宁复数以粒。
> 纷纷渔舟子，疑若挽可拾。横湖沉密网，脱漏百无十。
> 虫虾杂鲂鲤，骈首吐微湿。小人利口实，刀机污鳞鬣。

---

① 可参阅魏嵩山、肖华忠著《鄱阳湖流域开发探源》，第 14～32 页。

鲲鲸亦狼狈，风雨移窟宅。玉渊有神祠，变化在嘘吸。

胡宁饱膻香，忍视万鱼急。幽潜不足恃，感叹百忧集。①

这首诗词不免带有一些夸张成分，但可以看到秋高水落时，沙脊上鱼鲜众多，渔民划舟甚至可以前去捡拾，而湖面上则横着密密麻麻的渔网，鱼虾大都落入网中，难以逃脱。宋元时期的鄱阳湖，不仅已是大水面湖泊，并有渔民在湖上从事渔业捕捞，虽然渔民生活多穷苦，但大体上还是可以呈现"渔舟唱晚"的自然景象，并没有经历有文献记录的大动荡。直到元朝末年，群雄奋起，社会动乱，陈友谅、朱元璋和张士诚各据一方，并展开了武力兼并战争。元至正二十三年（1363），陈友谅围洪都八十五日，朱元璋率兵驰援洪都，陈友谅撤兵东出鄱阳湖，两军遇于康郎山，展开一场规模浩大的水战。此战朱元璋以弱势战胜强敌陈友谅，奠定了平定江南、统一全国的基础。② 因为朱元璋，鄱阳湖首次进入中国历史叙事。

张文业已指出，明清时期鄱阳湖地理演变的最大特点是汉湖的形成和扩展，尤其是鄱阳湖南部地区最为显著，如军山湖和青岚湖等的形成。③ 与此同时，另有一个显著的变化就是湖区周边大量人为圩堤的修筑，使得湖池水面大量被湖田化，进而造成湖泊面积的持续萎缩。这是该区域人口持续增长、经济发展必然的选择之一，通过圩堤的修筑新开辟出数以万亩的圩田，不仅增加了地区可耕土地面积，而且提高了地方政府的税粮收入。学界关于鄱阳湖地区的圩堤修筑与圩田开发，已经积累了一些开拓性的

---

① （宋）杨时：《龟山集》卷三八《鄱阳湖观打鱼》，上海古籍出版社，1987，第463页。

② 《明太祖实录》卷一二"癸卯岁七月"，台北，中研院历史语言研究所，1962，第157~164页。

③ 谭其骧、张修桂：《鄱阳湖演变的历史过程》，《复旦学报》（社会科学版）1982年第2期，第49页。

研究成果。① 与江南地区相比，鄱阳湖地区的圩田开发在时间上要更晚一些，至明代中叶才有大量圩堤修筑的记录。

　　史载："豫章为八郡水之所会，地最卑下，故田以堤为命。"②豫章即南昌，其东北临鄱湖，是江西通省各大河流汇集之地，地势也相对其他地方低下，水田必须倚赖圩堤才能免于水旱之灾。明代南昌邑人万恭写有多篇关于圩堤的碑记，提到沿湖地区地势低洼，"水溢则大潴，水涸则巨野，不可田"，③ 很长一段时间内江河入湖三角洲都只是泥沙淤积而成的滩地，并不是"三壤故疆"。但是，随着沿湖各县"生齿日繁，则与水竞利，夺而成壤"，④ 地方官与当地民人开始在河流入湖口附近的低洼三角洲修筑圩堤，成田计数十万亩。

　　从目前遗留下来的文献看，明代前期鄱阳湖地区并没有进行大规模的圩堤修筑。根据清初新建邑人赵日冕在《重修大有圩牛尾闸碑记》中称："惟湖之有圩，由郡守祝公创始于弘治十二年，世因其利，厥后屡圮屡修。"⑤ 也就是说，鄱阳湖地区的圩堤是由南昌郡守祝公创始于明弘治十二年（1499），此后世人受其利，屡毁屡修。祝公，即祝瀚，字惟容，山阴人，成化中进士，历任刑部郎中，后擢南昌知府。祝在任期间，"筑圩五百余处，统名曰祝公堤"。⑥ 史载，弘治十二年南昌"岁饥"，祝瀚发谷募民修筑圩岸，跨南昌、新建二

————————

① 许怀林：《明清鄱阳湖区的圩堤围垦事业》，《农业考古》1990 年第 1 期；李少南：《明清时期鄱阳湖区的圩田开发与乡村社会》，硕士研究生学位论文，南昌大学，2007。

② （明）范涞修，章潢纂《新修南昌府志》卷六《水利》，明万历十六年（1588）刻本，第 1 页 a。

③ （清）谢旻等修，陶成、恽鹤生纂《江西通志》卷一二一《牛尾闸碑》，清本雍正十年（1732）刻本，第 41 页 b。

④ （明）范涞修，章潢纂《新修南昌府志》卷二九《筑五圩碑记》，第 33 页 a。

⑤ （清）雷学淦修，曹师曾纂《新建县志》卷六〇《重修大有圩牛尾闸碑记》，清道光十年（1830）刻本，第 49 页 a。

⑥ （明）范涞修，章潢纂《新修南昌府志》卷一六《名宦传》，第 18 页 a。

邑，南昌境内圩堤六十有四，新建境内四十有一。① 其中比较大的圩堤有"大有圩"，"西始石亭庄，东抵牛尾岭，延袤四十里，北障大浸入鄱湖，而南垦平田数万亩"。② 清赵日冕曾称"大有圩"内有田数千万亩，可能有夸大的成分，但他提到"夏税秋粮几占邑册之半"，多少反映了新开发出来的圩田在地方财政收入中占有了很大比重。明弘治年间是文献记载中鄱阳湖地区第一次大规模修筑圩堤，开发出了大量新的圩田，扩大了王朝的税粮基础。

此时的圩堤大抵由沙土堆积而成，掺杂少许的石块，如遇大水很容易坍塌或冲毁。地方官员虽一再教喻民人要小心看护圩堤，每年细心对旧圩进行补砌，但"随筑随溃，犹仅仅举十之三四焉，亦困甚矣"。③ 这就不免出现了"各邑堤圩、陂塘，或一地而今昔异名，或一名而纵横分裂，别立圩号，新筑者亦多仍旧补砌，各建枧闸，以便水道"的现象。④ 以明代万恭提及的五圩（余家塘、黄泥岭、双坑圩、万家塘和王甫港）为例，"下联四十八圩，则五圩成，四十八圩皆壤也，五圩败，四十八圩皆鱼也"。⑤ 各种圩堤一起构筑了一道抵御洪水入侵的防线，相互之间层层相扣，一圩决口必会殃及其他的圩岸。嘉靖初年，"洪水决余家塘，再决双坑圩，其时县官困于财，水民诎于力，三载乃底绩"。⑥ 圩民困于水患，无法耕种，越六十年至万历年间才恢复故壤。然而，万历十四年（1586）春，大水先后决了五圩中的三圩，"洪洞无涯，田殚为湖，庐殚为潴"，⑦可见影响之广，饥民甚多。

万历十四五年，南昌知府范涞联合南昌知县何选、新建县知县

---

① （清）谢旻等修，陶成、恽鹤生纂《江西通志》卷一四《水利》，第 23 页 a。
② （清）谢旻等修，陶成、恽鹤生纂《江西通志》卷一二一《牛尾闸碑》，第 41 页 b。
③ （明）范涞修，章潢纂《新修南昌府志》卷六《水利》，第 1 页 a。
④ （明）范涞修，章潢纂《新修南昌府志》卷六《水利》，第 32 页 b。
⑤ （明）范涞修，章潢纂《新修南昌府志》卷二九《筑五圩碑记》，第 33 页 a。
⑥ （明）范涞修，章潢纂《新修南昌府志》卷二九《筑五圩碑记》第 33 页 a ~ 33 页 b。
⑦ （明）范涞修，章潢纂《新修南昌府志》卷二九《筑五圩碑记》第 33 页 b。

佘梦鲤，请于院司道发赈灾银一共 7600 两有奇，在南昌县筑圩 138
处，新建县筑圩 174 处，并修石堤、石枧、石闸若干处。这是鄱阳
湖地区第二次进行大规模的圩堤修筑，依然是由官方主导，以赈灾
银募民修筑，不仅活饥民以万数，并且修堤扩土，一举两得，视为
"永利"。在这次的修筑中，有许多是对旧圩的修复，如前文提及余
家塘等三圩决口，就是在此轮修筑浪潮中采用了"卷埽"的办法堵
塞了决口。此后，圩堤之修筑更为频繁，万历三十五年（1607）新
建知县吴嘉谟发抚院义仓谷修圩 160 处，第二年南昌知县樊王家动
用仓谷修圩 185 处。除了南昌、新建两县下游低洼地带大量修圩外，
进贤、余干与鄱阳等县亦在此时期修筑了大量的圩堤，开辟出许多
新的圩田。如嘉靖《江西通志》就记载："刘涣，江陵人，成化间为
鄱阳令，清慎廉明，爱民体士，治为江西最，筑圩堤以捍水患，长
数千丈，得田数千亩。"[1] 由此可知，明中叶以降鄱阳湖区的圩田开
发出现了一个高峰，圩堤的修筑数量不断增加，并有把分散的小圩
堤逐渐联成大圩的趋势，形成大圩之中有小圩、层层保护的格局。
至清代，湖区的圩堤还在继续修筑，并逐渐发展出了一套圩堤修筑
与保护的社会组织。

　　虽然唐宋之际，北部的彭蠡湖逐渐向南扩展才形成了今日鄱阳
湖的大体范围，但是明清时期沿湖的居住人口不断增长，湖区资源
却日渐匮乏，在官方和民间的共同主导下，大量的湖池水面被人为
修筑的圩堤阻断，把江河湖水挡在外面，内部开发成可以耕种的圩
田。明中叶以来，这一持续的人为湖田化过程，以及江河泥沙在湖
区的堆积，加剧了鄱阳湖水面的萎缩。此外，大量圩田的开垦，使
得农耕生产所需的肥料问题日益凸显，从而导致鄱阳湖南岸的新建、
南昌、进贤和余干等县农人对湖草需求的持续增加，湖区采草纠纷
日渐频繁。

---

① （明）林庭㭿、周广纂修《江西通志》卷八《饶州府》，《四库全书存目丛刊》史
　　部第 182 册，第 363 页。

五　小结

通过对唐宋时期各种地理志书的重新梳理，并结合当时人的诗歌和游记，以及其他新近发现的重要乡土文献，本章大致可以形成以下几点简单的认识。

由于金陵书局本《太平寰宇记》中"康郎山"和"莲荷山"两条史料系明清"窜入"的"伪文"，从而导致谭其骧和张修桂两位先生在研究中得出的"鄱阳南湖形成于唐末五代至北宋初期"的结论缺乏有效的证据支撑。这一问题的出现主要是因为两位先生当年写作此文时无法阅读到宋本《太平寰宇记》的缘故。苏守德先生虽试图借助地质钻孔证据，并辅之以历史资料，来重新对鄱阳湖形成时间进行论证。然而，由于在史料考证和使用上的不谨慎，且没有参考张文的研究结论，致使他所得出的结论更加难以让人信服。[1]

对于隋唐以前，由于史料的缺乏，我们尚无法了解更多鄡阳平原的变化细节。据阅读所及，后世仅有一条文献提到"隋大业三年，（刘宗宏）为鄱（阳）巡官时，三乡大浸，民以杀掠为事"。[2] 虽然已无法考证这条记载的真伪，但多少反映了地方士人对隋代以降大水南浸鄡阳平原的历史记忆。另据嘉靖《江西通志》记载："刘巡官庙，在鄱阳县永平关，隋大业初刘宗宏为番巡官时，年歉盗起，巡官阻之，且教以生计，民始安……民至今祀以报之。"[3] 然而，这条史料并未提及"三乡大浸"之事，但后人为报答刘宗宏的恩泽在永平关立庙祭祀。由此推断，隋唐之际的鄡阳平原可能在经历多次水

---

[1]　可见于江西省科学院、中国科学院南京地理与湖泊研究所和江西省山江湖开发治理委员会办公室主编《鄱阳湖地图集》，第6页。

[2]　（清）王克生修，王用佐等纂《鄱阳县志》卷四《建置·坛壝》，清康熙二十二年（1683）刻本，第5页b。

[3]　（明）林庭棉、周广纂修《江西通志》卷八《饶州府》，《四库全书存目丛刊》史部第182册，第335页。

浸之后逐渐向沼泽、湖泊发展。

　　至迟在唐中叶，在鄡阳平原的南部出现了一个被时人称为"担石湖"的水体，位于饶州与洪州之间，是当时人们往来的水路交通要道。唐代末期，"鄱阳湖"之名开始正式见载于史籍，并逐渐被当时的文人所接受，进而取代"担石湖"之名，成为鄡阳平原上各湖泊水体的总称。从航行路线看，李翱等人所称的"担石湖"应该就是后来贯休、韦庄等人所渡的"鄱阳湖"。此水体可大体确定的范围南抵邬子、瑞洪一带，北则越过了南矶山，呈现出两石耸立湖中的景观。虽然唐、北宋时期的所有地理志书都没有注意到鄡阳平原的上述水文变化，更没有任何记录表明北部的彭蠡湖已经向东南方向扩张，从而容易让人产生北宋时期彭蠡湖尚未越过松门山一线的感觉。然而，北宋初期的晏殊在《晏元献公类要》中已注意到"鄱阳湖在都昌县南二十里"，可见北部彭蠡湖水体已越过松门山抵达鄡阳平原的西北部。此外，南唐徐铉和北宋赵抃亦多次在自己的诗文中提及路过"鄱阳湖"的情形。可见，《太平寰宇记》等北宋地理志书并没有及时反映鄡阳平原实际已发生的水文地理变化，而是有很强的滞后性。但是，因相关史料的缺乏，对于北宋鄱阳湖的范围尚无法给出确定的边界。

　　对于鄱阳湖的成因，张修桂等先生认为新构造运动使赣江由南昌往吴城注入彭蠡湖，从而破坏了原来鄡阳平原下沉与堆积的平衡，加上长江流量增大对彭蠡湖出水口形成顶托。[①] 苏守德、朱海虹等则认为长江主泓道的南迁增大了江水对彭蠡湖上游五河泄水的顶托力，而梅家洲的生成则进一步缩小了彭蠡湖入江口道。[②] 以上两种观点虽有分歧，但都主张长江水位的顶托作用以及入长江水道的堵塞或缩小对鄱阳湖的形成有着关键的影响。在北宋初期的《太平寰宇记》中，

---

　　① 谭其骧、张修桂：《鄱阳湖演变的历史过程》，《复旦学报》（社会科学版），1982年第2期，第47～48页。

　　② 朱海虹、苏守德等：《鄱阳湖的成因、演变及其三角洲沉积》，《中国科学院南京地理研究所集刊》第1号，第28～38页。

我们可清楚看到，在春夏丰水季，北部彭蠡湖水体已逐渐顺着河谷地区向上游方向侵蚀鄡阳平原，从而形成了鄡阳平原河流沿岸地区的季节性涨落，在河道两岸以及上游低洼地区开始出现大小面积不等的陂湖以及像"担石湖"这样的水体。在唐中叶以后，鄡阳平原正经历着一个由局部水体向大水面湖泊发展的过程（见图 2 - 1）。

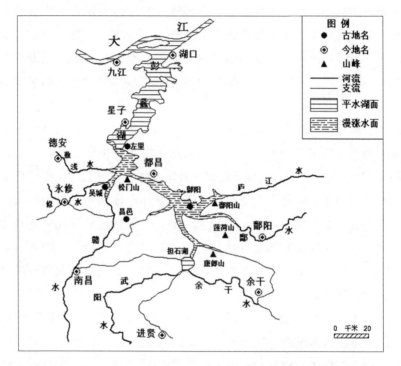

图 2 - 1　唐末五代至北宋初期鄡阳平原形势图

资料来源：本图的绘制参照 1982 年谭其骧、张修桂《鄱阳湖演变的历史过程》一文中"汉唐鄡阳平原水系图"和"宋代鄱阳湖形势图"清绘而成。对于唐至北宋时期鄡阳平原"漫涨水面"范围，除本章所引的文献史料之外，还参考了江西省科学院与中国科学院南京地理与湖泊研究所等主编的《鄱阳湖地图集》①中 1973 年的"鄱阳湖枯水期水域范围"图。

---

① 江西省科学院、中国科学院南京地理与湖泊研究所和江西省山江湖开发治理委员会办公室主编《鄱阳湖地图集》，第 5 页。

　　综上所述，尽管张修桂等先生受限于当时的研究条件，无意中使用了金陵书局本《太平寰宇记》中明清时窜入的"伪文"，致使其进行论证的两条核心史料并不能反映北宋初期鄱阳湖的情况，但经过梳理和考辨其他相关的唐宋文献，其"现今鄱阳湖开始形成于唐末五代至北宋初期"的结论，大体上依然可以成立。但是，今天鄱阳湖的基本范围，最早在北宋末期至南宋初期之间的史籍中才得到广泛且明确的证明，其南界在邬子港一带，西界则临近赵家围一带，东界已到达鄱阳县附近的双港，北界与今天相似，在周溪、四望山一带。至元明清时期，鄱阳湖南部地区相继发育形成新的汊湖，与此同时在沿湖地带人为地修筑圩堤，开辟了不计其数的圩田，水面的湖田化现象日益严重，湖面在此过程中日益萎缩。

第三章
明初的湖池"闸办"与
渔户"承课"

一 引言

从前文可知，今天的鄱阳湖开始形成于唐中叶与两宋之间，至南宋时在湖面上已有渔民在从事渔业捕捞。在两宋时期，王朝并没有建立起一套管理渔民和征收渔课的正式制度，渔民及其捕捞水域并不需要直接向王朝纳税，政府只对那些出售水产品的商人征税。至元代，政府试图向江河湖泊和渔民征税，但依然没有设立专门的管理和征收机构，只是把这类税收视为一种附加税。元朝末年，陈友谅与朱元璋在长江流域割据一方，通过临时征收渔课以补充军需，随后在江河湖海地区正式建立河泊所以管理渔户和征收渔税。

在湖区社会，并不是所有在鄱阳湖边居住的人都可以拥有"入湖权"。这里的"入湖权"指的是沿湖居民可以进入特定湖池水域进行渔业捕捞的权利，可以说是沿湖居民最重要的权利之一。科大卫（David Faure）在对中国华南宗族和村落的研究中提出"入住权"概念，并提到"入住权"并不是每个住在同一个村落中的人都拥有的，因为这些权力是祖先传下来的。这些关于祖先定居的历史，对于村落的组织而言至关重要，后人正是通过追溯祖先的历史来决定谁有

“入住权”以及证明“入住权”的合法性。①

在沿湖地区，一定疆域范围内居住的人，对于不同类型的自然资源的享用权利并非均等的。相比“入住权”这一概念，“入湖权”的范畴更为具体，只是指其中一项进入特定湖池水域捕鱼的权利。大体而言，“入湖权”的获得主要有两种方式：一个是通过向王朝登记和承课而获得的湖池水域完整初始产权，一个是通过市场交易（如买卖、租佃等）而获得的入湖捕鱼的权利。前者是课户通过承课从国家处获得湖池水域的排他产权，后者是渔户或网户通过买卖、租赁从“湖主”那里获得准入权。“入湖权”是维系湖区渔场准入的关键机制之一，维护了一种排他的渔场成员资格，对于整个湖区捕捞秩序的管理有着关键作用。由此，“入湖权”并不能进行完全自由的市场转让，而是受到了许多湖区社会规则的限制。

在鄱阳湖区，此类事关“入湖权”的故事很多，其中有一个令人印象深刻。鄱阳湖的东北角有一个四面环水的长山岛，岛上住着杨氏家族，长年以捕鱼为生，却没有自己家门口湖面的“入湖权”，而是一贯向长山对岸都昌万户里的洪、于二姓承租焦潭湖捕鱼（见图 3 - 1）。在 1953 年的调查中，据长山渔民杨冉生、杨金生口述：“长山与王伯堃是共同向万户里洪、于承租焦潭湖等捕鱼，租字内证明鹅黄湖、万物池，对沙咀湖的问题只注明以石牌、沙咀港口为界，没有沙咀湖在内。”② 这表明，长山杨氏老渔民也承认这一说法。问题的是，长山既然是湖中小岛，杨氏又世代以打鱼为生，以上各湖就在家门口，可谓占尽了地利优势，但为什么杨氏渔民却没有这些湖的初始“入湖权”，而只能向其他家族

---

① “入住权”（The rights of settlement）是在一定疆域内享用公共资源的权利，包括：开发尚未属于任何人的土地的权利、在荒地上建屋的权利、在山脚拾柴火的权利、从河流或海边捕捞少量鱼类及软体动物以改善伙食的权利、进入集市的权利、死后埋葬在村落附近的土地的权利。可参阅 David Faure, *The Structure of Chinese Rural Society: Lineage and Village in the Eastern New Territories, Hong Kong.* Hong Kong: Oxford University Press, 1986。

② 《关于焦潭湖、鹅黄湖、万物池湖、沙咀湖的调查报告》（1953 年 8 月 25 日），都昌县渔政局：19 - 1 - 4。

承租湖面捕鱼？此外，需要进一步追问的是，诸如都昌县万户里洪、于二姓等的初始"入湖权"又是从何而来呢？

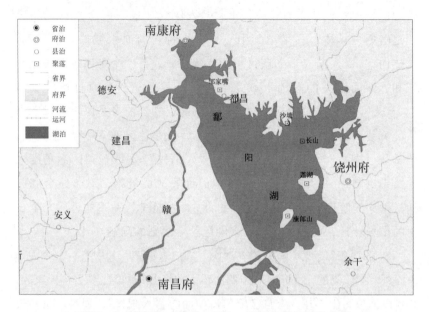

图 3-1 康郎山、莲湖、长山、沙塘和邹家嘴的位置

资料来源：本图绘制的底图来自复旦大学历史地理研究中心"中国历史地理信息系统"中的"1820 年层数据"，http：//yugong. fudan. edu. cn/views/chgis_download. php，最后访问时间：2016 年 2 月 6 日。此外，亦参考了谭其骧主编《中国历史地图集》第 8 册，中国地图出版社，1996，第 33 ~ 34 页。

不过，有学者已经善意地指出："我们不能期望发现产权形成前的状态；实际上，不可能赋意义予产权形成前的状态。为了研究产权的演变，我们必须从某些权利已经到位的这样一个世界入手……在给定某些权利已经存在的条件下，就有可能去探索这种权利在经济条件和法律约束中的变化。"[1] 虽然这一认识充满了经济学关于产权问题的理论假设，但对于本章的讨论仍然有着积极的启发意义。在以往的研究中，研究者已注意到"入湖权"或"捕鱼权"的获得

---

① 〔美〕Y. 巴泽尔：《产权的经济分析》，费方域、段毅才译，第 85 页。

与该地的移民历史有密切关系。① 这一现象并不仅仅存在于中国，也同样出现在欧洲人发现美洲、新西兰等新大陆之后，来自欧洲的新移民与土著印第安人、毛利人围绕"捕鱼权"问题引发了一系列冲突。② 由于现今的"鄱阳湖"是个唐宋之际才开始形成的年轻湖泊，距今不过千年的时间，让我们有可能尝试探讨人群定居故事与湖池水面产权形成之间的联系，以及明初的湖池"闸办"与"承课"对于渔民获得初始"入湖权"的重要制度意义。

二 族谱叙事中的祖先定居史

在鄱阳湖地区，族谱的保存情况并不理想，目前发现最早的有清代康熙、雍正时期的族谱，以清末、民国和 1949 年之后新修的族谱为多。据当地的老人回忆，过去的老谱基本上都在"文革"中被当作"四旧"烧毁。此外，当地修新谱、烧老谱的习俗，也是造成老谱消失的重要因素。所幸的是，在族谱之外，笔者还搜集到一些其他类型的民间史料，如墓志铭、渔课册等，可以与族谱资料形成一定程度上的互补。当然，本章并不能对查阅过的湖区族谱进行一一的详细讨论，只能选取其中若干个渔民家族的族谱进行重点分析，如鄱阳县的莲湖朱氏，都昌县西源曹家和北山邹氏，以及余干县的袁、王二姓。这些渔民家族都生活在鄱阳湖沿岸，过去主要以捕鱼为业，而且还保存有数量不等的明清渔民历史文书。

（一）鄱阳莲湖朱氏

莲湖乡位于鄱阳县城西南隅，属于滨湖圩区，地势中部高四

---

① 张小也：《明清时期区域社会中的民事法秩序——以湖北汉川汊汊黄氏的〈湖案〉为中心》，《中国社会科学》2005 年第 6 期，第 189～201 页。

② Karen Ferguson, "Indian Fishing Rights: Aftermath of the Fox Decision and the Year 2000," *American Indian Law Review*, Vol. 23, No. 1 (1998/1999), pp. 97 – 154; Michael Mylonas-Widdall, "Aboriginal Fishing Rights in New Zealand," *The International and Comparative Law Quarterly*, Vol. 37, No. 2 (1988), pp. 386 –391.

周低。在明嘉靖《江西通志》"鄱阳县"下载有"莲荷山，在府城西彭蠡湖中，望之如荷叶浮在水上"。① 顾祖禹《读史方舆纪要》则载有"莲荷山，南十余里曰表恩山，山滨彭蠡湖，每春水涨则山在湖中"。② 此外，据《江西省波阳县地名志》记载，唐代以前，宋氏曾在今莲湖"宋山嘴"聚居，唐末村废。③ 据当地人介绍，如今莲湖乡虽各姓杂处，但朱家人口最多，建村历史最长。查阅《江西省波阳县地名志》，1985 年莲湖朱家共有人口 9620 人，主要分布在莲湖朱家、山背朱家、朱家大队、箬潭朱家和大山五个自然村。④ 在1985 年后，如以年均 10‰的人口增长率计算，今天莲湖朱氏的人口约在 11738 人。⑤ 从人口规模而言，莲湖朱氏是当地的"大族"之一。

据明天启四年（1624）《朱氏重修谱序》记载："介公二世，禹二公，讳誉，由金陵乌衣巷迁饶之鄱阳莲湖始祖也。"⑥ 由此可知，莲湖朱氏尊奉"禹二公"为始祖，其世居地是金陵乌衣巷。⑦ 这是目前所见莲湖朱氏自己最早的谱序，其他更早的谱序都是借自婺源的茶院《朱氏宗谱》。尽管"由唐以迄今，兹数百载，其间相继修谱者，代不乏人"，然而"自天启纂修以后，此举旷然，时值大清康熙戊寅，朱子含章惧其世远人遐，致罹苏子三世不修谱之讥，于是概

---

① （明）林庭㭿、周广纂修《江西通志》卷八《饶州府》，《四库全书存目丛刊》史部第 182 册，第 305 页。
② （清）顾祖禹：《读史方舆纪要》，贺次君、施和金点校，第 8 册，第 3946 页。
③ 江西省波阳县地名办公室编《江西省波阳县地名志》，波阳报社印刷厂，1985，第 287 页。
④ 江西省波阳县地名办公室编《江西省波阳县地名志》，第 290～292 页。
⑤ 通过这一方法估算的人口数与我们在莲湖实地调查所得的人口数接近。2012 年 8 月，访谈对象：朱凑早，现年 67 岁，莲湖乡朱家人，曾经担任莲湖乡党委书记，现退休在家。
⑥ 朱一桂：《朱氏重修谱序》，天启四年（1624），鄱阳莲湖《朱氏宗谱》卷一，1938。
⑦ 这里的金陵乌衣巷可能与洪洞大槐树、南雄珠玑巷的传说相类似，具有一定的文化象征意义。

然以修谱为己任"。① 这些表述提示，在明天启之后，修谱之事暂被
搁置多年，直到康熙戊寅年（1698），朱含章才重新提出纂修族谱的
事宜。

在所有康熙年间的谱序中，都几乎毫无例外地提到了朱含章。
有意思的是，在确定朱氏始祖迁入莲湖的时间问题上，朱含章的作
用也不容忽视。据朱闵汶反映，正是"因（含章）出系牒以示，余
犹知徙居鄱者，盖自唐仁和间朱公禹二始"。② 至此，关于莲湖朱氏
始迁祖誉公的故事似乎已经逐渐清晰。此外，朱闵汶还透露了另一
个信息，即纂修于明天启四年（1624）的旧谱，是婺源茶院朱氏和
饶州朱氏合在一起统修的谱。在此次的统谱过程中，徽、饶朱氏确
定了祖先的共同起源问题，即"介公生子二，长禹一，家黄墩，为
新安之祖。次禹二家莲湖，为鄱阳之祖"。③ 至此，婺源朱氏和莲湖
朱氏同出于介公，而后分徙黄墩与莲湖的表述沿用至今。值得注意
的是，统谱自序称："余又按先牒与云帆先生世谱序，皆以介公为始
祖，异日修谱者，当以此为式，然其间或有采摘之未备，世次之未
明，后之来者，其遗缺则当刻心搜采而附益之，则子孙深有赖云。"④
这显示，《朱氏宗谱》有个不断被添加和建构的过程。在康熙三十九
年（1700）的莲湖《朱氏源流》中，把禹二公的迁徙信息直接添加
在上段引文之前，从而实现了禹二公亦同出于介公的谱系"嫁接"，
也实现了莲湖朱氏与婺源朱氏家族的关联。这种现象普遍存在，如
泾县的张香都朱氏也宣称祖先出自婺源茶院朱氏。⑤

在一个姓氏"宗族化"过程中，最大的困难在于谱系源流的考
订和重建。上文表明，明末清初莲湖朱氏正在经历着迅速地"宗族

---

① 朱陈冕：《重修朱氏谱序》，康熙三十七年（1698），鄱阳莲湖《朱氏宗谱》卷
一，1938。
② 朱闵汶：《朱氏重修谱序》，康熙三十七年，鄱阳莲湖《朱氏宗谱》卷一，1938。
③ 朱闵汶：《朱氏重修谱序》，康熙三十七年，鄱阳莲湖《朱氏宗谱》卷一，1938。
④ 婺源《朱氏统谱自序》，弘治二年（1489），鄱阳莲湖《朱氏宗谱》卷一，1938。
⑤ （清）朱世润撰修《泾川朱氏宗谱》卷首，乾隆三十年（1765）刻本。

化"过程。这个过程中，朱含章的作用尤为关键。经过清初朱含章等人的族谱纂修，莲湖朱氏的始祖被定为"介公二世禹二公"，并与婺源黄墩茶院名人朱熹的始祖建立了亲密关系。如此，莲湖朱氏不仅构建了与名人朱熹同宗的叙事，且二者的祖先还是同出金陵乌衣巷的兄弟，一个莲湖朱氏祖先由来的故事趋于完善。但是，"始迁祖"只是祖先定居历史的开始，比"迁居"更为重要的是"置业"。只有在迁居地置办了固定的产业，才可以真正称得上"定居"，否则依然没有完成定居的过程。因此，在多数族谱的历史叙事文本中，"置业祖"甚至比"始迁祖"更为重要和关键。

在莲湖朱氏的"置业"历史中，朱烈四（又名朱仕隆）是一个最为关键的人物。民国《朱氏宗谱》收录了明永乐十五年（1417）冬月朱烈四写的一份自叙和两纸分关书。

> 立分关人朱烈四，同弟烈五、烈八，夫分关之立何昉乎，盖礼以定分，书以纪事，利后嗣也。故上有史册之编，下有契券之设，皆所以纪事定分，势虽不同，其义一也。今予兄弟三人见及乎此，因请族尊、邻右、公亲，将承受祖父并自置田地、山塘、湖港、屋基、坟山、园墼各项产业，审度斟酌，品配均匀，至公无私，当面派定阄分，以付二弟烈五、烈八管理。愧余凉德，乏嗣承祧，难堪鼎足，分析愿作二难……凡所在产业，土名、坐落、界址、疆理，下而价资，上而课税，逐一详志条号、来历开后，贻我嗣亲，庶鸿业悠远而有据，燕谋尽善以无危，所谓纪事定分，俾各蒙业而安，以承天麻，世世子孙无相侵夺，是予之志也。①

这次分关发生在朱烈四与其两个弟弟烈五、烈八之间，不同于一般家庭的父子分家。从"愧余凉德，乏嗣承祧，难堪鼎足"一句

---

① 鄱阳莲湖《朱氏宗谱》卷一《七九甲业课》，1938。

可知，朱烈四并无子嗣，难以继承宗祧，于是邀集族尊、邻右和公亲人等，将承受祖父以及自置产业分给烈五、烈八管理。至明永乐年间，朱烈四继承祖父或自置的产业就有田地、山塘、湖港、屋基、坟山和园堑等，且产业的土名、坐落、界址和疆理都有详细的记载，并向政府登记和课税。由此推测，起码最迟在朱烈四祖父的手上，即在元末明初莲湖朱氏已经有了自己的固定产业，完成了在莲湖的定居。

（二）都昌北山邹氏与西源曹家

都昌县位于鄱阳湖的北岸，东界鄱阳县，南界鄱阳、余干、南昌、新建四县，隶属于九江市管辖。邹氏与曹家，分别位于今都昌县北山乡邹家咀村和西源乡沙塘塅上村。其中北山乡位于都昌县城边上，西濒鄱阳湖，南接都昌镇。邹家咀村，原名"马船嘴"，坐落于矶山湖尾部的岗咀上，海拔仅 17 米，是北山乡的最低点。[①] 西源乡则位于都昌县的东南部，其东、南濒临鄱阳湖，西接周溪镇。[②] 沙塘塅上村以"沙塘湖"得名，地形上属于湖塅。

邹家咀村邹氏现今保存有四个不同版本的《邹氏宗谱》，依时间先后分别为清康熙末期、[③] 民国丙寅年（1926）、民国丙戌年（1946）和 2008 年。其中两本民国版的宗谱内容基本类似，内容主要为"县市西街南邹马船嘴望仙派伯一公世系"，时间则相隔二十年。据说，邹氏谱牒的修纂，"始修于大宋之天福公，继修于大元之明鉴公，续修于大明之东武公，又接修于国朝之祥甫公"。[④] 然而，

---

① 都昌县地名办公室编印《江西省都昌县地名志》，内部资料，1986，第 175 页。
② 都昌县地名办公室编印《江西省都昌县地名志》，第 247 页。
③ 由于《邹氏大成宗谱》残缺严重，加上其本身并没有纂修时间的记载，笔者只能根据谱序时间和族人生卒年信息，推断此谱纂修的年份大概在清康熙末期。在世系上，主要是文甫公派下后裔的信息，而本章要讨论的邹家咀邹氏则是文甫公二弟文博公派下的后裔，其世系信息佚失不见，甚为遗憾。
④ 《南邹五都荷塘继修宗谱序》，康熙五十八年（1719），都昌邹家咀村《邹氏大成宗谱》卷一《序》，清康熙末期。

事实并非如此，"宋季辽金兵灾，衍派失讳，无怪其然，但推其世数以接明时之传，旧谱所载固有明征"。① 在宋代辽金兵灾的混乱时期，邹氏族人的"衍派失讳"，以致后来只能用推测世代的方法把宋明谱系勾连起来。但是，纂修者又怕人们不相信这一说法，于是用"旧谱所载固有明征"以表明"世数"的推测并非没有根据。

在《邹氏大成宗谱》的多个谱序中，都有这样一段类似文字来描述邹氏的由来：

> 邹氏始迁于东鲁莱州，继徙于南陵，复擢洪州都督，荐公之胤职饶州刺史者，肇基于湖口都村。迨至宋季之时，有曰德新公者，生子四人。长曰文甫，次曰文博，三曰文康，四曰文美，号东、南、西、北之房，由是而有四邹名焉。然甫、康之裔居湖口，博、美之裔居星、都，虽彼此异地，实同一体分迁。②

这个故事提供了三点信息，其一是邹氏来自东鲁莱州，几经迁徙才在湖口都村安定下来；其二是到了宋代，有个德新公，生子四，曰文甫、文博、文康、文美；其三是甫、康的后裔多居湖口，而博、美的后裔则分迁到了星子、都昌，但虽分居各地，实属一家。在世系中，虽然文博公及其二子的生卒年不详，但仍保留有简短的说明。"文博，乃南邹始祖，葬剑山西源"，其长子孝行"由湖口莲花寺迁居都昌五都荷塘，又分七都堑头"，其幼子孝宣"字世昌，乃都昌一都县市西街、马船嘴、望仙、南康、星子等处之始祖也"。③ 这告诉

---

① 《南邹赤石庄讳儒重修范阳四邹统同归一宗谱序》，明隆庆丁卯年（1567），都昌邹家咀村《邹氏大成宗谱》卷一《序》。

② 《东邹继修宗谱序》，清顺治丁酉年（1657）；《吏部许公讚行所重修宗谱序》，明万历庚申年（1620）；《南邹赤石庄讳儒重修范阳四邹统同归一宗谱序》，明隆庆丁卯年（1567）。出自都昌邹家咀村《邹氏大成宗谱》卷一《序》。

③ 都昌邹家咀村《邹氏大成宗谱》卷一《世系》。

我们，文博是南邹的始祖，其幼子孝宣则是县市西街、马船嘴、望仙等地邹氏的始祖。

然而，在邹氏宗派分迁总图录中，又存在另外一套"迁徙"表述。由湖口莲花寺南迁都昌五都荷塘的却是孝行的长子之纯，孝宣的长孙若定始由五都荷塘迁居一都赤石庄，[①] 而后钊公再从一都赤石庄迁县市西街。[②] 很明显，世系中的信息与分迁总图的表述存在冲突，这种错乱很可能是在统谱过程中发生的，即需要把各支派关于自己祖先的故事整合为一个逻辑连贯且统一的宗族表述，但是这种后世的谱系重构不免有前后冲突甚至矛盾的地方。从宗谱本身看，邹家咀邹氏出自文博、孝宣这一支派，似乎是众多矛盾表述中的唯一共识。

然而，在邹家咀进行田野的过程中，笔者问及邹氏祖先问题，村里的老人一致提到了"道三公"。问题是，村民口中的"道三公"是谁？为何会被现今的邹氏奉为最为重要的祖先？在民国版《邹氏宗谱》中，"县市西街南邹马船嘴望仙派伯一公世系"属于其中的卷七。虽然该谱的"谱头"和"谱序"缺失，但"世系"依然给我们提供了丰富的信息。前文提及的康熙末期族谱，内容主要是文甫公派下族人信息，其中并无"道三"的任何记载。但是，在民国版《邹氏宗谱》卷七的第一页，即有关于"道三"的详细记载。兹摘录如下：

> 道三，（淑）五之长子，即祥三，字仲祥，号南明，生于洪武年间，人材举人，任湖广靖州之州事，事详县志……我祖祥公宦楚时，居官廉直，不惮权势，因爱民遭人谤归里，于洪武三十二年闸办矶池一所，连内湖、洲汊共登课米，板籍所载，

---

① 一都赤石庄，位于都昌县城东 3 公里处，现名都昌县大树乡烽火村委会邹家塘村。可参见东西南北邹氏宗谱编纂委员会编《东西南北邹氏宗谱》第 1 卷《人口分布纪要》，都昌县印刷厂，2008，第 306 页。

② 都昌邹家咀村《邹氏大成宗谱》卷一《分迁总图》。

买者卖者渐，永远不许遗易，历数百年。至近祖明週、明进、
明遄、明迪、明千公，为小洲地与豪宦争构，亦不得而侵夺之。
迨及元末屡经变乱，清朝定鼎，又经丈量查核，照旧纳课，是
赞、孟等得以上沐皇恩，叨籍祖德，以诸昆弟守成之也。嗟我
祖业艰难，因志之以示，后来可弗慎与。（裔孙德赞、德孟同拜
撰）①

这段陈述提供了以下三点关键信息：其一，道三又名祥三，生于洪
武年间，以人材举仕湖广靖州知州；其二，洪武三十二年，祥三因
"遭人谤归里"，"闸办"了"矶池"一所，连同其中的内湖、洲汉
一同入册登课，虽经朝代变更，照旧纳课；其三，到了近祖明週、
明进、明遄等公时，邹氏曾因小洲地与豪宦发生过争讼，从而阻止
了草洲被他姓侵占。同治《都昌县志》记载："邹祥三，明洪武四年
辛亥，以人材征，擢知靖州。"② 寥寥几字，似乎可以与《邹氏宗
谱》中的内容匹配，而且还提供了邹祥三出任靖州知州的时间，即
洪武四年（1371）。同年的《南康府志》亦载："邹祥三，都昌人，
以人才举仕靖州知州。"③ 这些叙事显示，邹祥三应该出生于元代后
期，而主要生活在明初，并"闸办"了湖池课业。

在更早的《都昌县志》或《南康府志》中，都没有"邹祥三"
的记载。这就说明，"邹祥三"是在清代同治年间才吸纳到地方志系
统。但是，关于邹家咀重要祖先"邹祥三"的故事，在清初就已被
德赞、德孟所写的"道三公传"记述清楚。据族谱记载，上引"道
三公传"中的"近祖"明週、明进、明遄、明迪、明千公都生在明
嘉靖、隆庆年间，是道三的第六代孙。其中明进、明迪、明千出自

---

① 都昌邹家咀村《邹氏宗谱》卷七《世系》，民国丙寅年（1926）。
② （清）狄学耕等修，黄昌藩等纂《都昌县志》卷四《选举表》，清同治十一年
（1872）刻本，第 20 页 b。
③ （清）盛元等纂修《南康府志》卷一四《选举·荐辟》，清同治十一年刻本，第 5
页 a。

祥三长孙永济派下，明遇、明遂则出自祥三次孙永洙派下。值得提及的是，撰写道三公传的德赞、德孟分别生于万历癸丑年（1613）和万历丙辰年（1616），主要生活在明末清初。除了"道三公传"之外，这两个人曾于清顺治甲午年（1654）共同撰写了《南邹县市派下续修宗谱溯源序》。① 这些对此后邹氏家族的祖先叙事影响深远。

与邹家咀邹氏不同的是，西源沙塘曹家比较完整地保存了清代雍正以来的族谱。目前笔者所能见到的有雍正八年（1730）、道光五年（1825）、咸丰九年（1859）、光绪五年（1879）和民国二十八年（1939）五个老版本，以及1989年和2009年重修的《曹氏沙塘宗谱》。值得庆幸的是，与邹氏一样，曹家也留存了大量的明清契约和诉讼文书，涉及曹家与周边各族之间湖池、草洲的交易、流转和纠纷问题。通过上述资料，配合《嘉靖二十一年都昌县渔米课册》的记载，尝试对曹氏家族的定居历史和"入湖权"由来问题展开讨论。

在清康熙六年（1667）的两份谱序中，都不约而同地提及曹氏祖先由来和湖产登课的内容。在祖先由来问题上，两份谱序内容基本一致，认为丙一公是周溪、沙塘等地曹氏的始迁祖。第一份谱序称："我祖丙一公，系长房恩公之后，上舍郎曹畿四世之下孝恺之孙，千十五公之子，自中堡长平徙居周溪，传至曾孙荣三公，避元兵进迁沙塘，适当先朝草昧，抄报湖课二百石，以遗子孙，迄今世享其利。"② 简言之，丙一公从中堡长平迁居到周溪，为了躲避元代兵乱，其曾孙荣三继而迁居到沙塘。

对于清康熙的序而言，"先朝草昧"指的是明朝开创之初，荣三就抄报了湖课二百石。然而，在另一篇康熙六年的谱序中，又有"登课四百石"之说。当然，我们尚不清楚"湖课二百石"或"登

---

① 都昌邹家咀村《邹氏大成宗谱》卷二《县市西街序》。
② 《曹氏大成宗谱序》（康熙六年），都昌沙塘碣上《曹氏大成宗谱》卷《谱序》，清雍正庚戌（1730）。

课四百石"意味着多大范围的湖产，但可以确定的是这份湖产是允许曹氏子孙继承，并从中世代获利。在道光五年（1825）《曹氏宗谱》中，对于沙塘曹氏的世系有如下表述：

> 距都昌治东南六都，去龟山八十里，安居周溪之东，虬门之北，强山之西南，界鄱湖。始祖荐公十四世孙丙一公，由中堡长平坂徙居周溪，越一传而为三八公（讳靖），二传而为允一公（讳平），秩至三传而为荣三公（讳万），复徙居沙塘，抄报湖产，承纳课米四百石，厥后十世繁衍，苗裔永昌，迁居各处，俱由此分。①

沙塘曹氏的始迁祖是丙一公，开基祖则是荣三公。迁徙的路径是中堡长平坂—周溪—沙塘。但是，最近新修的宗谱，关于祖先由来的叙述，与先前的表述有些差异，丙一公开始由中堡长平坂直接迁居六都沙塘，而不是先徙居周溪，而后再转迁沙塘。这可能与曹氏族内各支派的势力消长有关，即周溪曹氏逐渐失去了族谱修纂的主导力，而沙塘塂上曹家的势力不断壮大。实际上，2009年的宗谱就是在沙塘塂上曹氏主导下重修的。这表明宗谱文本的形成背后有着特定人群的推动，由此在不同时期关于祖先的表述也会发生变化。

（三）余干县康山袁、王二姓

余干县位于鄱阳湖的南部，隶属于上饶市管辖。在1966年以前，康郎山原是县北鄱阳湖中的一个小岛，而后随着康山大堤的建成，康郎山始与陆地相连。元末，朱元璋与陈友谅大战于鄱阳湖，其中一个重要的战场就是康郎山。下文讨论的袁、王二姓就是康郎山上的大姓，也即今天的"康山乡"。其中袁姓居住在康郎山的东北

---

① 《沙塘世系》，都昌沙塘塂上《曹氏宗谱》卷一《沙塘·迁徙》，清道光五年（1825）。

部，临近鄱阳湖，是今乡政府、村委会的驻地，称"袁家村"。而王姓居住于康郎山的中部，离袁家不远，称"王家村"。据《江西省余干县地名志》记载："明永乐二年（1404），袁姓从丰城县迁此"，[①]而王姓则于"元至正年间，王云章由九龙瓜畲王家迁此"。[②] 然而，正如上文已经指出的那样，《地名志》中存在很多的矛盾之处。于是，我们有必要对袁、王二姓的宗谱进行更为细致的讨论。

康山乡政府附近有一块不大的空地，除了几株稀疏的古樟树之外，还有一座1988年袁氏子孙新修的袁氏始祖墓，墓碑上写有"明故始迁祖考妣之墓"字样。这告诉我们，与《地名志》编纂者一样，袁氏子孙也把祖先始迁康山的时间定在明代，依据则来自《袁氏族谱》。但是，袁氏家族内部对此亦有不同看法，甚至导致有些族人为此拒绝参与宗谱的事务。嘉庆九年（1804）的一份谱序，对于康山袁氏的由来和迁居时间，有着如下的记载：

> 吾族之源流始自进仲，公生居丰邑之荷塘，迨传德远公，有四方之志，由荷塘迁居本邑之管枥，然佑启后人之心弥深且挚，又偕其子友明复徙康山而家焉，此德远公实为吾族肇基之祖也。今历四百余年，得以人烟接壤，生齿繁盛。[③]

按此记述，康山袁氏的肇基之祖是"德远公"，因"携子友明来游余干，喜邑北康山山水之胜"，[④] 先从丰城荷塘迁居到余干管枥，而后复迁居康山。另外，从"今历四百余年"可以推断，袁氏迁居康山的时间当在明初。然而，时隔二十六年之后的道光九年（1829），袁氏再次重修族谱，对于德远迁居康山的时间，已精确到了"迄今四

---

① 余干县地名办公室编印《江西省余干县地名志》，内部资料，1985，第14页。
② 余干县地名办公室编印《江西省余干县地名志》，第15页。
③ 《八修原序》，嘉庆九年（1804），余干康山《袁氏族谱》卷一《序》，2005。
④ 《十四修族谱序》，余干康山《袁氏族谱》卷一《序》，2005。

百二十有六年"，① 以此推算在明永乐二年（1404）。这一说法被后世族谱纂修者一直沿用至今。

在"文革"和"破四旧"中，袁氏家谱遭到了破坏，仅有一部分老谱残存下来，成为 2005 年新修族谱的依据。② 上文提到，康山袁氏的肇基祖是"德远公"。然而，"德远，字犬卿，行八四，由荷塘迁居余干管枥袁家垄，娶王氏，殁俱葬金钗股，生子一，友明"。经查袁氏世系，贤—鼐—志高—进仲—德远，其中贤被视为丰城荷塘袁氏的始祖，而德远则是贤的第四代孙。经过谱系世代的推测，德远携子友明迁居康山的时间大概在南宋后期。

康山乡当地有个中学教师叫王茂平，是康山王家村人。他对袁氏于"明永乐二年"迁居康山的说法也存有疑问，于是就开始搜罗资料进行考证，并亲自跑到康山袁氏的祖籍地——丰城荷塘，找到了《荷塘袁氏十修宗谱》，且把复印件带回了康山。该谱保存了元明时期的谱序，并且有荷塘袁氏早期的世系，上引康山袁氏新修族谱的世系内容就是据此修成的。在《荷塘袁氏十修宗谱》中，德远有两个妻子，其子友明是第一任妻子李氏所生，迁居康山后复娶了王氏为妻。这似乎说明，德远迁居康山的时候，王氏就已在康山生活了。

相比袁氏，康山王家现已无族谱可寻。有村民反映，王氏本来还有一箱子老族谱存放在一个村民家中，然而该村民多年来一直声称这批族谱在"文革"中被毁，拒绝把族谱拿出来示人，甚至连王氏族人也无法查阅。于是，王茂平等人只得借用鄱阳乐亭、三庙前和双港等地王姓宗谱的谱头，打算重新嫁接、编纂康山王氏族谱。然而，值得庆幸的是，在王茂平家中，收藏了在当地出土的多块墓碑，其中就有康山王氏始迁祖"王正之"的圹记。在前文，笔者通过对圹记撰写者和圹记主人生卒年的分析，断定这是一块南宋末期的墓志。

兹将《宋故王公正之圹记》摘录如下：

---

① 《（九修）序》，道光九年（1829），余干康山《袁氏族谱》卷一《序》，2005。
② 《十四修族谱序》，余干康山《袁氏族谱》卷一《序》，2005。

公姓王，讳大中，字正之，大父旻，考珪，世为饶州余干福应人。公迁于洪崖，今为洪崖康山人。公凝状端凝，辞色温粹，畴昔闻公自谓，幼侍伯兄，从明远徐先生游，始来洪崖，见一乡善士，必尊敬之，惟其逮事前辈尊宿，耳目习熟故家典刑，故动与理暗合也。公始迁地以棠梨名，俄有睥睨其傍者，公委而去之，如弃敝屣，人咸称其见义而作。康山榷酤，额隶于官，比年授之匪人，名存实泯，有司曾不识一钱，贰令采之与议，下文册以畀公，公即其地而居焉，极（机）为经画，额解以时，居康山自此始也……公生于开禧丙寅九月甲辰，卒于景定甲子四月壬申，享年五十有八。①

上述资料提供了三点重要信息：其一，王正之原为余干福应人，因跟随明远徐先生游历，才来到洪崖，开始住在棠梨，而后因作康山"榷酤"，②于是就地而居成为康山王氏的始居祖；其二，王正之迁居康山的时间应该在开禧丙寅年至景定甲子年之间，即 1206～1264年，也就是南宋后期。尽管王氏没有族谱资料可资参考，但这块墓志碑文却为我们的分析提供了丰富的信息，甚至比之族谱更为直接和可靠。

综上所述，这五个家族的谱牒无一不是宣称自己的祖先在唐宋时期几经迁徙，然后才在鄱阳湖沿岸居住下来。然而，大量明末清初的"谱序"似乎表明，每个家族关于祖先定居历史都在那时经历了一次"重塑"，由此大体奠定了各族祖先由来故事的固定表述。虽然从族谱文本看，五个家族都将自己的祖先始迁鄱阳湖居住的时间追溯至唐宋时期，但是接下来的分析将表明他们真正的"置业"定居则大都出现在明初，才有了田地、湖港等的置办与纳税记录。在

---

① 此碑出土于余干县康山乡，现收藏于康山乡王家村王茂平先生家中，感谢王茂平先生将此碑慷慨以示。

② 榷酤，是宋代设置的酒税官或包税官。

实地调查中，每当问及渔民"入湖权"的由来时，人们都会提到"自己的祖先比其他人的来得更早"，所以才有入湖捕鱼的权利，而其他后面迁来湖边居住的人就没有入湖取鱼的权利，但人们能拿出的关键凭证之一就是这类族谱中记录的祖先由来故事。

三 渔民文献中的"入湖权"由来

据民国《朱氏宗谱》所收明永乐十五年（1417）朱仕隆（又名烈四）的《自叙》和分阄书可知，朱仕隆不仅继承了部分祖业，还自己置办了许多产业，但是由于没有子嗣，只得把名下的产业分付给两个弟弟管理。同时，这份阄书也透露出一个重要信息，即在明永乐年间甚至更早，莲湖朱氏就已经获得了鄱阳湖东部地区部分湖池的"入湖权"。

朱仕隆的《自叙》对分阄书中的"湖港"来历做了说明：

> 予也不才，承祖宗之荫庇，赖父师之诲迪。幸逢圣天子龙飞，鼎新革故。愧不能经纶掀揭，稍以末品微能，扪心量度，承佃本都陶姓中村港，即五湖潭、上下书湖、莲湖塘、濠湖、山下鱼池、大汊湖、上姜湖、坦东浆、蚌壳湖、太溪湖、腹内溶家港、崩荡池、斜溪尾、大小水长共一由。其业上至芙蓉潭，下至漏子港，南邻康山袁仁，北接官河，西界棠阴。课铸铁册，不惟用度，耗奢即进京，诉词定版。蒙部批示，鄱民承佃鄱湖湖港，准即承课，方得照验定册，迢遥栉沐，不啻数次。自念犁锄胼胝，赖弟致力之劳，承佃湖港，惟我焦心甚瘁。天胡不愍，夺我嗣源，实辜一生之望。虽然鼎立之势既裂，二难之美，犹芳继述，将来者代不乏人。今者湖港本皆一体，分授即属两家。爰是请同族长、里约、邻居、眷戚人等，将湖池品搭，阄分定业。惟存上、下书湖并蚌壳湖，均同收利，以为春秋祭祀之资。其港、罾、埠派明，每年轮流管业。所有本港脚网，在

后子孙繁盛，听许增加，惟脚网许加，子侄亦得以利其利矣。
犹虑本家课米，实系解京钱粮，若夫外来各色网业，入收课银，
公存积聚，以为轮递，经催用度。其港厉禁，逮冬，出入相同，
逐井取利，勿爽祖训。①

这里有三个信息值得我们注意：其一，朱氏拥有的"湖港"是朱仕
隆向"本都陶姓"承佃而来。其业四至清楚，范围广阔，几乎占据
了今天鄱阳湖东岸的大片水域。我们不甚明白的是，莲湖朱氏是怎
样把承佃陶姓的湖港变成自己"铸册"的"私业"？从《自叙》看，
这中间似乎经历了争讼案；其二，从"南邻康山袁仁"可知，袁仁
生活的时代应该与朱烈四在同一时期，这可以佐证下文关于康山袁
氏的分析。而"北接官河"和"蒙部批示"则透露出明初国家力量
在鄱阳湖区的存在，只有在官方批准"承课"后，方能进入官方的
赋册，正式获得"入湖权"。此外，除了沿湖各家族承佃的私有湖池
之外，还有一类"官河"的存在；其三，朱仕隆把"湖产"之中的
"上、下书湖并蚌壳湖"定为"族有公产"，作为春、秋两季家族祭
祀之用。其余的湖池则邀集族长、邻人"品搭"立阄分配给烈二、
烈八管业。此外，入湖捕鱼之罾、埠也一并派明，其后子孙轮流管
业。外来捕鱼的网业，收取课租。需要注意的是，引文中出现"一
由"应该指的是"易知由单"，一种至迟在明代正德年间才出现在已
知文献中的催人纳税通知书，但其最早起源限于资料不足至今无法
确定。②

　　康熙十一年（1672），族人朱遇时写有《七九甲积聚祀堂由》
一文："我族仕隆公，派行烈四，闸办湖港，后代子孙亦得以利其
利，所有外来网业征收课银，理合积聚生放，兴创祠堂，以妥先灵，

①　鄱阳莲湖《朱氏宗谱》卷一《七九甲业课》，1938。
②　可参阅梁方仲著《明清赋税与社会经济》，中华书局，2008，第121~130页。

以尽蒸尝之礼。"① 由此可知，莲湖朱氏获得"入湖权"自明初朱仕隆开始，而后子孙以此为利。至明崇祯七年（1634），朱氏后裔又置办了外垱港（又名外段港）。然而，"本家七九甲所置外段港，经营节典，复后找价，总立串契，佃价不为不多，恐历年之久，张宅听唆生端，故笔之于楮，嗣后来知创始根由，典佃数目留传不朽之证"。② 这告诉我们，外段港置办过程经历了复杂的承佃过程，找后复找，价契成串，从而导致佃价趋高。

外段港原系张复荣承佃管业，至明末时朱氏才以三两五两的价格典了三五年，后崇祯四年（1631）朱氏与张光彩发生争讼，经官判定朱氏仍管五年。崇祯十一年，张光彩因前讼欠债，于是将外段港五分之一分佃与朱氏管业。崇祯十二年，朱氏又从张光彩处佃了五分之一分。顺治四年（1647），朱氏又从张光彩处再佃了五分之半分。至此，朱氏一共从张光彩处佃了二分半。而后，贺国治也把自己外段港的五分内的半分佃给了莲湖朱氏。③ 以上是七九甲朱氏租佃外段港的过程，其中佃过之后张氏还有多次的"找价"。朱遇时通过这个置办产业过程的记述，告诫子孙祖先置业的艰难，要他们"恪守遗规，有网者听其自便，无网者毋许另租"。至此，我们做如下概括，莲湖朱氏自明初仕隆公开始置办"湖产"，后又不断从他姓置业，而"湖产"经分家析产后由子孙族众相承为业。

在嘉庆年间，鄱阳莲湖朱氏与余干康山袁家为了草洲权属问题争讼，历时十余年之久。限于篇幅，本章不对此过程展开讨论，将在后文提及。值得提及的是，在康山乡王家村收藏的契约中，有一份道光四年（1824）五月二十五日莲湖朱氏立下的"永出佃湖"字。

　　　立永出佃字人朱达瑞、朱海南、朱喜荣、朱集源、朱慎权

① 鄱阳莲湖《朱氏宗谱》卷一《七九甲祠堂由》，1938。
② 鄱阳莲湖《朱氏宗谱》卷一《七九甲祠堂由》，1938。
③ 鄱阳莲湖《朱氏宗谱》卷一《七九甲祠堂由》，1938。

等，缘身祖朱仕隆所遗蚌壳泥湖以及分内浮水等湖，历来余邑王、吴二姓在身等该湖，因湖连界，帮课取鱼，年清年租，原无字据。今王、吴二姓自度无据，恐主佃日久，增加佃价，不能相容，自愿重出钱文求永佃……身等见王、吴二姓网艺加多，意实不愿，奈戚友力劝，从中着二姓书立永佃字据，付身收执。以行息钱抵每年佃租，面议制钱三百千文，当付身等收讫。①

这份"出佃字"可以佐证上引族谱中的信息，蚌壳等湖确系朱仕隆所遗无疑。不知从某时起，莲湖朱氏开始将此湖租佃给康山王、吴二姓取鱼，并从中收取鱼租，一年一清。对于这一租佃关系，朱氏早先并没有书写任何契据给王、吴二姓，而王、吴二姓担忧"主佃日久"，朱氏会提高佃价，于是自愿出钱要求朱氏将此湖"永佃"给他们，以所交"押金"的利息作为每年的租金。这提示我们，明清鄱阳湖地区存在着一个发达的湖面"租佃"市场，王、吴二姓在获得了蚌壳湖的"永佃权"之后，实际上就获得了该湖部分的"水面权"。从这个意义上讲，"水面权"并不是模糊不清的，而是清晰有序的。

都昌县邹家咀邹氏家族除了保留有丰富的谱牒资料外，还保存了一批明清时期的渔课册和契约文书。其中有一本《嘉靖二十一年都昌县渔米课册》，是我们了解明代都昌县湖港权属关系的关键史料。② 在上文提到的邹氏祖先定居历史中，"邹祥三"是个不可忽视的人物。在《嘉靖二十一年都昌县渔米课册》"县市一处"项下，第一个"库甲"的"头户"就是邹祥三，下附有四个贴户缴纳"挑贩课米"。其内容如下：

---

① 曹树基主编，刘诗古、刘啸编《鄱阳湖区文书》第6册，第34页。
② 这本课册原本并无页码，为了文献引用的需要，笔者将其依次列编页码，共88页。可参阅曹树基主编，刘诗古、刘啸编《鄱阳湖区文书》第8册，第2～177页。

　　　一户邹祥三，市二图人。原额闸办矶池一所，上至龙王庙，西南至大矶山及腹内湾汊潭，下至石榴嘴，共课米三十七石，又并邹祥三大网罾课米六石四斗，嘉靖元年加安义县九姓渔户课米一石二斗，共该课米四十□□七斗。[①]

　　如果说上文所引宗谱不足以说明邹氏"湖池"的由来，那么这份嘉靖年间的渔课册则有力地证实了邹祥三在洪武年间获得了"矶池"及其腹内湾汊潭的"入湖权"。"矶池"，位于都昌县城西南的鄱阳湖边，是一片居于大、小矶山之间的宽阔水域，长期由邹氏家族管业捕鱼。在《客座赘语》中，顾起元指出："民间办治官物曰'闸办'。"[②] 结合沿湖各族族谱，明初这一由王朝派员"闸办"湖池的行为，是各族"入湖权"最重要的来源之一。

　　在都昌《曹氏宗谱》的世系中，除了荣三"抄报水产"外，还有其子均佐"抄闸湖池"的记载。据载，均佐"万次子，生于元至顺三年（1332），殁于洪武十四年（1381），葬李家堑。抄闸湖池佛僧港、云池、水尾古港、毫池沙堰，俱坐分界强山之西，课米廿七石有零"。[③] 这表明，曹氏家族的湖产是由荣三和均佐相继"闸办"而来，并向王朝缴纳税课。在《嘉靖二十一年都昌县渔米课册》"柴棚一处"项下，对于六都曹家的湖产和课米有如下记载：

　　　一户曹亨，户丁曹泮，六都人。原额办水名东西盎湖、夹砂坽、石牌湖、杨家汊、蒋家塘、沙窝老鼠块、彭公坎、鹅项石头坽、腹内江家湖、杨家塘、杨树港、蛟龙潭、团湖、五湖坽、碗埕坽、史饶河一边，课米七石；外佃水名均池、水尾、力士、新坽、棠荫、周溪、柴棚、虹门等港，上至力士、新坽，

<hr>

① 曹树基主编，刘诗古、刘啸编《鄱阳湖区文书》第8册，第6页。
② （明）顾起元：《客座赘语》卷一《辨讹》，谭棣华、陈稼禾点校，中华书局，1987，第4页。
③ 都昌沙塘塂上《曹氏沙塘宗谱》卷一《世系》，1989。

下至饶河口，东至莺子河，北至本都水源山脚为界。曹泮得受
四分，该课米一百一十四石二斗八升。曹恢户丁曹庆得受一分，
该课米二十八石五斗七升。曹均佐，户丁曹禄，原额闸办水名
砂塘、竹子湖、缢池沙堰、南历长沙池、洪富新塘、邓埠塘、
墓明塘、黄家滩、佛生港、史饶河一边，该课米二十一石。外
佃均池、水尾、力士、新坽、棠荫、周溪、柴棚、虬门等港，
得受二分，该课米五十七石一斗四升。告鸣司府，查照旧额钱
粮，屡年河泊所自运解纳。嘉靖元年加安义县九姓渔户课米六
石三斗四升，俱曹亨、曹均佐七分朋纳。①

这段材料显示，曹家共有三个承课"户头"，即曹亨、曹恢和曹均
佐，并依次有"户丁"曹泮、曹庆和曹禄三人。其中曹亨、曹均佐
前文已有讨论，在谱牒中是父子关系。曹恢、曹泮和曹庆未见载于
宗谱，这或是名、字与号的混乱，已让我们无从追溯。然而，关于
曹禄其人，《曹氏宗谱》中有记载："琛长子，生于正统丙寅年
（1446），殁葬独山坟，娶段氏，葬老坟山，生子一达，继娶李氏，
葬夫同处，生子二。"② 根据世系往上追溯，可以发现曹禄乃是曹均
佐的第五代裔孙，主要生活在明正统至成化年间。由此，我们有理
由认为，其他两个户丁曹泮、曹庆也应该与曹禄属于同一时期的人。
另外，承课的"水名"也存在两种类型，一种是"原额闸办"，另
一种则是"外佃"而来。在"原额闸办"的水名中，曹亨、曹均佐
二人除了史饶河之外，其他均无重复的水名。然而，曹亨、曹均佐
二人"外佃"湖池基本相同，只是每个户丁在其中的"分"不同，
因而每个"户丁"承担的课米数额也有差异。

在上引材料中，曹氏湖产有三个"承课"户丁，这应该是"祖
宗置产，分家析产"后的局面。另外，结合前文对于《嘉靖二十一

---

① 曹树基主编，刘诗古、刘啸编《鄱阳湖区文书》第 8 册，第 82 ~ 84 页。
② 都昌沙塘塝上《曹氏沙塘宗谱》卷一《世系》，1989。

年都昌县渔米课册》内容的分析，可以判断这主要反映的是"成化二十三年（1487）"政府重新清理渔课之后的"承课"状态。在"承课"数额上，与宗谱记载的"二百石"稍有差异，曹氏三个"承课"户丁，加上九姓渔户和五名"贴户"，总共二百四十七石七斗八升。虽然《嘉靖二十一年都昌县渔米课册》可以佐证1989年《曹氏沙塘宗谱》中关于曹亨、曹均佐"闸办"湖港的记载，但是对于他们"闸办"湖港的时间却有着潜在的冲突。在族谱的记述中，曹亨"闸办"湖港的时间该在元代中后期。这明显与河泊所在元末明初大量设立不相吻合。徐斌的研究指出，虽然在元代湖广地区就有了河泊所的设立，但大部分河泊所还是创设于洪武初年。①

在一份明弘治年间南康府发给曹琦、曹繁的诉讼完结执照中提道：

> 故祖曹亨、曹均佐，洪武年闸办本府杨林河泊所虬门、周溪、柴棚港，并浅水东西盘湖等池，共办课米二百廿八石，鱼油翎鳔外，东至莺子口，南至棠荫，西至饶河口，北止山脚水源。②

这不仅再次佐证了曹氏湖港是曹亨、曹均佐所"闸办"的事实，而且提供了二人"闸办"湖港的两点关键信息：其一是"闸办"的时间是洪武年间；其二则是曹氏的湖港是向杨林河泊所"闸办"承课的。杨林河泊所，"旧在县治东南一里通货坊侧，明元年河泊陈善卿

---

① 徐斌：《明代河泊所的变迁与渔户管理——以湖广地区为中心》，《江汉论坛》2008年第12期，第84页。
② 《南康府为土豪违法复占断明祖业激切事抄蒙》（弘治十四年二月初七日），都昌沙塘塥上《曹氏沙塘宗谱》卷一《沙塘契约》1989。

建，明万历间知府田琯移置匡庐驿东，国朝雍正九年裁"。[1] 然而，另据明正德《南康府志》记载，"在府西南半里，吴元年河泊官陈善卿建"。[2] 如此，事情似乎逐渐清楚，杨林河泊所初设于明洪武元年的前一年，即吴元年（1367），曹亨、曹均佐二人应该在此之后才能"闸办"承课，也就是上文提及的"洪武年间"。反之，这也可以说明，1989 年《曹氏沙塘宗谱》中关于曹亨生卒年的记载有误。另一种可能的解释是，曹亨的生卒年信息无误，只是湖池并不是曹亨本人"闸办"，而是其子孙在明初继续沿用了他的"户名"向官府"闸办"纳课，而事实上"曹亨"这个户名也一直沿用到了清代。

相比其他湖边大姓，康山袁、王二姓的湖港、草洲由来并无直接的记载。但是，袁、王二姓都保留了大量明清以来形成的契约诉讼文书、纳税执照和草洲底册等文件，以备在纠纷发生时可以用来证明自己的捕捞范围和草洲权属。在一份名为《洪武所赐东大长河册迹》中，提到"南昌府南昌县河泊所因遇见调停鱼课事，本所课户余干县张旭安、吴高四、袁仁、褚友信称东大河……"[3] 这表明康山袁仁是南昌县河泊所辖下"东大河"的承课户之一。结合前文在讨论朱氏湖产时，在永乐十五年（1417）朱仕隆的分阄书中出现了"南邻康山袁仁"的佐证，可以猜测袁仁也可能是明代初期的人。另外，在袁氏保存下来的契约中，"袁仁"作为户名一直使用在明清时期袁家的交易文书中。由此判断，袁仁的身份应该和前文论及的朱仕隆、邹祥三及曹亨一样，都被视为各族明初向官府"闸办"湖池的开业之祖。

从康山王家保存的契约文书中，笔者发现有两个"户名"一直

---

① （清）蓝煦等修，曹徽甲等纂《星子县志》卷三《建置上》，同治十年（1871）刻本，第 31 页 a。

② （明）陈霖纂修《南康府志》卷四《公署》，明正德十年（1515）刻本，第 8 页 a。

③ 曹树基主编，刘诗古、刘啸编《鄱阳湖区文书》第 1 册，第 209 页。

从明末使用到清光绪末年，分别是"王兴宪"和"王元亮"。在崇祯十七年（1644）的一份合同中，业户王天二有祖闸"张良汉"，一向交纳国课，但后来因"鱼利鲜少虚赔，国课难当，告退不纳"，结果头户户丁罗志将王氏告到官府。官方判定"张良汉"系王姓的祖业，不能因"鱼利"少就不纳课，要求王姓照旧管业。[①] 然而，在合同的落款处，立合同人除了罗志外，还有"业户王兴宪"。依此推测有两种可能，一是王天二是"王兴宪"的别名，二是"王天二"是户名，而王兴宪是户丁。此外，王家还保存了一百多份道光十一年（1831）至光绪二十五年（1899）间的纳税执照。户名"王兴宪"主要向饶州府完纳"蔴铁银"，而"王元亮"则主要向南昌府赵家围河泊所交纳"地丁渔课银"，仅有个别年份向饶州府交纳"蔴铁银"。[②] 在目前笔者所能见到的资料中，户名"王元亮"最早出现在一份康熙二十五年（1686）"张揆立杜卖湖契"中。[③] 遗憾的是，由于王氏族谱的缺失，我们无法获得更多的个人信息，对他们的讨论只能搁置。

前文提到，在明清时期，并不是所有湖边的人都可以拥有"入湖权"。回到前文提及的例子，鄱阳县长山岛杨氏渔民没有家门口焦潭湖的初始"入湖权"，而只能向都昌县洪、于两个家族承租湖面捕鱼的现象。当地渔民认为，这种现象的主要原因是长山杨氏来得晚，故此对该水面没有"分"。在长山岛的实地调查中，我们找到了《杨氏宗谱》，且谱中族人的生卒年信息相对完备。然而，遗憾的是，杨氏仅存民国二十六年（1937）重修的老谱，新谱则是1996年修的，且宗谱并不全，老谱仅有卷首一卷，新谱则残缺了中间多卷。据1937年《杨氏宗谱》记载，在北宋时期，杨氏祖先由福建建宁的蒲城迁居江西信州的弋阳金盘垅，而又因靖康元年（1126）的"金

---

① 曹树基主编，刘诗古、刘啸编《鄱阳湖区文书》第6册，第2～3页。
② 在清代中后期，以"王兴宪"和"王元亮"为户名的纳税执照，共有147张，本书第五章将有详细的讨论。
③ 曹树基主编，刘诗古、刘啸编《鄱阳湖区文书》第6册，第8～9页。

乱",先祖"允庄公"迁到都昌的九山源,后竹峰公又从九山源迁到竺笪山。[①] 对于杨氏祖先如何从竺笪山迁居到长山,族谱却有着不一致的表述。

在康熙二十三年(1684)的谱序中,"竺笪文宗已而又迁鄱阳长山"。[②] 这告诉我们,从竺笪始迁长山的是文宗,至于是什么时间迁移过去的,则没有更多的信息。在民国六年(1917)《重修长山宗谱序》中,有这样一段文字:

> 惟我祖罕一公由都邑竺笪山迁居鄱邑双港,生二子,长文焕,幼文宗。文焕公世居双港。文宗公旋由双港迁居莲河,生子三,长禄肆,次禄卿,幼禄更。禄卿公世居莲河,禄肆、禄更公又由莲河迁居长山。夫长山虽处鄱滨,实则山僻之所。我祖之迁居是处,亦不过茅屋数椽,与诸小姓卜邻而居,以谋鸠安而已。[③]

与康熙谱序稍有不同的是,始迁长山的似乎并非文宗本人,而是文宗的长子禄四和幼子禄更,且也不是直接从都昌竺笪迁去的,而是先迁到鄱阳的双港,后转迁莲河,再迁居长山的。至民国时期,杨氏族人对于祖先的来历,似乎已经在过程表述上趋于完整,只是尚缺迁居时间一项内容。对照长山杨氏的世系表,"罕一公,生于元至正癸巳年(1353),殁于明永乐己亥年(1419)",而"文宗公,生于明洪武乙丑年(1385),殁于正统丙寅年(1446)"。[④] 始迁长山的禄四、禄更,则分别出生于永乐乙酉年(1405)和永乐辛卯年

---

① 《竺笪重修老谱序》(康熙二十三年);《竺笪山杨氏重修宗谱序》(乾隆五十八年)。以上皆出自鄱阳长山《杨氏宗谱》卷首,1937。

② 《竺笪重修老谱序》(康熙二十三年),鄱阳长山《杨氏宗谱》卷首,1937。

③ 《重修长山宗谱序》(民国六年),鄱阳长山《杨氏宗谱》卷首,1937。

④ 鄱阳长山《杨氏宗谱》卷首《世系》,1996。

（1411），二者去世于天顺年间。① 仅从祖谱文本看，杨氏迁居长山的时间应该在明永乐至天顺之间。

在 1937 年长山《杨氏宗谱》记载中，解放前杨氏仅拥有长山周边的部分草洲和小湖面。② 然而，在 1996 年的《杨氏宗谱》中，在"世业"一项下，"解放后党和政府……本着耕者有其田、渔者有湖泊之原则，和近为何方划归何方之精神，给予了（长山）山洲现湖"，长山杨氏的捕捞范围扩展至焦潭湖、大小鹅湖、干板湖、汉池湖、饶河港及康山港等水域。③ 这表明，至 20 世纪 50 年代，中国共产党政权开始打破明清以来形成的鄱阳湖水面权结构，进而对鄱阳湖水面权属进行了重新地划分，而长山杨氏则是这一产权变革的获益者。

四　湖池"闸办"与渔户"承课"

从族谱叙事文本看，那些拥有"入湖权"的家族都是自称较早迁居鄱阳湖沿岸的人群。这些人对于自己祖先定居历史的叙述，反映出"祖先迁居时间"和"明初闸办承课"对于"入湖权"的获得具有关键性的意义。前者对应"先来者优先占有"的产权起源论，后者则隐含着"向国家登记和纳税"在产权确立问题上的重要性。二者共同构成了鄱阳湖区人群主张"入湖权"合法性的基础，今天湖区遵行的"原有历史习惯"原则延续了这一传统。

在我们新近发现的明清鄱阳湖区文书中，有一份《嘉靖七年高安县来苏邹氏渔民文书》，记载了明洪武至永乐年间鄱阳湖地区渔课

---

① 鄱阳长山《杨氏宗谱》卷首《世系》，1996。
② 鄱阳长山《杨氏宗谱》卷首《记·长山世业》，1937。
③ 鄱阳长山《杨氏宗谱》卷首《记·解放后世业》，1996。

制度建立以及部分湖港、长河的"闸办""承课"情况。① 该文书出自瑞州府高安县来苏村邹氏家族，可能是目前学界发现的较早关于明初渔课制度建立情况的历史记录。这份文书共有 15 条记录，内容主要集中在洪武时期，永乐年间的记录只有 1 条。在这些记录中，各条之间虽有联系，却各具独立性，并不足以构成一个逻辑统一的故事链条，也没有按照时间先后顺序排列，似乎是从其他地方摘录而来。

按照原始文献的最初排列顺序，笔者对这 15 条史料进行了编号，但为了便于讨论不得不对这一顺序进行调整，即依照文本自身记述的时间顺序进行分析，以便能观察到明初渔课制度的建立过程以及发展变化。但是，笔者仍在每段文献之前保留了初始的排列序号。这份材料对于讨论和理解明初鄱阳湖区渔课制度的确立过程有重要价值。

（7）太祖高皇帝设立鱼课，湖港浮办、冬潭，鱼油、翎毛、翎羽。春季正、二、三月，夏季四、五、六月，秋季七、八、九月，系是各处网户勤劳办课，便是浮办。冬季十月、十一月、十二月系是停禁，照依水程栏塞。鱼油，网业课户或有大鱼，腹内鱼鳔，亦令还官。打网渔户，稍泊在岸，拾有杂色飞鸟翎毛，即是还官。停禁网户，照依入额册内船网取鱼办课，不许紊乱。及有军官、民官、豪势之家，欺害渔户，阻坏国课，照依南昌府通判、吴江县例，永远是渔户不许出，非渔户不许入，在后违（者）旧制者，照依吴江县例凌迟处死，不许紊乱。官湖、官港，民湖、民港，该纳冬潭课米，停禁栏塞，不许紊乱。有入额册，官内为证，官湖、官港、官山不许典卖。

---

① 《嘉靖七年高安县来苏邹氏渔民文书》（嘉靖七年戊子月），原件存于都昌县周溪镇来苏邹氏家族。这份渔民文书的初始信息，系我们从 20 世纪 50 年代的渔政档案中获得。2013 年春节期间，曹树基教授前往都昌县周溪镇寻访，并在已迁居九江市的邹氏族人家中获得了此文书的电子图片，特此感谢。

　　（9）洪武初年天下鱼利不通，人民不肯承认课米，系各处河泊所紊乱不一。

明初朱元璋设立的渔课制度，主要有两类：一是在湖港捕鱼的税，分为浮办和冬潭两种；二是上供物料，包括鱼油、翎毛和翎羽等。浮办课系指春、夏、秋三季网户捕鱼需缴纳的税课，而冬潭课则指冬季水退拦塞河道捕鱼需缴纳的税课。渔户如果遇有大鱼，拾到飞鸟羽毛，都需把鱼鳔和翎毛上交给河泊所，以完成上贡任务。同时，明初还规定，冬潭停禁期间，网户捕鱼、纳课要按照渔课册登记的船、网行事，不得紊乱秩序。明王朝实行严格的户籍制度，民、军、匠世代沿袭，不能随意改变户籍。明初对渔户也进行了严格的身份限制，"永远是渔户不许出，非渔户不许入"，借此保障国家税收的稳定。尽管明初已经开始有了河泊所和渔课的初步设立，但因各处河泊所尚不完善，人民并不积极承认课米。

　　明初的鄱阳湖区存在着两种性质的湖池水面，一种是官湖、官港，另一种则为民湖、民港。至于何类湖池水面为"官"，何类为"民"，并没有给出明确的说法，只能留待后面再行讨论。但可以肯定的是，官湖、官港不允许进行典卖。

　　（2）洪武二年十一月初一日，本司申呈窝远，具令各色网业户承认管办冬潭，分出湖一段，冬潭凭由课钞五百零四贯，梅溪网户朱友三等承认管分，自送所。
　　（3）洪武二年十一月初一日，俱各色网业在泥湖停禁，信冬共报船网，承认网户人等，各照米排［牌］收冬潭课米。四山、赤石、都昌、筠池，昌邑、杨林二所管分，系江东一段。鄱阳县中正月洪水泛渺，共成一片，鄱阳湖阔，各所户近渔户造入青册，各照地方册内大小船户取鱼办课，不许紊乱。

这两条记载的时间一致，都发生在洪武二年（1369）十一月初一日。

从第一段史料的结尾"自送所"推断前面的"本司"指的应是河泊所。因地方窎远,征收不便,河泊所要求各种不同的网业渔户自认冬潭课送河泊所缴纳。梅溪位于鄱阳湖南端的余干县瑞洪镇,而朱友三之名也见于康山袁氏保存的《洪武所赐东大长河册迹》中。进入十一月,鄱阳湖水位已经退至低点,各类网户都已没有大水面可以捕鱼,而冬潭也进入了停禁期。冬潭开港捕鱼之前,船、网要在河泊所进行登记,而后网户、渔户按照"米牌"收冬潭课。除了"米牌"之外,各渔户还要造入地方"青册",并按照册内登记的内容取鱼办课。明初在鄱阳湖区设立了8个河泊所,每个河泊所都有自己的管分范围。由此可知,洪武二年明王朝已经在鄱阳湖区注意到了冬潭停禁的作业方式,并开始要求网户、渔户登记入册办课,渔课则需自送所。

> (1)洪武十年,昌邑河泊所计开长河数处,共该课米七千五十六石二斗五合。岁课米渔户浮办春、夏、秋季,除冬季停禁,趁办冬潭,湖长埠二十五里零八尺,长埠三十五里,阔五里零七尺,泥湖长二十五里,排栓长五里,阔一里。岁该冬潭米三百三十五石六斗一升五合,并冬潭课钞米二千五百五十二贯,系长埠、泥湖、派栓、洋道池数内,洪陂停禁,管分长河王可信等。
>
> (8)洪武十一年例,出各官吏、渔户、军官、民官,俱各前着官闸办,□□号山领着,及山伴去处,茅柴、茅草与渔户家兑换米谷膳用。湾汉小港渔户,外有兑米水田产业,勤劳取鱼办课,不管及小民食用,是实艰难,只有地纳钞、鱼油、翎毛,违者悔迟莫悮。

洪武十年,昌邑河泊所开出长河数处,共计课米七千余石,包括了浮办和冬潭。此外,河泊所还调查了长埠、泥湖、排栓等水面的长、阔,掌握了这些湖池的大小和范围,并登记了管分长河渔户的姓名等信息。洪武十一年规定，各官吏、渔户、军官和民官都应该到河泊所向官府"闸办"湖池。那些住在山上的人可以用茅柴、茅草与渔民交换米谷食用。在湖边湾汊小港生活或捕鱼的人，也有额外的水田产业，除了勤劳取鱼办课之外，一般的小民取些家鱼食用，并不需要缴纳课税，只要纳钞、鱼油和翎毛即可，因为这些人的生活太艰苦了。

（4）洪武十四年，差出致仕千户翁等官八员，五月闸办鄱阳湖阔，杨林、昌邑、赵家围、（康山）邬子、柴棚五所，俱在腹内，洪水退出，湖港阔狭各处，河泊所造有在册。都昌县大网二部，共米二百一十五石。余干县三十五都洪陂一段，闸办出大网四部，渔户王可信、吴琛支等供认，每中大网一部，用五百丈计八百寻，每中大网一部，承认米八十石。一月，洪水退出，湖港埠岸陂，雷阡廿一船，渔户方计二、朱友三、（王可）信等认雷阡网，一船用十条正用阡竹浅水阡雷，洪水退出，每网承认课米四石，洪陂一处，共认课米四百零四石。

（6）洪武十四年，柴棚河泊所渔户邹毛仔，系瑞州府高安县一都，闸办春、夏、秋季浮办课米，鸬鹚船七支，课米七十石。渔户易尚，系吉安府吉水县卅都，闸办春、夏、秋季浮办课米，鸬鹚船七支，课米七十石。柴棚所该年课甲依时催收送所，家居窎远，遇山拾柴，逢水取鱼，五所湖内湖港，不许阻挡。

（10）洪武十四年，闸办已定，方降俻印管事，设立各处衙门，自今以后不许紊乱，先前招他承认湖港，又不承认网课。

（11）洪武十四年，闸办已定，无知顽民，亏有鱼利，□□部妄告，争添课米，及其察勘俱是。

（12）洪武十四年，闸办通湖船网，造入青册，把告之人，官吏刑决，照依旧例（制）永远□□□□□□□□等业，取鱼办课，不许紊乱，是渔户不许出，非渔户不许入。

（13）洪武十四年，差出致仕千户翁□官八员，□军十名，将港湖丈量长、阔、狭，案［按］季升兴课米，冬潭鱼油、翎毛等料，额定入册，内课米照原额业户船网取鱼办课，是渔户不许出，非渔户不许入，不敢紊乱朝制，违者莫怨。

（15）洪武十四年已定额册，内有船网、湖港，取鱼办课，不许紊乱、妄告侵欺，阻坏国课，永远为照，用者。

洪武十四年（1381）的记录最多，共有七条，几乎占了一半。概括而言，这七条史料主要反映出以下三点信息：其一，洪武十四年派出致仕千户翁等人进行鄱阳湖的"闸办"工作，不仅需要丈量湖港的长、阔、狭，还要将渔户、湖港、船网及所纳课米登记在河泊所的课册上，以此作为日后管业、取鱼、办课的依据，并一再重申"是渔户不许出，非渔户不许入"的原则；其二，至洪武十四年，湖港"闸办"工作已经大体完成，官府方才派下备印管事设立衙门，但从中可以看出渔民从承认湖港再到承认网课仍经历了一个过程。有渔民因"鱼利"亏欠，不愿继续承办湖池课米，或与地方官讨价还价要求减免，河泊所要求细察实情；其三，洪武十四年，高安县渔户邹毛仔和吉水县易尚向柴棚所闸办了浮办课米一百四十石，限定二者各用七只鸬鹚船在春、夏、秋渺水季节在五所湖内之湖港捕鱼。但因高安、吉水二县之渔户，离鄱阳湖非常遥远，允许他们有"遇山拾柴、逢水取鱼"的权利，其他渔户不得阻挡。

从洪武二年开始，河泊所试图要求各类渔户、网户向官方承认管分的湖池，从冬潭、长河到湾汊小港，以及渔船、网具，逐一进行登记造册。这一湖池"闸办"和渔户"承课"的过程，历经了明初十几年的时间，才基本完成于洪武十四年。国家通过对湖池的丈量和登记，以及对渔户、船网的造册，基本上建立了一套湖区的渔课管理制度。然而，明初的"闸办"和"承课"似乎只是一种对以前湖区水面使用关系的确认，从有些渔户不愿积极承认课米判断，这些渔户可能早已在鄱阳湖捕鱼，但一直未向政府交税。此外，"是渔户不许出，非渔户不许入"，不仅仅是对将来秩序的约束，更是对在"闸办"和"承课"过程中渔户的警告，因为很多渔户为了逃避税课，并不愿意在河泊所进行登记。

（5）洪武十八年十月初一日，昌邑申呈湖坽、长埠、排桱、洋道湖池窝远，管办不全，俱各色网户派认办泥湖、派［排］桱，管分长河埠、赤石，在数内分出湖坽，梅溪渔户承认（管）分，冬潭凭由钞递申送所，领给委米牌，催收冬潭钞三十五贯五百文，每网一部认米钞二十五贯八百文。

（14）永乐年间例，永乐十七年差出监生汪，各所增添新升课米，太祖旧例洪武十四年及永乐十六年照业取鱼，课增添升，课米停住，计户领替外，不许侵占。今后各处渔户，照依钦差、致仕千户翁奏朝廷，造定铜板青册。

洪武十八年这条记录，与前面讨论之序号为（1）（2）（3）的内容相似。昌邑河泊所位于新建县昌邑乡，在鄱阳湖的西南部，因与湖坽、长埠等湖池相距遥远，管理起来并不方便。于是要求各色网户承认办理泥湖、排桱等湖池湖课，凭易知由单亲自送所交纳。此外，前面的文献业也已提到，除了湖池水面要登记办课之外，各种捕鱼网业也要承办课米若干。

永乐十七年，官府派出监生汪前往各河泊所查看课米的增添、新升情况。按照太祖的旧例，应按照洪武十四年"闸办"已定以及永乐十六年的登记，照业取鱼纳课。除了这些年新增课米或课户发生顶替的情况之外，那些课米没有增加的渔户，应照旧例不许侵占，依照先前致仕千户"闸办"湖池时造定的"青册"，进行管业和纳课。

综合上述材料可知，明初朱元璋设立的渔课制度，不仅包括了对渔户、湖池、船网的登记造册，而且还制定了严格的渔户户籍制度，以及明确的征纳课税系统。明代的渔课分为两种，一种是在湖池捕鱼所需缴纳的浮办、冬潭，以及船网课米，另一种则是上供物料，如鱼油、鱼鳔、翎毛等。王朝的制度设计是要对鄱阳湖区的渔户、湖池和船网进行逐一的丈量和登记，可在实际的操作层面这一想法并不容易得到落实，根本无法进行真正意义上的湖池丈量。对于那些在湖区捕鱼的渔民而言，对于入册和纳课之事并不十分积极，河泊所一再催促并不断责令渔户承认管分湖池之课米，甚至要求官吏、军官、民官也要承纳课米。

明王朝及河泊所虽派出致仕千户人等前往湖区进行湖池的丈量和登记，但可以想见这一工作只是在小部分区域进行，限于人力和技术，无法在整个鄱阳湖区进行丈量。由此，河泊所对渔民、湖池和船网的登记和造册，更多地需要依赖于渔户的自报和承认，也就是"闸办"。但是，渔户一开始只愿承认湖池课，并不积极承认网课。明代政府历经十几年的努力，在洪武十四年才得以基本完成渔户、湖池和船网的登记和造册，建立起专门的管事衙门。

五　小结

通过阅读谱牒发现，今天生活在鄱阳湖周边的渔民，并非原来生活在鄡阳平原的土著，而是在不同时期陆续迁入的移民。在清初，沿湖渔民家族普遍开始纂修谱牒，并对自己的祖先定居历史有了一套比较完整的叙事文本，并沿用至今。本章讨论的五个家族，均将祖先定居历史追溯到了唐宋时期，但真正置办湖池产业的时间都在元末明初。在时间上，各族对于祖先定居历史的表述可以与鄱阳湖的形成历史相互契合。这些族谱文本都试图表达，我们的祖先来得比别人更早，并都有一个重要的祖先在明初"闸办"了湖池，向官府登记纳课。这套表述虽然矛盾百出，有很强的建构色彩，但各族关于祖先定居历史的故事并非毫无意义，如族谱中都提及的明初湖池"闸办"故事就可以与其他明代文献相匹配。

家族迁入时间的先后对于资源的占有及权益的主张有潜在优势。[①] 早期的湖边居民因田地、山林不足，不得不入湖讨生活。他们在渔业生产活动中逐渐形成了一定的捕捞区域和作业习惯。宋元时期，由于渔民人口有限、湖面广阔和渔业资源相对丰富，湖面纷争亦少。渔户也不需要定期向国家交纳税课。通过设立河泊所，明王朝介入到湖区的管理，如丈量湖池、渔户登记、编立"青册"和征收渔课等。渔户的"入湖权"以承纳"湖课"的方式获得了官方的确认，从而奠定了明、清乃至民国时期鄱阳湖区湖池水面产权的基本格局。

在人口数量与自然资源尚未没有形成紧张关系时，"入湖权"并非一种渔民争相竞争的资源，甚至有些渔民为了规避渔课，选择逃亡。从很多渔民的口述中，可以体会到捕鱼都不是一件轻快的活计，而是异常辛苦和劳累的工作，不仅收入微薄，且因常年在水上作业，有着许多不可预测的风险。有些渔民家庭为了防止水上不可预测的风险，也出于增加渔业捕捞劳动力的考量，沿湖渔民村落的人口增长迅速，入湖捕鱼日益成为一种竞争性资源。

明王朝"是渔户不得出，非渔户不得入"的规定，建立了鄱阳湖区第一道入湖捕鱼的身份准入门槛。这在制度上限制了沿湖居住的民户并不能随意入湖捕鱼，渔民有其特定的渔户身份，但在实际生活中也存在身份的转换路径。伴随水面捕捞纠纷的出现，渔民围绕湖池水面的产权展开了长时间的博弈。沿湖渔民通过祖先定居历史的追溯，并结合明初王朝对湖池水域的"闸办"征课册籍，用以证明祖先早就有了特定水域的"入湖权"。

---

① 黄健敏、刘志伟：《流动的边界与凝固的权利：中山崖口村的定居历史与资源控制》，《历史人类学学刊》2011年第2期，第89~129页。

第四章

明代渔课制度的建立及其演变

一 引言

如今在湖区保留下来的谱牒文献，部分反映了沿湖居民对于"入湖权"由来的民间记忆。这些依然"活"在渔民社区的祖先迁移、定居的传说、故事或文本，其实表达的是一套复杂的社会权利关系。在沿湖居民纷繁复杂的历史表述中，明初的"闸办"是一个事关"入湖权"由来的关键词，频繁出现在各类民间文献或沿湖村民的口述访谈中。有些人通过"承纳渔课"的方式在制度上获得了湖池水面的"准入权"，从而成为占有湖池的"湖主"。

早在宋元时期，就已零星出现渔税的记录。北宋淳化元年（990），太宗在诏书中提到"诸处鱼池旧皆省司管，系与民争利，非朕素怀，自今应池塘、河湖鱼鸭之类，任民采取，如经市货卖，即准旧例收税"，并于该年的八月与十月相继免去了舒州、婺州等地多处鱼池、陂湖的渔税。[①] 元世祖忽必烈亦在诏书中称："江湖鱼课，已有定例，长流采捕，贫民恃以为生，所在拘禁，今后听民采用。"[②]

---

① （清）徐松辑《宋会要辑稿》第 6 册，中华书局，1957，第 5089 页。
② （明）宋濂等：《元史》第 15 册，中华书局，1976，第 4565 页。

这都表明，宋元时期就曾设立过渔课，但无论是宋太宗还是元世祖都对此不太重视，且认为会"与民争利"，主张"任民采取"的态度。

这就不难理解，明初的"闸办"何以会成为湖区人群讲述家族"入湖权"由来的制度起点？因为直到洪武年间，通过在鄱阳湖区设立河泊所，国家才开始真正介入到湖区的渔税管理，如派出致仕千户进行湖池的丈量、渔户的登记以及编立渔课"青册"等，从而改变了宋元时期"任民采取"的放任政策。这些明初编立的渔课"青册"不仅是明王朝向渔户征收渔课的主要登记册籍，也是湖区渔民在捕捞纠纷发生时用以主张"入湖权"由来的关键凭证。

已有的研究大多只从河泊所的设立、废弛和裁革等制度演变层面进行梳理，或者从渔课数额的增减来考察渔业经济的兴衰，但对河泊所与府州县的行政关系，地方政府如何进行渔课册的攒造及更造，怎样进行渔课的征收与解运，渔课之具体种类及税额如何确定，如何掌握承课"渔户"的变动，以及明代渔课制度的演变等诸问题，尽管已经有了一些讨论，但由于受到资料的限制，大多数研究只能进行粗线条的勾勒，仍有进一步讨论的必要。

二　渔课册的发现

2012 年 7 月，笔者在江西省都昌县档案馆查阅水产局的档案资料时，发现一份抄写于 1962 年的《江西省南康府都昌县渔米课册》，抄件全册共有 120 页。[①] 这份抄件是当时政府用以处理渔民纠纷问题的重要历史资料。在这份抄件的开头，写有这样一段文字：

> 根据都昌县处理民事纠纷领导小组决定，现将都昌县北山
> 公社邹家咀大队渔民所存《江西省南康府都昌县渔米课册》照

---

① 感谢江西师范大学游欢孙老师的帮助，笔者才能比较顺利地获得这样一份重要的档案，谨致谢忱。

抄于后。其中有部分地方因原存本破旧，以致察看不清，或残缺遗漏者，照样留给空白，或加注明，以便查改。①

这段文字透露出一个信息，此份抄件的原件有可能还保存于"邹家咀大队渔民"的手中，只是原本就有部分的破旧和残缺。循着这一信息，2013年1月，笔者与曹树基教授一起找到了北山乡邹家咀村。在一个邹氏村民家中的悬梁下，我们找到了《江西省南康府都昌县渔米课册》的原本。依据其实际内容，我们将此课册原本命名为《嘉靖二十一年都昌县渔米课册》（以下简称《都昌县渔米课册》），长37cm，宽28cm。邹家咀大队，原名"马船嘴"，在老都昌县城的西门口，门前有通鄱阳湖的河港，坐落在矶山湖尾部的岗咀上，海拔仅17米，是北山乡的最低点。② 如今，邹家咀村门前的河港已被地产开发商截断填塞。

经过仔细的对比，在内容上渔课册的原本与1962年的抄件基本相同，连字迹残缺之处也基本一致。让人欣喜的是，虽然经过了几百年的流传，这本课册除了封面和封底的若干页已经出现纸张脱落和文字残缺之外，其品相和内容都基本保存完整。这本课册的文字全部用毛笔竖排书写，一共88页。③ 此外，我们还发现了两本清初的《都昌县原额通共课米册》和一本民国十七年（1928）编造的《一户课册》，以及大量的清代水面买卖文契和诉讼文书。④

在渔课册之外，还有前文已经提及的《嘉靖七年高安县来苏邹

---

① 《江西省南康府都昌县渔米课册（抄件）》（1962年10月31日），《1953～1956年都昌县有关邻县纠纷协议书调查报告》，都昌县档案馆：SC-1-1953-3，第2册。都昌县档案馆藏档案原本没有全宗号，现只能以水产局前两字的首字母SC作为全宗号，1代表永久保存，1953是该卷档的起始时间，3是档案顺序号。

② 都昌县地名办公室编印《江西省都昌县地名志》，第175页。

③ 2013年4月，我们邀请了两位村民代表携带这些册籍和文书到上海，由上海交通大学历史系地方文献研究中心组织人员对这批文书册籍进行了抢救式的整理、修复和装裱。同时，经过双方讨论和协商，邹家咀村委会授权同意上海交通大学历史系保存这批文书的扫描件，用以学术研究和文献出版。

④ 这些渔民文书和渔课册收入曹树基主编，刘诗古、刘啸编《鄱阳湖区文书》第8、9册。

氏渔民文书》。① 这件文书最早出自瑞州府高安县来苏村邹氏家族，是目前发现的较早关于明初渔课制度的记录之一。在民国年间，因为捕鱼场所离家窵远，高安县来苏邹氏部分后裔迁居到都昌县周溪镇生活。这份文书也从高安县来苏村带到了都昌县周溪镇，现由居住在九江市的周溪镇来苏邹氏子孙保管。该文书记载，高安县来苏邹氏之先祖"邹毛仔"是渔户，户口登记在瑞州府高安县一都，并于洪武十四年在柴棚河泊所下"闸办"了"浮办"课米 70 石，主要以 7 支鸬鹚船在春、夏、秋三个渺水季节的官港、长河捕鱼为业。与邹毛仔一样登记在柴棚河泊所的还有吉安府吉水县卅都的渔户易尚，也用鸬鹚捕鱼。

需要说明的是，瑞州府高安县并无河泊所之设，而柴棚河泊所初设于都昌县柴棚，位于今周溪镇南部。洪武三年（1370），饶州知府陶安将柴棚河泊所的公署迁至府城的月波门外（见图 4-1）。② 据康熙《鄱阳县志》记载，迁址的原因是"元末兵毁"，由此推测柴棚河泊所应该初建于元末，但迁址之后沿用了"柴棚"之名，负责管辖鄱阳湖东部水域之湖池、港汊和渔户。③ 此外，相传朱元璋曾经在柴棚"系舟憩息"，守臣在此立有"御亭"。来苏邹氏后人的说法是，自己的祖先早在元末明初以前就已经形成了自锦河顺舟而下，到赣江、鄱阳湖鸬鹚捕鱼的习惯，但由于家居窵远，其中有一批邹氏后人开始长期舟居水上，以船为家，活动于鄱阳湖和赣江、锦河水域，而后陆续在南昌、吴城、都昌、鄱阳和余干等地上岸定居。④

相传在朱元璋与陈友谅大战鄱阳湖时，邹氏曾经帮助朱元璋解

---

① 《嘉靖七年高安县来苏邹氏渔民文书》（嘉靖七年戊子月），原件存于都昌县周溪镇来苏邹氏家族。

② （明）陈策纂修《饶州府志》卷二《公署》，据明正德刻本，第 5 页 a。

③ （清）王克生修，王用佐等纂《鄱阳县志》卷三《建置·公署》，清康熙二十二年刻本，第 8 页 a～8 页 b。

④ 刘诗古：《邹福根访谈》（2015 年 12 月 25 日），于江西省永修县吴城镇邹福根家中。邹福根 1936 年生于永修县吴城镇，家里世代以鸬鹚捕鱼为生。类似说法又见于中华邹氏高安族谱编纂委员会编《中华邹氏高安族谱》第 1 卷，内部资料，2008，第 354 页。

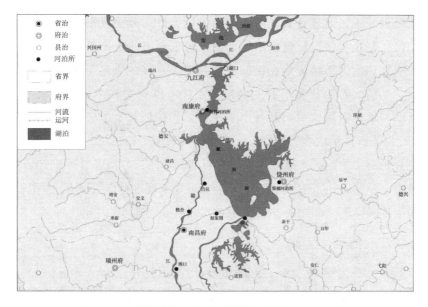

图 4-1　明代南昌、南康和饶州三府的河泊所分布

资料来源：本图绘制的底图来自复旦大学历史地理研究中心"中国历史地理信息系统"中的"1820 年层数据"，http://yugong. fudan. cn/views/chgis_download. php，最后访问时间：2016 年 2 月 6 日。此外，亦参考了谭其骧主编《中国历史地图集》第 8 册，中国地图出版社，1996，第 33~34 页。

围，朱元璋称帝之后赐给邹氏一族 36 块铜板册，给予他们在鄱阳湖和赣江水域"遇山拾柴，逢水取鱼"的权利。[1] 许多沿湖渔民家中留存的契约显示，来苏邹氏除了可以在春、夏、秋三季"渺水"期的官港、长河泛舟鸬鹚捕鱼之外，还对周溪东南上起杓山、下至饶河口的"大洪流水"港拥有股份。这可能是来苏邹氏登记在柴棚河泊所纳课的关键原因，即根据邹氏拥有之湖港就近登记纳课。直到今天，鄱阳湖地区的老渔民依然尊重渺水时邹氏渔民在各水域鸬鹚捕鱼的权利。

这些资料不仅在时间上有着延续性，而且在内容上也可相互匹配，相对成系统。需要说明的是，这些渔课册存本并不像是明清时

---

[1]　中华邹氏高安族谱编纂委员会编《中华邹氏高安族谱》第 1 卷，第 354 页。

期的抄写本，而是盖有官府和河泊所的大红印章。只是印章的水印很淡，甚至有些已经模糊不清，如今辨认起来非常困难。至于为何盖有官印的课册会流落在民间，目前并无直接的资料可供讨论。然而，从前人对明代黄册制度的研究中，可以获得许多有益的启发，从而帮助笔者对这一问题做出一些尝试性的回答。由于民国十七年《一户课册》的内容比较简单，本章对此暂不专门讨论。同时，为了更好地突出主题，本章并不试图对明清时期的三本渔课册展开全面的分析，而是集中对明代渔课册的内容及渔课制度进行详细讨论，并以嘉靖七年（1528）的渔民文书和清代的渔课册进行辅助性的分析。

三　渔课册的形成时间

（一）《都昌县渔米课册》的形成

这三本课册都没有明确的成书时间记载，然而确定成书时间对本研究的分析至关重要。所幸的是，在《都昌县渔米课册》的开篇就附有一份类似"公文"的说明。这份"公文"破损严重，字迹多有脱落，有些无法识别的文字只能用符号□替代。另有部分文字尚存若干笔画可见，通过上下文可推断出的字，以加括号的方式录出：

> 南康府都昌县为改造河泊所课（册禁革奸）弊事："嘉靖二十一年四月十七日承（奉）本府帖文，案（照）先奉江西等处承宣布政使司札付：'据本府申前事，备将本县官吏查照先今事理，即将原发吕乾通名下，追出伊兄吕乾浩原造该县课册草底到官。从公查对，速（照）原行旧额改编，将课米人户逐一清查，照旧课米多者为头户，少者编为贴户。通行造册解府，覆查转报。其吕乾浩名下纸价银二钱，赎罪米价银三两，□□□完一并解报'"等因。奉此遵行间，本年六月初二日抄蒙九江府信牌，案照先蒙江西等处提刑按察司分巡九江道佥事缪钧牌，

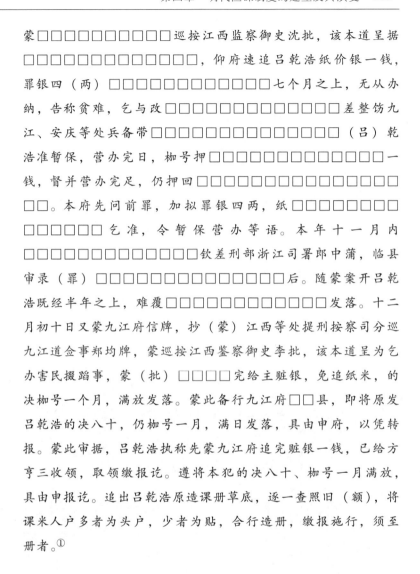

蒙□□□□□□□□□□巡按江西监察御史沈批，该本道呈据□□□□□□□□□□□□□，仰府速追吕乾浩纸价银一钱，罪银四（两）□□□□□□□□□七个月之上，无从办纳，告称贫难，乞与改□□□□□□□□□□□差整饬九江、安庆等处兵备带□□□□□□□□□□□□（吕）乾浩准暂保，营办完日，枷号押□□□□□□□□□□一钱，督并营办完足，仍押回□□□□□□□□□□□□。本府先问前罪，加拟罪银四两，纸□□□□□□□□□□□□乞准，令暂保营办等语。本年十一月内□□□□□□□□□□□钦差刑部浙江司署郎中蒲，临县审录（罪）□□□□□□□□□□□□□后。随蒙案开吕乾浩既经半年之上，难覆□□□□□□□□□□发落。十二月初十日又蒙九江府信牌，抄（蒙）江西等处提刑按察司分巡九江道佥事郑均牌，蒙巡按江西鉴察御史李批，该本道呈为乞办害民掇蹈事，蒙（批）□□□□完给主赃银，免追纸米，的决枷号一个月，满放发落。蒙此备行九江府□□县，即将原发吕乾浩的决八十，仍枷号一月，满日发落，具由申府，以凭转报。蒙此审据，吕乾浩执称先蒙九江府追完赃银一钱，已给方亨三收领，取领缴报讫。遵将本犯的决八十、枷号一月满放，具由申报讫。追出吕乾浩原造课册草底，逐一查照旧（额），将课米人户多者为头户，少者为贴，合行造册，缴报施行，须至册者。①

虽然这篇"说明"残缺，但我们依然可以从中获得以下两点信息：

---

① 曹树基主编，刘诗古、刘啸编《鄱阳湖区文书》第 8 册，第 2～5 页。括号内的文字，在课册原本中已经模糊残缺，是笔者根据上下文意思和残存的笔画还原的。

其一，从体例上看，这是一份都昌县的公文。嘉靖二十一年（1542）四月十七日，都昌县为了改造河泊所课册以防止欺诈舞弊之事，曾接到南康府下发的帖文。这份帖文中又引用了一份江西布政司的札文。该札文的大致意思是说，根据南康府之前上报的内容，要求都昌县从吕乾通的名下追出其兄吕乾浩原造的课册草底，拿到官府查核"课米"和"人户"两项。之所以要从吕乾浩的弟弟吕乾通名下追出课册草底，可能原因在于该公文下发时吕乾浩已被关押候审。在原行旧额的基础上进行改编，以课米的多寡为标准，分成头户和贴户，重新造册上报南康府覆查，而后连同吕乾浩的纸价银和赎罪银一起转报江西布政司。由此看来，现存的《都昌县渔米课册》是在吕乾浩所编造的"课册草底"基础上改编而成的，时间则在嘉靖二十一年。这应该是目前学界发现的最早的渔课册籍之一，弥足珍贵（见图4-2）。

图4-2 《嘉靖二十一年都昌县渔米课册》第1~2页

资料来源：曹树基主编，刘诗古、刘啸编《鄱阳湖区文书》第8册，第2~4页。

其二，从内容推断，吕乾浩很可能是都昌县攒造河泊所课册的书吏。在课册的攒造过程中，因吕氏存在着隐漏、紊乱、诡寄或违例等奸弊行为，遭到江西布政司等"从公查对"、"逐一清查"和"改编"的查处，这非常类似于明代黄册攒造过程中的"驳查补造"① 制度。为此，府、县不仅须对照"课册草底"和"原行旧额"更正各项遭"驳查"的内容，而且要对攒造课册的书吏等人给予处罚，责令吕乾浩交纳纸价银和赎罪银。可能出于本地"避嫌"的原因，吕乾浩转给了南康府隔壁的九江府审查处理。另外，吕乾浩的案件不仅惊动了江西布政司和分巡道，更两度有中央政府派出的江西巡按对此案进行了批示，甚至连钦差刑部浙江司署郎中也亲临县审录，可见这个案件备受重视。然而，吕乾浩却以"贫难"为由，多次拖延不纳，乞求改判。各司只好以"暂保营办"的方式将其处理，以致拖延半年之久不能结案。各司最后判定，吕乾浩交还赃银，可免追纸米，但仍要受杖责八十，枷号一月的处罚。由此可知，这份公文是都昌县对于有司"驳查"课册的处理结果，而经过"驳查"和"补造"之后，各地向上新缴的改正册称为"奏缴册"。今天我们所见的这本《都昌县渔米课册》正是这一"驳查"压力之下经过改编之后的"奏缴册"底册的内容。

在《都昌县渔米课册》中，出现频率较多的时间有正统二年（1437）、成化二十三年（1487）和嘉靖元年（1522）。其中最早的时间记录是正统二年，最晚的一条记录是"一户戴华演、戴得用，三十六都人，嘉靖十八年供顶绝户王佛得、周宁肆草网课米二石一斗五升一合"。② 除此之外，尚有两条"嘉靖十一年"的记录。③ 这表明，这本课册成书的时间不会早于嘉靖十八年，也侧面证明了上文关于成书于嘉靖二十一年的可行性。同时，这些时间点的出现也

① 可参阅栾成显《明代黄册研究》（增订本），中国社会科学出版社，1998，第30 ~ 32 页。
② 曹树基主编，刘诗古、刘啸编《鄱阳湖区文书》第 8 册，第 144 ~ 146 页。
③ 曹树基主编，刘诗古、刘啸编《鄱阳湖区文书》第 8 册，第 148 页。

表明，有明一代渔课册籍所载的内容并非一成不变，而是随着时间的变化不断有所添加或删减。

需要说明的是，这本课册虽形成于嘉靖二十一年，但其中的内容大都改编自以前的"课册草底"，且有大量内容涉及正统二年、成化二十三年和嘉靖元年的课户、税额变动情况，加上有许多的承课"户名"沿用了明初时期的人名，如邹祥三、曹亨等。由此我们认为这本课册的最初底本可能在明代初期即已形成，即洪武编造的"青册"，而后经过多次的补订与更造，才形成了如今我们看到的文本。在这个意义上，《都昌县渔米课册》的内容保留了部分明初以来的承课信息，以及之后正统、成化和嘉靖时期的课户、税额变动情况。

（二）盖印课册的性质

在《都昌县渔米课册》每一页的装订缝隙处，都盖有两个骑缝印章，一大一小。经仔细辨认，稍大一点的印章为"南康府印"，其下方小一点的印章则可能是"都昌县印"。两本《清代都昌县原额通共课米册》也都盖有官府的印章，只是二者有着明显的不同。其中一册的印章形状为长方形，以满、汉文字分列刻成，虽字迹不清，经仔细辨认，可确定其内容为"杨林河泊所记"。另一个册子的印章形状则为正方形，以汉字刻写，字迹也模糊不清，加上盖在课册的装订缝隙处，造成部分文字难以识读，只能从大小和形状推测可能是"都昌县印"。需要指出的是，盖有"都昌县印"的课册，印章并非连续的，而是间断性的出现。从二者所盖印章的不同判断，这两本内容相同的课册应该分属不同的政府部门所有（见图4-3）。

或有人会问，为什么盖有府、县官印的渔课册会出现在民间？这可以从黄册制度中获得启发。据栾成显的研究，明代黄册攒造的册籍主要有三种：各里赋役册、司府州县总册和军匠灶等专职役户册。其中各里赋役册大致又有三个版本：进呈册、存留册和

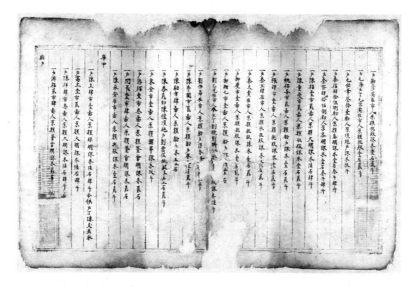

图 4 – 3　《嘉靖二十一年都昌县渔米课册》第 9 ~ 10 页

资料来源：曹树基主编，刘诗古、刘啸编《鄱阳湖区文书》第 8 册，第 18 ~ 20 页。

草册。① 进呈册又名"正册"，一式二本，存留在府州县的副本又称为"底册"，二者在内容和体例上完全相同。同时，各里甲之中也可能留有攒造过程中的草册，由于草册需经过州县的审核才能成为正册，所以原则上底册与草册会有区别，但内容上则应该基本相同，否则保存根本无益。如此，吕乾浩所造的"课册草底"指的应该是都昌县在攒造过程中的草册，在此基础上经府、县审核形成上报的正册，然此"正册"在"驳查"过程中被查出"奸弊"问题，于是被驳回要求都昌县重新核查、缴报，这才出现了这份类似处理结果档的"公文"和"奏缴册"。由此，我们所见的《都昌县渔米课册》虽然在内容上与"奏缴册"相同，但却不太可能是"奏缴册"的正册，一种可能的推测是"奏缴册"留存在县的"底册"原本。

在我们搜集的明清鄱阳湖文书中，除了买卖契约、纳税执照、

① 栾成显：《明代黄册研究》（增订本），第 32 ~ 40 页。

渔课册籍之外，还有大量的诉讼文书。这些诉讼文书主要来自余干县康山乡的袁、王二姓，文书种类涉及状式、移文、宪牌、札书、关文、内堂文书、审讯口供和验尸图格等。这批诉讼文书与渔课册相类似，大部分都是盖有官府印章的文档，共同的问题是这些盖有官府印章的诉讼文书为什么出现在民间？在徽州研究中，有学者把徽州诉讼文书的种类进行了归纳，其中有一类是"抄招给贴"，即"诉讼当事者在结案后，向官府提出请求，依照原文抄写，并盖有官印的二次文书"。① 值得提及的是，在余干县康山袁家保存的一份嘉庆年间的诉讼文书中，有这样一段材料：

> 本署司核看得余干县民袁起光与朱海南控争洲地一案，缘袁起光等有祖遗洲地一块，土名羊屎洲，历系余邑袁姓管业采草。雍正十二年，前署饶州府沈同知奉饬以鄱湖草洲漫无稽查，会勘定界，将羊屎洲同锣鼓山洲，并沙洪、坐水、挡浪等洲，一共二十三洲归入余干县管辖，寿山等六洲归入鄱阳县管辖，有原案同草图为凭，袁姓照绘一图，呈县盖印，执为管业确据。②

关于余干康山袁姓与鄱阳莲湖朱氏之间长达数十年的草洲纠纷，此处不打算详述。值得讨论的是，"有原案同草图为凭，袁姓照绘一图，呈县盖印，执为管业确据"。这就是说，雍正十二年饶州府沈同知曾经对余干、鄱阳两县的草洲进行过"会堪定界"，并绘制有草洲划界之草图。嘉庆年间，朱、袁两姓因草洲再起纷争，并酿成人命巨案。康山袁姓以雍正十二年的草图为底图，照绘了一副新的草洲地图，呈县审核盖印，以此作为袁氏对羊屎洲等的管业凭据。由此引发我们的联想，三本盖有官府印章的渔课册也可能并非留存在县

---

① 阿风：《明清徽州诉讼文书的分类》，载卞利主编《徽学》第5卷，安徽大学出版社，2008，第254页。

② 曹树基主编，刘诗古、刘啸编《鄱阳湖区文书》第2册，第2页。

的底册原本，而是邹家嘴邹氏照抄了该底册的内容，并呈南康府、都昌县及河泊所审核盖印而来的"抄招给贴"。但是，不论我们所见的渔课册是存县的"底册"还是"抄招给贴"性质的抄本，其内容都反映了明清时期鄱阳湖区渔课制度的演变过程和各类渔户的承课信息。

四　渔课册的攒造与更造

（一）明初的造册

明洪武初年，鄱阳湖地区河泊所设立之初的一项重要工作就是对渔民、湖池和船网进行登记、造册和征课。然而，对于那些在湖区捕鱼的渔民而言，对于入册和纳课之事并不十分积极，于是河泊所一再催促，并不断责令渔户承认管分湖池和"闸办"课米，甚至要求官吏、军官、民官也需承纳湖池课米。有史料记载："洪武初年，天下鱼利不通，人民不肯承认课米，系各处河泊所紊乱不一。"① 这实际反映出，明初的"鱼利不通"，主要是"人民不肯承认课米"以及"各处河泊所紊乱不一"两个因素所致。对于明清时期江西河泊所的设立与废革，以及各所渔课数额等情况，尹玲玲有过详细的梳理。② 根据她的研究，"明初江西共设了22个河泊所，主要分布在九江、南昌二府，其中九江多达9所，南昌府5所，南康府、袁州府各2所，饶州、赣州二府各1所"。③ 然而，对于明初鄱阳湖地区渔课制度的建立过程，我们至今却依然所知甚少。下列两则史料可以提供一些有益的信息。

---

① 《嘉靖七年高安县来苏邹氏渔民文书》（嘉靖七年戊子月），原件存于都昌县周溪镇来苏邹氏家族。
② 尹玲玲：《明清长江中下游渔业经济研究》，第103～134页。
③ 尹玲玲：《明清长江中下游渔业经济研究》，第130～131页。

太祖高皇帝设立鱼课，湖港浮办、冬潭，鱼油、翎毛、翎羽。春季正、二、三月，夏季四、五、六月，秋季七、八、九月，系是各处网户勤劳办课，便是浮办。冬季十月、十一月、十二月系是停禁，照依水程栏塞。鱼油，网业课户，或有大鱼，腹内鱼鳔，亦令还官。打网渔户，稍泊在岸，拾有杂色飞鸟翎毛，即是还官。停禁网户，照依入额册内船网，取鱼办课，不许紊乱。及有军官、民官、豪势之家，欺害渔户，阻坏国课，照依南昌府通判、吴江县例，永远是渔户不许出，非渔户不许入，在后违（者）旧制者，照依吴江县例凌迟处死，不许紊乱。官湖、官港，民湖、民港，该纳冬潭课米，停禁栏塞，不许紊乱。有入额册，官内为证，官湖、官港、官山不许典卖。①

朱元璋设立的渔课体系，主要涉及湖港的"浮办课"和"冬潭课"，以及鱼油、翎毛、翎羽等上贡物料。所谓"浮办课"，也就是"渺水"时期的纳课，而"冬潭课"则系指秋、冬季"枯水"时在"停禁"水面取鱼所需完纳的课米。无论是渔户、船网，还是湖港水名，都登记进了官方的"课册"系统，渔户需按册取鱼办课。此外，明代对渔户的身份管制非常严格，"永远是渔户不许出，非渔户不许入"，在后违者将受到"凌迟处死"的刑罚。这意味着，"渔户"不能随便变更自己的户籍身份，而是一种与"军户"相似的世袭户籍制。此外，明朝政府为了国课不致减少，也严禁官宦、豪势之家欺害渔户，违者需依例处置。上引文献也显示，湖港有官、民之别，官湖、官港、官山不许典卖，只能由渔民"承佃"纳课。

---

① 《嘉靖七年高安县来苏邹氏渔民文书》（嘉靖七年戊子月），原件存于都昌县周溪镇来苏邹氏家族。其中括号内的文字，结合上下文的句意，疑为多余的衍字，下文不再一一注明。

　　洪武二年十一月初一日，俱各色网业在泥湖停禁，信冬共报船网，承认网户人等，各照米排［牌］收冬潭课米。四山、赤石、都昌、筠池，昌邑、杨林二所管分，系江东一段。鄱阳县中正月洪水泛泖，共成一片，鄱阳湖阔，各所户、近渔户造入青册，各照地方册内大小船户取鱼办课，不许紊乱。①

从文本内容看，上段引文中似乎存在缺字、脱字问题，但不影响我们从中获得一些信息。有两点值得注意，其一是"各照米排收冬潭课米"，根据另外一条洪武十八年的记录，② 其中"米排"疑为"米牌"的误写，类似于官方下发的"照牌"，用于催收"冬潭"课米；其二是"各所户、近渔户造入青册"。结合上下文，洪武二年明王朝就开始在鄱阳湖地区进行渔户、船网的登记，并造入"青册"，而此处之"青册"应该就是上文提及的"额册"。

　　明代鄱阳湖地区的渔课"青册"比在陆地上推行的小黄册还要早。③ 然而，整个湖区的湖池"闸办"和船网造册也与黄册一样，基本到洪武十四年才得以完成。上引资料又称："洪武十四年，差出致仕千户翁等官八员，五月闸办鄱阳湖阔，杨林、昌邑、赵家围、康山邬子、柴棚五所，俱在腹内，洪水退出，湖港阔狭各处，河泊所造有在册。"④ 这表明，在洪武十四年，明王朝派出了千户官等八

① 《嘉靖七年高安县来苏邹氏渔民文书》（嘉靖七年戊子月），原件存于都昌县周溪镇来苏邹氏家族。
② "洪武十八年十月初一日，昌邑申呈湖垮、长埠、排栓、洋道，湖池弯远，管办不全，俱各色网户派认办泥湖、派［排］栓，管分长河埠、赤石，在数内分出湖垮，梅溪渔户承认（分）冬潭，凭由钞递申送所，领给委米牌，催收冬潭钞卅五贯五百文，每网一部认米钞廿五贯八百文。"出自《嘉靖七年高安县来苏邹氏渔民文书》（嘉靖七年戊子月），原件存于都昌县周溪镇来苏邹氏家族。
③ 据栾成显的研究，洪武三年（1370）小黄册之法在浙北等江南相当一部分地区实行过。可参阅栾成显《明代黄册研究》（增订本），第21页。
④ 《嘉靖七年高安县来苏邹氏渔民文书》（嘉靖七年戊子月），原件存于都昌县周溪镇来苏邹氏家族。在引文中，明初设立的河泊所有杨林、昌邑、赵家围、邬子和柴棚五所，其中邬子河泊所设在余干县康山附近。

名负责湖港的闸办，并在各河泊所造有课册。在"洪武十四年闸办已定"的情况下，"方降备印管事，设立各处衙门，自今以后不许紊乱"。① 然而，前文提到洪武初年人们不肯主动承认课米，后来人们只"承认湖港，又不承认网课"。② 这表明，"湖池闸办"和"船网承课"也经历了一个王朝与民众之间的互动过程。鄱阳湖地区的湖港"闸办"以及船网造册正式完成于洪武十四年，之后这一制度得以沿袭。

（二）青册与黄册

在洪武二十四年（1391）的一条攒造"黄册"的规定中，"其各州县每里造册二本，进呈册用黄纸面，布政司、府、州、县册用青纸面"。③ 基于此，大部分人将"青册"理解为存留在司府州县的"黄册"的底册。然而，从"黄册"的攒造程序和册籍的种类而言，这一理解不免失之简单。在明代的使用习惯中，"黄册"一词多指制度层面而言。在中国基本古籍库和方志库收录的文献中，"黄册"的习惯用法也时常与王朝的典章制度有关，或特指地方奏缴给后湖收存的黄色封面册籍，鲜有指称地方攒造的赋役册本身。

在以往的"黄册"研究中，由于所用史料的限制，基本上都是在官方的典章制度层面来理解"黄册"。但是，从民间文献的视角，可以发现明初鄱阳湖地区的渔户、船网及渔课编入的并非我们熟知的"黄册"，而是造入"青册"。除了上引文献，还有"洪武十四年，闸办通湖船网，造入青册，把告之人，官吏刑决，照依旧例（制），永远□□□□□□□等业，取鱼办课，不许紊乱，是渔户

---

① 《嘉靖七年高安县来苏邹氏渔民文书》（嘉靖七年戊子月），原件存于都昌县周溪镇来苏邹氏家族。

② 《嘉靖七年高安县来苏邹氏渔民文书》（嘉靖七年戊子月），原件存于都昌县周溪镇来苏邹氏家族。

③ （明）李东阳等撰，申时行等重修《大明会典》卷二〇《黄册》，据明万历十五年（1587）司礼监刊本影印，台北，国风出版社，1963，第358页。

不许出，非渔户不许入"① 之记载。这也说明洪武年间的湖港"闸办"和船网登记造入的是"青册"。

同时，在明代其他史籍中，也留下了大量关于"青册"的记载，涉及庄田、匠丁、滩地、盐课、军犯和马贡等的造册。② 一般而言，各地攒造的"青册"可以一样四本或一样三本，一送户部，一留造册衙门，其余留司府州县。《大明会典》就有这样的一段文字：

> （弘治）十二年，题准后湖该驳青册，于该户下印一驳字，仍收作正册，止将所驳人户，声说明白，类行各布政司，并直隶等衙门改正，类造总册，解送后湖查册官处，查对明白照款改讫，本部该司用印钤盖，仍将改正过人户，开写册面副叶，亦用印记，以防换入之弊，其司府等衙门，遇有驳回青册，自驳回之日为始，除水程外，定限半年以里造完，印封送部，如有违限，及不用印封送者，经该官吏、里书人等，通提问罪，仍照违限月日住俸，满日方许开支，若系解人在途迟延违限，止将解人送问。③

由上可知，各地编造的"青册"奏缴后湖之后，还要经过一个上文提到的"驳查"程序，然而值得注意的是，上段引文中"驳查"是针对"青册"而言，而不是"黄册"。这也就是说，各地上报的册籍在没有通过"驳查"审核之前依然称为"青册"，通过了"驳查"

---

① 《嘉靖七年高安县来苏邹氏渔民文书》（嘉靖七年戊子月），原件存于都昌县周溪镇来苏邹氏家族。

② （明）杜应芳修，陈士彦等纂《河间府志》卷五《财赋志》，明万历四十三年（1615）刻本，第 55 页 b ~ 56 页 a；（明）沈应文等修，张元芳纂《顺天府志》卷四《职掌》，明万历二十一年（1593）刻本，第 94 页 a ~ 94 页 b；（明）李东阳等撰，申时行等重修《大明会典》卷一七《田土》，第 308 页、卷四一《月盐》，第 759 页、卷一三七《军役》，第 1934 ~ 1935 页；（明）万表编《皇明经济文录》卷八《礼部上》，《中国文献珍本丛书》，据苏州市图书馆藏明嘉靖刊本影印，1993，第 208 页。

③ （明）李东阳等撰，申时行等重修《大明会典》卷四二《黄册》，第 768 页。

程序之后则升为"黄册"正本。各司府等衙门遇到驳回的"青册"，以驳回之日算起，除掉册籍在路上的时间，限期半年造完重新奏缴，否则问罪官吏、里书人等。将"青册"等同于"驳查黄册"或"驳册"，实际上是对"青册"性质的误判。

在各司府州县攒造的册籍统称为"青册"，一样四本或三本，分为进呈册、存留册和草册，进呈册通过"驳查"程序之后，才能成为严格意义上的"黄册"，送入后湖收架。而经"驳查"有问题的"青册"，打回原造衙门限期半年核查造完，重新奏缴。在这个意义上，"青册"虽然是整个黄册制度中一个主要的部分，但却不能将各地攒造的"青册"混视为"黄册"，实际上"青册"只是整个"黄册"攒造过程中的"过程"文本。

（三）课册的更造

洪武年间规定，每十年要编造一次黄册，叫作"大造黄册"。每届编造的黄册，都能与上届所造的册籍紧密衔接，以上届黄册所记各户的"实在"来作为本届黄册的"旧管"，然后增加其"新收"部分，削减"开除"部分，得出本届黄册登载各户的"实在"来。在制度设计中，明王朝试图通过每隔十年"报新去旧"的黄册更造，以便能及时掌握全国里甲人户及其财产的变动情况，由此拥有一套比较可靠的里甲人户资料。①

相较黄册，明王朝关于渔课册制度的记载并不多见。洪武年间，明王朝派出致仕千户人等对鄱阳湖区的渔民、湖池以及船网进行了调查、登记和造册，首次获得了一套相对详细的渔户和湖池资料。前文提及，在《都昌县渔米课册》中有三个时间节点尤为值得我们注意，即正统二年（1437）、成化二十三年（1487）和嘉靖元年（1522）。如果从洪武十四年（1381）"闸办已定"算起，至正统二年，中间相隔了56年的时间，而正统二年、成化二十三年、嘉靖元

---

① 韦庆远：《明代黄册制度》，中华书局，1961，第22~26页。

年三者之间也分别相隔了 50 和 35 年。但是，考虑到嘉靖元年的信息很可能是嘉靖二十一年（1542）编造课册时新添加进去的，由此与前次成化二十三年的内容变动相隔了 55 年。由此可知，《都昌县渔米课册》的内容每隔 50～55 年才更新一次，开除逃绝，添增新收。这也就意味着，明代都昌县渔课册的更造周期要比黄册的十年一造更长，五六十年一造。

可以想见，在攒造初期，渔课册籍中登载的内容与湖区社会的实际情况相对吻合。随着时间的变化，湖区社会的实际情况发生了许多的变化，比如渔户或逃或绝，以及湖池产业的买卖或析产，与渔课册上所登载的内容越来越不相符合。十年一造的黄册，姑且无法跟随社会实际情况的变化而对册籍内容进行及时的更新，更不可奢望五六十年一造的渔课册可以及时更新渔户和税额的内容。在这种情况下，出现"南昌府五所，自国初迄今，虽渔户册籍如故，而岁久人更逃绝，影射莫可胜言"[1] 的现象，也就不足为奇了。此类情况不仅见载于地方志书，在《明实录》中亦有大量记载。正统九年（1444），"直隶太平府当涂、芜湖、繁昌各县河泊所，鱼户耗乏过半，而征课如旧，所司以闻。上命止征其见在者，余悉免之"。[2] 与南昌府五个河泊所一样，直隶太平府三县河泊所的鱼户耗乏过半，但册籍如故，征课如旧。这类情况一般难以改变，除非得到了上级部门的注意，才能得以调整。

上述问题的出现，主要原因在于渔课册的攒造周期过长，无法及时更新渔户及其承课信息。景泰六年（1455），湖广监察御史叶峦奏称："河泊所之盖设，以民间多有置造海溪等舡，捕鱼罔利，故将有舡编成业户，定立课米，然年岁既久，舡有损坏，业户有死亡者，而课米尚在，其有新置船获利者，及无课米。今令各河泊所核实业

---

① （明）范涞修，章潢纂《新修南昌府志》卷九《渔课》，第 8 页 a。
② 《明英宗实录》卷一二〇"正统九年八月"，台北，中研院历史语言研究所，1962，第 2419 页。

户，无舡及死绝者，即与开豁，其有新置舡者，编户定课，则贫当适均，而课米亦不失原额矣。"① 实际上，在明清中国，各类赋役册籍都需面对两大难题：一是随着时间的推移，业户有死亡或逃绝，作业工具出现损坏，但课米仍登载于册籍之中；二是一批新置办了课业及生产工具的人，却不需要承担课米。叶峦认为，要命令河泊所对业户进行核查，对于无船和死绝的人，要开豁其课米，而把那些新置办船网的人，编户定课，如此才能做到贫富适均，原额不失。这个简单的道理，笔者相信很多的明清官员都清楚，但实际的核查和更造却需要面临更为复杂的挑战。

有史料记载，曾任福建省按察使的吴一贯，就"深悉其病也，乃因省灾陈言，以请于上，乞更其制"。弘治年间，吴一贯了解到渔课制度的弊病，于是向皇帝进言，请求更改制度。他认为："凡渔民课米，每石通征折色银三钱五分解库，更不复征本色。又乞令通省十年一次攒造渔课册，如庶民黄册例，其死绝、逃移等无征者，得以开除，新造船网之未及报，与夫旧有漏报者，皆得以公道举，收而补之，通融消息，务使上不亏国课，而下不亏民力焉。"② 首先，他提出渔民课米应统一征收折色银，不再复征本色。其次，他请求全省如里甲黄册一样十年一次攒造渔课册，如此便可开除死绝、逃移等，补增新造、漏报信息。换句话说，福建省渔课册的更造周期也要比十年一造的黄册更长，不独江西鄱阳湖区如此。

综上所述，明初朱元璋设立的渔课制度，不仅包括了对渔户、湖池和船网的登记造册，而且还制定了严格的渔户户籍制度，以及明确的征纳课税系统。明朝的制度设计是要对鄱阳湖区的渔户、湖池和船网进行逐一的丈量和登记；可在实际的操作层面这一想法并

---

① 《明英宗实录》卷二五〇 "景泰六年二月"，第 5415 页。
② 蔡清：《蔡文庄公集》卷四《御史吴公利民一事记》，《四库全书存目丛书》集部第 42 册，据武汉大学图书馆藏清乾隆七年（1742）逊敏斋刻本影印，齐鲁书社，1997，第 685～686 页。

不容易得到落实，因为进行全面的湖池丈量需要面临人员和技术上的挑战。由此，河泊所对渔民、湖池和船网的登记和造册，更多地需要依赖于渔户的自报和承认，也就是"闸办"。洪武初年，河泊所登载渔户、湖池和课额等信息的册籍是地方"青册"，并非"黄册"。明代都昌县渔课册的更造周期要比十年一造的黄册更长，每次的更造几乎都要相隔五六十年。

五　渔课册的体例与内容

从梁洪生和徐斌征引的渔课册原文看，每条记录大致包括以下三点内容：承课户名、纳课水域和课米数额。此外，在湖北地区的赤历册中，载有洪武时期河泊所应承的渔课总额，征收的内容有课钞、翎鳔、鱼油、干鱼、桐油和黄白麻等物。在梁洪生和笔者发现的鄱阳湖地区的渔课册中，都没有出现翎鳔、鱼油等上供物料的征解项目。在明清课册中只有"课米"一项的记载，直到清代康熙年间的"课户照票"中才出现课银的征收。[1] 在明万历《南昌府志》中，洪武十年南昌府所属的五个河泊所，共计岁办渔课的单位还全部是课米"石"，"太祖洪武十八年，令各处鱼课皆折收金银钱钞"，[2] 至嘉靖年间南昌府布政司总会文册所载五个河泊所的渔课已经全部变成了钞银。[3] 此外，正如徐斌所指出的，在体例上，赤历册以业甲人户为纲，水域课额附于其下。[4] 这一体例与本章所要讨论的三本课册相近，所不同的是本章所要讨论的课册属于官方编造的渔

---

① 在明初鱼油、翎鳔料类似于普通民户办纳的上供物料，明中叶后改为折银随"鱼课米"带征。可参阅刘志伟《在国家与社会之间：明清广东地区里甲赋役制度与乡村社会》，中国人民大学出版社，2010，第64页。

② 王圻：《续文献通考》卷二九《征榷考》，据明万历三十年（1602）松江府刻本影印，现代出版社，1986，第427页。

③ （明）范涞修，章潢纂《新修南昌府志》卷九《渔课》，第12页b～13页a。

④ 徐斌：《明清河泊所赤历册研究——以湖北地区为中心》，《中国农史》2011年第2期，第68页。

课征派册，而非实征册性质的册籍。

在《都昌县渔米课册》中，渔课是依照"区域—库甲—头户—贴户"的体例进行编造的。都昌全县被分为了四个大区，分别为"县市一处"、"柴棚一处"、"后港一处"和"左蠡一处"。其中"县市一处"主要系指都昌县城及其附近的都、图。在明代，"柴棚""左蠡"都设有巡检司，分别位于都昌县城的东、西方向，是都昌县两个重要的市镇。此外，"后港一处"系指后港河区域，位于都昌县城的西北地区，主要的承课水域以港汊为主。① 在每个"区域"下，各自都编有十几个不等的"库甲"，而"库甲"之下一般设有一个或几个"头户"，以及数量不等的"贴户"。到了清代的课册中，这种体例发生了一些明显的变化，"区域"从课册中消失，"库甲"改名为"课甲"，而"贴户"也只在若干"课甲"下列出，其余的"贴户"大都与"头户"进行了归并。由此，明代以"区域—库甲—头户—贴户"为基础的四级编派体系，到清代初期已经简化为了"课甲—头户—贴户"的三级模式。

明代课册是以"课米人户多者为头户，少者为贴户"的原则进行编造的。一个"库甲"下会有几个或几十个不等的课户，从这些课户中选取一个课米多的为"头户"，其余的编为"贴户"。然而，以上编造原则也并不被严格"遵守"，也存在课米少的人户出任"头户"的情况。一般"头户"可以由一个登载有湖池水面的课户担任，主要缴纳的是"闸办"或"外佃"湖池的课米，辅之以小额的网业课米。这也表明，在缴纳了"闸办"湖池的课米之外，如想要在自己的承课湖池中捕鱼，课户还要再向官方缴纳网业课米。另外，"头户"也可以由多个承纳"大网"、"丝网"或"签雷网"的课户共同

---

① "后港河，在治北西，由左蠡湖内石流嘴引入至徐家埠（省志作至王家市，盖胜代以前旧轨。一路皆无桥梁，故春夏水涨，舟楫可至王市也，今则异是），有九十九湾，春夏水涨，广通舟楫，其源自石窝洞，滥觞南行，会三尖源、龙潭源、邓家源、出观音桥为石岳港，又南谢雪港，又南过张家岭，与万洲港流会。"引自（清）狄学耕等修，黄昌藩等纂《都昌县志》卷一《封域·川》，第27页 b。

担任，可以附带有"贴户"，也可以不带。值得注意的是，一个课户也可以同时充任两个不同"库甲"中的"头户"。

全册共有"库甲"35个，但考虑到"库甲"中的"头户"可能由多个甚至几十个"课户"共同担任，由此"头户"下的"课户"数必定会多于"库甲"数，共计有236户。这也就意味着，平均七个"课户"就构成一个"头户"。实际上却并非如此平均，各区之间存在很大的差异。在"县市"和"柴棚"区域，"头户"和"课户"的比例分别为1∶2和1∶1，基本上还是一个或两个"课户"就构成一个"头户"。然而，在"后港"和"左蠡"地区，由于有些"库甲"根本不分"头户"和"贴户"，而是各户组合轮流催征课钞，造成"头户"与"课户"的比例分别达1∶10和1∶60，一个"头户"系由数十个"课户"共同担任。

以"左蠡"为例，全区一共只分了两个"库甲"。第一个"库甲"中有40个课户，全部为左蠡人，无"头户"和"贴户"之分。第二个"库甲"中的74个承课户，则全部为四十三都人，也不分"头户"和"贴户"。然而，值得注意的是，这两个"库甲"中的课户，"据告查照旧例，挨次轮流，每二户朋征课钞一次"。① 这就是说，按照以前的旧例，以两户为一组合伙轮流向"库甲"内的其他课户催征课钞一次。同时，在"后港"也发现有"一库甲，计一十三户，据告每户轮流征解课钞一次"的记载。② 这不得不让我们联想到明代的粮长制度，二者在制度设计上有着高度的相似性。由此可知，"库甲"实为一个渔课征解的基层单位，其运作可以由承课户中课米多的"头户"单独负责向"库甲"中其他的"贴户"催征，也可以轮流由一个或多个承课户联合向同一"库甲"中的其他课户催征。

在课册中，绝大多数"贴户"是以缴纳挑贩、船户和各式网业

① 曹树基主编，刘诗古、刘啸编《鄱阳湖区文书》第8册，第150页。
② 曹树基主编，刘诗古、刘啸编《鄱阳湖区文书》第8册，第142页。

课米为主，网业的种类多达几十种，其课额则一般比"头户"、"闸办"或"外佃"湖池的课米少。为了能让读者更清晰地了解其体例和内容，现摘录《嘉靖二十一年都昌县渔米课册》的部分内容如下：

县市一处

库甲

一户邹祥三，市二图人。原额闸办矶池一所，上至龙王庙，西南至大矶山，及腹内湾汊潭，下至石榴嘴，共课米三十七石，又并邹祥三大网罾课米六石四斗，嘉靖元年加安义县九姓渔户课米一石二斗，共该课米四十□□七斗。

贴户

一户姜关孙，在市人，原额挑贩课米一石二斗□姜真孙。

一户应受，户丁应玉，在市人，原额挑贩课□□□□□。

□□□□，在市人，原额挑贩课米一□□□。

□□刘玉壹，在市人，原额挑贩课米□□□□。①

…………

柴棚一处

库甲

一户曹亨，户丁曹泮，六都人。原额办水名东西盘湖、夹砂垱、石牌湖、杨家汊、蒋家塘、沙窝老鼠坱、彭公坎、鹅项石头垱，腹内江家湖、杨家塘、杨树港、蛟龙潭、团湖、五湖垱、碗墁垱、史饶河一边，课米七石；外佃水名均池、水尾、力士、新垱、棠荫、周溪、柴棚、虬门等港，上至力士、新垱，下至饶河口，东至鸢子河，北至本都水源山脚为界，曹泮得受四分，该课米一百一十四石二斗八升，曹恢户丁曹庆得受一分，该课米二十八石五斗七升。曹均佐，户丁曹禄，原额闸办水名砂塘、竹子湖、毫池、沙堰、南历长沙池、洪富新塘、邓埠塘、

---

① 曹树基主编，刘诗古、刘啸编《鄱阳湖区文书》第8册，第6页。

墓明塘、黄家滩、佛生港、史饶河一边，该课米二十一石；外佃均池、水尾、力士、新坽、棠荫、周溪、柴棚、虬门等港，得受二分，该课米五十七石一斗四升。告鸣司府，查照旧额钱粮，屡年河泊所自运解纳；嘉靖元年加安义县九姓渔户课米六石三斗四升，俱曹亨、曹均佐七分朋纳。

　　共得本池后湖水利贴户五名，朋编课米一十二石四斗五升。

　　一户陈福、邹仪，承佃曹容，俱六都（人），共承水名后湖课米五石九斗，曹容内承课米二石九斗五升，邹仪内承米二石九斗五升。

　　一户巢均，六都人，原额密课米三石二斗五升。

　　一户利自儿，六都人，正统二年顶绝户张朝岸罾课米二石四斗。

　　一户张童真，六都人，正统二年原顶承绝户龚宁壹丝网课米五斗。[1]

　　…………

在上引史料中，限于篇幅，只列出"县市一处"和"柴棚一处"的两个库甲。在"头户"项下，除了载有居住都、图信息之外，还有"原额"或"外佃"湖池的水名、四至范围和承课数额。但是，"贴户"项下的内容要简单许多，只有户名、都图、网业类别和课额。从上引文献不难发现，对于那些自明初"闸办"造册以来就一直没有死绝或逃亡的渔户，其课额一般用"原额"表示。明初"闸办已定"之后，经过明王朝的清查、勘合，补替编入课册的渔户，其课额往往是"原顶绝户"而来。其中有相当一部分"贴户"的课米是正统二年通过"顶承绝户"或"分承老户"而来，有时甚至有多个"贴户"的课米承自同一个"绝户"或"老户"。如"县市一处"的"贴户"刘完三、李玉陆、孙存和利通，他们的课米都是顶承自同一

[1]　曹树基主编，刘诗古、刘啸编《鄱阳湖区文书》第 8 册，第 82~84 页。

个"绝户"詹玉壹。① 这一现象的出现与明王朝的赋役制度有关，为了保证王朝国家的税额不减少，对于逃移户或死绝户应承的税额，一般由其他新增渔户顶承缴纳。②

"邹祥三"和"曹亨"分别为"库甲"中的"头户"。在"邹祥三"户内，除了"原额闸办"的矶池之外，还有"大网罾课"和"九姓渔户"课米，而"曹亨"户内，不仅有"原额闸办"的湖池垆汊，还有"外佃"的湖港，总的承课数额也远高于"邹祥三"。此外，"邹祥三"有四个承纳"挑贩课"的贴户，而"曹亨"的五个贴户都是后湖水利的网业课户。关于渔课的征解，"曹亨"户内有"告鸣司府，查照旧额钱粮，屡年河泊所自运解纳"之记载。这也就是说，按照旧有的钱粮习惯，每年的渔课系由渔户自行解纳至河泊所。此外，康熙《湖口县志》也提到"万历初，渔户自行解京，后改布政司搭解，附编全书之后，民颇称便"。③ 这表明，在万历初年，渔课还是由渔户自行赴京缴纳，而后改为布政司搭解。

在"邹祥三"户内，此时还没有出现"户丁"的析分，只在嘉靖元年加入了九姓渔户米。然而，"曹亨"户的内容已经趋于复杂，从起初的"曹亨"、"曹恢"和"曹均佐"户下析出了三个实际的纳税"户丁"，而各"户丁"所得"股份"也不尽相同，各依"分"承纳课米，这可能是曹氏家庭内部经历了分家析产之后的"受分"格局。此外，曹亨与曹均佐名下的"原额"水名大多不同，而"外佃"水名则完全一样。可能的解释是，曹亨和曹均佐的"原额"部分系各自分别"闸办"而来，而曹均佐的"外佃"股份则是从父亲曹亨处继承而来，并各自继续传给了自己的后裔子孙。令人不解的是，"曹亨"户下三个"户丁"所得"股份"合计只有七分，剩下

---

① 曹树基主编，刘诗古、刘啸编《鄱阳湖区文书》第 8 册，第 16 页。
② 《明英宗实录》卷二七七"天顺元年四月丙辰"，第 5923 页。
③ （清）范之焕等修，陈启禧等纂《湖口县志》卷三《食货志下·鱼课》，《中国方志丛书·华中地方》第 864 号，据清康熙十二年（1673）刊本影印，台北，成文出版社，1989，第 271 页。

的三分则不知去向，很可能是这三分由其他人承佃管业纳课。在承课数额上，"原额"和"外佃"也差异明显，"外佃"水名的课额要远高于"原额"水名。这也说明，"原额"水名与"外佃"水名可能存在性质上的差异，或者在渔获量上的不同。

在《客座赘语》中，顾起元称："民间办治官物曰'闸办'。"① 这也就是说，"闸办"的对象必须是"官物"。在万历《新修南昌府志》中，提及的征课水域有"官湖官池"、"长河官港"、"民湖"、"民港"、"坽沥"、"荫田"和"池塘"等类。② 其中"官湖官池""长河官港"都需要民间用价承佃，只是"官湖、官池"有固定的主人，而"长河官港"中的"深潭"需要"预纳课钞，方许承佃，禁蓄取鱼"，③ 原则上渔户每年都需要重新承佃。但实际上，"今查得邬子等五所河泊所，额有长河官港，向系大户藉以纳课，告佃专利"，④ 因需要渔户先纳银而后才能承佃取鱼，难免就形成了大户"岁享深潭之利若恒产"⑤ 的局面。由此，"原额闸办"系指明初民间渔户用价向官方承佃官湖、官池和长河浅水取鱼纳课，而"外佃"水名则更可能是长河官港中的"深潭"，渔户每年预纳课钞，当官承认，禁蓄取鱼。

六　渔课种类与税额的确定

（一）渔课的种类

前文提到，在明代万历《南昌府志》中提到了五类渔课：

---

① （明）顾起元：《客座赘语》卷一《辨讹》，谭棣华、陈稼禾点校，第4页。

② （明）范涞修，章潢纂《新修南昌府志》卷九《渔课》，第8页a~8页b。

③ （清）聂当世修，谢兴成等纂《进贤县志》卷六《赋役·河泊》，清康熙十二年（1673）刻本，第32页a。

④ （明）范涞修，章潢纂《新修南昌府志》卷二五《艺文》，第51页b。

⑤ （清）陈兰森、王文涌修，谢启昆等纂《南昌府志》卷一三《民赋·杂课》，清乾隆五十四年（1789）刻本，第24页b。

一官湖课，凡湖有定主，户有额米，课甲每岁征银完纳；一潭钞课，凡官港中有深潭，潭有定界，每岁秋冬停禁，渔户当官承认，取鱼纳钞；一浮办课，凡官港除秋冬禁外，听小民各色网业长江泛取纳课；一浅水课，凡民湖、民港、坽沥等项，各有分段，照米征银完纳；一高塘课，凡荫田、池塘，除各县秋粮外，其课属河泊所者，亦名曰高塘。①

从字义上看，"官湖课"应该是针对"官湖"征纳的课米。这里的"官湖"有固定的主人，每户派有课米，每年由"课甲"中的"头户"向在湖池帮课取鱼的"贴户"照米征银完纳。"潭钞课"和"浮办课"，与前文引用康熙《进贤县志》记载的内容基本相似。前者针对是"官港"中的深潭，每年秋冬季节要按例停禁，而后者针对是"官港"除停禁之外的水面。按明初之规定，这类"官港"不能典卖，只能民间用价承佃，取鱼纳课。"浅水课"针对的是民湖、民港、坽沥等水域，这些水域大都存在"水涨为湖，水落为田"的季节变化，按水域分段纳课。"高塘课"针对的主要不是湖泊水域，而是沿湖的荫塘或陆地的池塘，其课额不多。

在南昌府五个河泊所项下，渔课主要有两类——鱼油料银和钞银，有闰年之分。无论是鱼油料银还是钞银，都需要加征水脚银，正税一两加征水脚银三分。② 此外，在管有深潭禁港的河泊所项下，还专门登载有各处"禁潭"承纳的课米税额。当年承佃"禁潭"的渔户除承担固定的课米之外，还须另行缴纳钞银，都系课户自行完纳，不在"库甲"或"课甲"催征之列。万历十三年（1585），南昌府推官李之用为锡类造民事，奉两院批允，"五所俱以现在有征民

---

① （明）范涞修，章潢纂《新修南昌府志》卷九《渔课》，第 8 页 a～8 页 b。
② （清）聂当世修，谢兴成等纂《进贤县志》卷六《赋役·河泊》，第 31 页 b～32 页 a。

产、长河课米，额办渔油、课钞，外派所官雇马，并书泊、工食、纸张，一体通行均摊编派……每年定行八月开，限年终齐足，差所吏解报"。[1] 自此，在鱼油料银和钞银之外，渔民又得承纳河泊所官雇马、工食等费的摊派，年终全部收齐之后，派胥吏解报进京。另据曾任南昌知府的卢廷选称："本府河泊所五，岁征户、工二部钞料银一千五百六十余两。"[2] 这提示，各河泊所的渔课要分别向户、工二部解报，其中钞银解送户部，鱼油、麻铁料银解送工部。在明代中前期，渔课经历了渔户自行解京和河泊所解报两个阶段。明代中后期，河泊所大量被裁革，渔课附于各府州县带管，或归并附近河泊所办纳。[3]

从地理位置而言，"县市"和"柴棚"两处主要位于都昌县城的东南方，临近鄱阳南湖的广阔水域，由于湖港河汊众多，有大量的湖池水面可资渔民使用。然而，"后港"与"左蠡"则位于都昌县城的西北方向，可资使用的主要是鄱阳南湖通往长江之间的狭长水域，也即唐宋史籍中的"彭蠡湖"，不仅水域面积远比"县市"和"柴棚"两处为小，且担负着公共航道的功能，渔民无法"闸办"到大面积的水面。如表4-1所示，这种差异导致"后港"与"左蠡"的湖池课额总数远远少于"县市"和"柴棚"地区，而以各类网业课为主。另外，从承课网业的种类看，"县市"地区有明确记载的网业多达18种，其次是"柴棚"区域，也有15种之多。在"后港"和"左蠡"两处，只有若干主要的网业，如大网、草网等。

在表4-1中，都昌全县的课额是2180.8石，课税的种类多达22种。其中湖池课687石，占总课额的31.5%。但是，各湖池之间的税额存在较大的差异，多者如上文提及的"曹亨"，承有东西盘湖、

---

① （明）范涞修，章潢纂《新修南昌府志》卷九《渔课》，第13页a。

② （清）陈兰森、王文涌修，谢启昆等纂《南昌府志》卷一三《民赋·杂课》，第24页b。

③ （明）李东阳等撰，申时行等重修《大明会典》卷三六《鱼课》，第669页。

表 4 – 1 　《嘉靖二十一年都昌县渔米课册》所载各类课额统计表

单位：石

课额种类[1]	县市一处		柴棚一处		后港一处		左蠡一处		小计	
	课额	比例（%）	课额	比例（%）	课额	比例（%）	课额	比例（%）	课额	比例（%）
湖池课	282.9	28.1	281.8	49.2	113.3	29.3	9.0	4.2	687.0	31.5
草网课	108.4	10.8	56.7	9.9	48.9	12.6	0.0	0.0	214.0	9.8
大网课	113.6	11.3	0.0	0.0	5.6	1.4	78.1	36.2	197.3	9.0
旋网课	35.8	3.6	16.8	2.9	40.6	10.5	0.0	0.0	93.2	4.3
密网课	22.4	2.2	40.4	7.1	4.0	1.0	2.7	1.2	69.5	3.2
爬网课	32.5	3.2	29.2	5.1	14.1	3.6	2.6	1.2	78.4	3.6
白网课	50.5	5.0	21.8	3.8	0.0	0.0	0.0	0.0	72.3	3.3
丝网课	45.1	4.5	38.4	6.7	0.0	0.0	0.0	0.0	83.5	3.8
百袋网	1.0	0.1	1.0	0.2	3.9	1.0	61.5	28.5	67.4	3.1
罩网课	41.4	4.1	3.4	0.6	0.0	0.0	0.0	0.0	44.8	2.1
签雷网	12.0	1.2	5.2	0.9	7.5	1.9	0.0	0.0	24.7	1.1
铁脚网	0.0	0.0	9.6	1.7	0.0	0.0	0.0	0.0	9.6	0.4
手罾网	46.0	4.6	38.8	6.8	8.7	2.2	8.7	4.0	102.2	4.7
岸罾课	8.2	0.8	10.4	1.8	0.0	0.0	0.0	0.0	18.6	0.9
棚罾课	10.8	1.1	0.0	0.0	0.0	0.0	0.0	0.0	10.8	0.5
荡鰕课	10.8	1.1	0.9	0.2	22.5	5.8	0.0	0.0	34.2	1.6
鰕萁课	6.5	0.6	0.9	0.2	0.0	0.0	0.0	0.0	7.3	0.3
鱼笼课	4.0	0.4	1.5	0.3	0.0	0.0	0.0	0.0	5.5	0.3
挑贩课	42.6	4.2	3.6	0.6	0.0	0.0	14.4	6.7	60.6	2.8
船户课	12.5	1.2	0.0	0.0	0.0	0.0	0.0	0.0	12.5	0.6
淘河淏	0.0	0.0	0.0	0.0	0.0	0.0	8.2	3.8	8.2	0.4
未详课[2]	111.9	11.1	5.1	0.9	117.7	30.4	30.4	14.1	265.0	12.2
九姓渔户	7.3	0.7	7.0	1.2	0.1	0.0	0.0	0.0	14.5	0.7
总额	1006.2	100.0	572.3	100.0	386.8	100.0	215.5	100.0	2180.8[3]	100.0

注：

[1] 根据课税对象的不同，可将课额分为湖池、网、罾和职业等四大类，外加九姓渔户课米；

[2] 在册籍中没有明确登载具体的网业种类，只有简单的"课米"信息；或者由于册籍本身的残缺，只能辨识课额的多少，而不知道具体的课户信息和纳课网业的类别；

[3] 由于课册存在部分的残缺和字迹脱落，导致部分课米数额无法进入统计，因此这里的总额并没有涵括册籍中所有的课米数额。

资料来源：曹树基主编，刘诗古、刘啸编《鄱阳湖区文书》第 8 册，第 6 ~ 177 页。

石牌湖等课米 227.99 石，少者如"曹志"承有蒿子池课米 1.2 石。这种差异的产生，主要源自各湖池范围、面积的不同，承办湖池越多、面积越大，其课额也就会越高。这就是说，各湖池主要是以面积大小作为课税的标准。然而，对于各种网业课额的确定就要稍显复杂，因为这要涉及网业种类、捕获量以及网具的数量等多种因素。

在各种网业课中，草网课和大网课所占比重最大，都分别占到总课额的 9.8% 和 9%。此外，旋网、密网、爬网、丝网、白网、百袋网和手罾网等常见网具的承课额，也分别占到总课额的 3%~5%。不过，这些网具的区域分布并不平衡。如以大网课为例，主要分布在"县市"和"左蠡"两处，而"柴棚"水域则没有大网的作业。草网课主要出现在"县市"、"柴棚"和"后港"三处，"左蠡"则没有出现。在各种网具中，类似的分布差异非常普遍。这就反映出，在不同的水域之间存在自然环境和渔业资源的差异。

在淡水湖泊或内陆河流中，捕鱼工具主要有两类——网和罾。虽然二者采用同样的材料和工艺编织而成，在形状和使用方法上却有较大的差异，而结果又是殊途同归。在形状上，罾是一种用竹竿做支架撑开的方形网，一般要在上面的纲线系上浮漂，以及在下面的纲线系上铁坠儿，利用其重量使网脚与河床或湖底接触，以免鱼儿逃脱。二者的差异，导致了他们的使用水域也不尽相同。网具又可因质地材料、网眼大小、网具结构、取鱼种类和取鱼水层的不同，划分为不同的类别。

(二) 税额的确定

渔课册中之所以要把各种网业分类注明课额，是因为不同网业的征课标准是不同的。如全册共有大网课户 54 户，平均每户承课约 3.6 石；有草网课户 53 户，平均每户承课约 4.0 石；有丝网课户 18 户，每户平均承课 4.7 石。然而，与之相比，有手罾课户 53 户，平均每户承课则只有 1.8 石；有白网课户 50 户，平均每户承课 1.4 石；有鱼笼课户 10 户，平均每户承课约 0.55 石。由上可知，各种网业之间的平均承课额有着显著的差异。这表明，河泊所已注意到不同的网具所拥有的捕获能力是不同的，并以此作为对各色网业的征税标准之一，即捕获量越大的网具，政府对它征收的课税也越重。

一般而言，在课册中只会记载每户承课的种类和课额，由此我们从中很容易注意到不同种类的网具承担的课米不同，但是尚不能解释在同一种网业中，每个课户的课额也会存在不尽相同的情况。下面一则材料显示，渔网的数量似乎与课额密切相关。

> 一户冯召祖，十都人，原额密网课米二石一斗六升；成化二十三年金本都冯瓒、张统得共承爬网一埠，八都魏三公棚罾一把，共承米一石二斗六升；又将经纳人户于敏、王祖共承米一石，系八都人。①

这条记载是《都昌县渔米课册》中，唯一有渔网数量信息的课户。由于"爬网一埠"和"棚罾一把"合在一起共承米 1.26 石，我们无法知晓二者各自应承的课额，但这提示我们注意网埠的数量与课额之间的关系。以旋网为例，全县共有 55 个课户，就出现了 9 种不同的承课额。其中 47 个课户中有 2 个承课 0.6 石，12 个承课 1.2 石，29 个承课 1.8 石，4 个承课 3.6 石。可以发现，这四种课额之间存在着"倍数"关系，且没有迹象表明这些课户之间存在着课额分承的情况。唯一可能的解释是，这四种以"倍数"增加的数值体现的是网具数量上的差异，而不是分家行为导致的课米分承。此外，还有 8 个课户的承课数不在上述课额的倍数序列之中，可以归为畸零课值。这样的情况并非个例，也出现于其他类别的课额中。在全县 53 个手罾课户中，有 48 户的承课额是 1.8 石，其他 5 户的课额则

---

① 曹树基主编，刘诗古、刘啸编《鄱阳湖区文书》第 8 册，第 76 页。

是畸零数值。

在各色网业课额之外，还有三项需要单独讨论的税种，即"船户课"、"挑贩课"和"淘河渎课"。前两者很明显是针对"船户"和"挑贩"这个职业本身而征收的课税，而"淘河渎"成为课税对象，也让笔者猜想它可能是一种从江河中淘取某种资源或清理河道的谋生手段。在表 4-1 中，"挑贩课"占到了总课额的 2.8%，"船户课"占 0.6%，"淘河渎"占 0.4%。都昌全县共计有 51 个挑贩户，13 个船户，5 个淘河渎者。其中 13 个船户全集中在"县市"地区，而挑贩户在"县市"一处就有 40 个，"柴棚"和"左蠡"各有 3 户和 8 户。这表明，"船户"和"挑贩户"都主要集中在商业较为发达的"县市"区域。然而，由于每户所承担的课米基本都在 1~3 石，故此不太适合充任"头户"，大都只能是"库甲"中的"贴户"。由上可知，在都昌县城及其附近，以及柴棚、左蠡两镇，生活着一群以挑运、贩鱼、船运和淘河渎为生的人，他们通过向官府承课的方式，相当于获得了一张"营业执照"。

在全县 49 个有课额记载的挑贩课户中，出现了四种不同的税值，分别是 0.3 石、0.6 石、1.2 石和 6 石。其中承课 0.3 石的只有 2 户，0.6 石的 2 户，1.2 石的 44 户，6 石的 1 户。不难发现，这四种税额也是倍数关系，其中刘乞儿的户丁刘凯[①]和刘淳,[②] 分别从老户刘乞儿分承了 0.3 石的"挑贩课"，这是一个经过分家析产后的课额分化过程。在"县市"的第四个"库甲"中，又出现了刘乞儿的户丁刘琥、刘珊分承老户"挑贩课"0.6 石的记载。[③] 由此可知，"刘乞儿"原先承有"挑贩课"也应是 1.2 石，只是由于分家的原因其课额由四个户丁分承。此外，由于原文"一户李潮宗……原额□□□贩课米六石"[④] 存在着字迹的脱落，从残缺文字的位置判断承

① 曹树基主编，刘诗古、刘啸编《鄱阳湖区文书》第 8 册，第 14 页。
② 曹树基主编，刘诗古、刘啸编《鄱阳湖区文书》第 8 册，第 78 页。
③ 曹树基主编，刘诗古、刘啸编《鄱阳湖区文书》第 8 册，第 18 页。
④ 曹树基主编，刘诗古、刘啸编《鄱阳湖区文书》第 8 册，第 176 页。

课 6 石应该是两种课米的总和，并非全部为挑贩课。每个挑贩课户本应承课 1.2 石，由于存在着产业和课额的析分，才会出现"倍数"级的差异。

另一个有趣的现象是，在"县市"和"柴棚"两处出现了九姓渔户课米。由此可见，在"后港"和"左蠡"所辖水域捕鱼的渔民可能不需要缴纳此课。尤为值得注意的是，九姓渔户课米一般由"库甲"中的"头户"承纳，只有一例由"贴户"承纳，且这些全部为"嘉靖元年"新增加的课米。这一变动，很可能与正德年间的"宸濠之乱"有关。在明代前期，没有资料显示，鄱阳湖地区存在这类专门的九姓渔户课米。然而，在"宸濠之乱"后，王守仁开始着手对九姓渔户进行"牌甲"登记，[①] 或许才是九姓渔户课米载入课册的原因。

七　"户"的实质及其衍变

明代初期，"户"一般被认作是一个核心家庭，"户丁"则指一户之下的成丁男子。[②] 明初里甲"户"是黄册登记的一个基本单位，虽然官方倾向于限制"户"的析分，以保持"户"的稳定来完成十甲轮流应役的制度设计，但是"户"的大小又与基于"人丁事产"的差役佥派直接相关，从而造成了官民双方在"户"的登记与更新上有着截然相反的利益取向。从民众的立场而言，一般倾向于把"户"分小以逃避赋役。这种状况随着明中期黄册登记的废弛而出现了变化，"户"的大小已不能作为赋役征收的依据，转为以"业"征税。于是，黄册中的"户"开

---

① 《行江西按察司编审九姓渔户牌》（正德十四年九月二十四日），（明）王阳明著，吴光等编校《王阳明全集》（新编本）第 4 册，浙江古籍出版社，2010，第 1197 ~ 1198 页。

② 可参阅栾成显《明代户丁考释》，第八届明史国际学术讨论会论文集，1999，第 14 ~ 21 页。

始由原来指代一个生活中的家庭衍变为两个以上家庭甚至整个家族。①

片山刚指出了一直到清末还存在图甲制的事实，并把户名不变和一个总户常常就是一个宗族的现象归因于"税粮不过割"的结果。②但是，在对"户"的理解上，刘志伟与片山刚有很大不同。片山刚将"户"理解为一个社会群体的单位，而刘志伟则把"户"理解为一个田产税粮登记单位，并不必与现实的社会单位直接对应。问题的关键不在于"户"所含人群范围的扩大，而在于"户"逐渐脱离了具体的人丁、事产实体，变成了一个税粮登记单位。这一变化的关键始于明中后期的税制改革，从而才出现一个"户"内可以容纳多种社会关系的现象，既可以是血缘、地缘和合约的，也可以是其他的利益群体。③

（一）承课"户"的实质

在上文摘引《都昌县渔米课册》的内容中，共有两个"头户"，即"邹祥三"和"曹亨"。在"库甲"制下，"户"的实质内涵是什么？意指一个家庭、一个家族或是一个纳税单位？通过对邹氏和曹氏宗谱的分析，我们大致可以确定"邹祥三"和"曹亨"生活在元末明初时期，在明初通过"闸办"湖池、港汊的方式确立了承课"户名"。在明代设立课户之初，"邹祥三"和"曹亨"很可能是代表了一个家庭单位的"纳税法人"。从"户"的内容看，渔课册中的"户"从一开始就与黄册登记中的"户"存在性质上的差别。前

---

① 刘志伟：《明清珠江三角洲地区里甲制中"户"的衍变》，《中山大学学报》1988年第3期，第64~73页；刘志伟：《清代广东地区图甲制中的"总户"与"子户"》，《中国社会经济史研究》1991年第2期，第36~42页。
② 〔日〕片山刚：《清代广东省珠江三角洲的图甲制——税粮、户籍、同族》，载刘俊文主编《日本中青年学者论中国史》（宋元明清卷），上海古籍出版社，1995，第539~570页。
③ 罗艳春、周鑫：《走进乡村的制度史研究——刘志伟教授访谈录》，《中国社会历史评论》第14卷，天津古籍出版社，2013，第396~398页。

者不具有户口登记功能，没有人丁、事产的记载，只载有简单的居住地、湖产范围、网业种类和课额数量等信息。由此，渔课册中的"户"重在承课种类和税额的登记，而不在人口和事产。另外，户名"邹祥三"和"曹亨"从明初一直沿用到嘉靖年间，甚至到清初的康熙年间，表明它们肯定已经不再是一个现实生活中的家庭，最起码应该是若干个家庭的组合或一个家族的概念。

从文本内容看，"邹祥三"到嘉靖时还没有承课户丁的析出，直到清初的课册中才出现了户丁"邹细老"①的记载，而"曹亨"早在嘉靖的课册中就已出现了户丁曹泮等人。令人疑惑的是，在"曹亨"户内出现了三个户丁，然而这三个户丁却并非都出自"曹亨"，除曹泮是曹亨的户丁外，曹庆、曹禄则分别是曹恢和曹均佐的户丁。在《曹氏宗谱》中，曹亨是曹均佐的父亲，曹禄是曹均佐的第五代孙，其他人无考。②尽管如此，我们似乎可以确定，曹泮、曹恢、曹庆都是曹亨的后裔，同属一个曹氏家族。如果说曹氏从明初至嘉靖都只有"曹亨"这么一个"户名"的话，那么曹亨的子孙都只能成为其中的一个户丁，而不可能出现上述"三个户丁出自三个不同的'户'"的情况。唯一可能的解释是，"曹亨"、"曹恢"和"曹均佐"都曾经是一个独立的"户名"，而后又全部归并到了"曹亨"户内。

在"曹亨"户内，曹亨共有"原额闸办"和"外佃"水名两份产业。户丁曹泮不仅继承了曹亨"原额闸办"水名的全部课米，更从曹亨拥有的五分"外佃"水名中得受了其中的四分，而曹恢户丁曹庆只获得了其中的一分。此外，曹均佐也有"原额闸办"和"外佃"水名两份产业，其中"外佃"水名与曹亨共享，户丁曹禄得受了其中的二分，这应该是原先曹均佐从曹亨处继承而来的湖分。但是，曹均佐"原额闸办"的水名则与曹亨的完全不同，应该是独立

①　曹树基主编，刘诗古、刘啸编《鄱阳湖区文书》第8册，第181页。
②　都昌沙塘塍上《曹氏沙塘宗谱》卷一《世系》，1989。

"闸办"承课而来。由此，尽管在嘉靖二十一年的课册中，曹均佐和曹恢已经归并在了"曹亨"户内，但其中的产业和户丁信息却依然透露出，在明初曹氏家庭内曾经有过一段"分业定居"而后又"并户"的历史，这也可印证我们已有的认识。同时，"邹祥三"的例子又似乎告诉我们，在实际中也存在从明初定居后"户名"长期沿用不变的情况。

在《都昌县渔米课册》中，"课户"可以分成三种类型：一是从明初沿用至今的老户，如"邹祥三"，其"户名"和课额一直相承不变；二是正统二年顶承绝户而来的新户，如"一户杨拾捌，一都人，正统二年顶绝户吴乞童大网课米九斗一升四合"。[1] 由于第一种类型的课户或逃或故，必须有新的课户来顶承该绝户的课米。为了保证王朝国家的赋税不致减少，有时甚至允许多个课户顶承一个绝户的课米；三是分承或顶承老户而来的新户，如"一户郑玉，户丁郑叔昂，市四图人，分承老户大网课米三石二斗……一户徐玉受，市一图人，顶承郑玉大网课米三石二斗"。[2] 由上可知，"分承"指的是家庭内部课额的析分，"顶承"则指家庭之外的课额补替行为，可以由多个同姓或异性课户分承、顶承一个老户的课米。

问题是，由谁来补替死绝渔户之课额呢？有记载称："景泰六年（1455），令湖广等布政司各委官取勘渔户，凡新造船有力之家，量船大小，定与课米，编入册内，以补死绝业户课额。英宗天顺元年（1457），令各处河泊所业户逃亡事故者，有司查勘，以新增续置船只、罾网，照名补替。"[3] 这说明，明王朝会不时对渔户进行勘合，开除死绝、逃亡课户，补替新增了船只、罾网的渔户，根据船只大小、网具的种类及数量，确定需顶纳的课额，并编入渔课册内。由此，《都昌县渔米课册》中"分承""顶承"之记载反映了这一勘

---

① 曹树基主编，刘诗古、刘啸编《鄱阳湖区文书》第 8 册，第 14 页。
② 曹树基主编，刘诗古、刘啸编《鄱阳湖区文书》第 8 册，第 24 页。
③ （明）王圻：《续文献通考》卷二九《征榷考》，第 428 页。

合、补替过程。

大多数情况下，"户"是以一个家庭中成年男子的姓名命名，而这个人一般是该户湖池、网业的置办者。但是，这种情况到了明代中后期开始有了变化。兹举三户以供讨论：

> 一户江召得、江安、江闫，俱六都人，正统二年顶绝户叶宗草网课米七石四斗二升五合。①

这是一个由都内三个相同姓氏的纳税人组成的"户头"，尽管尚不能对三人之间的关系做出判断，但正统二年（1437）由于老户"叶宗"逃亡或无子嗣成"绝户"，其课米改由江召得等三人共同承纳。这表明，至迟在正统二年，"户"就已经不再限于一个家庭范围，而是可以由多个同姓纳税人共同支配的一个"户头"，一起分担"户"内的课米。

> 一户张孝儿、聂保儿、高成、宋孝受、余来儿、李瘦第、李刚、林丑清、朱丑孙、詹仕受，正统二年顶绝户余相草网课米一十石三斗二升，俱十三四都人。②

这也是"库甲"中的一个贴户，与上引"户"稍有不同的是，它是由一个都内的十个不同姓氏的纳税人组成。可见，这个"户"不仅超出一个家庭的范围，甚至也不在一个家族的范畴之内，俨然已经是同一个小区人群之间共同支配的纳税"户头"。

> 一户张兴、邬春席、虎汤成、陈允安、杨瓒、秦孟达、詹贤、郑宜、张兰，俱四十六七都人；刘杰，即刘璨，二十六都

人；常浩、侯镐，在市人。成化二十三年共顶承绝户柳善伍大
网课米一十二石八斗。[1]

可以发现，这个纳税"户"与上面两"户"又有明显的不同。虽然
也是顶承绝户而来，但是"户"内的纳税人已经不限于同一个地理
范围，而是分别来自三个不同的"都"或"市"。"在市"指的是都
昌县城，而"四十六七都"在都昌县治西南二十五里，"二十六都"
则在县治北六十里。[2] 可见，这些纳税人的住地之间相距甚远，但
依然可以在一个"户"内共同承纳课米。这告诉我们，在明代嘉
靖时期，"户"已经不单是一个血缘或地缘的组织。以上三"户"
虽有差异，但也有一个共同的特性，就是无论"户"内实际的课
米承担者如何变化，该户的课额一直相承不变。这说明，渔课册中
"户"的重点不在实际的纳税承担者，而在于保证王朝的课税有其
承担载体且税额不会减少。然而，从这些"户"内纳税人的信息
看，王朝依然注重对实际纳税人变动的登记，而不是纯粹延续一个
纳税"户名"。

（二）"户"的析分与合并

值得注意的是，由于原先老户逃亡或死亡成为"绝户"，上列三
"户"的纳税主体都发生了超越家族甚至地域范畴的变动。同时，
"户"也会在一个家族的内部发生析分，一个老户可以分拆成多个新
的纳税"户头"来分承老户的税额。

　　一户詹受童，二都人，承佃水名赤石池一所及腹内叶家汊、
西田汊、大砂风子池课米一十五石，又草网课米二石五斗，又

---

[1]　曹树基主编，刘诗古、刘啸编《鄱阳湖区文书》第 8 册，第 8 页。
[2]　（清）曾王孙修，徐孟深纂《都昌县志》卷一《封域》，清康熙三十三年（1694）
　　刊本，第 42 页 a ~ 44 页 a。

佃绝户巢斌黄金嘴、酒坛湾课米三石一斗五升，嘉靖元年加安义县九姓渔户课米七斗七升，分拆各户承纳。

一户詹本贵，分承老户詹受童赤石池、叶家汊、西田汊、□□风子池、黄金嘴、酒坛湾课米六石五□□□，□本都陈楚水名小鱼池米一石五斗□□，□□□□□厚分下赤石池、大砂风子池课米□□□□□。

一户詹本厚，分承老户詹受童黄金嘴□□□课米一石五斗三升，户丁詹天姓分承赤石池、叶家汊、西田汊课米二石五斗。

一户詹本崇，分承老户詹受童赤石池、叶家汊、西田汊、大砂风子池、黄金嘴、酒坛湾课米六石五斗三升。

一户詹本高，分承老户詹受童黄金嘴、酒坛湾草网课米一石五斗三升。①

从户名看，詹本贵、詹本厚等四人应该是兄弟关系。从课额看，詹受童是"总户"，一共承纳课米 21.12 石，由分拆出的四个独立"子户"承担。在传统时期，现实生活中的分家，无须通过官方办理任何手续。这种把课米"分拆各户承纳"的行为，首先根植于一个家庭内部的分家析产过程。各子嗣在产业和生活上的分离，必然会涉及户内税额的分担问题，遂形成一个"总户"下有多个纳税"户丁"的情况。此外，为了避免兄弟之间因拖欠"课米"而相互牵累的情况发生，各"户丁"可到官府办理户内的"过割"手续，实现与老户"詹受童"在税户上的分离，由此原先"总户"内的纳税"户丁"遂升为一个独立在册的纳税"户头"。然而，需要注意的是，在"詹本厚"户内还有一个"户丁"詹天姓，分承了赤石池等课米 2.5 石。虽然詹天姓没有从"詹本厚"户内脱离独立成户，但这显然已不是指代单个成年男丁，而是一个分家但没有分户的纳税"子户"。

---

① 曹树基主编，刘诗古、刘啸编《鄱阳湖区文书》第 8 册，第 26～28 页。

在渔课册中，"户丁"作为纳税户中的一个分家但没有分户的纳税单位大量存在。如"一户何铭，三十四都人，原额荡鰕课米八斗，户丁何玉奇承米四斗"。① 这表明，何铭与何玉奇是分家但不分户的关系，也就是二者已在产业和生活上相对独立，但在纳税关系上依然共享一个纳税"户头"，何玉奇相当于何铭户内的一个纳税"子户"。可以发现，何玉奇只分承了何铭户内一半的课米，另有一半课米由何铭户内承纳。可能的解释是，何铭共有两个子嗣，何玉奇分家后分承了一半的课额，另一个子嗣还与何铭生活在一起。

此外，也有户丁全部继承了户内课米的情况，"一户秦仁，今供户丁秦胜显，四十六七都，原额爬网课米一石"。② 这反映出，户丁"秦胜显"才是"秦仁"户内课额的实际供纳者，但在纳税册籍中仍沿用了"秦仁"的户名，二者显然没有分家也没有析户。这也说明，此时的王朝国家依然注重对实际纳税人的登记和掌握。另有一则材料："一户李暹，三十五都人，原额旋网课米一石八斗，户丁李烦内承米六斗，另立一户办课"。③ 可见，许多新纳税户的出现，就是由原户内的纳税"户丁"单独定居办课而来。同时，这也说明，另立一个纳税"户头"需要官方的认可，以此来保证所有的承课人户登载在王朝册籍之中。

除了课户的析分之外，也存在并户的情况。"一户江□□，户丁江哲芸，四十二都人，原顶绝户陈孟芳、桑孟德课米一石三斗，又并江关得顶绝户于秀二课米一石五斗八升"。④ 可以看出，"江□□"与"江关得"原来应该是两个相互独立的承课户，其课米都顶承自绝户，而后又并归在一户内纳课。在另一则史料中，则对并户的时间有记载。"一户郭仁轻，左蠡人，原额手罾课米一石八斗，弘治十

① 曹树基主编，刘诗古、刘啸编《鄱阳湖区文书》第 8 册，第 116 页。
② 曹树基主编，刘诗古、刘啸编《鄱阳湖区文书》第 8 册，第 8 页。
③ 曹树基主编，刘诗古、刘啸编《鄱阳湖区文书》第 8 册，第 118 页。
④ 曹树基主编，刘诗古、刘啸编《鄱阳湖区文书》第 8 册，第 158~160 页。

一年又并男郭仕进课米六斗五升"。① 其中"男"在古代有"儿子"的意思，从姓氏推断郭仁轻与郭仕进应该是父子关系。在弘治十一年之前，二者曾经分户纳课，是年又并为一户纳课。如果说析户是分家在赋役上的延续，那么"并户"就是一种家族式的赋役回归。在明嘉靖的课册中，并户现象还比较少见，然而在清代的册籍中，这种情况已经非常普遍，如上文提及的课甲"曹亨"，就把十个头户合并为一户。

在清代的课册中，大部分课户依然沿用了明代的老户名，但一个户名内出现多个纳税人的现象已经鲜有，仅有两个课户基本沿用了这一模式，其余的课户都是以一个人名作为一个户名。此外，值得提及的是，有的户名是以户内多个纳税人的姓氏组合而成，如"课甲屈黄陈，户丁屈伦、黄忠、陈忠，俱湖（口）县　都人，原顶绝户杨子敬小贤港腹内大小湾汊，共课米四石五斗，实在本户并甲下贴户，通共课米四十一石七斗"。② 其中，"屈黄陈"就是取了三个户丁的姓氏合成的"户名"，此处的"户丁"才应该是实际的赋税承担者。实质上，这是一种多个社会群体共同支配和使用一个"户头"承课纳税的现象。

至此，我们可以形成以下认识，明代正统以后的"户"已经不是一个家庭的概念，也不是一个社会群体的单位，而是一个湖池、网业的课税登记单位。这个课税体中，可以是一个家族内共同拥有某一个湖池的人，也可以是一个因湖池水面的市场流转形成的社会群体，甚至还可以是多个共同拥有某一湖池水面的社会群体。也就是说，在明初的时候，往往是以一个家户内的人丁、事产作为课税的标准，"户"可以与家庭、宗族等概念相重合，但是随着湖池、网业的家内析分和市场流转，以及户口登记功能的弱化，课税主体会因湖业的转让而出现变化，就算承课户名延续不变，但是户内实际

① 曹树基主编，刘诗古、刘啸编《鄱阳湖区文书》第 8 册，第 150 页。
② 曹树基主编，刘诗古、刘啸编《鄱阳湖区文书》第 8 册，第 230 页。

的纳税人也已经发生了变化，这就促使赋税的征收往往需要以固定的产业为基础，而对实际的纳税人则不重视。由此，"户"逐渐演变成为一个湖池、网业的课税登记单位，并不需要对应一定的社会群体。简言之，"户"的内核在"业"和"税"，并不在"人"，也就无关家庭、家族或社群的概念。

八　渔课定额化下的"佥"

前文提及，在《都昌县渔米课册》中，承课户的信息曾有过三次大的变动。其中第二次变动主要发生在成化二十三年（1487），在许多承课户的登载中开始出现了"佥"其他人户"共承"、"抵承"或"分承"课米的现象。如"一户刘信，六都（人），原额白网米一石，成化二十三年佥本都强浩捌、三都刘德共承"。[1] 其实，这里有两个问题值得追问，一是如何理解"佥"在渔课制度上的意义？二是承课户刘信与强浩捌、刘德之间是怎样的关系？

在明代赋役制度中，"佥补""佥派"是惯用的词汇，在意思上可以与"签"字相通，意指政府在赋役上的强制性分派或征集。根据唐文基的研究，明初各地带有普遍性的杂役，大都采取按粮佥派的原则。[2] 在上引文献中，"佥"可以理解为"征"、"分"或"派"的意思。与正统二年的"顶承"绝户不同的是，一般"佥"的主户没有逃绝，往往依然需要纳课或代纳课米，其中被"佥"户只是分担主户的课额，可以理解为税额分化的结果。

（一）渔课的定额化

明宣德十年（1435）六月，应天府在一篇上报皇帝的奏文中提及：

---

[1]　曹树基主编，刘诗古、刘啸编《鄱阳湖区文书》第 8 册，第 104 页。
[2]　唐文基：《明代赋役制度史》，中国社会科学出版社，1991，第 98 页。

> 龙江里外河泊所，先有网业三百三十七户，后有因事籍没，责令上元等县佥补，所佥农民因无网业，变卖田宅、人口，陪纳鱼课，以致耗乏者多，每遇更佥，纷然告讦，乞重体实存旧户办课，余不系网业户者，悉令归农。①

在这篇奏文中，虽然没有交代网业课户减少的原因，但佥补课额却是以征集农民陪纳的方式进行，以致引发农民"变卖田宅"或"告讦"的出现。在应天府看来，应保留实存旧户继续办课，其他原来不是网业课户的农民，应该准许他们归田耕种。对此，明英宗转发户部并认可了这个提议。然而，在不开除逃绝渔户之课额的情况下，应天府的办法并不能解决实际的问题，反而让实存旧户的负担加重。因为早在明洪武二十年，户部就曾提议"今天下税课司、河泊所课程视旧有亏，宜以洪武十八年所收立为定额"，② 朱元璋却以"病民"为由对这项提议予以否决。但是，天顺元年（1457）又出现"课程悉照永乐年间旧额征收"③ 的规定。在课税"定额"的制度下，"佥补"现象无法杜绝。

尽管朱元璋等对课税"定额"后的弊病有清楚的判断，但由于王朝国家对地方社会的认识，总是会滞后于实际情况，不可能及时掌握课户的变化，从而做到"随其多寡，从实征之"，④ 只能以某年收到的实际课额作为以后征课的定例或基准。这样既可保证"岁久却不失其额"，又可节省王朝国家在赋税征收上的行政成本，提升效率。然而，如果不把逃亡业户的旧课废除，仅把"佥补"的农民归田，只会加重实存旧户的负担，导致更多网业户的逃绝，从而又需增加佥补户的数量，陷入一种恶性循环。实际上，直到成化元年（1465）十一月，巡抚南直隶右副都御史刘孜在其上言的六件事中，

---

① 《明英宗实录》卷六"宣德十年六月丁巳"，第 122～123 页。
② 《明太祖实录》卷一八五"洪武二十年九月壬辰"，第 2779 页。
③ 《明英宗实录》卷二八〇"天顺元年七月癸酉"，第 6002 页。
④ 《明太祖实录》卷一八五"洪武二十年九月壬辰"，第 2779 页。

依然还有"应天龙江裹外河泊所，原有网户办课，采辄鲋鱼荐新，后因子内网户缘事充军，课额未除，乃于上元、江宁二县金取农民补码，所居去江隔远，非其素业，乞行疏放。"① 可见，这一问题并没有得到解决。

在应天府的奏文中，"金"的含义是征派新的承课户顶替因网户充军而缺失的课额。另有一种做法是，官府不另外"金补"新的课户顶纳缺失的课额，而是让剩下的老课户陪纳以弥补缺额。如在正统五年（1440），直隶池州府属县河泊所"原额鱼户二千一百三户，死亡者一千三百九十六户，其课令见在户陪纳"。② 如果幸运的话，这种情况可能会被有司发现，进而上奏朝廷后会给予免除。否则，就只能以上述两种方式"金补"缺额上解朝廷。此外，还存在湖池淤塞导致渔业资源鲜少的情况，如果实登课额未除的话，也会促使渔户外逃以避渔课。正如明万历《新修南昌府志》中所言"南昌府五所自国初迄今，虽渔户册籍如故，而岁久人更逃绝，影射莫可胜言，莫若以业求人，画潭定界，庶渔油料钞，不失其额课"，③ 更提出了"以业求人"的课税理念，主张加强对"业"的控制，以保证核定课额的上解。

（二）渔课册中的"金"

由此看来，在明代"金"的问题由来已久，且被视为一种保证王朝"不失其额课"的方式。正统二年，在对绝户的清理、查核过程中，有一批新户进入渔课册成为王朝的纳课户。成化二十三年，这批新户中的部分承课者开始"金"其他课户共同纳课或分承其课额。

---

① 《明宪宗实录》卷二三"成化元年十一月丙辰"，台北，中研院历史语言研究所，1962，第450~451页。
② 《明英宗实录》卷七四"正统五年十二月甲午"，第1446页。
③ （明）范涞修，章潢纂《新修南昌府志》卷九《渔课》，第8页a。

一户赵受安、李伯孙，俱六都人，正统二年顶绝户余贵
草网课米一十石四斗二升，成化二十三年佥原经人户孙贵、
孙富、聂均承米三石六斗，冯袁壹、段隆、萧隆得承米三石
六斗，张继先、汪士渊承米一石二斗，张胜肆承米二石，俱
十四都人。①

正统二年，赵受安和李伯孙是顶承绝户余贵草网课米而来的新纳税
户。在成化二十三年，该户"佥"了十九都的九个原经人户共承课
米 10.4 石。至于何为"原经人户"？与赵受安、李伯孙又有怎样的
关系？目前尚无更多的文献可供讨论。在"佥"其他人户承米之后，
赵受安等户内只剩课米 0.02 石。然而，剩下的二升课米应该不是一
个无意的过失，而是代表了一种在纳税制度上的存在。赵受安、李
伯孙实际上只承纳了正统二年至成化二十三年之间的课米，而后则
"佥"了其他九个人户纳课。在上文的论述中，正统二年的顶承绝户
似乎带有官方的强制色彩，但我们尚不清楚官方根据什么原则进行
绝户的"佥补"。在应天府，我们知道"佥补"的是一批并非渔民
和网户的农民，以保证官方的课额。

一般而言，在户内分承、共承或抵承课米的行为，如发生在
"户"与"户丁"之间比较少称之为"佥"，而在"户"与其他
"人户"之间时，则称为"佥"。

一户李敬，三十四都人，原额课米一石，分烟户丁李汉承
米四斗。
一户吴秀，三十四都人，原额课米一石八斗，弘治二十三
年佥周濂承米九斗，又熊克升内承米九斗。②

---

① 曹树基主编，刘诗古、刘啸编《鄱阳湖区文书》第 8 册，第 100~102 页。
② 曹树基主编，刘诗古、刘啸编《鄱阳湖区文书》第 8 册，第 116、120 页。

　　一个家庭内部的课额分承，伴随的是分家析产的自然过程，子承父业是一种常态化的财产及权利的让渡方式。其他人户分承非本户内的课米，要不是官府强制性的佥派，否则就是产业的市场流转导致的结果。在上段引文中，"吴秀"原承课米1.8石，弘治二十三年"佥"了周濂和熊克升各承米0.9石。在此之后，"吴秀"实际上已经不再承纳课米，全部转由周濂和熊克升分承。奇怪的是，虽然"吴秀"不纳课，但户名却没有被周濂和熊克升取代，而是在册籍中延续了下来。从姓氏上推测，周濂和熊克升不可能是"吴秀"的后人。这种"佥"派人户分承课米的情况，很可能是一种对水面产权流转之后的课额变化的承认。但是，这种产权的买卖并没有在官方层面进行"推收过户"，于是依然还在"吴秀"名下办课。

　　至此，已有两种"佥"的模式，一种如赵受安、李伯孙户，户内大部分课米由其他人户分承，但自己尚留有象征性的少量课额；另一种如吴秀户，户内全部课米都由被"佥"户承纳，自己仅保留着一个空的纳税户头。在这两种分承主户课米的模式中，对被"佥"户应承的课额都有明确的记载。此外，在没有规定具体负担课额的情况下，被"佥"户往往是以与主户"共承"课米的方式出现，如"一户汪始儿，三十五都人，原额爬网课米一石八斗，佥本都陈乞得、陈旭共承"。[①] 与前两种模式略有不同的是，主户汪始儿显然要承担课米，且应是主要的承课者，陈乞得和陈旭则是辅助性的承课人户。不登载被"佥"人户的具体承课数额，则可能是因为这三户共同支配和使用一埠爬网，且其内部已经约定了分配机制。

　　在"柴棚"区域，游福壹是其中一个库甲的"头户"，信息如下："一户游福壹，六都人，原丝网课米六石五斗七升。"[②] 然而，令人疑惑的是，在后一个库甲的"贴户"中，再次出现了"游福

---

①　曹树基主编，刘诗古、刘啸编《鄱阳湖区文书》第8册，第114页。
②　曹树基主编，刘诗古、刘啸编《鄱阳湖区文书》第8册，第98页。

壹"的记载，原文如下：

> 一户游福壹，六都人，原丝网课米六石五斗五升，金原经
> 人户冯玄、刘名抵承米一石，向钦承米一石二斗，俱十四都人；
> 原成銮承米一石二斗五升，陈玄、冯观受、陈世清承米一石二
> 斗，罗仲英承米一石二斗；又金成开肆承米八斗。[1]

通过信息的对照，可以确定这两处的"游福壹"是同一个承课户。在整个嘉靖课册中，这是唯一一个既充任"头户"又在其他"库甲"中充当"贴户"的课户。我们不能简单把这种现象视为课册编造者的失误，而或许在制度上就允许一个课户既充当"头户"又是"贴户"。在"后港"地区，也有类似的记载，"一户汪受拾，星子县归厚坊人，原承佃都昌县后港十八汊水名湖池，课米十八石，分编头户二名，每名该米四十石"[2]。也就是说在渔课册中，允许存在一个课户分编成两个"头户"的情况，每个"头户"承课四十石，其下附有八九个贴户。由此，我们可以认为，一户"游福壹"也是可以分编成了两个性质不同的纳课"户"。有趣的是，在"游福壹"充任"贴户"时，其下"金"了九个人户分承其课米，但是被"金"人户的承课总数却超过了"游福壹"所承课额 0.1 石。这可能是"游福壹"代这些渔户办课的手续费，又或是这些人户使用"游福壹"户名纳课的费用。

九　小结

已经发现的明清文献尽管数量非常庞大，种类也异常丰富，但鲜有渔课册的出现。梁洪生在星子县发现之《清代星子县十甲湖课

---

① 曹树基主编，刘诗古、刘啸编《鄱阳湖区文书》第 8 册，第 108 页。
② 曹树基主编，刘诗古、刘啸编《鄱阳湖区文书》第 8 册，第 110~112 页。

清册》，以及徐斌在湖北省档案馆所藏的民国诉讼案卷中发现的七部
"赤历册"，均系案件诉讼双方为了争夺湖池水面业权提呈给清代官
府或民国高等法院作为产权凭证的课册抄本。内容虽然保留了大量
明清时期的渔课信息，但此类历经多次誊抄的晚近课册文本因无从
追溯和核对，对研究者的解读带来困难。在这个意义上，本章发现
的《嘉靖二十一年都昌县渔米课册》就有其特殊的讨论价值。

　　明代渔课册无论在攒造程序或格式体例上，都与明代的黄册非
常相似，然而在内容上却与黄册的"人丁事产"登记不同，其重点
在于渔课税额，不在"户口"登记。韦庆远和栾成显研究发现，按
规定除了军队卫所现役官兵以外的一切里甲人户，都要在黄册上登
记，并注明所属的户类。在一般的民黄册之外，还有按照不同户类
分别登载的专职役户册，如军黄册、匠籍册等。有学者认为，在民、
军、匠、灶之外，最大的专职役户当属渔户。明王朝通过设立河泊
所对江河湖池和渔户进行专门的管理。为了渔户管理和渔课征收的
便利，河泊所在里甲黄册系统之外，专门攒造了一套渔户纳税课册。
在明代嘉靖的渔课册中，所有承课渔户都有明确的住居都图信息，
显系已经在里甲黄册中进行了户籍登记。① 由此，本章讨论之《嘉靖
二十一年都昌县渔米课册》很可能就是基于黄册专门攒造的渔户课
册。但是，对比十年一造的黄册，渔课册的攒造周期更长，每次的
更造中间几乎都相隔了五六十年。

　　在明初，湖池和船网课米的征解是以"库甲"或"课甲"为基
本单位。一个"库甲"中有"头户"和"贴户"之分，其中课米多
者设为"头户"，负责向其他"贴户"催征课米。一个"库甲"中

_____

① 在《嘉靖二十一年都昌县渔米课册》中，有"一户钟添得，三十六都人，原额草
网课米四石六斗，签雷网课米二石二斗，嘉靖十一年黄册拨过三十五都"的记载
（曹树基主编，刘诗古、刘啸《鄱阳湖区文书》第8册，第148页）。这表明，
这些登载在渔课册中的承课户，同时也在里甲黄册中有过登记。其中"嘉靖十一
年"正是每隔十年的黄册大造之年，由此可知渔课册在攒造过程中会根据黄册更
造内容进行承课人户信息的更新，二者之间有着紧密的联系。

可以有一个或多个"头户"，组合轮流向其他"贴户"征解课钞。渔课册中的"库甲"系统与黄册的"里甲"并不完全吻合，一个"库甲"中的承课人户可以跨多个不同的"里甲"或"都图"。"库甲"实际上是一种依赖于"都图"的渔课征解体系。但是，渔课册中"库甲—头户—贴户"的赋役编派结构与黄册中"里长—甲首—畸零"的结构十分相似，且"头户"与"甲首"的职能也类似，都是负责单独或轮流代官府征收和催办赋役。此外，在鄱阳湖地区，除了嘉靖元年出现的"九姓渔户"我们尚不能确定其身份外，其他登记在册的课户都是在陆地上已经定居入籍的人，而不是常年生活在湖上的"水上人"。

在明初湖港"闸办"格局基本奠定之后，官方曾对渔课进行过三次大的清理和整顿，依次分别发生在"正统二年（1437）"、"成化二十三年（1487）"和"嘉靖元年（1522）"。在"正统二年"，由于明初以来渔户的迁移、外逃或死亡，大量承课户成了"绝户"，官府为了不使河泊所渔课减少，根据已有的湖面使用习惯"佥"派了许多新户来"顶承"绝户入册纳课。而在"成化二十三年"，随着家族内"分家析产"和市场转让的发生，明初的承课户开始由一户分化成多户纳课，或"佥"其他人户分承课米。至"嘉靖元年"，安义县"九姓渔户"课米开始出现在"头户"项下缴纳课米。在明代前期，没有文献显示，鄱阳湖的"九姓渔户"需要向官府缴纳课米。然而，在正德年间的"宸濠之乱"后，王守仁开始着手对"九姓渔户"进行"牌甲"登记，这或许就是"九姓渔户"课米加载渔课册的主要原因。

与里甲黄册一样，"户"也是渔课册中的一个登记单位。但是，明代正统以后的"户"已经不是一个家庭的概念，也不是一个社会群体的单位，而是一个湖池、网业的课税登记单位。在明初的时候，往往是以一个家户内的人丁、事产作为课税的标准，那么"户"可以与家庭、宗族等概念相重合。但是，随着湖池、网业的家内析分和市场流转，以及渔课册攒造、登记功能的弱化，课税主体也会因产业的买卖或承课户的逃亡而出现变化，就算承课户名延续不变，但是户内实际的纳税人已经发生了变化，这就促使赋税的征收往往需要以固定的产业为基础，而对实际的纳税人则可以不重视。由此，"户"逐渐演变成一个对湖池、网业的课税登记单位，也就不需要对应特定的社会群体。简言之，明代中后期"户"的内核在于"业"和"税"，并不在"人"，也就无关家庭、家族或社群的概念。

　　明初设立河泊所并建立渔课册制度，加强了渔户管理和渔税的征收。但是，这套制度的维持却始终面临着许多不确定因素的挑战，诸如攒造过程中的书吏舞弊，渔户逃移和亡故以及湖池的淤塞等。这些时刻变动的社会和自然情况，使得明初编造的渔课册无法及时反映最新的社会状况。由此，渔课的征收与解运不得不以某一特定年份所收为定额，长期固定不变。因渔课册的攒造周期远比黄册为长，在《明实录》中就频繁出现"渔课在册而承课户已逃亡"的记载。在渔课定额化而课册更造周期过长、过慢的情况下，为了保证渔课册登载之税额的征收，河泊所往往佥补新置船网的渔户顶替逃亡课户纳税，甚至佥派非渔户纳课。至明代中后期，渔课的征解由渔户自运解纳入京向布政司、州县搭解转变，最后转为州、县代管。清康熙年间"课户照票"的发行，使得课额在制度上得以固定，加上自封投柜的实行，改变了明代以来"以册征课"的模式，从而导致渔课册在赋役征收中的功用逐渐弱化。

第五章
嘉靖以降的渔课制度与基层社会

一 引言

洪武十五年（1382），"吏部奏定河泊所官制，凡天下河泊所二百五十二，岁课米五千石之上至万石者，设官三人，千石之上者设二人，三百石之上者设一人，制可"。[①] 吏部根据每年各所课米总额设定所官的人数，所官每月的薪资是两石米，明中后期渔户逃绝，河泊所课米大减，为了节省行政成本，不得不将一些岁征课米少的河泊所裁革。天顺元年（1457），"各处税课司局、河泊所等衙门，该办课程悉照永乐年间旧额征收，其所收课钞不及万贯者，俱各革罢，就令所在有司带管，官吏起送赴部"。[②] 也就是说，河泊所裁革之后的渔课改由所在州县有司带管，起送赴部。据尹玲玲的研究，正统至天顺年间集中裁革了一批征课过少的河泊所，而后嘉靖、隆庆、万历三朝又大规模对河泊所进行裁革。据统计，至万历十五年（1587），全国只剩下 103 个河泊所，至清康熙二十二年（1683），全国仅剩下 21 个河泊所。[③]

---

① 《明太祖实录》卷一五〇"洪武十五年十一月至十二月"，第 2370 页。
② 《明英宗实录》卷二八〇"天顺元年七月"，第 6002 页。
③ 尹玲玲：《明清长江中下游渔业经济研究》，第 305 页。

明初江西全省共设立有 22 个河泊所，正统年间裁革了 9 个，嘉靖至万历年间裁革了 11 个，至清康熙年间只剩下 2 个，即南康府的杨林河泊所和九江府的鹤问寨河泊所。[1] 明中叶以降，不仅各处河泊所相继被裁革，而且因渔课册的更造周期过长，王朝对渔户的管理和渔课的征解日渐废弛。在鄱阳湖区，正统二年开始出现大量"顶承逃绝"的现象，说明此时已有大量的渔户或逃或绝，原承课米改由其他课户顶承。但是，河泊所的裁革，并不意味着渔课的停征或免征，"鱼课仍于各该府、州、县带管，或归并附近河泊所岁办不缺"。[2] 清代前中期南昌府的渔课总额基本与明代后期相同，并无减少，定额化趋势明显。

值得注意的是，江西是明代中后期赋役改革的先行者。嘉靖末年，虽历经蔡克廉、王宗沐和周如斗的倡议或奏请，一条鞭法仍未能在江西施行。隆庆二年（1568）十二月，江西巡抚刘光济再次奏行，始获准，初行于南昌、新建，逐渐遍行于全省其他七十县。[3] 前文提到，那些课米多的渔户往往被编为"头户"，除了承纳渔课外，还得负责向甲内其他渔户催征课米，并承担解运。渔课属于赋，而渔课的催征与解运则属役。本章有兴趣的问题是嘉靖以降，特别是在河泊所废革之后，鄱阳湖区的渔课征解制度出现了什么样的变化？在地方社会又是如何具体运作的？这些制度上的变化又如何影响着水域社会的结构？

二　万历年间长河官港的"弛禁"

洪武十年（1377），南昌府所属五个河泊所的渔课总额共计二万六千五百二十六石三斗一升。至嘉靖年间，江西布政司总会文册已

---

① 尹玲玲：《明清长江中下游渔业经济研究》，第 305 页。
② （明）李东阳等撰，申时行等重修《大明会典》卷三六《鱼课》，第 669 页。
③ 梁方仲：《明代赋役制度》，中华书局，2008，第 283～307 页。

把河泊所渔课改用钞银。万历年间，南昌府推官李之用又在额办渔油、课钞之外，均摊编派所官雇马并书泊、工食、纸张等，年终齐足解报。① 万历十四年（1586）以后，江西及南直隶等地连年大水，冲毁田地、屋宇无数。这年正好是知府范涞来守南昌的第二年，看见灾民"鹄形菜色"，纷纷请求有司赈济，寻求可以佐岁之物。范涞认为："惟有长河官港，因天顺地，其利普，其惠不费。"② 于是"尽弛江潭之禁，以赈沿江贫民"，并且向抚院题请蠲免渔课，如是者三年，方才恢复照数征解。

　　"长河"又称"官河"，指的是可以通航的河流，如赣江及其支流、饶河以及信江等。在"渺水"期这些河流与整个鄱阳湖大水面连成一片，"枯水"期则回归为自然河道。在《嘉靖二十一年都昌县渔米课册》中，并没有出现"长河"或"官河"一词，直到万历之后才在方志中出现。然而，"弛禁"山林、湖港以及茶盐之利则是中国历代王朝应对灾年的传统办法之一。在下文要讨论的两本《清代都昌县原额通共课米册》中，亦出现了"长河课米"的记载。"官港"则系"长河"中的深潭，有相对固定的界线，因每年秋冬需要施禁，不准任何渔船、渔具入港捕鱼，又被渔民称为"禁港"。后来的调查发现，所谓的"深潭"或"禁港"实际上都是秋冬水退之后鄱阳湖区鱼类的越冬场。③ 万历年间，南昌府五个河泊所中除了港口河泊所无官港、深潭、禁港外，其他四个河泊所都有多处"禁潭"。这些"禁潭"都有一定的界址，长则一里至四五里不等，阔则数尺至二三里不等。④

　　南昌府五个河泊所额管之长河官港，万历年间岁解额课四百七

①　（明）范涞修，章潢纂《新修南昌府志》卷九《渔课》，第 12 页 b ~ 13 页 a。
②　（明）范涞修，章潢纂《新修南昌府志》卷首《序》，第 1 页 a。
③　王育权、周茂德等编《鄱阳湖主要经济鱼类越冬场调查报告》，绳金塔印刷厂，1986。
④　（明）范涞修，章潢纂《新修南昌府志》卷九《渔课》，第 8 页 b ~ 12 页 b。

十八两有奇，"向系大户藉以纳课，告佃专利"，其他人不敢入。①
长河官港本为公共物品，且是各类船只通航的公共河道，但有些大
户藉向官府输课而专享其利，将其变为排他性捕捞水域。在范涞看
来，这是势豪大户的侵渔之利，应该将此项利益还给沿河民众。万
历十四年（1586），鄱阳湖流域遭遇大水，范涞议请将长河、官港弛
禁给予小民，让他们自备渔网入河港取鱼度活，并"将牙税银四百
七十八两四钱六分四厘一毫九缥七忽，申详解司，抵作该年额办课
钞之数"。② 这个道理不难明白，如果官府试图弛禁长河官港给其他
人捕鱼，必然会遭遇输课业户的阻挠。为此，南昌府以牙税银抵作
该年的额课，实际上免除了该年长河官港的税课。

万历十五年，又大水，南昌府依照万历十四年的旧例，再次
晓谕"沿江上下渔户、居民人等知悉，长河官港鱼利，悉听自打
采取，以充衣食，不许势豪阻遏"。万历十五年十一月二十四日，
江西巡抚陈有年向神宗上疏，题请"止无益之作，捐不费之惠，
以济重困事"。其中何谓的"不费之惠"指的就是长河渔课。陈
氏并把此弛禁长河之法推行于饶州府，使人赖以为生。在陈有年
看来，是年南昌府的额课按例应当补解，但念及"解之内府不啻
沧海之一毛，留之灾方或可备饥时之一口"，不如蠲免，使百姓知
道圣上爱民之德。万历十六年正月，神宗朱翊钧允准了陈有年的
题请，将南昌府万历十五年份的渔课暂免解补，但以后年份仍要
照旧额全数征解，不得逋欠。③ 然而，万历十六年"春夏霪雨连绵，
低乡早稻尽皆淹没，至秋又值亢旸复布，晚禾尽行枯槁"，水、旱交
加，灾民无所指望，只能在河港取鱼活命。

万历十六年（1588）系有闰年份，南昌府属五个河泊所共该钞

---

① （明）范涞修，章潢纂《新修南昌府志》卷二五《艺文》，第 51 页 b。
② （明）范涞修，章潢纂《新修南昌府志》卷二五《艺文》，第 51 页 b。
③ 《止无益之作，捐不费之惠，以济重困事疏》，载（明）陈有年《陈恭介公文集》
卷三，据天津图书馆藏明万历陈启孙刻本影印，上海古籍出版社，1995，第
665 ~ 666 页。

银四百九十四两有奇，属于解部钱粮，不能短少，必须抵补。按例长河官港征课之年，应在八月初开始施禁。但如立禁征课，就等于夺灾民饔飧之食，而让他们陷入束手待毙之困。于是南昌府再次题请"将前项官港再行弛禁一年，川泽之利取之无穷，不费之惠，为益甚大，沿河数百里之贫户，皆有事于河港，无暇于他求矣"。① 如此一来，矛盾马上凸显，官港如继续弛禁，渔课将无从出。南昌府屡经讨论，决定从库贮军饷银内拨出一千两，前往南、赣二府买入稻谷，然后高价卖出，从中营利达六百四十二两有奇。从中照数动支银四百九十四两多，以抵该年渔课。

因其特殊的公共性质，长河官港成为万历年间南昌、饶州两府用以赈济灾民的"不惠之费"。万历三十六年（1608）又水，"都御史卫承芳、行布政司陆长庚、丁继嗣据府议，比照万历十四年、十五等年事例，将本年分官港、深潭弛禁，普惠饥民，不许豪强占据，其应解课钞银两，本司议详抵解，三十七年以后弛禁如故"。② 可见，用弛禁长河官港的办法来赈济灾民，已经成为一种地方惯例。南昌知府卢廷选就认为："第遇岁凶，辄弛其禁，任民入渔，而应解课金，或蠲或抵，竟非长策"，即弛禁河港，蠲免或抵补课钞，毕竟不是长久之计。为此，他题请"永蠲官港课额"，并于布政司起解总数内开除明白。如此，户、工二部一年虽然少了数百金的收入，但是水乡赤子出入于河港之中无所禁限，可以裕丰岁而救凶年。③

卢廷选也提到渔课征解问题，"渔民网户星散水滨，其户额若牛毛不可勾校，即编课甲，给贴户票以征之，而该所猾胥，阴乱其籍，非漏派则叠登，致令纷纷告改，官亦不胜受理，逾日滋甚"。④ 渔户散居水滨，课额零星，于是编课甲、给户票以征课，原则上十年一次更造，但胥吏从中上下其手，不是漏派就是重复登记，引起课户

---

① （明）范涞修，章潢纂《新修南昌府志》卷二五《艺文》，第 52 页 b～53 页 a。
② （清）陈兰森、王文湧修，谢启昆等纂《南昌府志》卷一三《民赋》，第 24 页 a。
③ （清）陈兰森、王文湧修，谢启昆等纂《南昌府志》卷一三《民赋》，第 24 页 b。
④ （清）陈兰森、王文湧修，谢启昆等纂《南昌府志》卷一三《民赋》，第 24 页 b。

的不满。如果想要制止"影射"和"补负",就必须"于府派定课甲,即载应贴户米于下,以后逐年凭府按籍给票征收,而又分限责纳"。[①] 然而,对于长河官港,先令课户纳银于官,而后承佃管业,虽便利于官府,但造成势豪之家"岁享深泽之利若恒产"的局面,其他水滨渔户不能入。其他渔民的罾网入深潭捕鱼,除了缴纳自己的浮办课之外,还得按照网业的大小,向承纳官港的大户帮纳埠银。因"官港派米之钞,与带征之料"比之其他水域更为繁重,又"非零星网户之所能认也"。为此,这些居住水滨的人都对官府抱有很大的不满,希望裁豪佃而恣渔人之采。

进贤邑人熊明遇指出,"渔课一项,久为市驵奸胥乾没"。万历末年,因进贤县北山地坐湖滨,"一望茭牧,节被水患"。江西巡抚王佐、知县钱士贵念及北山乃下泽之乡,提议将"上、下四段官河弛禁,贴付该乡,听民举网无课"。这与之前南昌府范涞、卢廷选的做法相似。据当地的乡绅、里老反映,这四段长河"岁入渔利过百金,节系积惯豪民包认",每年只需纳官课数十金。在秋天到来之前,号召渔民在新建太子庙前交网,期间严为停禁,至冬才能取鱼。开港的情景,可以用"潭中交网绝流,千人喧噪,河水振荡,获若丘陵"来形容,捕获所得则是豪民与网户对半平分,或六四分成。但是,长河、官港得利虽多,却时常发生"私争公讼",几乎没有安宁过。故此,一些地方上的人反对弛禁,认为"若一弛禁,则北山一二小网之民,无从投足,别县大网所过不留,势同竭泽,且无豪民为课户掌禁,则秋冬不时下网,鱼皆惊散,将尺鳞不登于市,鲜食益艰,此名为利,实为害也"。[②]

在北山乡绅、里老看来,弛禁起码有两个显著的弊端:一是弛禁之后官港、深潭对所有人开放,不利于小网渔民,反而给大网渔

---

① （清）陈兰森、王文湧修,谢启昆等纂《南昌府志》卷一三《民赋》,第24页 b。
② （明）熊明遇:《文直行书诗文》文选卷一《附加增渔课事鲧碑》,据北京图书馆藏清顺治十七年（1660）熊人霖刻本影印,北京出版社,2000,第197~198页。

民开了方便之门；二是如没有豪民为网户掌禁河港，不免时有人下网捕鱼，从而让那些游入深潭过冬的鱼类四处惊散，鱼产量必然减少。为此，有人建议继续让势豪课户掌禁如故，但是要各加增官港停禁的课银三十两，寄封在乡老处，作为北山乡修堤、赈济之需。这样一来，不仅官课无亏，且北山一乡水荒有备。

进贤县北山的掌禁课户大概就是范涞、卢廷选等人眼中的"势豪"。站在官府的立场，弛禁长河、官港是一种"不费之惠"的赈灾之法，任由乡民取捕，以度灾年。然而，一般小民缺乏船只、网具，只能零星采捕食鱼，根本无法与其他势豪大户竞争。弛禁的赈灾效果如何姑且不论，但可以看到明万历年间无论是官府还是地方乡绅都试图从长河、官港取利。前文提及，在嘉靖二十一年的渔课册中，渔课来自两大类：一是湖池，二是渔网。但是，湖池并没有进一步细分"长河官港""官湖""浅水"等名目。问题是，鱼类资源并非均匀地分布于各湖池之中，而是有些水域鱼类聚集，其他则鱼类鲜少。渔民在长期的捕捞实践中，逐渐认识到鱼类的习性，从而注意到一些渔获量高的水域。这些水域即是文献中称为"长河官港""深潭"之类的水域，因其权属的公共性，成为各方势力争夺的焦点。

这些在万历年间被记录下来的"弛禁长河官港"故事说明，渔课税额已经定额，并且折银化，由自运改为官解。这可能是嘉靖、隆庆年间一条鞭改革对渔课征解带来的影响。渔课被视为解部钱粮，除非奏报皇帝获得蠲免，原则上必须年末进缴。保证年末进缴的办法，一是平常年份向课户征纳，二是灾年课户免征，官府另想其他办法抵补。此外，在登记上对征课水域的进一步细分，正是为了应对明中叶以来"渔户册籍如故，而岁久人更逃绝"的局面，试图通过加强对"业"的登记和管理，求得业主的纳课。长河官港因其渔产颇丰，承纳课额也较之其他水域高，一般贫苦小民难以认纳，不免被势豪大户占为恒产。对于水域社会秩序而言，深潭的施禁也要求承课户在地方上有一定的势力，否则难以掌禁水面。

三　明清鼎革之际渔课制度的演变

前文提及，在《都昌县渔米课册》之外，邹氏还有两本《清代都昌县原额通共课米册》留存。经过比较，这两本册子在内容上基本相同，尺寸大小相近，一个长 24cm，宽 21cm，另一本长 22cm，宽 23cm，二者都接近于正方形（见图 5 - 1）。由此，我们认为这两本课册应该形成于同一时期，只是两本册子在装帧顺序上都有各不相同的错乱之处，致使中间的部分内容衔接不上。在每本课册的装帧缝隙处，都盖有方形的红色印章，跨前后两页，以确保册籍页码不致被更换。从印章的吻合度看，不存在成册后又被拆开装订造成顺序错乱的可能性，这说明这两本课册在装订成册时就已存在顺序错乱的问题。遗憾的是，目前没有更多的资料可供我们讨论造成这种错乱的具体原因，这或许只是清代抄录、整理册籍之人一个不细心的疏忽所致。

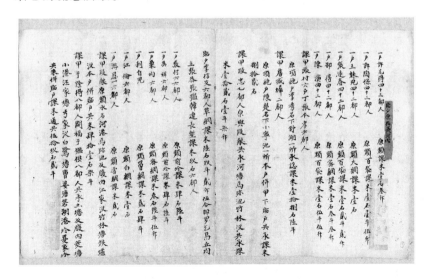

图 5 - 1　《清代都昌县原额通共课米册》第 19 ~ 20 页

资料来源：曹树基主编，刘诗古、刘啸编《鄱阳湖区文书》第 8 册，第 214 ~ 216 页。

这两本课册没有留下公文之类的说明文字，我们只能从其内容中推断它的形成时间。之所以认为这两本课册的形成时间在清代，主要源自以下信息：

> 课甲曹亨，六都人。原额水名东西盘湖、夹砂坽、石牌湖、老鼠夹、彭公坎、史饶河、一边港，外佃水名均池、水尾、力士、新坽、棠阴（荫）、周溪、柴棚、虬门等港，共课米二百石，外加安义九姓课米六石三斗四升。分编头户十名，今奉清朝归并一户。本户并贴户通共课米三百九十七石二斗二升。①

上段引文提到，课甲"曹亨"名下原来分编有十个头户，今根据清朝的规定合并为一户。虽然"今奉清朝"一处不太符合一般官方文书的书写习惯，像是书吏所为，但从中仍可认为，这是两本记载了清代渔课信息的册籍。此外，在课册的正文内容中，还有两处重要的信息，可以进一步帮助我们缩小时间范围。其中一条是"课甲黄朝义，纳户黄兴周、余廷圣、宋嵋、江天道、刘亨价、刘思任，俱九都人，原共承顶黄马大石池一所，本户并贴户，康熙年间本府太爷王申详共承课米二百二十五石七斗"。② 经查，康熙年间担任过南康知府的只有一个姓王的人，即王秉忠。③ 有关方志显示，王秉忠在南康府的任期大概在康熙三年至七年。

还有一条记录值得特别提及，"课甲吴保六，四十三都人……弘治一年并吴陶保大网课米二石九斗，共米二十二石。康熙三十九年又承顶贴户杨瓚百袋网课米一石八斗"。④ 这表明，该课册是在康熙三十九年（1700）之后形成的。另外，在其中一本课册上盖有"杨林河泊所记"的印章，而杨林河泊所初设于吴元年（1367），清雍正

九年（1731）裁革。① 由此，这两本课册的形成时间可进一步缩小在康熙三十九年至雍正九年这三十年之间。

（一）　与嘉靖《都昌县渔米课册》的比较

两本清代课册大体上延续了明代册籍的风格，不仅保留了35个"课甲"的编造模式，而且其中有14个"课甲"的"头户"直接沿用了明代嘉靖渔课册中的老"户名"，如"邹祥三"、"詹禧"和"曹亨"等。其余"课甲"的"头户"，主要来自以下三种方式：一是承顶明代的"绝户"而来，二是从明代的"头户"中分化而来，三是由明代的"贴户"演变而来。这些都表明，清代的课米册与明代嘉靖时期的渔课册之间关系密切。但是，在具体的"课户"内容和承课数额上，明清课册之间依然存有差异。兹摘录部分原文如下：

> 课甲邹祥三，户丁邹细老，在市二图人。原额水名矶池一所，上自龙王庙，下至石榴嘴止，东南大小矶山、鲫鱼石为界，腹内熊家池，邹屋右手李家堰、堑头河垄、面前湖、沙湖池、庵前墩及各湾汊堰潭一应在内，并加安义九姓鱼户米及甲下船户，通共该课米五十五石二斗六升；外额管长河，上自饶河口，下至龙坑、缴尾止，并长河贴安义九姓米，一应共五十石。今被占（詹）继夏等霸占，告经府县申详，使司断令詹继夏管上自饶河口，下至二都白图土地庙止，分承课米二十五石。本户长河，上自二都白图土地庙，下至龙坑、缴尾，实在课米二十五石。以上通共该课米八十石二斗六升。
>
> 贴户应受，户丁团玉，在市人，原额挑贩课米一石二斗。
>
> 一户姜贞生，在市人，原额挑贩课米一石二斗。

---

① （明）陈霖纂修《南康府志》卷四《公署》，第 8 页 a；（清）蓝煦等修，曹微甲等纂《星子县志》卷三《建置上》，第 31 页 a。

一户刘玉，在市人，原额挑贩课米一石二斗。

一户吕佛奴，户丁日兴，原额秤贩课米一石二斗。①

…………

课甲张付六，户丁张本孝，六都人，原顶绝户李秀名下舒湖一所，承认课米一十八石六斗。

课甲詹城墂，二都人，原顶绝户陈楚名下小宁池一所，本户并甲下贴户共承课米八十二石。

课甲段忠，七都人，原与段献共承河塘、马迹池、竹林汊，共承课米一十二石一斗七升。

贴户李信友，六都人，草网课米六石九斗二升五合，即罗乞昌、丘均立、张恭、张鉴、韩连长歅课米九石，六都人。

一户张付六，六都人，原额前坽课米四石六斗。②

…………

课甲段献，原额水名河港、马迹池及腹内江家汊、竹林塘、铁炉汊，本户并贴户共米四十一石七斗。

课甲于隆得，八都人，闵福、于鉴，俱八都人，共承土塘及腹内茭塘、小港、汪家塘、弓家汊、白鹭塘、曹婆塘、箸湖港坽、夏家坽，共米并贴户课米通共五十九石二斗。③

…………

在引文中，"邹祥三"和"于隆得"是"课甲"中的"头户"，二者直接沿用了明代课册中的老"户名"。而"张付六"和"詹城墂"则是承顶"绝户"而来的新"头户"。在明代课册中，"李秀"原是"柴棚"区域的一个"头户"，而"陈楚"则与"李福成""景允安"等户共承小宁池的课米。④至清初，二者皆亡故或逃绝，其课米

---

① 曹树基主编，刘诗古、刘啸编《鄱阳湖区文书》第 8 册，第 181～183 页。
② 曹树基主编，刘诗古、刘啸编《鄱阳湖区文书》第 8 册，第 214～216 页。
③ 曹树基主编，刘诗古、刘啸编《鄱阳湖区文书》第 8 册，第 216 页。
④ 曹树基主编，刘诗古、刘啸编《鄱阳湖区文书》第 8 册，第 30、34、94 页。

改由其他人户承顶交纳。同时，也需注意到，"张付六"不是一个全新的承课户，而是由明代的"贴户"演变而来。① 这也就可以解释在上文中"张付六"既充任"头户"，又是"贴户"的现象。此外，从"段忠"和"段献"的承课湖池和"贴户"判断，应该是从明代课册中的"段忠献"分化而来。尤为值得提及的是，在清代课册中有 8 个没有在明代课册中出现过的承课"头户"，均系从明代课户"汪受拾"分化而来。其"分化"的形式有两种——"承顶"和"承佃"。

在内容上，清代课册整体上是对明代课册的一种继承和简化。以"邹祥三"为例，清代除了对"矶池"范围进行了更为细致的界定外，还新增加了一项不同于明代"湖池课"和"网业课"的"外管长河"课米。在康熙《进贤县志》中附有《前明河泊所课》的记载：

> 一曰长河官港中有深潭，潭有定界，课户预纳钞银，方许承佃，禁蓄取鱼。樵舍、赵围、邹子、昌邑四所皆有，除纳银抵钞外，又代赔高塘、浮办、逃绝料银，一并起解。每年自八月起，当年课户分段停禁，俟冬月开采，仍召各网户取鱼，一半分与课户完纳料钞，一半分与渔户完纳浮办料银。

> 一曰长河浮办课，原额渔户自置船网、缯罩等项，各有户名，户有课米，春夏无分深潭、浅水，各处取鱼，秋冬除深潭照例停禁外，只听浅水取鱼，纳本户课米、料银，谓之浮办，仍听官港课户给票，照依大小网业，量议埠银，帮纳课钞。②

这段文字虽出自清初，但讲述的内容却是"前明"之制。"长河"渔课分为两类，即"潭钞课"和"浮办课"："潭钞课"实际上针对的是秋冬"枯水"时的"禁港"，需要预先缴纳钞银，官府才允许

---

① 曹树基主编，刘诗古、刘啸编《鄱阳湖区文书》第 8 册，第 88 页。
② （清）聂当世修，谢兴成等纂《进贤县志》卷六《赋役》，第 32 页 a~32 页 b。

课户承佃，秋、冬停禁取鱼；"浮办课"主要有两个部分组成，一是春、夏"渺水"时节不分深潭、浅水界线的取鱼纳课，二是在秋、冬深潭"停禁"之后，其他"浅水"取鱼承纳的课米。"禁港"系"长河"中的深潭，在每年湖水开始退落的八月，由当年额管课户依例分段"停禁"，在"禁港"水域的两端树立明显的标志，如小旗杆或土堆等，并派专门的小船日夜巡港，任何人不得在此期间下网捕鱼，以免惊散了鱼群，影响冬月里"开港"时的收益。南昌府共有五个河泊所，只有樵舍、赵家围、邹子、昌邑四所有"长河、官港"，而港口河泊所并无官湖、官港，更无深潭、禁港。①

在《清代都昌县原额通共课米册》中，只有前五个"课甲"中的"头户"有"外管长河"的课米，且各户之承课内容与上引"邹祥三"基本相同。略有不同的是，"邹祥三"、"但秀"和"伍成伍"之"长河"被"詹继夏"霸占，而"詹禧"和"鲍云"之"长河"则被"詹游标"霸占。詹氏是现今居住在都昌合和乡湖边的一个大姓，位于周溪与都昌县城之间。各"头户"原承"长河课米"五十石，后被詹继夏等霸占了"上河上半截"，经过"告经府县"之后判定各户分段管业，詹继夏等分承各户"长河课米"二十五石。至此，"詹继夏"实际上共承纳"长河课米"七十五石，而"詹游标"则承担五十石。然而，无论是"詹继夏"还是"詹游标"都没有出现明代的课册中，应该是经过官司之后而新进入登记的承课户。

值得注意的是，这五个"外管长河"的"头户"都是"在市人"。这种现象不是一种简单的巧合，而是与长河所处的位置相关。据老渔民回忆，都昌县额管"长河"的范围，上自周溪附近的饶河口，往下直到今老爷庙水域。② 此外，五个"长河"承课户的实在

---

① （明）范涞修，章潢纂《新修南昌府志》卷九《渔课》，第 8 页 a ~ 12 页 b。

② 王旺春访谈，2014 年 11 月 14 日晚，地点：都昌大酒店。王旺春，1946 年生，现住都昌镇矶山村委会中堡王村，从 1968 年开始在都昌镇、大沙镇担任共青团委书记，1976 年在都昌县湖管站工作，1986 年担任该站办公室主任，1993 年调到永修县渔政局任副局长，1998 年升为该局局长，直到 2003 年退出领导岗位。

课米都是二十五石，除了"邹祥三"之外，其余课户的湖池课米都远比"外管长河"的课米要少。至此，结合前文对明代课册中"曹亨"的分析，似乎可以判定，"原额"课米均系明初"闸办"民湖、民港之课，而"外佃"或"外管"课米则系渔户承佃官湖、官港之课。

此外，清代把大量"贴户"的课米并入了"头户"项下。全册一共 35 个"课甲"，其中只有 10 个列出了详细的"贴户"信息，其余 22 个则将"贴户"课额并入了"头户"，只简单列出了一个"本户与贴户"的通共课额，略去了"贴户"的具体信息，另有 3 个"课甲"甚至没有"贴户"。在明代，"邹祥三"只有 4 个"贴户"，至清代"邹祥三"的"贴户"增加至 26 个。其中"挑贩课"就有 14 个，但"挑贩课"的数额并没有改变，依然保持在 1.2 石。至于为什么在有些"课甲"中列出了"贴户"信息，而在其他的"课甲"中则进行了合并？目前并无资料可对此做出合理的解释。但是，这从侧面反映出，清初对于承课人户的管理已经趋于松懈，加上清康熙年间"课户照票"的发行，课额渐趋固定，改变了明代以来"以册征课"的模式，从而导致渔课册在赋役征收中的功用也有逐渐弱化的趋势。

（二）康熙年间"课户照票"的推行

都昌县邹家咀邹氏家族还保存了一份康熙三十八年（1699）的"课户照票"。从这份照票中，可以获得有关上述两本渔课册编造原因的信息。兹将该照票的全文录出如下：

南康府正堂为严饬清查鱼课钱粮以杜滥征事："奉江西等处承宣布政使司布政使正堂卢牌，开为照全书刊载课钞、麻铁料银，乃系本府项下正额之款。本司先经访闻南昌府属有多征滥收等弊，恐为民害，已于一件敬陈河泊税课等事案内，详议前事。奉总督部院批：'渔课钱粮设立照票输纳，使课户各知实数，足以杜绝私勒侵渔等弊。具见留心民瘼，准如详行，仍侯抚院批示缴'。又奉巡抚都察院批：'据详渔课钱粮所书、渔总滋弊浮加。该司护设照票定数，该为剔弊良法，如详照式刊给，并勒石晓谕，永远遵行。仍侯督部院批行缴，票式并发各'等因到司，除行南昌府给照外"等因。奉行到府，奉此合行给照。为此票给课户邹祥三，照依票内后开课米银数，每年照数亲自赴柜投纳，即取印信收串，存执为据。如有衙役包头私填白票，混行浮派，许即指名控告，究问如律，须给照票者。

　　一户邹祥三，系都昌县在市人。原额□水名，原闸办矶池一所，上至龙王庙，下至石榴嘴止，东南大小矶山为界，及腹内庵前□□□□□□一应在内，外额管长河，上至饶河，下至龙坑、缴尾，原额课米一百五石二斗六升。内除长河，上至饶河口，下至黄金嘴止，计程十五里，登米二十五石，与詹继夏承顶。黄金嘴起，至土地庙止，计程十里，仍属陈□四、詹禧管业。本户实存课米八十石二斗六升，每年该课银八两二分六厘，如遇闰年分该加正银六钱六厘四毫四丝，加水脚银一分七厘八毫。

　　康熙三十八年六月　　仰给

　　此票永远存照，不必逐年更换，如有自愿退顶，报给官立案，将票据受承纳。①

　　时任江西布政使的卢崇兴，在南昌府发现有"多征滥收"之弊，已形成民害，于是行文各府要求进行渔课钱粮的清查，设立"课户照票"制度，清楚告知课户应纳的具体课米数额，由课户自行前往投柜办纳，以此防止各司属官吏多征滥收课米的弊端。这与《嘉靖二十一年都昌县渔米课册》的编造背景有点类似，目的都在于杜绝官吏在渔课赋役上的奸弊行为。值得注意的是，此照票中的"全书"

---

①　曹树基主编，刘诗古、刘啸编《鄱阳湖区文书》第 8 册，第 294 页。

应该是指"赋役全书"。在明代万历推行"一条鞭法"之后，赋役册籍多称为"赋役全书"，至明末清初遂成为通行的赋役册籍名称。① 虽然"赋役全书"与"黄册"都属赋役册籍，但却存在较大的差别，前者类似自上而下的财政"预算"摊派册，而后者则是一种自下而上的层层"总合"册，以"里"为基础攒造单位。

此外，"课户照票"不必逐年更换，如果发生水面退顶或买卖的话，只要向官府立案过割即可。渔课的征收开始倾向于以"业"定课，而不再拘泥于特定人户，课额则逐渐固定化，这是清代渔课制度的一个重要变化。同时，"永远存照"不免会出现"照票"丢失、毁坏等附带问题，因此渔户可以向府、县提出申请，要求补发"照票"。瑞州府高安县一都五图邹同胜的"课户照票"，就声称其在鄱阳湖捕鱼时，"遭风覆船，照票漂没"，提出申请之后经布政司批允，于乾隆二十八年（1763）进行了"照票"的补发。②

有意思的是，上引"课户照票"中所登载的"邹祥三"的课额与前述《清代都昌县原额通共课米册》中的记载完全相同，加上二者在时间上的吻合，笔者推测《清代都昌县原额通共课米册》的编造可能与这一"清查渔课，给发照票"的行为存在关联。不难理解，南康府要想发给课户一张比较准确且可以永远存照的"照票"，就必须对辖下课户进行逐一的清查并掌握各纳课户的具体数额，编造成册以资作为渔课征解的凭据。或许是受到黄册制度废弛的影响，清代的课册编造明显比明代简单，不仅对"头户"进行了归并，甚至"头户"和"贴户"也大量进行了归并处理，大量"贴户"信息从册籍消失。然而，全县的课额却经康熙年间的渔课清查之后固定在"二千石"，这也正体现了一种赋役全书似的摊派册性质。

---

① 可参见郭润涛为《明清赋役全书》所写的序，载国家图书馆编《明清赋役全书》第 1 编，国家图书馆出版社，2010，第 1 页。
② 《瑞州府补发邹同胜课户照票》（乾隆二十八年），原件存于都昌县周溪镇来苏邹氏家族。

四　渔课征解的基层运作及其代理人

明初，渔户交纳的主要是课米和上供物料，而后逐渐改交钞银，至清代又出现了蔴铁银、渔课银两类。对于何谓"蔴铁银"？康熙《湖口县志》记载："（河泊所）后裁，课附本县带征，即蔴铁料银也。"① 由此判断，渔课归附州、县带征之后，折色为"蔴铁料银"。万历初年，渔户自行运往南京，后来改为布政司搭解，附编于赋役全书之后，承课户颇为便利。康熙三年（1664），以本色课钞归户部，折色蔴铁料银归工部，并同地丁银一起征解。②

雍正九年（1731），南康府杨林河泊所被裁革，但奇怪的是，其湖课改由距离南康府很远的湖口县代征，起初照数批解南康府，后来又改为直接运送至藩库。③ 在乾隆《南昌府志》中，也有类似的记载，"从无升科，亦无荒缺，每年奏销时，全数起解藩库"。由此看来，至乾隆年间，渔课已经趋于定额化，既无升科，又不能荒缺，并经府直接起解藩库。此外，裁革河泊所之后，南昌府开始是由同知兼职经理渔课，后来又设了所书 21 人，分别赴各乡催征。雍正五年（1727），查出所书侵蚀舞弊，于是革除所书，重新把渔课收归府署设柜经理。在前文提及康熙三十八年（1699）南康府发给邹祥三的"课户照票"中，就要求承课户"照依票内后开课米银数，每年照数亲自赴柜投纳，即取印信收串存执为据"。④

在鄱阳湖区渔民家族保存的明清文书中，有一部分是纳税之后官府回执给承课户的执照。余干县康山王家保存了 147 份纳税执照，

---

① （清）范之焕等修，陈启禧等纂《湖口县志》卷三《食货志下·鱼课》，《中国方志丛书·华中地方》第 864 号，第 271 页。

② （清）范之焕等修，陈启禧等纂《湖口县志》卷三《食货志下·鱼课》，《中国方志丛书·华中地方》第 864 号，第 271 页。

③ （清）郭承缙修，曹河昆等纂《湖口县志》卷六《食货志·鱼课》，第 18 页 b ~ 19 页 a。

④ 曹树基主编，刘诗古、刘啸编《鄱阳湖区文书》第 8 册，第 294 页。

时间从道光十一年（1831）一直到光绪二十五年（1899），主要涉及三个纳税户名，即"王兴宪"、"王元亮"和"詹王涂"，其中"王兴宪"向饶州府承纳蔴铁料银，而"王元亮""詹王涂"则向南昌府承纳地丁渔课。虽然这三个纳税户留存下来的执照都收存在康山王家，却已经无法判断三者之间的关系。

在明崇祯十七年的一份合同议约中出现过"王兴宪"这个户名，提到王氏有祖业张良汉，一向纳课管业，明末因鱼利鲜少，虚赔国课，于是告退不纳，结果被同一个库甲中的头户罗志告到饶州府。这份合同议约显示，"王兴宪"是"王天二"的户丁，居住余干县八图九甲，名下有张良汉。其他文献显示，从道光十一年始，"王兴宪"一直向饶州府缴纳蔴铁银，课额大多数是四分，也有年份是四分四厘，应该是无闰年与有闰年的差别。咸丰年间，太平军进入江西，整个咸丰时期"王兴宪"的纳税执照缺失，或者说根本就没有向官府继续纳税，一直到同治六年（1867）才重新出现"王兴宪"的纳税执照。有点奇怪的是，同治六年"王兴宪"完纳的是同治四年的蔴铁银，随后逐渐恢复到了隔年纳税。

除了每年向饶州府完纳蔴铁银之外，"王兴宪"户还需要帮贴大差。同治十三年（1874）四月十六日，石图头立有一份收议字，再次提到了"王兴宪"户，内容如下：

> 收议字石区［图］头，今收到王兴宪户名下张良汉帮贴同治九年大差，每逢十年一届，费用钱二千文正，其钱比即收清，并不短少分文，恐口无凭，特立议字存据。①

结合其他两份收议字，"石图头"就是王兴宪所在八图的图头石雪兴。不难发现，石雪兴催收的是"王兴宪"名下张良汉同治九年的大差，此大差每十年一届，费用2000文。何谓"大差"呢？据光绪

---

① 曹树基主编，刘诗古、刘啸编《鄱阳湖区文书》第6册，第77页。

二十六年（1900）的一份经催字显示，"大差"主要指的是纸张、辛工费，有时也包括饭食等费。石雪兴在收了代办"大差"费用之后，所有衙门公事，全由他们一力承担，不再干"王兴宪"户之事。"大差"实际上是一种衙门摊派的差役负担。

"王元亮"及其子孙后裔，居住饶州府余干县三十五都康山村。在清代中前期，"王元亮"户与同村的"吴世昌"户频繁从邻近松山村张姓、本村袁氏、鄱阳朱氏以及都昌曹姓等家族买入或租佃湖池、湖田。如康熙二十九年（1690），"王元亮"与"吴世昌"的后裔人等从松山村张揆处买入大灌湖、小湖及氿水、周公坽、阳士塘、靠沙坽、思波湖、大寿湖、大灌塘、南湖计共八所湖池八股之二分之一股。道光元年（1821），"王元亮"与"吴世昌"二公后裔又从同村袁延五户内购入甘蔗湖分登之股份。这些湖池的买入，似乎显示王氏家族力量在湖区的持续扩张，同时也表明康山村的王、吴两姓之间的关系相对袁氏更为密切。另据嘉庆年间的一批诉讼文书，"王元亮"的身份是康山村王姓地保，在地方上替官府办差。

在道光二十三年（1843）以前，无闰年"王元亮"户只向南昌府纳地丁渔课七分五厘，有闰年纳课八分一厘六毫，比非闰年多六厘六毫。笔者目前所见，最早的一份纳税执照出现在道光二十年十二月，而更早年份的纳税执照或已遗失不见，如下：

> 特调南昌府正堂加十级军功随带一级纪录十五次倪为征收钱粮事，据赵所纳户王元亮道光二十年分地丁渔课银七分五厘，执此存照。①

这份执照有一点值得分析，那就是"王元亮"是"赵所"的纳户。"赵所"指的应该就是赵家围河泊所，是明初南昌府设立的五个河泊所之一，位于南昌县十四都的黄家渡。① 在南昌府五个河泊所之中，只有樵舍河泊所明确记载裁革于万历九年（1581），并入附近的昌邑河泊所，其余四所均无明确记载的裁革时间。但是，前文提到，雍正五年因所书奸弊，重新把渔课收归南昌府设柜经理。由此推断，赵家围等四个河泊所应该在雍正五年以前就已被裁革。在乾隆十五年《南昌府志》中，新建县赵家围河泊所额征课银三百八十九两二钱四分三毫。一直到同治十二年《南昌府志》，"渔课额数自归府征收以来，历无损益"。② 可以肯定，在以前"王元亮"是赵家围河泊所的纳课户，雍正五年以后改向南昌府直接纳课。

道光二十三年，"王元亮"的子孙后裔人等又用"王元亮"的名字新立了一个纳税户头。在此以后，每年都会出现两张以"王元亮"为户名的纳税执照，第一个"王元亮"户头是"赵所"纳户，课额如前所述，第二个新开的同名户头则是"官所"纳户，无闰年课额七钱八分六厘，有闰年课额九钱九厘二毛。因是新登记的课户，以前不属于任何河泊所，于是就用了"官所"一词，指的是南昌府官府，以区别于之前同一户名的"赵所"纳户。

> 　　饶州府余干县三十五都住康山村，新立课户王元亮，一收新建县蠡溪朋户课银五钱八分正，一收都昌县曹清振户课银二钱六厘，无闰课银七钱八分六厘，有闰课银加征。
> 　　道光二十三年十二月　日，立课房邓发单③

不难发现，新立课户"王元亮"承纳的课银是新建县蠡溪朋户和都昌县曹清振户课银的总和。一种可能是"王元亮"族众与蠡溪朋户、曹清振户之间发生了市场交易，从而发生租税的过割，把从两户过

---

① （明）范涞修，章潢纂《新修南昌府志》卷四《署宇》，第 6 页 a。
② （清）许应鑅等修，曾作舟等纂《南昌府志》卷一五《赋役》，清同治十二年（1873）刻本，第 75 页 b。
③ 曹树基主编，刘诗古、刘啸编《鄱阳湖区文书》第 6 册，第 104 页。

割而来的税课合并，新立一个纳课户头。在康山村袁姓保存下来的文书中，有一份道光二十二年都昌县曹姓杜卖湖池水面的契约，证实了这一推测。

> 　　立杜卖湖文契人南康府都昌县六都墈上曹琦公、洪公裔孙常锡、常环、常钰、光唐、光文等，今立杜卖文契一纸，为公费不给，合分公同商议，情愿将祖遗下三山潭、富池垸，急水缳椿起，至饶河口止。东止饭山，西止三山，南止罗溪、康山、箸堑、棠荫、来苏湖为界，北止饶河口为界。其湖通共作二十五分，开派内将五分凭中出卖与饶州府余干县康山村袁仁、王元亮、吴世昌族众名下前去为业，凡系此湖各业各埠概归买主取鱼收埠供课，当日三面言议，卖得时值价钱二十千文正，入手讫系是二意情愿，并非谋买逼勒等情。其湖该载府课银三两零八分八厘五毫，现在南昌府昌邑所曹清振户内听从照分过割，供输无阻，不必另立付单，其湖亦无朦胧典佃等情。倘有来历不明，卖者一力承当，俱不得干涉买主，自卖之后各无反悔，恐后无凭，立此杜卖湖文契，永远存照。
>
> 　　所有原买老契未曾缴付，当日批明不得为据，至于各族谱牒所载，并零星字迹亦不得为凭，比日契价两讫。[①]

这是一份盖有官印的"绝卖"红契。都昌县六都磜上曹琦公、洪公裔孙常锡、常环人等因公费不足，共同商议将祖遗的三山潭、富池垸，该湖一共分为二十五分，将其中五分出卖与余干县康山村袁仁、王元亮、吴世昌族众为业。该湖登记在曹清振户内，每年向南昌府昌邑河泊所纳课银三两零八分八厘五毫，杜卖之后听从买主照分过割。此"绝卖"契的末尾还写明，所有过去原买旧契作废，各族谱所载及其他零星字迹，今后亦不得为据。

---

　　①　曹树基主编，刘诗古、刘啸编《鄱阳湖区文书》第 1 册，第 136 页。

与"王兴宪"户一样，除了每年完纳地丁渔课之外，"王元亮"户还需要额外承担名下湖池的差役负担，即"大差"。道光十三年（1833）二月二十四日，"王元亮"族众居住的三图七甲图头李兴旺立有议经催"大差"费字，内容详见下文：

> 立议字人李兴旺，今议到三图四甲王元亮众等名下现管大灌小湖、大小南湖、柞林湖并腹内水，轮当癸巳年，经催大差出役，不能承办，转托本图图头一应催趱七邑蔴铁钱粮，比日三面言明，贴使费、饭食、纸张、公事费钱九八色（典）一千文证［正］，比日现收，在后官中衙门公事，兴旺一力承办，不干王姓众等之事，所议是实，恐口无凭，立议字为据。①

这再次证实了"大差"是轮值的，并非每年都要出役。结合一份同治十二年（1873）图头林南爕立议经催"大差"费字判断，与"王兴宪"户一样，"王元亮"户轮当"大差"也是每十年一届。此外，从道光一直到同治年间，"王元亮"族众需要承办的"大差"费钱都是一千文，没有变化。"大差"费主要是应付衙门摊派的各类公事，以蔴铁银完纳。

与"王兴宪"户不同的是，在咸丰年间"赵所"和"官所"纳户"王元亮"似乎并没有受到太平天国战争的影响，依然继续完纳地丁渔课，只缺了咸丰九年和咸丰十年的执照，而后同治年间又缺了同治二年至八年的执照，不知这些年是没有向官府纳税还是遗失了。然而，比较目前留存下来的"王兴宪"、"王元亮"和"詹王涂"三个纳税户的全部执照，可以发现咸丰、同治年间官方征课制度依然运行良好，并未受到太平军的影响，有些年份没有执照留存可能是其他各种原因所致。此外，从康山王氏家族留存的文书中，可以发现从康熙至光绪长达二百多年的时间里，"王元亮"既是康山

---

① 曹树基主编，刘诗古、刘啸编《鄱阳湖区文书》第6册，第40页。

村王姓地保的"名字"，又是完纳渔课以及承担衙门大差的"户头"，而且还是王姓与其他人进行买卖交易时的主要"法人"。

还有一个纳税户"詹王涂"，以前也是赵家围河泊所的纳户，承纳地丁渔课无闰年七分五厘，有闰年八分一厘六毛，与同为"赵所"纳户的"王元亮"税额一样。这个户名看起来并不像一个人的姓名，而更像是詹、王、涂三个姓氏的组合。这种现象在前文提及的《嘉靖二十一年都昌县渔米课册》中就有出现，如承课户"屈黄陈"明显是取了三个户丁屈伦、黄忠、陈忠的姓氏组合而成的户名。依此推断，"詹王涂"也是詹、王、涂三姓组合而成的纳税户头，可能的情况是三姓共管一处或多处湖池，按照各自的"分"承课纳税。

渔课有时又称为"水课"，有些承课户不会每年自己亲自前往官府纳课，因成本太高，于是在乡村社会就出现了一批包承完课的"代理人"。这些包承人从承课户那里收取课银之后，一般会立一张收据给纳课人，然后由包承人前去官府完纳。如嘉庆元年（1796）八月二十日鄱阳县五图吴君照立有收"曹梁雍"户水课米字据，内容如下：

> 立收字人鄱邑五巨（图）吴君照，今收到本巨（图）四甲曹梁雍户即曹名章、曹华松等名下山下垴水课米三十石，内登五石六斗二升半正，照则一并收讫，前去完纳，不得违误，所收是实。今欲有凭，立收字存据。①

这份收据出自都昌县六都碯上曹家。"曹梁雍"户虽居住都昌，但名下的大汉池、山下垴等湖池却一直在饶州府五图四甲完纳课银。令人不解的是，明末以降大部分的课米都已折银缴纳，而这份收据却显示嘉庆年间有人还在用"课米"完课。道光二十年（1840）二月二十四日，鄱阳县五图的吴永祥经催收到了"曹梁"户下道光十一年起至十九年止的课银，同时还收到了"曹俊明"户下道光十四年

---

① 曹树基主编，刘诗古、刘啸编《鄱阳湖区文书》第 7 册，第 82 页。

起至十九年止的应纳课银。光绪十八年（1892），高荣、胡德雅、卢俊启收了曹长仁、曹青东户自光绪十四年至十七年的湖课三两九钱六分，立有立包承完湖课字，并承诺曹氏完清湖课以后，"再有干碍，惟（高荣等）三人是问"，与曹长仁、曹青东无涉。这些字据表明，地方社会兴起了一群专门的税课代办人。

从明中叶到清雍正年间，湖区的河泊所相继被裁革，渔课改由所在州县或附近未裁革的河泊所带管。在河泊所废除之后，渔课基本定额化，保持长期的稳定，只有无闰与有闰的年份差别，课额与明末相比并无明显的减少或增加。至清代，除了个别情况外，明初的课米和上供物料已经全部折银征收，其中课米改征钞银归户部，而鱼油、鱼鳔等上供物料改征蘇铁料银归工部。在河泊所废除之后的一段时间，渔课的经理最初是由同知兼理，而后又设立专门的所书赴乡征收，后因所书舞弊营私，收归府署设柜经理。为了防止渔课的滥征，各府曾发给承课渔户"课户照票"，告知课户具体的课米银数，自己赴柜完纳，以杜所书私勒侵渔。但因路途遥远，成本颇高，有些课户并不会每年都亲自赴府投纳，于是地方社会出现了一批包承完课的"代理人"。在正额渔课之外，课户还得承担十年一届的衙门"大差"。

五　清末至民国时期渔课征解的废弛

光绪三十四年（1908）二月二十五日，都昌县知县向南康府、藩宪具文反映："各年应征湖课正脚银两，只以地处低洼，频遭水患，课户迁居靡定，且乏盖藏，故历年应纳课银，率皆拖欠未完"。他声称虽抵任以来，迭经差追，继复设法勒限催完，但只征收到光绪三十二、三十三年份湖课正脚银二十两一钱五分一厘，耗银二两一分五厘。[1] 不难发现，"频遭水患"等一类词汇，看起来很像知县

---

① 《南康府都昌县为申报渔课造送清册事给府、藩二宪的申文》（光绪三十四年二月二十五日），都昌县档案馆藏：D0047-00017。

在面临上级催征税款时的一贯说辞，并非地方实情。但是，全县湖课正脚银只剩下区区二十两有奇，已经不及额征二百一十两的十分之一。原则上，每年额征的府款湖课，应该年清年款，年终造册报销，不得逋欠。一旦该年的地丁湖课及脚耗银两没有及时向府、藩两宪解运，就需要从府、县应领养廉银内照数扣除。这就把税课的完成度与官员的薪水直接挂钩，从而在制度上激励地方官员努力完成税课的征解任务。

在县以下的渔课征收，主要是由"经书"来完成。按规定，清末承办渔课钱粮的"经书"应在各科中选择"殷实老诚之人充当"，并"取具各科互保"以及"造具年貌、籍贯、家产清册，出具印结"，然后送府验充。这样做的目的无非是防止"革书、猾吏钻营恋充"和"挪新掩旧"的弊端。① 由此可见，在整个渔课征收体系中"经书"是最为重要的一环。明末以来"自封投柜"、纳税"串票"的实行本来就是想革除官府与纳税户中间的胥吏阶层，因为这些人很容易上下其手，从中谋取利益，但其好处则是为帝国的治理节省了大量的行政成本。从纳税人的角度看，"自封投柜"因路途遥远，亲自交纳仍然不便，于是乡村中需要有一批专门协助人们处理官府事务的人。这些"经书"手中掌握有逐年征课的红簿流水册。这些流传下来的征课册成为"经书"征税的依据，有时也会成为他们谋取利益的工具。

至民国初年，湖课依然是"正项钱粮"，原则上不容丝毫逋欠。一项新的变化是，田赋改征银元，湖课每两改征洋二元二角，另外征手数料洋（即手续费）一角。已有的文献显示，从光绪末年一直到民国，历任都昌县知事都会发出催征湖课的布告，提到"都邑湖课额征银二百一十两，近年各户任意延欠，完数不及十分之一，似此应完之课，积欠如此之多，实属疲玩已极"。这样的布告每年都会

---

① 《南康府正堂朱为札催金报送验以杜弊事》（光绪三十四年三月初四日），都昌县档案馆藏：D004-7-00017。

几乎不做修改地贴出，另有都昌县知事为催征湖课而下发给"经书"的公文。此外，在布告中也会出现一些唬人的词句："本应按户拘进，姑宽谕饬经书催缴，除谕饬经书郑节韶携串按户催收外，合行布告各都课户一体知悉。"所谓"本应"不过是一种无奈的政治姿态而已，但可以肯定的是知事对此有心无力。他们能做的就是严饬"经书"郑节韶携带串票到各都去催收，而布告则意在劝告课户配合"经书"的工作。

民国十九年（1930），都昌县政府提及"查都昌湖课一款，现据二科书记邵廷琛禀称，奉查湖课一项，系吴邦彦（即子元）承办，所有册串俱存伊处，书记并未经管，禀复前来，合行饬传。为此仰警前去，立传吴邦彦刻日捡齐历年湖课册串来府呈验，以便核算"。都昌全县的湖课系由吴邦彦承办，所有的册串也由他保管。另一份文件则显示，湖课一项，每年向来是吴邦彦携带串册赴乡"游征"，缴县转解。"游征"指的是吴邦彦下乡挨家挨户去催征，并没有固定的征税地点。这有点类似清初南昌府曾经实行过的办法，设立所书赴各乡催征渔课。但是，为何要派警察前去传唤吴邦彦捡齐历年湖课册串到府查验呢？

经查发现，知事刘纯仁在任内曾征收民国十三年份湖课三十八元，但并未列册扣解。在离任转交给新任知事傅运焱时，因傅氏在交接过程中的疏忽，未能发现这一遗漏，被要求代为赔垫补交。为此，都昌县政府就派警察传唤经书吴邦彦捡齐历年湖课册串到县呈验，以便核对。三月四日，吴邦彦呈请辞职，并上缴了一份抄写的征册。他在呈文中说："窃邦彦自民国十二年接收郑节韶湖课老征册一份，业已呈缴钧府。现（邦）彦亲老家贫，衣食不敷，急欲外出另谋生活，伏乞县长准将邦彦姓名开除，以免误公，理合照旧抄写征册一份呈缴，而清手续。"由此看来，吴邦彦手中的湖课征册是从上一任"经书"郑节韶那里接收过来的。吴氏以"家贫、衣食不敷"为由，想外出另谋生活，请求县长开除姓名，清理手续。

渔课征收日益废弛，每年课额不及额征的十分之一。1930年，江苏武进县财务局刘局长就向省财政厅提请豁免渔课，认为渔课为数有限，每年额征十余两或数两不等，无专门设所征收之必要，但假手渔甲、经书办理，又流弊滋生。省财政厅的意见是，渔课不能豁免，但应设法整顿，尽可能直接征收。① 1936 年，上海县、无锡县、江阴县等地以"渔课收数甚微，类似苛杂，为减轻渔民负担，发展渔业起见"为由，纷纷宣布废止渔课。②

　　1931 年，江西省财政厅曾下发过指令，豁免部分赋税。因未能查到这份指令的全文，无法了解这份指令的具体内容，但这条指令可能并不明确。是年，因不确定"渔课一项是否应遵令豁免"，南昌县长周维新呈文报请江西财政厅核定，内容如下：

　　　　查渔课一项，以公有湖泽，准人民收其鱼利，年纳官课，由来已久。全省年征不过二千元内外，为数綦微。渔税系直接按产额征收，渔课则为使用湖泽而课征，性质完全不同。譬之免米谷税者，不能并免田赋，免货物税者不能并免营业税，此理甚明。况夫产鱼湖地，承户纳课，原有一定规例，既非一家一人所得而私，亦非随人随时所能侵越，是秩序之经久能不紊乱，实藉年征渔课为之保持，若课税部分，一律予以豁除，则争竞攘夺，将引起绝大纠纷。究应如何办理，仰候转呈财政部核示。③

　　民国年间，江西全省每年渔课不过二千元上下，为数甚微。与明、清时期相比，课额已大为减少。在呈文中，周维新把渔税与渔

①　《（江苏）财政厅电复武进县财政局渔课不能豁免》，《江苏省政府公报》1930 年第 469 期，第 13 页。
②　《上海县奉令废除渔课》，《水产月刊》1936 年第 7 期，第 88 页；《无锡县废除渔课杂税》，《水产月刊》1936 年第 9 期，第 96～97 页；《苏省令江阴废止渔课》，《水产月刊》1937 年第 4 期，第 102 页。
③　《渔课应否豁免候部核示》，《江西省政府公报》1931 年第 4 期，第 65 页。

课区别对待，认为渔税系对渔产征税，而渔课则是对使用湖泽而课征，性质完全不同。周维新所说的"渔课"实际就是"湖课"，类似对土地征收的田赋。实际上，晚清以来的官方征课串票，早就把"渔课"改为了"湖课"，意在对湖池征课，而不是对湖池所产之鱼鲜征税。周氏认为，渔税可以豁免，但湖课则不能免，因为"承户纳课"是湖区秩序不紊乱的关键，通过纳课制度维系着承课户对湖池的独占权利。如果一律豁免湖课，在性质上湖池变为公产，势必引起人们对湖池的争竞，从而在湖区出现大量的纠纷。财政部认同了周维新的意见，认为"此税系对土地征收，不应豁免"。[①]

　　总之，清末以来，渔课虽然列为各府每年额征之正项钱粮，但每年实际可以征收到的渔课却已大为减少。这与清代政府对渔户的人身控制进一步弱化有关，也与州县官过分依赖胥吏、经书群体处理地方赋役事务密切关联。在一条鞭法之后，渔课逐渐走向定额化，以河泊所"库甲"为核心的渔课征收制度走向瓦解，改由课户自行赴县投柜，或者设立所书赴乡收取，但自行赴县对于课户而言成本过大，而所书赴乡征收又容易滋生中饱私囊之弊。于是，地方乡村中出现了一群代办赋役事务的人，如图头、经书等，专门协助村民与官府打交道。这些人长期掌握地方社会的各类册籍及人户信息，成为地方官不得不倚靠的力量。

　　然而，一个显然的变化是，原来作为国家财政收入来源的渔课，日渐失去其在财政税收上的意义，成为一种国家维持地方财产秩序的手段，也是人们宣称"产权"的象征。这可能是民国时期国民政府废除对渔产征税，而仍然保留对湖池征课的主要考量之一。因为每年实际可以征收到的渔课不及额征的十分之一，州县官无法"年清年款"，必然要面对知府的催报，并且可能面临从应领养廉银内照数扣除的惩罚，直接关系到当年的薪俸收入。尽管如此，州县官似乎显得有些无奈，除了行文呵斥"经书"之外，并未见其他更有力

---

①　《渔课不应豁免》，《江西省政府公报》1931 年第 10 期，第 45 页。

的办法。1938 年开始，租课串票改由省政府统一印制，然后邮寄给各县用以办课。都昌全县第一期用量只有 300 张，由此估计承纳湖课之户头当不超过 300 户，在册户比之前大为减少。

六　小结

明嘉靖以降，河泊所相继被裁革，渔课转入所在州、县带管，课额则力在维持定额。一条鞭改革与《赋役全书》的推行，渔课数额在制度上趋于固定，征税对象从人户转到物产，从而出现了对水域类型的进一步细分。渔课的定额化给地方政府带来了难题，除非获得皇帝的蠲免，否则就得按时完纳当年课额。在税收管理上，这是一种保证原额的简便方法。对于地方政府如何从渔民手中收到税，则显然并不是中央政府主要关心的问题。对于散落水滨各处的各色渔户和网户的征课成本，有时候可能会超过课额本身。对此，清代以及民国都有地方官提出永蠲渔课的建议，但终因渔课事小，而水域秩序的维持事大，未能施行。

清代依然还在编造和使用渔课册，只是与明嘉靖年间的课册相比，格式和风格虽然类似，但内容上已经出现了很多的简化，并出现了一些新的变化。其一是大量的"贴户"信息被忽略，其课额则被并入"头户"项下。其二则是"在市"的五个"头户"项下出现了"外管长河"课米，这应该是万历年间以来对"长河官港"的弛禁问题及权属纷争的回应。地方政府的正式官吏人数非常有限，不得不依赖于胥吏、所书来经办具体的渔课事务。因此，经办渔课的胥吏、所书得以有机会上下其手，出现私勒、滥征之弊。一直到民国年间，渔课的征解依然依赖于"经书"手持课册下乡"游征"，但实征数额却不及原额十分之一。

康熙三十八年，江西承宣布政使司要求各府发给承课渔户"照票"，告知他们具体的课米银数，让他们自行赴柜完纳，以杜所书私勒、滥征。这一制度设计固然理想，可以防止"经书"从中渔利，但因路途遥远，"自封投柜"的成本颇高，有些课户并不会每年都亲自赴府投纳，于是地方上出现了一批包承完课的"代理人"。这些人一般由"图头"充任，专门处理地方社会与官府打交道的各项事务。只是，限于文献资料的不足，我们对于明代渔户的差役问题所知不多，只看到课米多的"头户"负有单独或轮流代官府征收或催办赋税的责任。至清代，在正额渔课外，课户还得承担十年一届的衙门"大差"。

有一些户名如"王元亮""王兴宪""吴世昌"等长期在各类文书中被使用，甚至有时候可以用一个"户名"代表两个完全不同的纳税单位。在纳税执照中，这些名字所代表的显然不是一个自然人，而是一个代表着一群共同拥有或使用某一湖池水面的人，类似于今天的"法人"。有些户名如"王元亮"一直代表着两个不同的纳税"户头"，同时嘉、道年间"王元亮"也经常出现在一些诉讼文书中，身份则是康山村王姓"地保"，俨然又是一个自然人。从康熙以降王氏家族的湖池买卖契约看，湖池的买入者几乎写的都是"王元亮公后裔"，有时也会出现"王元亮公后裔四房"，从来写的都不是"王元亮"本人。

在道光十五年的王、吴二姓订立的合同议约中，我们注意到"王元亮"户下有五个房支，五个房各派有一个代表参与了这个议约的签订，分别是王永发、王邦五、王绍周、王传十和王功六。在买卖契约或纳税执照中，对于那些生活在乡村社会中的人而言，他们应该都清楚"王元亮"这个标签所代表的真实人群，不然这套制度似乎无法在地方上继续下去。但是，在嘉、道年间作为地保的"王元亮"，指的是一个具体的自然人还是一群人的代表呢？在诉讼文书中，"王元亮"有时是"具禀人"，有时又是协助官方办案的地保。遗憾的是，我们至今尚未看到过直接记载有王元亮生活年代的文献，但从康熙二十五年的契约中买入湖池的已经是"王元亮后裔"，可以推断他应该生活在康熙二十五年以前，不可能活到嘉庆、道光年间。对此，可以有两种理解：一是作为地保的"王元亮"也是可以像纳税户头一样被继承的，因为地保本质上也是一项官府派的差役，必须保证有人来充任；二是作为地保的"王元亮"是当时一个真实的人，只不过名字与作为户名的"王元亮"相同，但这种可能性较小。

在明清时期，渔课实际上主要包括湖池课和网课两种税。晚清以来的官方征课串票，已经把"渔课"改成"湖课"，意在对湖池征课，而不是对湖池所产之鱼鲜征税，也取消了对捕鱼网具的征税。由此，"湖课"变成了一种与土地税类似的财产税。虽然地方政府征税变得越来越难，但依然不同意豁免税额，原因在于这些湖池在历史上形成了一套产权规则，而"承户纳课"是宣示承课户对湖池独占权利的关键。在这个意义上，如完全豁免湖课，在性质上湖池就会沦为公产，势必引起人们对湖池的重新争竞，从而涌现大量的纠纷。

第六章
鄱阳湖水域的生计人群及其治理

一　引言

明朝通过在鄱阳湖区设立河泊所，派出致仕千户人等对湖池、港汊进行丈量和登记，并对渔户、渔船和网具逐一造册征课，建立了一套管理湖区社会的制度。但是，这套制度的维持从一开始就面临着许多不确定性的挑战，如渔户的逃亡、胥吏的营私舞弊和湖池的淤塞等。虽然那些登记在课册中的渔户都有明确的都、图信息，不是常年住在船上的"水上人"，但因他们居住在水边，一年当中有相当长的时间在江、湖上生产作业，其流动性比完全在陆地上居住的人更大，不易为政府控制。在明代，有两个事件对鄱阳湖区域历史产生过重要影响，一是元末朱元璋与陈友谅在此大战，二是正德十四年（1519）的"宸濠之乱"。

在华南沿海一带，生活着一群舟居或棚居的"水上人"，被称为"疍民"。① 有人认为江西的九姓渔户可能就是类似"疍民"的"水上人"。本书前几章已提到，那些登记在渔课册中的渔户都有明确的

---

① 陈序经：《疍民的研究》；Edited by Xi He and David Faure, *The Fisher Folk of Late Imperial and Modern China: An Historical Anthropology of Boat-and-Shed Living*, Oxon and New York: Routledge Press, 2016.

都、图信息，并非不在籍的"水上人"，这些人面临的主要问题不是像"疍民"一样寻求"上岸"居住的权利，而是入湖捕鱼的权利。虽然那些长期在江、湖之上活动的人群，一般很难留下文字记录。从一些零星的文献中，我们依然可以观察到那些活动在鄱阳湖区域的渔民、船户以及盗匪，他们大部分陆居，也有部分舟居者。

正德十四年，在南昌发生并波及江西北部的"宸濠之乱"，本是一场明王朝宗室内部争夺政治权力的叛乱，但王守仁提到其中有大量安义县"九姓渔户"参与了此次叛乱，并促使他着手对"九姓渔户"进行追剿以及牌甲登记，以便明王朝能掌握这帮在水上流动人群的信息和动向。[1] "九姓渔户"，一般认为只存在于浙江严州府建德县一带。这些人不准上岸居住，以渔为生，也不与岸上人通婚，一直被视为"贱民"。实质上，戴槃记录的建德县"九姓渔户"大多并非真正意义上的打鱼人，而是主要在江山船上从事娼妓营生的人。[2]

本章有兴趣去了解那些活动于鄱阳湖上的普通人以及他们的日常生计模式和社会组织形态。这些人虽大多居住在岸上，但却长期在湖上"讨"生活，以船为主要的生产或运输工具。以船为主要通行工具的人群，除了渔民之外，还有一群在水上从事货运或客运的船民。这些船民与渔民一样，生计方式具有很大的流动性，难以被纳入国家的统治范畴，一直被王朝视为秩序的威胁。相对于那些定居的农业社区而言，对渔船户活动水域的管理明显更具挑战性。因水域可以有效抵制国家的进入，成为各类"盗匪"的聚集地。由此，不可回避的问题是，明清政府是如何对鄱阳湖水域进行治理的？治理方式经历了怎样的变化？

---

① （明）王阳明著，吴光等编校《王阳明全集》（新编本）第 4 册。
② （清）戴槃：《严陵记略》，收入《戴槃四种纪略》，据清同治七年刊本影印，台北，华文书局股份有限公司，1969。

二　安义县的"九姓渔户"

傅衣凌先生最早注意到明代江西鄱阳湖水系有"九姓渔户"的存在，并用"被压迫阶级的反抗"来解释他们与"宸濠之乱"的关系。在傅文看来，"九姓渔户"并非指九个姓氏的渔户，而是泛指"多数"的意思。① 由于明清文献中提到江西"九姓渔户"的资料非常少，我们至今不清楚王守仁提到的安义"九姓渔户"究竟是一个怎样的群体，为什么会卷入"宸濠之乱"？但是，对于鄱阳湖渔船户的管理，较早的文献记录可以追溯至明正德年间王守仁对"九姓渔户"的牌甲编审，至于最后的效果如何，则并不是太清楚。

正德十四年（1519）六月十日，宁王朱权的五世孙朱宸濠在南昌起兵造反，杀江西巡抚孙燧和按察副使许逵，集结兵力，顺赣江北上攻占了南康、九江二府，计划攻取南京。此时南赣巡抚王守仁正在取道赣江北上前往福建公干的途中，前方传来宁王叛乱的消息，暂停前行退保吉安，与知府伍文定行文各府，起调兵快，招募四方报效义勇，于7月20日进攻南昌。宸濠闻讯，急忙回救南昌，7月24日与王守仁战于黄家渡，结果战败被擒。短短四十三天，宸濠之乱结束。对于宸濠为何起兵叛乱，以及王守仁平叛的过程，《王阳明全集》中有大量的记载，限于本章的主题，对此无法详细展开讨论。正德十四年九月二十四日，王守仁写有一篇影响很广的《行江西按察司编审九姓渔户牌》，里面提及参与此次叛乱的有杨子桥等九姓渔户，要求委选能干官员会同安义县掌印官，拘集杨子桥等人到官查审。

　　　　为照贼首吴十三、凌十一、闵念四、念八等，俱已擒获，

---

① 傅衣凌：《〈王阳明集〉中的江西"九姓渔户"——附论江西九姓渔户与宸濠之乱的关系》，《厦门大学学报》1963 年第 1 期，第 63～68 页。

党多已诛剿；虽有胁从之徒，皆非得已，节该本院备奉钦降黄榜，通行给发晓谕，许其自首，改过自新，安插讫。数内杨子桥等九姓渔户，又该知县王轼引赴军门投首，审各执称被胁，情有可矜，当该本院量行责治，仍发本官带回安抚外。今访得前项渔户，尚有隐匿未报，及已报在官而乘势为非者。况查沿江湖港等处，亦有渔户以打鱼为由，因而劫杀人财。虽尝缉捕禁约，而官吏因循，禁防废弛，合就通行查处。为此仰抄案回司，即便选委能干官员，会同安义等县掌印、捕盗等官，拘集杨子桥等九姓渔户到官，从公查审，要见户计若干，丁计若干，已报在官若干，未报在官若干，各驾大小渔船若干，原在某处地方打鱼生理，著定年貌籍贯，编成牌甲，每十名为一牌，内佥众所畏服一名为小甲。地方多寡，每五牌或六牌为一甲，内佥众所信服一名为总甲，责令不时管束戒谕。仍于原驾船梢，粉饰方尺，官为开写姓名、年甲、籍贯、住址，及注定打鱼所在，用铁打字号，火烙印记，开造印信手册在官，每月朔望各具不致为非结状，亲自赴县投递，用凭稽考点闸。中间如有隐匿不报者，俱许投首免罪，亦就照前行。若有已报在官，仍前乘机为非，抗顽不行到官，就仰从长计议，应抚应捕，遵照本院钦奉敕谕随宜处置事理，径自施行。今后但有上户、官民、客商人等被害，就于本处追究，务在得获，明正典刑。仍即通行南昌等一十三府及各州县一体查处，编立牌甲，严加禁约施行，造册缴报查考。如或故违，定将首领官吏拿问，决不轻贷。①

据说，在正德初年，宸濠纵容凌十一、闵念四等四处劫掠，以

---

① 《行江西按察司编审九姓渔户牌》（正德十四年九月二十四日），载王阳明著，吴光等编校《王阳明全集》（新编本）第4册，第1197~1198页。

此增加财政收入。① 宸濠起兵叛乱之后，任命闵念四等各为都指挥。② 正德十四年九月二十日，王守仁就已将凌十一、闵念四等擒获，其余党从大多俱已诛剿。至于杨子桥等九姓渔户，经知县王轼引导，赴军门自首，声言自己被宸濠胁迫，才参与了叛乱。本着宽大处理的原则，王守仁对于那些被胁迫参与叛乱的人，给予其改过自新的机会，量行责罚，允许重新安插生活。但是，他调查发现，除了那些投首的渔户外，还有很多隐匿不报的，或者就算已报在官，但仍然为非的渔户。而且，在沿江、湖港等处，也有渔户以打鱼为名，劫杀人财，屡禁不止。

为了将这些活动在江湖之间的渔户纳入王朝的管辖，王守仁提出对杨子桥等九姓渔户进行查审，以便掌握渔户、户丁的数量，已报官、未报官，各驾大小渔船的数量，打鱼生理的位置，以及年龄、体貌和籍贯等信息。以十名渔户编成一个牌，内选一人为小甲。每五牌或六牌编为一甲，内选一人为总甲，负责日常的管束和戒谕。此外，还要在渔船船艄粉饰方尺和火烙字号，写上姓名、年甲、籍贯、住址，以及打鱼场所，每月还要亲自赴县投递不为非的结状。这套牌甲制度在设计上已经非常完善，也应该是明初"闸办"湖池、攒造渔课册之后，官方首次试图对沿江湖港等处的渔户、渔船进行登记和造册，但在具体实践上却并不容易。在王守仁颁发此牌之后，除了那些被擒获及斩首的人外，其余杨氏族人甚至组织劫囚，并且立寨聚集族众与官府对抗，最后驾船逃入浩渺的鄱阳湖中，四处流动，踪迹难寻。

仅从上引文献中，我们无法判断杨子桥等九姓渔户是一群什么样的人，只知道他们主要在安义县活动。正德十六年五月十五日，王守仁提道："追剿逆贼杨本荣等。依奉前后诱捕，及于沿湖各处敌战，擒斩共一百二十六名颗，并于杨子桥巢内搜获伊原助逆领授南

---

①　《年谱二》（自正德己卯在江西至正德辛巳归越），载王阳明著，吴光等编校《王阳明全集》（新编本）第4册，第1266页。

②　《年谱二》（自正德己卯在江西至正德辛巳归越），载王阳明著，吴光等编校《王阳明全集》（新编本）第4册，第1268页。

昌护卫中千户所印信一颗，合就解呈。"① 杨子桥曾经被授命统领南昌护卫中千户所，而此处出现的杨本荣是杨子桥同居亲弟杨子楼的儿子，居住安义县后港。② 继而王守仁又提及"贼犯杨正贤等累世穷凶，鄱湖剧患，近复从逆，幸而漏网，啸聚劫囚，敌杀官兵，滔天之罪，远近播闻"。③ 杨正贤，应是杨子桥、杨本荣的族人，同为渔户。在王守仁看来，杨正贤等累世穷凶，是鄱湖的剧患，近又参与宸濠叛乱，侥幸漏网之后又统集人员劫囚，杀害官兵人等，犯下滔天大罪。为此，要求将"杨正贤等妻男财产估变价银，修筑县城"。同时，对杨子桥的妻子周氏，儿子华五、华七、华八、月保，以及同居亲弟杨子楼收监，家属财产查抄解报。在这些人的起解过程中，遭到杨本荣统集百十余徒持刀劫囚。④

杨本荣等人劫去杨华五，以及原监杨正江、杨绍鉴及别犯胡清等十八人，还烧毁房屋，劫掠了商铺。安义县随即起兵追剿，但杨本荣、杨华二等照旧立寨，聚集对抗。有地方官呈称："据法即当督兵擒捕，但访得杨姓一族，稔恶从乱者有数，若使兵刃一加，未免玉石未辨。"他们认为，因杨氏一族从乱者只是部分，不忍加兵，劝谕杨本荣等投首，如顽抗不服，再举兵剿灭。王守仁同意了这些人的提议，重申杨本荣等人"据法论情，必诛无赦"，但念杨氏一族良善尚多，如肯自行投首，量加杖责之后，即可释放回家，劝令改恶为善，其余党从悉不根究。虽然未即用兵，但官府也没有停止行动，而是寻求从内部突破，先是批行守巡官分别善恶，让杨氏亲族自己

---

① 《剿平安义叛党疏》（正德十六年五月十五日），载王阳明著，吴光等编校《王阳明全集》（新编本）第 2 册，第 473 页。

② 可参阅《剿平安义叛党疏》（正德十六年五月十五日），载王阳明著《王阳明全集》（新编本）第 2 册，第 474 页；《追剿入湖贼党牌》（正德十五年），载王阳明著，吴光等编校《王阳明全集》（新编本）第 4 册，第 1210 页。

③ 《剿平安义叛党疏》（正德十六年五月十五日），载王阳明著，吴光等编校《王阳明全集》（新编本）第 2 册，第 473 ~ 478 页。

④ 《剿平安义叛党疏》（正德十六年五月十五日），载王阳明著，吴光等编校《王阳明全集》（新编本）第 2 册，第 473 ~ 478 页。

内部审查，不与杨本荣等同恶之人另行屯住，甚至还秘密召唤了杨姓良善户丁杨庸、杨邦、十五等七名到官，劝谕他们诱擒冲县逆贼，先后擒获 26 人。而后，杨本荣等听说官府要发兵围剿，连夜召集百十余族人，掳船奔入鄱阳湖。

由上看来，居住安义县后港的杨氏一族族大人繁，被地方官员视为"累世穷凶，鄱湖剧患"，不仅参与了宸濠叛乱，而且统集人员持刀枪冲击县府，解救叛乱囚犯，立寨、聚众对抗官府，最后乘船逃入鄱阳湖中。可以看出，在距离宸濠之乱过去近两年之后，王守仁及地方官员对杨子桥等九姓渔户的态度也有了很大的变化。此前，王守仁在平定宸濠之乱后，曾发出《告谕安义等县渔户》，提道："安义等处渔户，各系诗礼大家，素敦良善，虽或间有染于非僻，及为王府所胁诱者，然乡里远近，自有公论，善恶终不可混。"① 很明显，此时王守仁用的是"诗礼大家"和"素敦良善"来形容安义县的渔户，意在安抚和劝谕。一个主要的原因是，此时叛乱初平，王守仁等地方官意在休养赈恤，而那些声称被宁王驱胁的渔户，生恐官府追究旧恶，心情焦虑不安，于是纷纷将渔船拆卸，废弃生业。② 在这种情况下，王守仁颁布告谕，先是安抚说你们本是诗礼大家出身且良善之人，那些犯上作乱者不过是少数被胁迫分子，并非出自自己的意愿，以此劝谕他们"各安生理"，不要"妄有猜疑"。

显然，王守仁等对安义杨子桥等九姓渔户的招安并未成功。为了加强王朝对渔户的管理，王守仁要求南昌等十三府及各州县对各处渔户进行调查登记，编立牌甲。这批被称为九姓渔户的人受"宸濠之乱"的影响，或被擒斩，或改业隐藏，或逃亡水上。于是，原来由这些人承纳的渔课，不得不金派其他渔户承纳。嘉靖元年，在都昌县多个"头户"的承课内容中，新出现了一类专门的"安义县

① 《告谕安义等县渔户》（年月不详），载王阳明著，吴光等编校《王阳明全集》（新编本）第 2 册，第 631～632 页。
② 《告谕安义等县渔户》（年月不详），载王阳明著，吴光等编校《王阳明全集》（新编本）第 2 册，第 631～632 页。

九姓渔户课米"。有可能的是，官府把原来本由杨子桥等九姓渔户承纳的课米，摊派给了其他杨林河泊所辖区的渔户。综合王守仁的相关记述，杨子桥等九姓渔户并非常年舟居水上的人群，而是居住在安义县后港，族大人繁，靠近潦河，沿河而下可以直达赣江和鄱阳湖。王守仁称他们为"诗礼大家、素敦良善"只不过是一时的劝谕、安抚用词，并不能真实反映这些渔户的实际情况，其他记录则显示杨氏一族实际上多少有些"凶犷之习"，不但参与了"宸濠之乱"，且聚众冲县府劫囚，立寨对抗官府。

由此可知，"九姓渔户"不过是一群被历史"标签化"的人，现存文献只反映了"宸濠之乱"后地方官府对水上流动人群的担忧以及试图将其纳入王朝统治的努力。这群被王守仁称为"九姓渔户"的人并不能反映出鄱阳湖水域活动人群的一般生活状态。在流传至今的历史文献中，研究者很难发现湖上人群的活动记录。这些湖上人群自身对于文字的运用并不熟练，而且也没有掌握表达自己声音的社会文化资源。然而，一些有关湖上人群的零星记载还是被路过的士大夫、文人或旅行者记录下来，成为今人可以讨论的主要史料文本。

三　鄱阳湖水域的渔船户及其生计

大体而言，明清时期鄱阳湖上的活动人群主要包括渔民、船户与商贾等。明代章潢在概括江西省险要时说："鄱湖固大泽，压四郡之境。春夏水溢，渺茫万顷，则波涛荡潏，不可凑泊。秋高水落，堘埂微露，则又千条万港。舟一入其中，鬼伏神藏，不可周诘，而奸民聚居，则行贾风泊不可安致，甚或剽劫大姓，不逞无忌，捕急则入匿其中。"[①]　鄱阳湖复杂的水域环境，造就了一个易于藏奸的地理空间，被人们视为盗匪出没之所。

---

① （明）章潢：《图书编》卷三九，收入《四库全书》第 969 册，上海古籍出版社，1987，第 810 页。

（一）渔民

渔民，又被称为渔人，指的是那些以捕鱼为生的人。遗憾的是，我们已无从知道明清时期鄱阳湖区渔民的具体数量，但因明清水产市场并不发达，专业渔民并不多见，更多的人反而是半渔半农，捕鱼只是他们维持生计的主要方式之一。这些渔民大多居住于江、湖的沿岸，但土地并不足以维持全年的生计，于是选择在农闲时驾船入湖捕鱼。对于早期渔人的日常生计和生活境况，南宋袁说友就曾有诗云：

> 老父家住逢家洲，无田可种渔为舟。
> 春和夏炎网头坐，茫茫不觉秋冬过。
> 卖鱼日不满百钱，妻儿三口穷相煎。
> 朝飧已了夕不饱，空手归去芦湾眠。[①]

因"老父"家住洲上，四周环水，地势相对低洼，无田可种，只能行舟捕鱼为业。老父一家三口，每日卖鱼的收入不足百钱，过着朝不保夕的日子。除了这些岸上居住的渔民之外，也有一些常年舟居水上的渔人。洪迈就曾提道："嘉州渔人黄甲者，世世以捕鱼为业，家于江上，每日与其妻子棹小舟往来数里间，网罟所得仅足给食。"[②]

在南宋鄱阳人洪迈的著述中，有不少描述鄱阳湖区域渔人的记录。这些记录显示，南宋时期渔人已经成为湖区一个随处可见的群体。有些故事值得提及，彭仲讷送其兄去临安，在鄱江之南天王寺附近遇见数十位村民坐在廊下议事，走近一看皆为江岸的渔人。细问之下，才知这些渔人是在分一张从川客处合伙买来的猕猴皮，且

---

① （宋）袁说友：《东塘集》卷二《舟人强以二镪多取渔人之鱼，余增百钱与之作渔父行》，收入《四库全书》第 1154 册，第 159 页。

② （宋）洪迈：《夷坚志》支戊卷九《嘉州江中镜》，收入《续修四库全书》第 1265 册，第 645～646 页。

价甚为昂贵。彭氏对此非常疑惑，一只猴子的价值很低，为何猴皮却可以卖此高价？有渔人就告诉他，川中猴皮是垂钓白鱼的最佳诱饵，况且猴皮只要入水，则"愈更紧洁，久而不坏"，比本地所产猴皮更为耐用。① 还有一条文献提到，鄱阳彭仲光在郡外三十里拥有一处湖池，每当秋暮水落之际，就会与子前往此处，观看渔人设网罟，有时天色已晚就留宿在岸边的村舍。② 彭仲光的身份应该是湖主，之所以每年秋暮水落时要去观看渔人打鱼，意在监督渔人并收取该年租金。

另有一则记录也值得提到，"鄱阳近郭，数十里多陂湖，富家分主之，至冬日命渔师竭泽而取，旋作苫庐于岸，使子弟守宿，以防盗窃"。③ 这里的"近郭"指的是位于鄱阳湖东北角的双港，地处鄱阳县城与长山岛的中间地带。此处有很多的"陂湖"，也就是湖区湖水退落之后的深水池。至洪迈所处的时代，"陂湖"已多被周边富家占为己有，蓄取鱼利，并派有子弟在附近岸边搭建临时的庐舍，进行守宿，以防有人盗取湖池鱼利。

南宋渔人比较常见的捕鱼方式有两种：钓钩与网罟。此外，洪迈还提到一种称为"栈箔"的捕鱼法。此法的起始时间，难以考辨。有聂氏一族世代居住在鄱阳丽池村，因无"田畴"可供耕种，只能以"采木于山，捕鱼于湖"为业。每年秋冬之交，鄱阳湖水位开始退落，进入枯水期，有些渔人选择"水浅源涸"之处，"遍施栈箔，遮阑界内，俟岁秒则四环网罟，率竭泽取之"。④ 栈箔，系指用竹子或树木编成的席子或帘子，放入水中可以起到与渔网类似的功用，将鱼类阻隔在一定的水域，防止它们向外逃散。等到岁末，渔人再

---

① （宋）洪迈：《夷坚志》支丁卷一〇《蜀猕猴皮》，收入《续修四库全书》第1265 册，第597 页。
② （宋）洪迈：《夷坚志》支乙卷七《彭氏池鱼》，收入《续修四库全书》第1265 册，第465 页。
③ （宋）洪迈：《夷坚志》支庚卷七《双港富民子》，收入《续修四库全书》第1265 册，第685 ~ 686 页。
④ （宋）洪迈：《夷坚志》支癸卷八《丽池鱼箔》，收入《续修四库全书》第1265 册，第746 页。

用网罟将界内的鱼类捕捞上来。这种捕鱼法一直延续至今，被渔民称为"堑湖"或"拦堑"。

洪迈在《夷坚支志》中记录的故事虽有浓厚的鬼神与灵异色彩，其中有些大概是取材于当时社会上流传的民间故事。这些故事或见闻反映了洪迈对当时社会现象的观察和思考。洪迈笔下的渔人，大多居住在江湖沿岸或洲、岛之上，亦有舟居者，尽管生活贫穷，但似乎还是有能力成家生子，组成三口之家。如鄱阳渔人汪十四有妻王氏，而饶州南岸渔人周八则有一妻一子。然而，信州渔人杨六者则孤孑一身，只有一叶扁舟借以栖身，每日所得卖鱼钱皆为酒肉之资，从来不买布帛，一年四季都只有单衣。洪迈也谈到鄱阳城内有市民汪乙，居住在仓步门外，靠从湖上贩卖鱼鳖为生。由此看来，南宋时期鄱阳湖区已经活跃着一群以捕鱼为业的人，他们大多以核心家庭为基本的作业单位，夫妻合力或个人泛舟捕鱼，工具主要有钓和网两种，靠卖鱼所得维持日常生活。一些零星的记录也显示，有些势豪之家已占有了某些固定的湖池，成为湖主阶层，并把湖池出租与其他渔民，从中收取租金。

关于明清时期鄱阳湖区渔民的文献记载非常稀见，这无疑增加了此议题的讨论难度。在北京第一历史档案馆保存的清代刑科题本中，有幸可以看到不少因捕鱼纠纷酿成的命案卷宗。这些刑科题本虽重点在于讲述命案发生的经过、各方讯问的证词，以及各级官员对案件的处理，但字里行间也零星反映出湖区渔民的日常生活形态。需要注意的是，这些被送交刑部的案件大多以命案为主，其他日常民间细故类捕鱼纠纷案则难以进入此类文件。从技术和市场层面而言，南宋以降数百年间，该区的捕鱼方式以及水产市场都没有出现突破性的变化。只在明初有过重要的制度变化，即政府开始设立河泊所进行渔户的管理和渔课的征收。另一点是渔民人口数量的持续增加，使得湖区资源的分配日益趋向紧张，各类纠纷不断。

乾隆三十四年（1769），江西巡抚赫硕在题本中提及新建县民万永铭因被夺渔网伤毙刘起达一案，认为依律拟绞监候。乾隆四十二年十一月十九日，刘方氏抱呈男刘起显赴县报称，长男刘起达与刘元厚等合伙租了邱文藩、涂日玺的西沙湖，用以蓄取鱼利。冲突起于该月十七日，刘起达等往湖取鱼，碰巧看到有万永铭与万永调撑驾小船在他的湖边网鱼，于是出面阻止，并将万永铭的渔网夺回住处。当时万永铭惧刘起达一伙多人，不敢不从。之后，万永铭前往刘起达住处讨要渔网，两人发生口角，遂起殴斗，刘被殴身死。①　在此案中，刘起达等渔民并无自己的湖池产业，而是合伙出资向邱文藩等湖主租湖取鱼。据县派人亲自查勘，发现西沙湖长有三四里，宽只有里许，在湖中洲上有渔人草蓬住舍十六间。这些位于湖中草洲之上的草棚即为刘起达等渔民的住处，方便照看鱼利不被他人盗取。

　　因湖主邱文藩患病不能到案，由其侄子邱元林代替到案。据称，西沙湖系邱元林家课业，有二分典给了涂日玺家为业，今属邱、涂两家共有。该湖历年出租与人取鱼完课，乾隆四十二年将湖租给刘起达、刘元厚等同姓九人，议定租钱七十千文。虽然在租湖契约中有涂日玺的名字，但因涂日玺外出生理，无法到案接受讯问。湖主邱元林以及其他承租人在供词中都提到，按照当地的习俗，乡民在沿湖用小网捕取小鱼，向来是不禁阻的。这个案件最后的判决结果对于本议题的讨论无关宏旨，但此案中陆续出现的湖主、两造当事渔民、租湖合伙人以及保正等人物，则给我们呈现了一副清代鄱阳湖区渔民日常生活的基本图景。

　　渔民受限于自身的经济能力，以及渔业捕捞作业的特殊性，一般难以单独承租湖池，而倾向于采取合伙制，多个渔民合伙承租一片水面。但是，如何处理好合伙成员内部的利益分配，也是众多渔民需要面对的现实问题。合伙人一般系同姓族人或外姓亲朋，偶尔也有同村异姓或多个地方渔民联合组成的合伙组织。乾隆二十三年（1758），刑部尚书额弥达就在一份题本中提到一件因家族成员共同

---

① 《题为审理新建县民万永铭因被夺鱼网起衅伤毙刘起达案依律拟绞监候请旨事》（乾隆四十三年闰六月二十九日），中国第一历史档案馆藏：02 - 01 - 07 - 07371 - 021。

网鱼发生纠纷酿成的命案。新建县民叶一昂等有祖遗大慈湖，鱼利与叶自谏等公共管业，议定每年十月十五日共同开湖下网，取鱼均分。叶一昂系叶自谏的无服侄孙，平时并无嫌隙。乾隆二十一年（1756）十月十五日，正值该年网鱼之期。这天早上叶一昂与叶邦华先驾船往湖，等候叶自谏等久不到，因两人取鱼之后还有田工要做，不愿久等，商量先下网取鱼，等叶自谏到时均分。不料，这时叶自谏偕叶方福、叶方梅亦驾船到湖，指责叶一昂等未经守候就私自下网，双方遂起争执，致伤叶自谏身死。[①] 可见，此案中的叶一昂等人并非纯渔民，还是有"田工"的农民，属于半渔半农性质。这一情况可能是普遍的，很多渔民是季节性的，只有农闲时才捕鱼，其他时间则从事农耕生产。

（二）船户

在前现代交通工具时代，无论是出行、客运还是货运，水运都可能是最受欢迎的方式之一。这里的船民系指那些常年在水上从事运输的人，其中有人世代居住在船上，也有些人是在岸上建屋居住，常年在船上从事水运。宋代高翥写有一首诗描写船户：

> 尽将家具载轻舟，来往长江春复秋。
> 三世儿孙居柂尾，四方知识会沙头。
> 老翁晓起占风信，少妇浓妆照水流。
> 自笑此生漂泊甚，爱渠生理付浮悠。[②]

这是一户世代居住在船上的人家，主要的活动范围在长江流域。

---

① 《题为会审江西新建县民人叶一昂因公同网鱼纠纷伤毙叶自谏一案依律拟绞监候请旨事》（乾隆二十三年三月二十一日），中国第一历史档案馆藏：02 - 01 - 07 - 05563 - 001。

② （宋）高翥：《菊磵小集》，据汲古阁景宋抄本影印，收入《四库全书》第 1170 册，第 128 页。

老翁早晨起来预测天气状况，以判断行船安全，媳妇在船头梳妆打扮。自己笑说此生过于漂泊，但又喜欢水上生活的自由。唐宋时期，江西是连接中原与岭南的必经商道，客商往来络绎不绝。南康军的星子县紧邻赣江和鄱阳湖的交汇点，旧有石砌的堤寨堰住西湾水汊，用以停泊过往的舟船。每年江西诸州钱粮纲运，以及过往商船，如遇风涛大浪，泊于此处可免沉溺，公私两便。自绍兴以来，风浪连年冲击致砌石损动，加上寨内沙土填塞，以致重载舟船只能停泊江心。知南康军的朱熹具文向转运使衙门请款雇人修筑石堤，官私舟船可免风涛之患。这间接说明，南宋初年的赣江、鄱阳湖水域已经活动着大量来往的公私船只，船民数量亦颇为可观。

尽管我们知道有一大群船民来往于鄱阳湖区域，但是关于他们的记录却难得一见。虽有不少描写江河旅途见闻的文人诗词，但却少有对船民群体及其生活的"写生"作品。洪迈在《大孤山船》一条提到："鄱阳民黄一，受雇于盐商，为操舟，往淮南还，至大孤山，乘顺风张帆，健疾如飞。"[1] 这则故事的主人公是鄱阳县民黄一，一个受雇于盐商的操舟之人，驾船往返于鄱阳与淮南之间，如遇顺风则可张帆，疾驰如飞，但不幸与对面开来的船相撞，船上人尽溺死。宋代江西的大部属于淮盐区，盐商雇人去运盐，应该符合当时情况。洪迈也提到："绍兴初，江湖群盗不靖。鄱阳城内，虽不罹兵彄，人烟亦萧疏。"[2] 可见，绍兴初年，江湖之中就有盗匪活动，官府无力消灭。鄱阳城内虽没有用兵，却显凋敝之状。

除了商业贸易运输船只外，还有大量的漕船，行走于鄱阳湖水域。宋代周应合多次提到，大使马光祖咸淳年间派人赴江西吉州打

---

[1] （宋）洪迈：《夷坚志》支癸卷六《大孤山船》，收入《续修四库全书》第 1265 册，第 735 页。

[2] （宋）洪迈：《夷坚志》支癸卷九《申先生》，收入《续修四库全书》第 1265 册，第 751～752 页。

造富阳船、脚船以及水哨马船等。① 明代章潢也曾给出一个数字，称江西都司有漕运浅船 899 支，但不知道这个数字具体指什么年份，很可能指的是其生活的隆庆、万历年间。在明代初年，漕船是派造于诸省及各提举司。天顺六年以后诸省罢造，止解料赴二司厂，其后又几经变化。② 可见，在历史上江西还有一群造船人以及漕船上的船工，数量亦不在少数。③ 宋代赵善括就说："窃谓营屯棋布支鼎，俟炊方州，不能飞挽刍粟，则必赖舟楫以济不通，江西上游木工所萃，置立船场，其来久矣。"④

元明时期，因文献记录的缺乏，对于湖区船民的图景难以描述。不过，清代乾隆年间，江西按察使凌燽在一篇文章中提到了江西内河船只的大致情况。在他看来，按照地域可以把船只分为本邑和外来揽载两类。对于船只的来源，一是自己制造，二是租赁自他人。其实，他可能忽视了另一种常见的船只来源，即市场买卖。船户既有居住城乡的，也有以船为家的。外来船只则主要有来自本省的其他州县，以及外省之江南、湖广地区。这些船只主要从事商业货品的揽载业务，往返于多个目的地之间。然而，道光二十二年（1842），清朝在与英国的第一次鸦片战争中战败，被迫签署不平等的《南京条约》，并于第二年签订《中英五口通商章程》，向英国开放广州、福州、厦门、宁波、上海等五处港口，结束了广州一口通商的时代。道光二十三年二月初十日，时任江西巡抚的吴文镕给道光帝回复有一折，谈到他奉旨体察五口通商之后广信、南安二府挑夫、船户的生计情形。

事情起于江西庐陵人黄赞汤的上奏，称："江苏、浙闽港口分

---

① （宋）周应合撰《（景定）建康志》卷三九《武卫志·战舰》，中华书局编辑部编《宋元方志丛刊》第 2 册，中华书局，1990，第 1984～1985 页。

② （明）章潢：《图书编》卷一二五《漕运各总船数》，收入《四库全书》第 972 册，第 793 页。

③ 可参阅黄纯艳《造船业视域下的宋代社会》，上海人民出版社，2017，第 2～3 页。

④ （宋）赵善括：《应斋杂著》卷一《船场纲运利害札子》，台北，商务印书馆，1975，第 20 页 b。

开，一切客商势必舍远就近，往福州、上海、宁波等处，江、广两省穷民无所借以谋生，必将聚而为盗，请饬设法防范。"① 黄氏认为，五口通商之后，原来从江西到广东的物资，将会就近运往新开的福州、上海、宁波等港，使很多以此为生的挑夫、船户失去生计，很可能成为盗匪，要加以防范。道光皇帝也认为，江西、广东一带船户、挑夫，向以挑运客货为生，若一旦失业，确实可能成为一个安全隐患，于是要吴文镕悉心体察，是否真像黄赞汤所言，而后据实具奏。吴文镕认为，"江西为南北通衢，商货络绎，将来港口既分，客货较少，此项船户、挑夫或多失业，该御史（黄赞汤）所奏不为无见"。② 但是，吴氏紧接着说，他早已考虑到这一点，去年冬天趁着南北两镇阅兵之便，早就沿途体访了挑夫、船户的情况，已知大概。

广信府属下之玉山县是江西入浙江的过载码头，"凡自浙南来各货，系由浙省常山县夫行雇夫挑运"，广东、湖北、江西等内地货物运往浙中的有干果、锡镴、水油、纸张、药材等大宗，杂货次之，每年不下三四十万担。由广东运往浙江的主要以各种洋货为多，但不过四五千箱，不及内地客货的十分之一。③ 由此，玉山一县每日需夫数百名，多或千名，主要靠内地贸易之货，就算将来夷港分开，脚夫、船户也不至于大量失业。另外，他还提及由福建入江西的过载码头铅山县以及由江西进入广东的过载码头大庾县的货物、脚夫情况。吴文镕的结论是，通商口岸的变化，不会带来严重的失业问题，但需转移一些人另谋生业。

对于船户，吴氏认为："各处船户亦均设有船行，有保家层层防

① （清）吴文镕：《吴文节公遗集》卷九《覆奏体察挑夫、船户情形折》，收入《续修四库全书》第1520册，据复旦大学图书馆藏清咸丰七年（1857）吴养原刻本影印，上海古籍出版社，1995，第255~257页。

② （清）吴文镕：《吴文节公遗集》卷九《覆奏体察挑夫、船户情形折》，收入《续修四库全书》第1520册，第255~257页。

③ （清）吴文镕：《吴文节公遗集》卷九《覆奏体察挑夫、船户情形折》，收入《续修四库全书》第1520册，第255~257页。

范，且船户以船为业，其船之大者，值数百千文，小者亦值百余千文，皆系出本谋生之人，即使夷港分开，客货略少，而内地之贸迁，商旅之运载，往来不绝，营趁有资，似不至因此而失业为匪也。"①这里提到船户的组织结构，单个的船户一般都属于特定的船行，通过船行来承接生意。此处的"船户"指的是船主，即那些拥有产业的人，而非那些在船上谋生的船工、船民。依据船的大小不同，价格从数百千文到百余千文不等。正如吴氏所言，对于这些有产业的船主而言，失业沦落为匪的可能性不大，但来往货物的减少，必定会影响他们的生意，进而减少收入。对于那些在船上帮工的工人而言，客货的减少可能会引起失业，甚至转为水上匪盗。

其实，无论是东部的玉山县、铅山县还是南部的大庾县，货物的来往、转运都要以鄱阳湖水域作为内河航运的连接点。由长江流域或长江以北南来的货物，经由九江、湖口进入鄱阳湖北部水域，然后经赣江南下吴城、南昌、吉安、赣州，过大庾岭到韶关、广州，经饶河东行到鄱阳、浮梁、婺源、祁门等，经信江到余干、鹰潭、上饶、铅山、玉山，更可经抚河到临川、建昌等地。由此，鄱阳湖、赣江、饶河、信江、抚河构成了一个江西内河航运网络。这些河流、湖泊之间活动着大量的来往船只，过去的船只基本上是木帆船。正如前文提到，大多数船只都可以由船主两夫妻或父子兄弟一起驾驶，但大船则需要雇用舵工、水手。因航行随时都可能有危险，船上分工也是相对明确，有舵把子、头把子、一般水手等。

（三）红船与渡船

除了内河航运船只之外，鄱阳湖水域还有两类船只值得提及。其中之一是红船，又名救生船，负责对往来商船遇风暴时的救助。另一种则是渡船，负责接驳往来两岸的人。这两类船只大多并非个

---

① （清）吴文镕：《吴文节公遗集》卷九《覆奏体察挑夫、船户情形折》，收入《续修四库全书》第1520册，第255～257页。

人所有，而是由官方或地方士绅设置。乾隆时期，凌燽说："沿江一带之南昌、南康、饶州、九江四府所属向设有救生船只，凡商船往来，徒遇风迅，乘时拯救，原以便行商而重人命，为法至善。"① 这四个府都位于鄱阳湖周边，设救生船以保障水上商旅安全。但是，在九江县大姑塘沿江一带，"每逢偃风时作，商船危迫，救生船只飞棹抢救时，辄有一种夹桨小船，平日以摆渡营生，遇有客船遭风，即群棹前往，名为赴援，其实利在客货，竟有将商人行旅货物恣行攫抢，飘然散去，而救生船只遂亦乘机搬匿，专以取财而置人命于不问"。② 本以救生为宗旨设立的救生船，竟也提供了一种谋利机会。这里的"夹桨小船"平日以摆渡为生，遇有客船遭遇不测，假借救援之名，窃取行旅货物。

　　然而，等商人得空禀报地方官查究时，夹桨船早已散去，无可查拿，救生船只即使有搬取客货，也会推诿给夹桨船户，互不承认。救生船只一般都编有字号，有户名册可查，但夹桨船却没有进行编号，也无册籍可查，才肆无忌惮，抢掠商旅。为此，凌燽提出："凡有救生船处所，将所有夹桨船若干只，船户何人，查明姓名、年貌、籍贯、住址，造具册籍，即将口岸名色编为字号于船旁，大书船户姓名、第几号字样，粉地黑字，用油刷盖，俾一望可知，易于根究，如无字号船只，不许下水，其船只多者，仍于中酌立户长，责其稽查，有新船初到口岸者，一体报明编立。"③ 这一登记造册计划与王守仁编立渔户牌甲之法相似，就是试图把夹桨船登记写入官府的册籍，写明船户信息，并在船只上进行标注。至于这项政策的实际效果如何，并无文献可资讨论，但可以看到一群"靠水吃水"的人。

　　因湖泊、河流的存在，特别是夏季丰水期，很多地方的通行都必须倚赖船只。在那些没有桥梁的地方，就需要设有渡船，以方便

① （清）凌燽：《西江视臬纪事》，收入《续修四库全书》第 882 册，据中国科学院图书馆藏清乾隆八年剑山书屋刻本影印，上海古籍出版社，1995，第 36~37 页。
② （清）凌燽：《西江视臬纪事》，收入《续修四库全书》第 882 册，第 36~37 页。
③ （清）凌燽：《西江视臬纪事》，收入《续修四库全书》第 882 册，第 36~37 页。

商民的来往。但是，这种便民之事，往往也会带来一些病民的地方，如渡工对过往商民的勒索。凌焻访查了章、德两个渡口，发现该渡路通经管，行商络绎不绝，但凡商民渡江，时被勒索，"每人需钱十文或十余文"，如果携带有小车等项物件，则可能需索三四十文。甚至，有时候船开至江河中间，渡工停留不渡，进退两难，只能任其勒索，以求得安全过渡。如果不核定章程的话，这类勒索将持续下去。据凌焻观察，每天各渡口过往行人约有数千人，渡船轮流摆送，每日开船来回十次，每次摆渡七八人至十余人。按照凌氏的意见，以后过渡每人给钱二文，春夏水涨给钱三文，携带有小车的话，以两人渡费计算，如此渡夫得以维持家口生计，而商民也免于勒索之害。①

这类事情往往会成为"上有政策，下有对策"的局面。在发布上个"禁渡夫勒索"的禁令之后不久，凌焻又再次提及此事："照得章、德二渡，乃行商必由之所，每船装载人数应给渡钱，本司久已定有成规，不许多索，仍委官轮流稽察，以防阳奉阴违，距日久法弛，访闻各委员并不亲身稽察，仅委差役往查，惟日向渡夫索取酒钱，自数十文至百文不等，地保为之串合分肥，渡夫藉此益无所忌，多载横索，滋累客商，藐玩殊甚，合再严示查禁。"② 可见，这一政策并未得到有效的执行，反而差役、地保与渡夫合伙横索谋利。

四　清代对渔船户的编保与稽查

在江、湖之间活动的船只，由于流动性强，一直也是国家治理最为棘手的部分。王守仁提出的对渔户编立牌甲的方法并没有在沿江及湖区得到很好的执行，而那些逃入鄱阳湖区的杨姓"九姓渔户"，虽有各方的大力追剿，但结果却并不乐观，擒获者寥寥。至清

① （清）凌焻：《西江视臬纪事》，收入《续修四库全书》第882册，第108页。
② （清）凌焻：《西江视臬纪事》，收入《续修四库全书》第882册，第137页。

代，通行在江西省江、湖之间的各地商旅络绎星驰，保障客商的行旅安全成为地方官的重要职责。雍正十一年至乾隆八年（1733～1743），任江西按察使长达十年之久的凌燽，将其任内草拟的部分文件，辑录为《西江视臬纪事》一书，里面有多篇提及对江、湖水域上渔船户管理的详议。不过，清初并没有发展出新的管理水上人群的办法，依然在沿用王守仁"编查连保"之法。但是，凌燽认为此种方法有诸多不便，不能有效掌握流动船户的行踪，而且缺乏约束力。

> 江省襟带江湖，当浙、闽、楚、粤之冲，客商舟楫，络绎星驰，奸良不一，若非立法稽查，何以绥安行旅。伏查各项船只，历有编查连保之法，祗缘各处口岸船只，土著者少，外集者多，人既殊方，船亦各式，虽挽泊各有定埠，而揽客载货，去住靡常，虽有邻船，不皆素识，多系偶尔相依，讵能保其必无为匪。惟同乡同里，俱在本境揽载之船，稽查互结，似为较易，但伊等各谋生业，后先四出，回往靡常，又难逐次编排，使无遗漏，就使编排清楚，迨本船事发而邻船已复他往，根究处治，率多未便，此所以虽有编查之名，终乏编查之实也。①

凌燽认为对船户的"编查连保"名存实亡，没有起到实际的约束作用。为此，他提出了多项具体的改进措施，以期能够加强对内河船只的管理，从而"戢匪宁民、惠保商旅"。

> 今据各府详议，或请严保结于邻船户族，或请重稽查于行埠汛兵，各执其是，而不能相通，但船只既有不同，则稽察势难画一。本司等窃以法在可行，政期不扰，邻船户族止能保其同帮、本籍，行埠汛兵止能查其写载、经行，必宜量为区别，庶不强以所难，而责任可专，应将本邑船只责成于邻船户族，

---

① （清）凌燽：《西江视臬纪事》，收入《续修四库全书》第 882 册，第 28 页。

外来船只责成于船行埠头。查本邑船只有自造者，有租赁者，船户有居于城乡者，有以船为家者，虽不尽同，要皆本地有籍民人，应责成乡保造册报县，分别在城、乡居住者，取具户族邻佑甘结，其以船为家者，取具户族邻船甘结，如系赁租之船，并取船主甘结，该县即给与印照，编号船旁，以便稽查。其船现在籍者，随时发给，已外出者回日补领。其外来揽载船只，应责成船行埠头造册报县，查明何处船只，或系本省，或系江南，或系湖广，即取各籍同船的保，船行、埠头并具保结，即于所在地方暂给印票，以便沿途稽验，不必编号，俟船回原籍，另听本籍地方官编查。以上本邑、外籍船只既各给有印票，揽载开行之后，经过地方，则责令塘汛稽查，如有为匪，事发所在有司查明照票，移行给照之地方官，将保甲、行埠、邻船分别连坐，则责成专而稽查亦易矣。本司等更有请者，乡保、行埠造册，刷照需用纸张等项，虽属无多，诚恐不法之徒藉端科敛滋扰船户，亦未可定，应饬地方官自行捐备，并饬各属明白晓示，妥协办理，以仰副宪台戢匪宁民、惠保商旅之至意。①

王朝对水域上船户的管理，过去主要有两种办法：一是保结于邻船、户族，二是行埠、汛兵的稽查。问题是两套方式各行其是，不能相通，而过往船只又有不同，难以形成统一且相互配合的稽查制度。凌燽认为，应该把二者加以区别，各专其职，本邑船只可以责成于邻船、户族，对于外来船只则专门通过行埠、汛兵来稽查。其实，本邑船只的构成很复杂，不仅有自造、租赁之别，而且船户有城居、乡居之分，还有以船为家的舟居者。对于那些本地的陆居船户，责成乡保造册报县，取具户族、邻佑甘结。舟居的船户，取具户族、邻船甘结。租船者，取船主甘结。县府给予印照，并在船只的两侧编号，便于稽查。此外，对于外来船只责成船行、埠头造

① （清）凌燽：《西江视臬纪事》，收入《续修四库全书》第882册，第28～29页。

册报县，查清楚船只的来源地，除取各籍同船为保之外，还要船行、埠头一并保结。如此，凌燽力图构建一套更为严密的船户管理制度，不仅包括对船户的登记造册以及持照票通行，而且将乡保、埠头、汛兵、户族、邻佑及邻船等纳入连坐。

在汛兵的驻防尚未执行轮流更替制度时，容易出现汛兵在一地驻防久了，往往与该地居民熟识，甚至与地方奸盗之徒勾结往来，形成地方性的社会网络，从中谋利。为此，官府推行汛兵的输替差防制度，但是又因频繁换防带来了诸如"江湖汛地，每多汊港支河，恕轮班初到之兵，一时未能熟悉"的问题，于是请求改为"半年更替，仍行按季抽换之法"。① 具体的办法是，每个塘兵约计四名或五六名不等，半年更替换防一次，每季抽调其中一半更换驻防地，留一半以便指示港汊紧要之处，等下季再行替换。这样既可免汛兵与奸盗勾结之弊，又可保证塘汛之兵能更快熟悉驻防业务。

此外，为了防止有些渔船以夜捕为名，在江、湖之间从事盗窃商旅之事，凌燽颁布《禁止渔船夜捕》令。该禁令提到：

> 本司业已严饬沿湖州县禁止商船夜行，并将各埠船只及网鱼、夹桨等船一例列号编伍，立法稽查，以永杜匪窃之犯。近复访得有等不法渔户，借捕鱼名色，乘夜四出，不论码头、营汛，凡有商船停泊，窥伺熟睡，即用挠钩探窃衣服、货物，甚有钩伤手臂、头面者，及至叫呼，已荡桨远逝，复向他舟行窃，贻害水乡，实非浅鲜，除现在密行查拿外，合亟出示严禁。②

为此，凌燽要求各属水乡营汛地保人等，凡遇渔船停泊处所，查明船只的原编字号、姓名、数目，白天任其采捕，夜晚则回归泊所，不允许乘夜采捕，违禁者按律究处。

---

① （清）凌燽：《西江视臬纪事》，收入《续修四库全书》第 882 册，第 30 ~ 31 页。
② （清）凌燽：《西江视臬纪事》，收入《续修四库全书》第 882 册，第 137 页。

乾隆二十二年十月十一日，署理江西巡抚阿思哈向皇帝奏请鄱阳湖船只编保以防盗贼。在开篇，阿思哈提道："窃查江西鄱阳一湖烟波浩淼，环统四府八邑，外接浔阳大江，港汊繁多，沙洲水口，渔船小艇在在丛泊，奸匪易于托足，从前夙称盗薮。"① 由于鄱阳湖烟波浩渺、港汊繁多的自然环境，渔船、小艇随处可泊，奸匪容易藏身，一直被视为"盗薮"。这些奸盗之徒，渔船出没，乘风危险，搬抢客商的货物，甚至将孤客捆绑抛弃在荒岸。虽然王朝历经严禁，并饬令沿湖地方官将渔船、小艇就地编号，船侧写上船户姓名，便于汛兵稽查。但是，"迄今日久，访有外来匪船，不时窜入勾引作奸，一切渔渡小船有遗漏未编者，亦有添造改制新船，未经编保者，及新自外来，未经查遍者"，实际的江、湖社会一直都在变动过程中，对官府的水域管理制度构成挑战。为此，阿思哈督促文、武官员密行查访，对那些应该编号之船，查明补编，力图将匪船净绝。此外，他还在奏文中提及最近的盗案处理，"近据南昌等县报获钻舱贼犯谌永先、聂七仔、胡茂兴、胡占魁等究讯等情，除严批该司根讯伙犯及积匪惯窝，严行查拿，从重定拟，以安行旅。外至盗案，江西上年已获审结者六件，未结者二件，均严勒获犯饬审，本年幸无盗劫之案，惟通省小窃不能净绝"。②

嘉、道年间，各宪议定巡河章程，分别段落，派委各属县丞、巡检、主簿，会同营弁，带同兵役往来河道巡缉，并将所委员弁明立获犯、失事功过章程，严加劝惩。但是，时间久了，原来委派之员弁或安坐于衙斋，并不用心稽查，而过去设立的巡河之船也多朽烂。道光初年，赣江一带冬天频繁出现"匪徒"驾船抢劫、盗窃之事，于是各宪查照旧章大力整顿以安商旅。至于巡河船只和巡河兵役所需的费用，原系各县自行捐给，除了在职人员毋需另外给费外，

① 《署理江西巡抚阿思哈奏为申严鄱阳湖船只编保及防范盗贼事》（乾隆二十二年十月十一日），中国第一历史档案馆藏：04 - 01 - 01 - 0212 - 041。

② 《署理江西巡抚阿思哈奏为申严鄱阳湖船只编保及防范盗贼事》（乾隆二十二年十月十一日），中国第一历史档案馆藏：04 - 01 - 01 - 0212 - 041。

其他使用或编外人员都应给予巡河费及兵役饭食费。① 然而，历经多次的变革，至道光十五年（1835），南昌、饶州、临江三府为了节省经费，分别裁撤了巡河委员。据说，该三府属境河道抢劫各案，都是由各县获犯详办，巡河委员徒有巡缉之名，却无获犯之实，与其靡费不见成效，不如节省开支而事专其责，共可节省薪水银一千五百八十四两，留盐道衙门公用。②

　　综上可知，那些活动于江、湖之间的渔船户，一直游离于王朝统治的边缘，并被视为水域秩序的主要威胁者。在"宸濠之乱"之后，王守仁试图在江西推行与陆上实行的里甲系统类似的渔户牌甲登记制度，以此将渔户纳入王朝的管理，约束他们不在江、湖之间为非作歹。除了渔户之外，同样让官府头痛的是那些船户的管理，传统主要有两种方式：一是取保结于邻船、户族，类似于王守仁提出之"十家牌法"，实行邻船、户族的连坐；二是借助船只停泊埠头以及各处营汛的稽查。雍、乾之际，凌燽对此进行了革新，取保连坐之法主要用于本邑船只，而埠头、营汛稽查则专责于外地船只。此外，为了防止驻防汛兵与奸盗之徒熟悉之后的利益勾结，开始实行半年换防、按季抽换制度，以杜内部隐患。嘉、道年间，更是设立了巡河委员，各县分段派员巡缉以安商旅，后因经费不足，逐渐被裁撤。

五　营汛的设置与水域社会治理

　　鄱阳湖区因便于那些逃避王朝统治之人的隐藏，一直被视为

① 《派委员弁巡查河道分别劝惩章程》（道光二年），江西按察司衙门刊《西江政要》（一），载林庆彰等主编《晚清四部丛刊》第5编，第54册，台中，文听阁图书有限公司，2011，第79页。
② 《南昌、饶州、临江三府裁撤巡河委员节省经费》（道光十五年），江西按察司衙门刊《西江政要》（二），载林庆彰等主编《晚清四部丛刊》第5编，第55册，第565页。

"盗薮"之区。宋元时期，除了路、州、县等常规的行政设置外，湖区只见有"榷沽"之类包税官的存在，县以下并无专门的基层治理机构。至明洪武年间，王朝开始在湖区和沿江地带设立河泊所，专门负责渔户的管理以及课税的征收。此外，为了加强对江、湖地区的治安管理，在江岸、湖边一些重要的交通点上设置巡检司，负责江、湖地区的治安与稽查，以保商旅人等的水上安全。如元至正年间至洪武元年，九江府所属三县设置了巡检司 7 处，共有弓兵 320 名。① 南康府都昌县的柴棚、左蠡两个巡检司也始建于洪武初年，且巡检一般都由外地人担任。② 此外，饶州府的鄱阳、余干两县分别在湖中的棠荫、康山两岛设置有巡检司，南昌府在沿江、湖边设置有邬子、赵家围、昌邑和吴城巡检司。③ 可见，这些巡检司遍布于湖区的紧要位置。

有学者指出，明清时代巡检司虽为从九品的末官，官位卑微，但从基层治安的角度看，则是一种重要的机构，起着顾炎武所说"遏之于未萌"的作用。④ 明代后期，有些巡检司就地改设县治，如建昌府的泸溪巡检司在万历七年（1579）改为泸溪县，而差不多同一时间处于鄱阳湖南岸的邬子巡检司也想改司为县，以制湖盗，但未果。⑤ 因自然的演变，以及市镇的兴起，有些巡检司的驻地相继发生改变，如雍正八年（1730）都昌县柴棚巡检司改驻周溪市，据称是因周溪"近来烟叶日多，故贸易并集于此"。⑥ 此外，明末清初，

---

① （明）冯曾修，李汛纂《九江府志》卷九《公署》，明嘉靖六年（1527）刻本，第 16 页 b、20 页 b~21 页 a、23 页 b。

② （明）陈霖：《南康府志》卷四《公署》，第 9 页 a。

③ （明）王宗沐纂修，陆万垓增修《江西省大志》卷六《险书》，明万历二十五年（1597）刻本，第 3 页 a~3 页 b、22 页 b~23 页 a。

④ 可参阅赵思渊《屏盗之迹、拯民之恫：明清苏州地区的巡检司》，《中国社会历史评论》第 11 卷，天津古籍出版社，2010，第 280~292 页。

⑤ （清）邵子彝修，鲁琪光纂《建昌府志》卷一《地理志·古迹》，清同治十一年（1872）刻本，第 12 页 b；（明）王宗沐纂修，陆万垓增修《江西省大志》卷六《险书》，第 3 页 b。

⑥ （清）狄学耕等修，黄昌藩等纂《都昌县志》卷二《规建志》，第 17 页 a。

有一批巡检司相继被裁革，如都昌的左蠡巡检司，其衙署厅廊和左蠡镇也随之废弃。需要指出的是，清代虽然部分沿袭了明代的巡检司制度，在鄱阳湖区保留了一些巡检司的存在，但是其职责和功能已经大不如前，名存实亡，治安和稽查职责大部已由清代的营、汛组织替代。

据罗尔纲的研究，营、汛是清代绿营制度的基层单位，主要担负四种"差役"：一是缉捕盗贼，二是防守驿道，三是护卫行人，四是稽查奸究。[①] 绿营兵主要有两种存在形式，即"存城驻守"和"分驻汛塘"，由千总、把总、外委等官率部分汛兵驻扎巡防，各汛又在各交通要道、山险冲要之处设塘驻兵。这一制度一直被视为清政府进行地方控制的重要手段之一。[②] 乾隆元年（1736），乾隆帝提道："设立塘汛，所以卫商民，防盗贼也。"然而，他也发现有"不肖兵丁，疏懒废弛，养盗贻患，受其规礼，分其赃物，为之声援、向导"。[③] 究其缘由，乾隆认为是汛兵携家带口，安土重迁，与地方奸匪日久往来熟识，于是提出了兵丁定期进行驻地换防的措施，使他们与奸匪之徒无从结识，难以形成长时期的利益庇护关系。

在明代，赣江、鄱阳湖与长江交汇处就曾有驻兵，初期驻守在南湖嘴，故又名南湖营。嘉靖四十一年（1562），南湖营移驻湖口，辖区上自蕲黄、南康，下至安庆等处。顺治二年（1645）五月，英王阿济格委弁驻守，岁余置都司，隶九江镇。顺治十六年海寇犯江南，逼近彭泽，知县乔钵请求增兵加衔，经过巡抚张朝璘的奏请，于康熙元年（1662）改为游击。[④] 康熙二十四年罢游击，止设守备以下等官。雍正十年（1732）改守备为都司，其属有千总一人，把总二人，

---

① 罗尔纲著《绿营兵志》，重庆，商务印书馆，1945，第 202 页。

② 可参阅胡恒《皇权不下县？：清代县辖政区与基层社会治理》，北京师范大学出版社，2015，第 155~161 页；秦树才《清代云南绿营兵研究：以汛塘为中心》，云南教育出版社，2004。

③ （清）刘坤一纂修，赵之谦等纂《江西通志》卷首之二《训典》，清光绪七年（1881）刻本，第 2 页 a。

④ （清）郭承缙修，曹河昆纂《湖口县志》卷五《建置志》，清乾隆二十一年（1756）刻本，第 18 页 a~18 页 b。

外委三人，额外外委一人。同治四年（1865）改归长江水师提督节制，至七年罢。在南康府设有南康营，有守备一人，雍正十年罢改。[1]

在鄱湖南岸的康山设有鄱湖营，原设有守备行署，位于忠臣庙左边。雍正十年改为都司，有把总一人，外委把总一人，额外外委一人。鄱湖营下辖14个汛，在余干县境内有6个，一般每汛驻兵5名。[2] 在余干县康山袁氏保留的明清文书中，有一张绘制精美的彩色湖区地图，长97厘米，宽93厘米（见图6-1）。该图主要显示的是鄱阳湖区的南部，包括都昌、鄱阳、余干、进贤和新建五县，中间标有多条弯曲的红线，用以区分各县在湖区的大致疆域。除了河流、水面、岛屿、草洲和树木等自然物以外，还标注出了湖区的村庄、房屋、庙宇以及汛。有些遗憾的是，这幅地图并无时间信息，只在背面写有"乾隆五年"的字样。在地图的正上方盖有一个模糊的正方形印章，已经无法分辨印章的内容，而在右下角则盖有一个长方形的骑边印章，字迹亦难以辨识。我们可以看到许多插着小旗子的汛分布于湖区各处，大都位于河流沿线人口聚居的市镇或者湖中的小岛上。在鄱阳县辖境内，有棠荫、南垮、克山、双港、表恩和东北六汛。余干县境内有瑞洪、梅岐两汛，进贤县内有官塘汛，新建县内有乌规、柳林和南山三汛。在此图中，鄱阳县境内多至六汛，都昌县则无一汛。

从图6-1的布局看，绘制的目的是想突出湖区草洲的界线，以杜各县民人之间的讼争。在每一块草洲上，不仅标明了名称，而且还写上了"鄱阳""余干"等归属县名。可以想见，伴随这一地图绘制过程的是一个湖区草洲产权逐渐明晰化的历史。其实，营、汛除了前文提及的巡查、缉盗之外，还会在一定程度上介入到地方事务的处理，因为营、汛是清王朝在湖区最为基层的官方组织，且大多设置在湖中小岛或江湖岸边，贴近湖区民众的生活。在水面、草

---

[1] （清）刘坤一纂修，赵之谦等纂《江西通志》卷一七《职官表》，第8页a。

[2] （清）吕玮修，张洁、胡思藻纂《余干县志》卷三《建置》，清康熙二十三年（1684）刻本，第9页b；（清）区作霖纂修《余干县志》卷七《武备志·兵制》，清同治十一年（1872）刻本，第1页b~2页a。

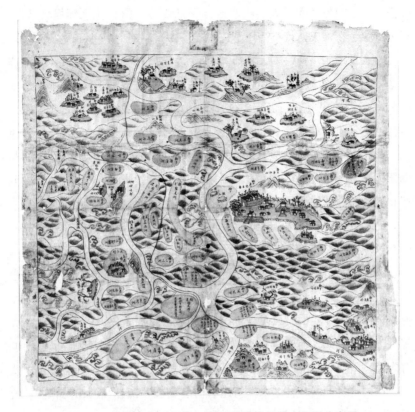

图 6-1 乾隆五年（1740）鄱阳湖区的村落、湖洲分布图

洲纠纷发生之后，涉事人往往会就近前往鄱湖营及其下辖各汛汇报，请求弹压或会勘。嘉庆十三年（1808）九月初十日，余干县康山村王盛三向鄱湖营阃宪禀报，称"九月初八日，仍在己湖取鱼，泊居东北汛首，不料二更时分，又遭（鄱阳）朱瀚川蛊集多人明火持械，将民等船只、衣被并寄汛钱米网物抢掠一空"。此外，王氏在上告书中，一再提及"汛目李怀玉等确见"，以表明自己所述非虚。九月十二日，王氏才赴余干县衙门控告。

东北汛，位于鄱阳与余干两县的交界处，但隶属于鄱阳县境内。在余干康山王姓与鄱阳莲湖朱姓发生捕鱼冲突之后，王盛三第一时间去的是位于康山的鄱湖营都阃府衙门上告，距离近是很重要的原因之一，因康山至余干县衙尚需时日，另一个层面的考量则可能是王氏希望马上获得"国家"在场的见证，以利于自己后续诉讼的走向。另一个事例也可体现"汛"在湖区冲突中扮演的角色。嘉庆二十五年（1820）六月二十日，康山袁宗佑状告都昌洪廷辉等屡次盗砍袁族缴尾洲的湖草，并酿成斗殴。都昌洪廷辉等人在时隔一个月之后，声称在此次殴杀中，有洪八老生死无着，怀疑被袁氏人等匿藏。但是，袁氏则回应说："殊不思获伊船只、刀铳之日，当已就近禀明鄱湖营钱副司，诣验船内并无卧病之人，而洪八老不论是否有无其人，既属病躯，何能下船砍草？"此处，袁宗佑等人强调的也是拿获洪廷辉等船只、刀铳的当天，就近禀明了鄱湖营，并经该营钱副司查验过，并无卧病之人在船内。

　　对于湖区的一般民众，在发生水面、草洲冲突时都希望可以有个利益之外的"中间"证明人，营、汛等官方机构自然成为最合适的选择。对于营、汛而言，本是清代绿营军事组织的基层单位，按理不能直接处理地方上的民事问题。对于地方民人因利益纠纷而引起的上控，鄱湖营都阃府按例要移会给州县审理，并不能自行审断。嘉庆十二年（1807）九月初八日，鄱湖营都阃府收到了一份康山袁起光的控词以及各类"赃物"，内称鄱阳朱海南、朱可宁等闸湖强取，又令朱尧得等拥洲强砍袁家的湖草，被袁姓族人拿获，送官究治。为此，鄱湖营都阃府派差勘查，并认为与袁起光的禀词并无差异，但"事虽湖洲，系属民情，未便越俎管理，合就备用移会，移明贵县，请烦查照差拘，究办施行"。尽管鄱湖营一般会受理民人的控告，并会派差进行勘查，或者没有勘查但声言查过，但他们很清楚自己不能"越俎管理"。可能因鄱湖营居处康山，不免与袁、王二姓在日常有些接触，在转述案情时往往带有不经意的偏向。嘉庆年间，康山人袁豹任九江南湖营千总，护理该营都司。[①] 至咸丰年间，甚至一度由本地康山人袁玉麟担任鄱湖营把总一职，更强化了这一

---

① （清）区作霖纂修《余干县志》卷一〇《选举》，第33页 b。

趋向。①

　　除在江湖驻防和稽查匪盗的职责之外，营、汛也会一定程度上介入地方事务的处理，如充当纠纷的见证人、派差勘查案发现场以及移会控告文书、赃物给州县处理等。此外，还可以在一些合同议约中看到"汛官"以"见证人"身份活动的痕迹，如乾隆三十九年（1774）三月二十七日都昌县陈祥四、邹祥三立有取鱼议约一纸，见证人就有矶山汛官赵子效、张学贵。但是，需要指出的是，清代营、汛之设，主要目的是为了地方治安，稽查盗匪，顺带也有军事防御性质，但不具备大规模进行军事对抗的能力。在地方治理的实践中，营、汛按例并不能越俎直接代州县处理民事，最多只能进行初步的勘查和代转民人的控告。然而，在湖区社会的各类纠纷的处理过程中，营、汛一直被民人视为王朝的代表，参与地方事务。

　　同治八年（1869），两江总督马新贻等奏请裁改九江水师营、鄱湖营为陆汛，酌留守备、把总、外委及兵丁若干。② 清末绿营制度遭到裁撤，新的制度出现，军队用于国防，地方治安改用警备队，稽查改用警察。据鄱阳人周雍能回忆："清末江西有旧式水师巡弋于鄱阳湖及内河，民国以后改为水上警察。这些水上警察驾驶旧式炮船往来巡防，每船装土炮一门，人员除一船长、一正目外，另有十二人，携有枪械。"③ 民国二年（1913），李烈钧在江西组织"讨袁军"，但缺乏枪械、粮饷和兵员，而这些水上警察都有。于是，李烈钧设法从每一炮船上调来八名，共计调来一千多人，可推测当时鄱阳湖共有炮船一百多支，实为一支不容小视的武装力量，构成"讨袁军"的主体。至民国年间，整个鄱阳湖地区纳入江西省鄱湖警备司令部和水上公安局管辖，但因国民政府长期面临"内忧外患"的

---

① （清）区作霖纂修《余干县志》卷一〇《选举志》，第34页a。
② （清）刘锦藻：《清续文献通考》卷二二五《兵考二十四·水师（内河）》，商务印书馆，1936，第9714页。
③ 沈云龙访问，陈三井、陈存恭记录《周雍能先生访问记录》，台北，中研院近代史研究所编印，1984，第19页。

困扰，江湖社会的管理并没有出现大的制度更新，基本延续着过去的松散治理模式。在康山"忠臣庙"有一块民国二十七年（1938）的碑刻，虽然已经残破不堪，但从中大致可以看到此时的"忠臣庙"已由僧人主持，据说驻扎此处的水警眼见庙宇破败，分队长周作霖等率众慷慨捐资修理。

因鄱阳湖区水面浩渺，江河湖汊众多，还有大量的芦苇、荻草生长其中，易于逃避国家统治之人的藏匿，一直都是王朝力图有效管制的区域。明清王朝通过在江河湖边设置巡检司和营汛，试图将国家的行政管制力延伸至州县力量不足的水面。受限于资料，我们大致能了解到的是明清两代都在湖区设立过一些基层的巡检司和营汛，从事治安维护和盗匪稽查。这些机构被人们视为王朝在湖区的近距离"代表"，在一定程度上会介入地方事务的处理，但因它们隶属于军事系统，对民事问题的处理权限有限，需要移交给州县官处理。从制度层面看，这无疑反映了王朝力量深入湖区的过程。反过来，地方社会的人也在借助营、汛，以便实现自己在湖区利益的正当化，甚至有当地人出任营、汛的主要职务。这些官方下设机构在地方上待久了，不免与地方上的人接触来往，成为湖区社会人群关系的一部分。

六　小结

在洪迈生活的南宋时期，渔民就已经是鄱阳湖区域一个常见的群体。此时有些湖池水面已经被湖边的势豪之家占据，每年从中蓄取鱼利，或出租给其他渔人取鱼收租。此外，在南宋的鄱阳城内已经出现了靠从湖上贩卖鱼鳖为生的商人群体。一些相对简单的捕鱼方式，如"栈箔"之法，业已在湖区出现，并一直延续至今。至明初，有些势豪之家向官府登记了湖池水面，成为官方承认的"湖主"。一般的渔民，因缺乏足够的经济能力来"闸办"湖池，承纳渔课，只能在江河岸边或草洲上搭建草棚而居，合伙租湖捕鱼。此外，还有大量从事水上运输的船只往来于鄱阳湖水域，成为水域社会另一个不安定的因素。为了保证水上商旅安全和便利湖区交通，官府或地方士绅往往会出资设置救生船和渡船。

在明代，江河、湖泊地区的管理主要依赖于河泊所和巡检司系统，前者负责渔户、船网的登记和渔课的征解，后者则负责水上治安和匪盗的稽查。这些游离于王朝统治边缘的渔船户，一直被国家视为水域秩序的主要威胁者。在"宸濠之乱"之后，王守仁提议对渔户进行牌甲编审，试图在湖区建立与陆上"里甲"系统相类似的登记制度，将渔船户纳入王朝的管理，约束他们在江、湖之间的不法行动。对于这些渔船户，过去主要有两种管理方式：一是取保结于邻船、户族，类似于王守仁提出之"十家牌法"，实行邻船、户族的连坐；二是借助船只停泊埠头以及各处营汛的稽查。清代雍、乾之际，凌燽对此进行了革新，把"取保连坐"之法用于本邑船只，而埠头、营汛的稽查则专责于外地船只。为了防止驻防汛兵与奸盗之徒熟悉之后产生利益勾结，开始实行半年换防、按季抽换制度。嘉、道年间，更是设立了巡河委员，各县分段派员巡缉以安商旅，后因经费不足，巡河之制逐渐被裁撤。

州、县的设置基本还只是一个陆上的行政管理衙门，加上一般县衙距离湖区窎远，更无专门负责水域管理的人员，造成"国家"在湖区社会的"存在感"相对微弱。但是，巡检司、营汛的设置，一直被视为是王朝力量深入湖区的重要基层机构，对加强国家控制水域社会起到了关键作用。这些基层机构主要从事治安维护和盗匪稽查，按例不能介入民事的处理。但实际上营、汛常常被人们视为王朝在湖区的近距离"代表"，在一定程度上会介入各类地方事务的处理，但因它们隶属于军事系统，对民事问题的处理权限有限，需要移交给州县官处理。反过来，地方社会的人也借助营、汛的存在，以便实现自己在湖区利益的正当化，甚至有当地人出任营、汛的主要职务，更使得官方的营、汛与地方社会结合得更为紧密。

第七章
清代"水面权"之分化与转让

一 引言

在湖区社会,人们以水为田,水面就像土地一样,是周边民众赖以生计的重要资源。与土地不同的是,水面的物理形态更为复杂,边界也更不易得到确定,资源的"公共性"更强。此外,鄱阳湖属于典型的季节性湖泊,湖面水位会随着不同的季节涨落,春夏的"渺水"湖面浩渺无涯,到秋冬季"枯水"时就会变成错落的小水面、深潭和滩地。这种"水无硬界"和"季节性涨落"的特性,让本来不易确定的水面权变得更为复杂和混乱。正是由于这样的特性,张小也强调"不能从字面出发将'湖分'理解为对湖水的权利",并指出"湖产实际上是以湖水、淤洲、柴山、田地等几种形态出现的,而且经常会发生变化"。①

本章的讨论将主要围绕"湖面"文献进行,但考虑到湖只是水面形态之一种,除此之外还有海洋、江河、池塘等其他类型的

---

① 张小也:《明清时期区域社会中的民事法秩序——以湖北汉川汈汊黄氏的〈湖案〉为中心》,《中国社会科学》2005 年第 6 期。

水面。为了使本章的讨论能关照到其他类型的水域，笔者将以"水面权"这一涵盖范围更广的概念替代"湖面权"。此外还需说明的是，"水面权"与当时人们使用的"湖分"概念相比，指称的范围要更为具体。实际上，"湖分"类似于"湖权"，系指对水面、草洲、湖田等的完整权利，而"水面权"只是"湖分"中的一部分，指对水面、湖水及其产出物的权利，往往以"分""股"的形式存在。

本章利用笔者搜集到的近百份"卖湖契"和"租湖字"，分类探讨明末以来鄱阳湖地区水面权的市场转让过程和产权让渡形式。这些文书主要来自余干县康山乡的袁、王二姓和都昌县西源乡的碙上曹家，时间始于明崇祯二年（1629），终于清光绪末年。其中明崇祯年间的只有三件，其余全部为清代的文契。

湖面或水面都属于物理形态不稳定的地表形式，不仅容易受到季节和气候的影响，而且还容易因边界不清引起人们之间的争讼和械斗。本章的主要问题是，湖泊水面物理边界的不清，是否意味着其权利边界的模糊？此外，由于水面独特的物理特性，不能像土地一样进行空间上的物理分割，那么"水面权"的交易、转让与分化又是以怎样的方式进行的？

二　"湖权"的分化

明初通过设立河泊所，国家力量开始介入到湖区的管理，而各人群之间形成的民间习惯和传统也以向王朝承纳"湖课"的方式获得了官方的确认，从而基本奠定了明清乃至民国时期鄱阳湖区湖港草洲产权占有的基本格局。有文献记载："洪武十四年，差出致仕千户翁等官八员，□军十名，将港湖丈量长、阔、狭，案季升兴课米，冬潭鱼油、翎毛等料，额定入册，内课米照原额业户船网取鱼办课，是渔户不许出，非渔户不许入，不敢紊乱朝制，违者莫怨。"① 洪武十四年，官府差人完成了各处湖港的丈量、登记和入册工作，之后"水面权"也伴随着渔户对湖港的"闸办"认课得到了初次的分配，并正式载入官方赋役册。从《嘉靖二十一年都昌县渔米课册》所载内容中，可以发现，至迟在明正统年间，明初确定的"水面权"格局已发生了分化。由于承课人户的逃亡，其户内课米遂由新的课户顶纳。

值得注意的是，与土地不同，湖泊拥有两个变动的物理"表面"。一个是"春泛渺水"时的水面，一个是"冬干枯水"时的水底。只不过，"枯水"水底的形态复杂，不仅包括了湖田、草洲等土地形态，也包括了枯水之后的小面积湖池、深潭以及人为拦堰水道形成的各种水面。在产权形态上，"湖权"可分为"水面权"和"湖地权"。前者是指对湖水、湖面等液态物体及其产出物的权利；后者则指对湖田、草洲等固态物体及其产出物的权利。在湖泊水位常年不变的情况下，水面与水底保持着固定的自然形态和产权结构。然而，由于鄱阳湖是个吞吐性湖泊，湖面水位会随不同的季节涨落。这一变动的湖面导致了"渺水"与"枯水"时期的产权形态各异。在"渺水"时主要的产权形态是"水面权"，在"枯水"时则"水面权"与"湖地权"兼而有之。需要注意的是，在鄱阳湖地区，"水面权"与"湖地权"并不总是保持一致，二者往往处于割裂的状态，即拥有一片湖面的权利，并不意味着可以对这片湖中的草洲也享有同样的权利。在接下来的讨论中，"水面权"和"湖地权"在实际的交易和流转过程中，又会各自再分化出"底权"和"面权"的概念。

在明洪武时期，河泊所根据鄱阳湖这一季节性特点，在渔课征收中就分出了"浮办"和"冬潭"两类。所谓"浮办"，系指"春季正、二、三月，夏季四、五、六月，秋季七、八、九月，各处网

---

① 《嘉靖七年高安县来苏邹氏渔民文书》（嘉靖七年戊子月），原件存于都昌县周溪镇来苏邹氏家族。

户勤劳办课"，而"冬季十月、十一月、十二月，系是停禁，照依水程栏塞"则是"冬潭"。① 这表明，春、夏、秋三季，共九个月，是渔民捕鱼作业的主要时段，也是鄱阳湖的丰水期，渔业资源丰富。在冬季的三个月，湖区水位下降，只剩下部分的湖港、深潭可供渔民取鱼，或者在湖水尚未全退之际，人为拦堙水道取鱼。

在 20 世纪 50 年代各类调查和调解协议中，此类因湖面水位变动引发的捕捞纠纷依然大量存在，争执的焦点就在湖水干涸之后的捕捞权问题上。

> 焦潭湖、鹅黄湖、万物池湖、沙咀湖（又名石牌湖）位居于鄱阳湖东北一个角落，都昌沙塘、塘口，鄱阳长山为两岸，受益于鄱阳、都昌、余干三县渔民之捕捞，湖长约 15 华里，阔约 10 华里，春泛淼水时不分疆界，谁都可以捕捞，每到冬干献（现）洲，捕捞面积缩小，其他湖干了底，只有沙咀湖至最终时，尚有水可以捕鱼，因此涉及都昌墈上曹家、鄱阳王伯堑、长山杨家、余干康山等渔民互相争夺渔利，引起纠纷，造成械斗。②

上引材料，有两点值得注意，一是"春泛淼水时不分疆界，谁都可以捕捞"，二是"冬干现洲，捕捞面积缩小，渔民争夺渔利"。在现代汉语中，"淼水"通常又称"渺水"，意指"水大的样子"。③ 这清楚表明，春泛渺水时的"水面"与冬干现洲之后的"水面"在权利的分配和占有上有着显著差异。有必要指出的是，这里的"渺水时

---

① 《嘉靖七年高安县来苏邹氏渔民文书》（嘉靖七年戊子月），原件存于都昌县周溪镇来苏邹氏家族。

② 《关于焦潭湖、鹅黄湖、万物池湖、沙咀湖的调查报告》（1953 年 8 月 25 日），都昌县渔政局档案室：19 - 1 - 4。

③ 可参见梁洪生《捕捞权的争夺："私业"、"官河"与"习惯"——对鄱阳湖区渔民历史文书的解读》，《清华大学学报》（哲学社会科学版）2008 年第 5 期，第 51 页。

不分疆界"和"谁都可以捕捞",并不意味着这些湖面没有明晰的产权,任何人都可以在此捕捞作业。实际上,焦潭湖、鹅黄湖、万物池等都是鄱阳湖东北湖面"冬干现洲"之后的湖名,在"渺水"时则被视为各姓捕鱼的大致疆界。在 1949 年之前,焦潭湖、万物池、鹅黄湖为都昌洪、于两姓所有,沙咀湖为都昌曹姓所有。鄱阳王伯堑、长山杨家两姓一贯向万户里洪、于两姓承租焦潭湖、万物池、鹅黄湖捕鱼。[①] 由此,都昌的洪、于、曹和鄱阳的王、杨五姓才是"谁都可以捕捞"中的"谁"。但是,因沙咀湖地势低洼,退水时间较其他湖为迟,在其他湖池水干之后,其他渔民企图到沙咀湖捕鱼,引起都昌沙塘曹家的不满,屡起纠纷。这说明,渺水时的"水面"与枯水时的"水面"实际上存在着两个各自不同的产权体系,容易引起纷争。

这种春夏泛涨、秋冬水涸的特性,使得沿湖的田地也呈现很大的流动性。凡滨湖临江之处,地势低洼,水涨即没为湖面,水落可为农田。据同治《进贤县志》记载:

> 县治湖港大小、浅深不一,居民、田地错杂,雨水稀少之年,即藉以资灌溉,实为农田水利之所关,至逼近鄱湖地势较低之处,每遇春、夏阴雨连绵,河湖水涨即被漫溢,向于较低之处设有圩堤,以资捍卫,历系民修官督,内于乾隆三十一年、四十九年,及嘉庆九年因民力不支,曾经详蒙借帑修筑,其余民间一切河渠、坡堰,均系居民农隙自行培修疏浚,岁底官为勘明结报。[②]

湖港、田地与居民交错,是鄱阳湖地区常见的自然景观。湖港

---

① 《关于焦潭湖、鹅黄湖、万物池湖、沙咀湖的调查报告》(1953 年 8 月 25 日),都昌县渔政局档案室:19-1-4。

② (清)江璧等修,胡景辰等纂《进贤县志》卷五《建置》,清同治十年(1871)刻本,第 11 页 a~11 页 b。

在雨水稀少的年份，可以给周边的农田提供灌溉的水源，但是如果遭遇连续降雨的话，农田也容易被河湖之水浸没，颗粒无收。于是，在明清的鄱阳湖地区，为了避免水患的危害，周边的居民相继修筑了大量的圩堤，在水涨时可以捍卫农田和屋舍，在水落时也可储水灌溉。此类圩堤，不仅改变了自然生态的初始结构，也很大程度上改变了"水面"和"湖地"交错出现的格局。随着圩堤的修筑，原先大量"水面"与"湖地"交错出现的湖面消失，逐渐被固定的湖田取代。

此类人为对湖的改造，实际上消灭了湖面的物理存在，只留下了湖地。在笔者所能及的文献中，也发现有湖田转让、买卖的文契，这类买卖往往与土地无异，兹举一例如下。

> 立典契人灿耀，今因无钱用度，情愿将自己祖遗湖田一段，土名坐落石坟山，丈计七分正，其田东至敦七公田为界，西至墈，南至墈，北至石坟山，四至开载明白，托中出典于本族敦四公名下，本息钱三千九百文正，约至来年十月，一并清还，不得短少拖延，倘至期无钱交还，其田任从钱主耕种管业，在后毋得异说，今欲有凭，特立典契为证。①

这是一份写于道光五年（1825）十月的典契。灿耀因无钱用度，将自己祖遗的一段湖田典与本族敦四公名下，获得了三千九百文的资金。双方约定，至第二年十月，灿耀要把钱归还，如果到期没有归还的话，湖田任由钱主耕种管业。这里的"典"相当于湖田的活卖，"湖田"主人保留了约定期限内对"湖田"的回赎权。这就说明，"湖地权"（湖田或草洲）在实际的交易、转让过程中又可分化出水底"底权"与水底"面权"的概念。

---

① 曹树基主编，刘诗古、刘啸编《鄱阳湖区文书》第 6 册，第 39 页。由于受到文章篇幅的限制，契约的签名画押部分占用空间过多，恕不一一录入。

在产权意义上，"水面"与"水底"的草洲往往也是可以分离的，并不同属一个业主。道光二十八年（1848）二月，课户程永茂、程公郁及其族众人等将祖遗大湖一口出卖与康山袁仁、王元亮户内族众管业。

> 立杜卖湖契字人堵坊村户名程永茂、课名程公郁秩下族众汝托、孟方、福来、登文等，今因无钱用度，情愿将自己祖遗大湖一口，总名驼潭湖，坐落鄱湖汊，其湖共有七所，舍前湖、朱泗湖、凌湾湖、朱椆湖、主口湖、龙头湖、下湖，连港六段，凡系相联之湖，俱各一应在内，东至松洲沙湖为界，西至买主南湖为界，南至买主上、下港为界，北至莲湖村桑柘汊为界，湖界水涸之时，内有草坪数所，系磨刀石曹姓之业，买主不得藉湖界止连坪管业，以上四至开载明白，未卖先尽本村人等，不愿成交，方行托中出卖于湖邻康山村袁仁、王元亮户内族众等名下，前去网鱼栏闸管业为主，当日凭中三面言议，时值价钱（九四）二十二千文整，入手讫，比即钱、湖两相交付，其钱一色现兑，亲手领足，并无挂欠分文，所买所卖，二意情愿，并无债负逼勒准折等情，亦无朦胧典当之弊，如有来历不明，卖主自行承当，不干买主之事，其湖该载课钱一钱五分四厘，向在饶州府六区八甲完纳交楚，每年完纳交楚，自卖之后，任从买主过割归户，毋得异说，恐口无凭，特立杜卖湖契字，永为炳据。
>
> 再批，舍厂照依古例向在舍前湖傍。
>
> 再批，其湖作三股开派，袁姓买二股，王姓买一股。①

这是一张没有交税的杜卖白契，转让总名驼潭湖一口中的七所湖池。承买者不是个人，也不是单个家族，而是袁、王两个户内的族众。

---

① 曹树基主编，刘诗古、刘啸编《鄱阳湖区文书》第 1 册，第 142～143 页。

值得注意的是，在驼潭湖水涸的时候，有草坪数所会露出水面，但这些草坪并不属于程氏所有，而是鄱阳磨刀石曹姓之业。在契文中，特别注明承买湖池之人不能以湖池的界止为由，宣称对湖中草坪的权利。这就告诉我们，"水面权"与"湖地权"是可以分割的，"水面权"可以脱离"湖地权"进行转让和交易。

此外，在康山王家村所存文书中，亦有一件咸丰四年（1854）七月涂卓才等人杜卖打网洲湖给本山王高元、王高象等名下为业的文契，详文如下：

> 立杜卖湖契人涂卓才仝侄福龄，今因无钱用度，情愿将己祖遗业打网洲湖一所，坐落张姓三洲内，其湖四围俱系张姓三洲草坪为界，情愿先尽亲族人等，不愿成交，方行托中出卖于本山王高元、王高象，侄佳林、桂林等名下前去管业拦插，取鱼为主，当日凭中三面言议，土风时价九四典钱四百五十二千文正，比日钱、契两相交付，亲手领足，并无挂欠，亦无准折债负之类，所买及卖，俱属二家情愿，必无逼勒重复等情。自卖之后，任从买主割课归户，毋得异说，不得生端反悔，恐口无凭，特立杜卖契永远存证。
>
> 再批，其湖承课户名詹公遂，每年课银五分五厘五毛，向在南昌府赵为（围）所完纳。
>
> 再批，该年搭舍场，照依旧例，张姓不得拦阻。①

尽管涂卓才之打网洲湖坐落在张姓三洲之内，但是在业权上，打网洲湖与周边的三所草洲已经分离。由于文献的限制，我们已经无法追溯打网洲湖与周边三洲在业权上分离的时间。实际上，湖面与草洲无论在物理形态或经济功能上都存在很大的不同，湖面主要对应的是渔民的捕捞权，而草洲对应的则是农民对荻草的使用权。由此，

---

① 曹树基主编，刘诗古、刘啸编《鄱阳湖区文书》第 6 册，第 58 ~ 59 页。

可以说,"水面权"与"湖地权"的分离,不仅是由于物理形态上的不同,也在于经济功能和使用人群之间的差异。

在梁洪生和徐斌的研究中,他们都注意到了湖区"渺水"与"枯水"的自然变化,会引发一系列人际关系和产权制度上的变化。可以说,正是这种水面季节性变化的自然生态结构,才构成了湖区独特且复杂的水域社会形态。笔者将这一自然结构,简单概括为"渺水"水面和"枯水"水底。对于"渺水"水面并不难理解,系指洪水期一大片漫无边际的湖面,但"枯水"水底则不仅包括了湖田、草洲等土地形态,也包括了枯水之后的小面积湖港、深潭以及人为拦堑水道形成的各种水面。然而,"渺水"的"水面权"与"枯水"的"水面权"在权利的分配和占有上有着很大的差异。这一湖区特点,对于下文的文献解读至关重要。

三 "水面权"的杜卖

在讨论"水面权"的买卖之前,对"水面权"的来历进行一些必要的说明,尤为重要。张小也曾指出黄姓"湖产"的获得主要有三个方式:"插草为标"、"陪嫁"和"购买"。其中"插草为标"隐含着"湖是野的,占就是了"的意思,而"陪嫁"之说在湖区社会已经成为一套地方民众用以表明自己"湖产"来历正当的叙事话语。[①] 这样的故事,在我们从事田野走访的鄱阳湖各村庄,同样屡听不鲜。实际上,其背后往往隐含着一个通过非市场手段获得他人"湖产"的历史故事。然而,通过"购买"的方式获得"湖产",仍是最为常见的获取方式之一,也容易让人们理解和得到官方的认可。

---

① 在传统时代的中国,自家女儿出嫁,娘家有筹备嫁妆"陪嫁"的习俗。在湖区社会,嫁女儿的"陪嫁"之物,最常见的就是"湖产"。人们往往以嫁妆"陪嫁"之说,来说明自己祖上"湖产"来历的正当性。

　　由于我们并没有获得明末以前关于"水面权"转让的文献，所以我们的讨论只能从明末开始。需注意的是，此时的"水面权"已经历经了明初以来几百年的流转和分化。一般而言，卖主在买卖文契中都会交代自家湖业的来历，以此来证明自己的湖业是清白的。崇祯二年（1629）五月，柴棚所课户胡文户丁八家出卖湖池七所与同由袁仁，并立有"卖契"（见图7-1）：

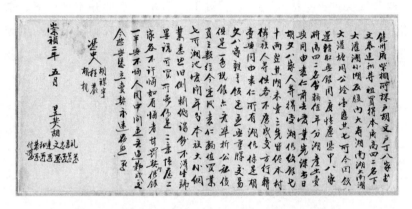

图7-1　崇祯二年（1629）五月胡文户丁等立卖湖契

　　饶州府柴棚所课户胡文户丁八家胡文、恭、达、和等，祖买得本府高四二名下大灌湖、小湖及腹内大寿湖、南湖、大南湖、大灌塘、周公垱一应共七所。今因领运漕船，无银用度，情愿凭中八家将高四二名下轮值年分湖产，出卖与同由袁仁前去管业完课，当日胡文八家人等得受湖价纹银七十两整。其湖未卖之先，皆尽本村邻族人等，俱各不愿成交，方行转卖与同由袁仁所有。湖价系是胡文八家亲手领足，并无重朦交易，俱是一色现银，亦无准折公私债负之数。从今定后，袁仁轮值买业七所湖池管闸年分，本族大小网业悉照旧例输纳课钞，不得生端异说。所买所卖，系是二意情愿，二家各不许悔，如有悔者，甘罚契内价银一半与不悔人用，中间并无逼勒成交。今恐无凭，立卖契永远存照。①

在这份"卖湖契"中，实际的卖者是胡文的八个户丁，而胡文则应是官府登记在册的承课户名，他们对大灌湖等七所湖池的权利是继承祖业而来。然而，胡氏祖业并非始于明初的"闸办"认课，而是从高四二名下买入，具体时间则不得而知。如果我们继续追问高四二湖产的来历，并以此不断上溯的话，其起点依然可能是明初的"闸办"认课。由于胡文户丁八家领运漕船无钱用度，才将祖遗的湖产出卖与同由袁仁管业完课。在明代后期，唯有军户才有领运漕船之责，②胡氏当为军户。另据一份嘉庆五年（1800）的议约中有"军户胡应俚"之记载，又胡应俚和胡海亮在道光元年（1821）出卖了南湖一所与袁仁户下为业，而南湖原系胡文户丁八家之祖业，如此推测胡文户丁八家与胡应俚、胡海亮应该是一家人。

"同由"意指同一个"易知由单"，也就是共同承担这七所湖池课税的人。此外，需要注意的是，胡文户丁八家转让的只是这七所湖池的部分轮值年份，也就意味着仍有轮值年份是由其他人占有或控制，这是一种不同于土地的股份制权属关系。从文契中没有标明具体的轮值年份看，买卖双方应该对轮值制度非常熟悉，以致不需要对此进行特别的声明。在湖产出卖之前，须先问过本村邻族人等是否愿意承买，只有在他们不愿承买的情况下，方能出卖于同由或其他人等为业，这实际上是一种内部优先的交易原则。在土地买卖中，我们熟知的是"族人优先"和"会内优先"，③但在水面权交易中，还有"同由优先"原则。

在崇祯二年九月的一份"卖湖契"中，鄱阳县民程良才的户丁

---

① 曹树基主编，刘诗古、刘啸编《鄱阳湖区文书》第1册，第82~83页。
② 李文治、江太新：《清代漕运》（修订版），社会科学文献出版社，2008，第168页。
③ 曹树基、李楠、龚启圣：《"残缺产权"之转让：石仓"退契"研究（1728~1949）》，《历史研究》2010年第3期。

程敬父子出卖大灌湖等八所湖池与同由张揆名下完课管业，所立文契如下文：

> 饶州府鄱阳县民户程良才户丁程敬、男保等，原买得西隅徐显祖课湖大灌湖、小湖及刂水、周公坽、阳士塘、靠沙坽、思坡湖、大寿湖、大灌塘、南湖共八所，共承课米七十四石八斗，内有柘林湖原未登契外，承课米二石，共承课米七十六石八斗正。原与余干县同由课户张昇、胡和、袁仁八股轮管，照分收课，遵输钱米。其湖续立四至，东至独园吴宅背，南至龙弓窟及洪溪村，西至康山，北至善尾港，四至明白。今因管业不便，无人看管，父子商议，情愿凭中将自己分内一股，出卖与余干同由张揆名下轮课管业为主，其湖当日三面言议时价银六十三两五钱整，立契之日，契价两付，现是一色纹银，并无低假，眼同交足。其湖并无重复交易，亦非准折之类，如有来历不明，卖主自行理论，不干买主之事。其湖未卖之先，已尽亲房内外人等及徐显祖族下，俱各不愿承交，方行出卖，湖上系钱课米，张宅自行输纳，不干卖主之事。其湖四年轮管，大灌小湖并刂水俱系一半，议明癸酉管起，以后四年轮管，永远照分管湖，所买所卖，俱系二意情愿，故非逼勒。从今定后，子子孙孙永远毋得退悔，如有悔此，执契呈官理论，恐后无凭，立此文契存证。
>
> 以上纹银系是程敬父子亲手收足是实。①

程敬父子的湖产是从程良才名下继承而来。与胡文一样，程良才的湖业也是通过买卖的方式从徐显祖名下购入。从湖池的名称看，胡文与程良才的湖产基本相同。在性质上，胡、程两家类似于这片湖业的股东，各自拥有自己的轮管股份。这八所湖池一共有四个湖主，

---

① 曹树基主编，刘诗古、刘啸编《鄱阳湖区文书》第1册，第84~85页。

原先四家是以八股轮管的方式收课、纳税。其中程敬父子分内登有一股，因管业不便，于是转让给同由张揆为业。从"湖上系钱课米，张宅自行输纳"看，这是"水面权"的杜卖，因为买卖双方进行了税额的过户。此契中的胡和可能是胡文的族人，而张昇与张揆也应属一家人，否则就会与"出卖与余干同由张揆名下"的内容不自洽。此外，在"水面权"的杜卖中，除了要遵循族内、同由优先原则之外，原先的卖主徐显祖族下也享有优先买回的权利。

康熙二十五年（1686）九月，张揆又将崇祯二年从程敬父子名下买入的八所湖池之一股中的二分之一转卖与康山村的王元亮、吴世昌后裔名下为业，契文如下：

> 余干县立杜卖契人系三十五都松山村张揆，今有祖产课湖大灌湖、小湖及氻水、周公坽、阳士塘、靠沙坽、思波（坡）湖、大寿湖、大灌塘、南湖计共八所，原与同由课户袁仁、胡和、张昇八股轮管，其湖原有四至，东至独园吴宅山背，西至康山，南至龙弓窟及洪溪村，北至善尾港，四至载明，身祖张揆八股分登一股，内将己分一股，情愿出卖一半，其湖未卖之时，先尽湖邻人等，不愿承受，方行出卖与本县本都康山村王元亮、吴世昌后裔名下前去输课管业，取鱼为主，当日凭中三面言议，得受纹银一百一十六两正，书契之日，契价两付，眼同交足，并无挂欠，亦非重复准折之类，所买所卖，二意情愿，如有来历不明，不干买主之事，卖者一力承当。自卖之后，任从买主照契管业完课取鱼，在后张揆子孙毋得生端反悔。今欲有凭，特立杜卖湖契一纸，以为买主子子孙孙存据。①

这份杜卖契与上份买入契之间相隔了 57 年。从文本内容看，实际的出卖者已并非张揆本人，而是张揆的后裔人等，却依然以户名"张

---

① 曹树基主编，刘诗古、刘啸编《鄱阳湖区文书》第 6 册，第 8~9 页。

揆"作为"立杜卖契人"。值得注意的是，在崇祯二年张揆买入八所湖池时，一股的价格为六十三两五钱，但至康熙二十五年，半股之价就已达一百一十六两，相当于原来的 3.68 倍。这有两种可能，一是湖池的价格在不断地上涨，二是在清初出现了通货膨胀。然而，据岸本美绪的研究，康熙年间是个物价低落的时期，不存在通货膨胀的问题。① 这就表明，明末清初湖面的价格有上涨的趋势。

在崇祯二年，程敬父子只杜卖了分给己分的一股湖池给张揆，而康熙二十五年张揆又将这一股中的半股出卖与王、吴二姓。那么，在契文中"股"的实质是什么？一股、半股各自又代表了怎样的权利呢？雍正十三年（1735），鄱阳县民程翘友与全佺将祖遗大灌、小湖等卖与康山袁仁收课管业，就提到了"股"的具体内容。

　　　　立佃契人饶州府鄱阳县永平关六图九甲程翘友全佺教成，今有祖遗柴棚所课纳府主三区四甲程良材大灌、小湖及腹内大灌塘共各湖，因业窎远，收取课租未便，叔侄兄弟商议，情愿凭中将其湖己分，当亥、卯、未年轮管一由，巳、酉、丑年轮管半由，共计八年己分轮管三年之业，立契出卖于同由余干县袁仁一并前去取鱼收课管业为主，比日凭中得受价纹银二百六十四两整，俱是叔侄兄弟亲手领足，其湖未佃之先，皆尽房族人等，不愿承受，方行出卖与袁仁管业完课，并无重朦准折等情，其湖分下册载额课，尽行推付袁仁收纳当差，在后毋得异说，所卖及买，俱系二意情甘，恐后无凭，立卖契永远存证。②

在契约中，程翘友的湖池在"程良材"名下纳课，而"程良材"似与程良才是同一个人。虽然这份契自称是佃契，但"其湖分下册载

---

① 可参见〔日〕岸本美绪《清代中国的物价与经济波动》，刘迪瑞译，社会科学文献出版社，2010，第 220~262 页。

② 曹树基主编，刘诗古、刘啸编《鄱阳湖区文书》第 1 册，第 88 页。

额课，尽行推付袁仁收纳当差"则说明这不是"佃"，而是一种"杜卖"行为。前文已提到，"由"指的是"易知由单"，一种明清政府征税的通知单。"一由"意指一年的税额，"半由"则指半年的税额，实质隐含了一种产权关系。古人以十天干、十二地支纪年。在上引契约中，以十二地支纪年。① 因为是以"八年"为单位，十二地支中的申、酉、戌、亥是第一个八年结束之后新开始的年份。如此，在一个"八年"之中，程翘友有卯、未两年是单独承管"一由"，有巳、丑两年是承管"半由"，也就是"八年"之中轮管三年之业。如以十二年为周期，等于四年半之业。由此，"一股"也就是指"八年"轮管中的一年之业，享有这一年内水面的全部使用权、收益权和部分转让权。

在上述"卖湖契"中，胡、程二家的"水面权"都是各自祖上从他人手中购买而来。而后由于各种缘故，又将祖遗的"湖分"杜卖给他人管业。这说明至明末时期，鄱阳湖地区的"水面权"市场已经非常活跃，而"水面权"的分化也趋于复杂。相比上述契约，更多的"卖湖契"中只简单提到湖业系"祖遗"或"祖产"，并不会说明具体的来历。乾隆四十四年（1779），李圣宝兄弟人等将祖遗的课湖、课港卖与袁眉峰名下管业，契文如下。

> 立杜卖契人三十六都四图李溪村李圣宾、圣霹兄弟，仝侄必照、天照等，叔侄商议，无银用度，情愿将祖遗课湖一所，叫名东浆，又课港一所，叫名风月颈。东至梅湖草坪，西至得业人港，南至东湖，北至鮀潭为界，四至明白。其湖港上下连界并腹内大小才水一应在内，先尽宗族人等，俱各不愿承交，方行托中出卖与本邑康山袁嵋峰老名下管业为主，当日三面言明时价九八钱一百零二千文正，其钱亲手领足，并无准折，公私亦无重复交易等情，所买所卖，二意情愿，所有湖港课银系

---

① 十二地支：子、丑、寅、卯、辰、巳、午、未、申、酉、戌、亥。

纳府库六巨（区）四甲李圣壁，额银一钱二分。自卖之后，任
凭买主立册归户，卖主无得异说，倘有来历不明，卖主一力承
当，不得干涉买主之事。恐后无凭，特立杜卖契存证，永远
为照。[1]

这是一份杜卖契，也就是完整产权的转让。李氏的湖港也是继承祖
业而来，但并没有交代祖业的来历。这是大部分"卖湖契"中惯用
的方式，与土地交易契约相类似。对于"祖遗"一词的理解，可以
有两种可能，一是祖上在明初"闸办"认课而来，二是像胡、程二
家一样，系祖上从别处购买而来。这两种情况都要经历多次的分家
析产过程，一般"水面权"先在家族内部析分，之后受业的族人为
了应付各种需要而发生的市场转让，使得"水面权"逐渐超出家族
范畴，演变为一个由复杂人群共同控制，但却各自只能拥有其部分
权利的格局。由此，与土地社会不同的是，没有哪个人甚至家族可
以宣称对某块水面拥有完整的产权。

　　由此看来，"杜卖"是"水面权"转让常见的方式之一。同时，
在笔者已掌握的文献中，也存在通过非市场交易手段获得"水面权"
的记载。《清代都昌县原额通共课米册》就多次提到有课户霸占长河
最后成为自己承课"湖分"的内容。

　　　课甲詹禧，在市人，原额水名官塘一所，课米四石，外加
　　安义九姓课米一石二斗，外额管长河课米五十石。上河上半截，
　　上自饶河口起，下至二都白图土地庙止，被詹光标霸占，告经
　　府、县，申详使司，断课米二十五石，詹光标顶纳。下河下半
　　截，自二都白图土地庙起，至龙坑缴尾止，实在课米二十
　　五石。[2]

---

①　曹树基主编，刘诗古、刘啸编《鄱阳湖区文书》第 1 册，第 90～91 页。
②　曹树基主编，刘诗古、刘啸编《鄱阳湖区文书》第 8 册，第 188 页。

这只是其中的一个例子，詹禧有额管长河一段，承纳课米五十石，却被詹光标霸占取鱼。于是，课户詹禧将此事向府县申诉，奇怪的是府、县最终断定詹光标承纳长河一半课米，并划了一段长河归詹光标管业。可见，詹光标是以一种有别于市场购买的"霸占"方式，经过府、县的司法仲裁，从原有的管业课户手中获得了一段"水面权"。在程序上，这类似于明初的"闸办"认课，只不过詹光标是在挑战明初以来形成的产权格局过程中，以向官方承课纳税的方式重新获得了一段"水面权"。但需要注意的是，长河属于"官河"性质，其渺水期的水面与整个大湖面融为一体，枯水期的水面则是旧鄱阳平原的河道，担负着公共航道的功能，也是鄱阳湖中常年不涸的水面之一，冬干时的渔业资源相比其他水域更为丰富。按照明初"官湖、官港、官山不许典卖"[①] 之规定，其"底权"归官方所有，课户能获得的只能是官河的使用权和收益权，但却不能进行自由的买卖或转让。

至此，我们可以获得以下三点认识。其一，在明末以降的鄱阳湖地区，存在一个活跃的"水面权"买卖市场，其转让遵循一定程度的内部优先原则，亲族房内、本山邻人、同由人等和原先的湖主都享有优先的购买权；其二，由于水面不能像土地一样进行空间上的物理分割，边界不易清晰划定，造成"水面权"无法以面积为单位进行交易，只能以虚拟的"股"或"分"为单位进行转让；其三，在水面不易进行空间物理切割的情况下，人们转而寻求对水面权进行时间维度上的切割，逐渐形成了湖区以"年分轮管"方式进行水面权分割的模式。这相当于将一块水面的产权在时间上进行了拉伸和切割，并以"轮管年分"的方式替代了物理空间上的产权分割，不同数量的"轮管年分"意味着占有不同的水面权利份额。

---

① 《嘉靖七年高安县来苏邹氏渔民文书》（嘉靖七年戊子月），原件存于都昌县周溪镇来苏邹氏家族。

四 "水面权"之租佃

嘉庆年间，鄱阳县莲湖朱海南等见自己的课册载有"赢输洲"名目，但并无实际的洲地管业，而袁姓之羊屎洲坐落鄱湖锣鼓山洲下，鄱阳县志内载有湖图，并有"鄱阳山"字样。莲湖朱氏误认鄱阳山为锣鼓山，而羊屎洲与赢输洲土音相同，于是怀疑羊屎洲就是自己的祖业——赢输洲，只是被袁姓混占而已。嘉庆十二年（1807）九月初八日，朱可宁等十七人赴羊屎洲砍草，并在小湖取鱼，受到余干县康山袁起光等人的阻挠，抓获朱可宁等五人赴县衙呈控。嘉庆十五年二月二十日，康山袁昂四等在锣鼓山洲采草，莲湖朱达荣等赴湖取鱼路过，向袁昂四讨火吃烟，闲谈之中提及之前两姓之间的系列讼案。袁昂四斥责朱姓控争洲地之非，致使双方互不服气，引起争闹互殴。结果，袁昂四被朱达荣等殴打身死，袁轩一被朱如珍等致伤身死，袁尼三、袁甫三被朱干妹等致伤逃走。由此导致朱、袁二姓之间的湖洲之争渐趋白热化，并开启了一场长达十多年的诉讼案。

其实，早在乾隆初年，朱、袁二姓就曾在羊屎洲归属问题上有过控争讼案。可惜的是，这些早期的控争文件如今已遗失不见。在一本盖印草洲清册中，对羊屎洲的范围有这样的记载："一羊屎洲，东至鄱邑鳝尾洲，西至余干官大河，南至余干锣鼓洲，北至余干小湖水。其洲在康山东北，离康山十里，长十五里，东接鄱邑莲湖。"[①] 羊屎洲在康山东北十里之外的鄱阳湖中，洲长十五里，与鄱阳县莲湖相接。前文提及，"羊屎洲"是余干县康山袁姓对这块草洲的叫法，而鄱阳县莲湖朱姓则认为这块草洲不是"羊屎洲"，而是朱家的"赢输洲"。在民国二十七年（1938）莲湖《朱氏宗谱》中，还专门

---

① 曹树基主编，刘诗古、刘啸编《鄱阳湖区文书》第1册，第227页。

载有一篇《赢输洲讼原说》,详述朱、袁"洲争"的经过。[1] 同时,余干县康山袁氏也保留了大量清代"洲争"过程中产生的诉讼文件。不过,限于本章的主题和篇幅,暂不对朱、袁之争展开详细的论述。

在这场"洲争"之后的道光三年(1823),袁姓从本邑詹添福等人手中买入甘泉洲一所。甘泉洲坐落在表恩门首,也就是在莲湖朱氏的家门口。

> 立杜卖契人三十二都一图八甲本邑詹添福、绍先、彩衢、腾云、云川等,情因年荒岁歉,合族公议,托中将祖遗柴草坪,并税地粮田在内,坐落表恩门首,叫名甘泉洲,东至冷湖汊并雷宅坪为界,西至下塘湖为界,南至朱宅坪沟为界,北至寿港为界,四至明白,立杜卖契与本邑袁文达、梓承、确九、高林等名下为业,当日凭中面议土逢时值价钱九八大钱五百千文整,比日亲手收足,并无余欠分文,自卖之后,听从买主挤砍、耕种、管业,所买所卖,二意情愿,并无债负准折,亦无重胧逼勒等情,所有来历不明,股分不清,尽是卖者一力承当,不干买者之事,不得生端反悔,并不得找价异说,永不得回赎,恐口无凭,立杜卖契存据。[2]

这是一份不同于其他的杜卖契,盖有余干县的官印,也就是我们通常所说的"红契"或"税契"。这也就意味着,此次交易得到了余干县官方的承认。有学者指出,相比"白契"而言,在证明产权的司法诉讼中,"红契"往往更具有说服力。[3]

在康山袁家留存至今的文献中,还有一份同时期内容相同的甘

---

① 鄱阳莲湖《朱氏宗谱》卷一《赢输洲讼原说》,1938。

② 曹树基主编,刘诗古、刘啸编《鄱阳湖区文书》第 1 册,第 106～107 页。

③ 〔美〕安·奥思本(Ann Osborne):《产权、税收和国家对权利的保护》,转引自〔美〕曾小萍、欧中坦、加德拉编《早期近代中国的契约与产权》,李超等译,第 110～146 页。

泉洲杜卖白契。这份契中的杜卖人同样是詹添福等人，但买入者却是余干的吴慕陶、鄱阳的高镜明和徐畅文三人，并不是康山的袁氏。当时的时价是 2900 千文，相当于袁氏买入价格的六倍。从前文列出的詹氏杜卖甘泉洲之"红契"推断，此文契所载杜卖行为应该没有完成，否则就不会有詹、袁交易的出现。其中吴、高和徐更成为以后詹氏与袁氏交易的"中人"。

道光三年十二月二十七日，鄱阳县莲湖朱慎权等人立有永佃湖字付与康山袁氏，其中的交换条件就是袁姓将承买的甘泉洲永佃给莲湖朱氏划草管业。

> 立永佃字人鄱邑朱慎权、集源、达瑞、海南、喜荣等，情因身族与余邑袁文达等争湖涉讼，数载莫结，今承两县戚友徐畅文、王德纯等从中排解，劝令袁姓将承买余邑詹绍先等祖遗柴草坪田地共一所，坐落表恩门首，土名甘泉洲，东至冷湖汊并雷宅坪为界，西至下塘湖为界，南至朱宅坪水沟为界，北至寿港为界，袁姓将该坪永出佃与身族划草、耕种、管理，洲税仍归袁姓完纳，而身族湖北凡属部案承课分内浮水湖，劝令身族概行永出佃与袁姓，同身族共取鱼利，湖课仍归身族取完，向来身族拦栈之湖，袁姓不得藉浮混取，至于搬滩拨浅等处，仍归身族照常旧规，袁姓不得与闻，自此劝明洲、湖两佃之后，以湖利抵洲税，以洲息抵湖课，各完各课，永无反悔，恐后无凭，特立永佃字存据。
>
> 再批，朱姓湖名甚多，不能细载，除拦栈之外，所有朱姓有分浮水湖，朱、袁二姓共取鱼利。[1]

这也是一张有余干、鄱阳两县盖印的"红契"。朱、袁两姓争讼多年，经戚友从中排解调和，康山袁氏将刚从詹添福等人手中买入的

---

① 　曹树基主编，刘诗古、刘啸编《鄱阳湖区文书》第 1 册，第 114～115 页。

甘泉洲，转手永佃给了莲湖朱氏为业。同时，莲湖朱氏也将自己分下的"浮水湖"永佃与袁氏共取鱼利。不难发现，徐畅文在促使袁氏把甘泉洲永佃给朱姓的过程中扮演了重要角色。实际上，徐畅文等人放弃甘泉洲的交易，转而劝说袁氏买入，从而促使袁氏以甘泉洲的永佃权交换莲湖朱氏"浮水湖"的永佃权，化解两姓多年来的讼争。如此看来，这似乎并非一次偶然的交易，而是袁氏为了从朱氏手中交换"浮水湖"的永佃权而进行的针对性交易。前文提到，浮水湖，系指春、夏、秋三季的"渺水"湖面，以区别于冬季枯水的冬潭和拦栈水面。在这份永佃契中，朱氏明确区分了"浮水湖"和"拦栈湖"的权利。莲湖朱氏永佃给袁姓的仅是"浮水湖"的捕捞权，而枯水期的拦栈之湖仍归朱姓单独管业。值得注意的是，无论是袁姓的甘泉洲还是朱姓的浮水湖，都没有进行税额的推收过户，保留了各自的"底权"，交换的仅是各自产业的收益权和使用权。

　　在袁氏承佃朱姓浮水湖之后不久的道光四年（1824），康山王家和东源吴姓也向朱姓提出了永远承佃浮水湖的请求。在同治五年（1866）袁氏族人整理的一份家族文书目录中，提到"此佃之后，本山王、吴二姓亦佃，洪溪张姓亦佃"的信息。① 可见，除了王、吴二姓之外，还有洪溪的张姓向朱姓承佃。与袁家稍有不同的是，王、吴是主动立了承佃字给朱姓。

　　　　立永远承佃字人余邑王德纯、吴德馨等，情因身等二姓课管之湖，原与鄱邑朱□□湖业毗连，历来佃与身等二姓帮课取鱼，并无据凭，今身等二姓艺业日增，朱姓似有不愿之意，奈身二姓非水利不能资生，恐滋事端，是再央托鄱、余两县戚友□□向朱□□等永远承佃朱仕隆户下承课各湖浮水，与朱、袁两姓共取鱼利，当日凭中议出佃价制钱三百千文，以息抵历年佃课，免致异议，其钱比即付楚，两相情愿，其朱仕隆户下承

---

　　① 曹树基主编，刘诗古、刘啸编《鄱阳湖区文书》第1册，第51页。

课各湖，自佃之后永听身等两姓世取鱼利，朱姓不得阻挡，倘
业佃船只相遇，撒网者毋得故意拦塞，行船者亦毋得有心兜挂，
各自方便，免酿事端，至朱姓之拦栈之湖，身等仍不得藉佃越
取，在后两家子孙永永不得生端异说，恐口无凭，特立永远承佃
字付收存据。①

在这份承佃字中，王德纯和吴德馨因历来承佃朱姓之湖取鱼帮课，
但一直没有立下任何的凭据。可能受到了先前朱氏将浮水湖永佃给
袁氏的影响，王、吴二姓怕今后朱氏不愿出佃，于是主动提出以 300
千文的佃价向朱氏寻求永佃，并以佃价每年产生的利息作为湖租。
实际上，王、吴二姓以高于正常湖面租金的价格，买断了朱氏浮水
湖的部分水面使用权和收益权，加上朱氏无法回赎，也就等于获得
了"相对的水面面权"。如此，朱姓浮水湖中的捕捞人群有不断扩大
的趋势，如对各人群的捕捞时间、船只和网业没有约束的话，就容
易出现冲突。在清代中后期，这类冲突在其他文献中出现的频率增
多，就与此种分化密切相关。

道光四年五月，莲湖朱氏立永出佃字一纸付与王、吴二姓收执。

　　立永出佃字人朱达瑞、海南、喜荣、集源、慎权等，缘身
祖朱仕隆所遗蚌壳、泥湖以及分内浮水等湖，历来余邑王、吴
二姓在身等该湖，因湖连界，帮课取鱼，年清年租，原无字据，
今王、吴二姓自度无据，恐主佃日久，增加佃价，不能相容，
自愿重出钱求永佃，因托戚友鄱、余两县徐畅文、吴允恢等，
向身等恳求出佃字据，身等见王、吴二姓网艺加多，意实不愿，
奈戚友力劝，从中着二姓书立永佃字据，付身收执，以行息钱
抵每年佃租，面议制钱三百千文，当付身等收讫，恐佃户强项，
听凭业主呈官究治，自佃之后，该湖等处王、吴二姓网取鱼利，

---

① 曹树基主编，刘诗古、刘啸编《鄱阳湖区文书》第 6 册，第 32 页。

倘业主佃户猝遇渔船，撒网者毋得故意拦塞，船行者亦毋得有心挽挂，各自方便，两相回避，至身族拦栈之湖，王、吴二姓仍不得藉浮越取，如在该湖渔船有以强阻弱者，身等一力承当，主佃两愿，今恐无凭，特立永出佃字，付王、吴二姓收执为据。[①]

在过去王、吴二姓向朱姓承租取鱼的租钱是一年一清。然而，此次"永佃"之后，王、吴不再需要每年向朱姓缴纳湖租，朱氏也只能从佃湖价中获取理论上的利息，以抵作王、吴二姓的湖租，实际上丧失了浮水湖的部分处置权。在长远来看，"永佃"对于朱姓而言是不利的，不仅失去了在未来提高租价和退佃的可能，且在契文中没有约束王、吴二姓网艺数量的规定，也就容易出现承佃网户威胁业主自身利益的可能。在这次交易中，莲湖朱氏一直处于被动状态，原因可能也就在此。尽管朱姓不太情愿立此永佃契，但王、吴二姓却在此事上非常积极，在戚友的劝说下，于情于理似乎朱姓不答应都说不过去，于是才有了这份永佃契。此外，朱氏为了防止王、吴二姓"恃强"侵湖，在契文中也留有"呈官究办"的权力。同时，业、佃双方在作业过程中，如船网相遇，要相互回避，不得有心拦塞，妨碍渔业生产。

从字面上看，这里的"永佃"是一种不可回赎的"租"，但实质上却是"相对的水面面权"的转让，因为承佃人没有获得租佃水面的处置权，不能进行再次的转租或买卖。在笔者所见的文献中，除了莲湖朱氏与康山袁、王等姓的"永佃"交易之外，并没有发现其他类似的"永佃"案例。这让我们设想，朱氏与袁、王等姓之间的"永佃"交易，可能受到了嘉庆年间朱、袁草洲讼争的影响。这里的"永佃"交易并非一次完全的市场行为。

其实，清代的鄱阳湖地区也存在一个发达的水面"租佃"市场，

---

①　曹树基主编，刘诗古、刘啸编《鄱阳湖区文书》第 6 册，第 34 ~ 35 页。

通常采用"一年一租"的方式。嘉庆十九年（1814）七月，新建县的严万性、严交进等三人向本邑的严金和余干的袁仁寻租绿螺湖一口，所立租契如下。

> 立租字新邑严万性、交进、迪吉，今租到本邑严金、余邑袁仁名下绿螺湖一口，其湖严姓一半，袁姓一半，前去拦闸取鱼一年，当日面议租价钱四千文，严、袁均分，恐口无凭，特立租字为据。①

绿螺湖是严金和袁仁共有之业，各自占有一半的股份。新建县严交进等三人以 4000 文的租价获得了该湖一年的取鱼权，所得租价严、袁均分。嘉庆二十一年（1816）七月，又有南昌的刘洪朴向袁仁承租绿螺湖，租价是 2000 文，也是该湖一半的租价。这是普通的水面租佃，承租人只获得了水面的使用权（捕捞权）和部分收益权，却没有转让的权利。在明清时期的鄱阳湖地区，各人群间的捕捞权通过水面权的买卖和租佃得到了市场化的调节。

在性质上，水面的出租与土地的租佃非常相似。稍有不同的是，水面的承租人可以是个人，也可以是血缘或地缘群体，但土地的承租人一般是个人或家庭。这种差异本质上是由水面和土地的不同物理属性造成的，土地可以用泥土、篱笆或木头进行清晰的边界区分，从而分割成小块的私人土地，并可轻易丈量它的面积，但水面却难以进行物理边界的区分，只能进行虚拟意义上的产权股份分割。在湖区文献中，一个水面往往可以有多个甚至数十个拥有股、分的所有者或使用者，而在实际的交易中也大量出现水面某些股、分的转让和租佃，这与土地交易有着明显的差异。此外，在湖面契约中也很难见到明确的水面面积记载，仅有的"四至"也只能是个大概的范围，而没有像土地买卖文契中一样的"硬界"标识。

---

① 曹树基主编，刘诗古、刘啸编《鄱阳湖区文书》第 1 册，第 93 页。

五　小结

鄱阳湖拥有两个变动的物理"表面":一个是"春泛渺水"时的水面,一个是"冬干枯水"时的水底。在产权形态上,"湖权"可以分割成"水面权"与"湖地权"。在"渺水"时主要的产权形态是"水面权",在"枯水"时则"水面权"与"湖地权"兼而有之。在实际的产权交易和转让过程中,二者又可再次各自分化出"面权"与"底权"。

明末以降,鄱阳湖区存在一个活跃的"水面权"交易市场。"水面权"的交易,遵循了一定程度的内部优先原则,以虚拟的"股"或"分"为单位进行转让。随着"水面权"在家族内部的分化和市场流转之后,呈现出股份化的占有格局,水面业主也从个人或家庭演变为家族共同体或地缘共同体。由于水面很难进行空间上的物理分割,人们转而寻求对"水面权"进行时间维度上的分割,并逐渐形成了湖区的"年分轮管"模式。很显然,就产权分割的形式而言,水面的分割要较田地的分割复杂得多。

鄱阳湖地区的"水面权"交易,主要有一般租佃、永佃和杜卖三种形式。可以说,与形式多样的地权交易相比,"水面权"的交易方式相对简单。曹树基指出:"'永佃权'是一个现代法律概念与术语,传统时代的中国并不存在。"同时,他也强调:"我们却不能不承认永佃的权利与永佃的事实。"① 在道光三年的鄱阳湖文书中,出现了官方盖印的"永佃"红契。这就表明,在中国传统的"水面权"交易中,"永佃"这一概念不仅存在于民间社会,而且"永佃"这种交易形式也得到了官方的承认。只不过,朱氏与袁、王等姓的"永佃"并不是一种完全的市场行为,而是在一个特殊的草洲讼争背

---

① 曹树基:《传统中国乡村地权变动的一般理论》,《学术月刊》2012 年第 12 期,第 121 页。

景下，受到了非市场因素的压力。尽管如此，这些资料的出现，对我们理解传统"永佃"这一概念或许有所启发。

一般的"水面权"交易与土地一样，并不需要经过官方程序，也无须向官府纳税，从而形成大量的交易白契。在民间社会，这些白契在中人的参与下得到认可，也可以作为"业"的证明。或者说，大量白契的出现，是对国家法律不完善的一种补充，以维系民间市场交易的有效性。然而，在一些重要的交易中，尤其是在长期的讼争过程中，经戚友调解的水面权交易，往往会赴官府纳税备案，形成交易"红契"。这是因为，中人已经无法继续提供足够的信用保证，只有作为第三方的官府才具有置身事外的权威性和证明效力。

第八章
清代的水面捕捞纠纷与湖区秩序

一 引言

宋代以降，鄱阳湖水域就一直是中国内陆重要的天然渔场之一。然而，由于自然的不确定性，水面边界难以清晰划定，加上人类行为的影响，使得自然水面一直面临着治理困境。对此，一些人主张由"国家"对绝大多数自然水面实行统一管理，另一些人则主张通过创设并执行私有产权来解决。① 然而，无论是国家还是市场，都不能成功地解决"公地悲剧"，反而有一些地方和社群，借助不同于国家与市场的非正式制度，对有些自然资源有效地实行了适度治理。② 为此，有人主张将自然资源的管理权下放给使用者，由他们自行管理。

与此主张相呼应，埃里克森（Robert C. Ellickson）发现加州北部夏斯塔（Shasta）县农牧区的居民经常用非正式的民间规范来化解纠纷，而不关心适用于这些纠纷的正式法律，由此提出了著名的

---

① 可参阅〔美〕埃莉诺·奥斯特罗姆（Elinor Ostrom）《公共事物的治理之道：集体行动制度的演进》，余逊达等译，第19页。

② 〔美〕埃莉诺·奥斯特罗姆（Elinor Ostrom）：《公共事物的治理之道：集体行动制度的演进》，余逊达等译，第68～122页。

"无需法律的秩序"观点。该研究的贡献不在于强调了民间自发形成规范的重要性，而在于充分借鉴了当代博弈论，有力论证了这些规范为什么以及如何会在交织紧密的人际关系互动中生发出来，进而指出没有正式法律仍然可能产生秩序。[①]

在明清时期的鄱阳湖地区，大多数的湖池水面都由固定的渔民或渔民社群使用，但各类渔业捕捞纠纷时有发生。大部分水面的产权清晰，可以被继承、买卖和转让，在发生渔业纠纷时渔民社群和各级官府也会介入处理。1949 年之后，明清以来形成的湖池水面所有权结构以及捕捞"习惯"迅速被瓦解，"湖沼、河港及鄱阳湖之为封建霸持的草洲一律收归国有"。[②] 但是，江西省政府同时也强调沿湖渔民要按照"原有习惯"进行捕鱼。令人遗憾的是，因历经数百年形成的旧有湖池水面秩序的废止，"一律国有化"之后的鄱阳湖并未就此平静，渔民为了"原有习惯"的证明和确认，反而引发了更为频繁的渔业纠纷。其实，"原有习惯"是个非常模糊的概念，不仅忽视了"习惯"在"时间"上的差异，更将湖池水面的"底权"与"使用权"割裂对待，造成原有水面捕捞秩序的重新混乱。

本章围绕一批新发现的明清鄱阳湖区渔民历史文书，包括契约、合同议约以及诉讼文件，[③] 力图着重回答三个基本问题：其一，在长期的渔业生产互动中，鄱阳湖水域的渔民形成了哪些如今被视为理所当然的渔业捕捞制度？其二，这些如今习以为常的渔业捕捞规则是如何从历史中发展出来的？又在怎样的条件下得到"层累"和"进化"？其三，在正式法律规则严重缺失的明清中国，内陆水域的渔民如何自我治理？本章希望通过对鄱阳湖水域渔业捕捞秩序的起

---

① 〔美〕罗伯特·C. 埃里克森：《无需法律的秩序：邻人如何解决纠纷》，苏力译，第 9 页。

② 《江西省人民政府关于湖沼河港及鄱阳湖草洲暂行管理办法》（1952 年 7 月），江西省档案馆：X035 - 2 - 692。

③ 这批渔民历史文书已编入曹树基主编，刘诗古、刘啸编《鄱阳湖区文书》（全 10 册）。

源、发展及演变的系统梳理，以期揭示内陆水域渔业捕捞秩序的形成机制。

二 湖区的水面类型与渔业捕捞方式

在明代的文献中，依据征纳税课种类的不同，鄱阳湖的水面大致可分为五类：长河官港、长河浮办、官湖官池、民湖民池和高塘。[①] 长河，又称官河，指的是鄱阳湖中的江河水道。这些河道在渺水季节与周边湖池连成大水面，枯水季则为典型的江河水道，如赣江、信江和饶河等。长河官港，是指秋、冬枯水季节长河中的深潭，而长河浮办则是指渺水季的大水面。对于官湖官池，在明清文献中都没有明确的说明，但从"民间用价承佃，各有定主"推测，此类湖池应该指的是那些大量散布在长河之外的大水面深水湖池，已由固定的课户"闸办"承课。相对官湖官池，民湖民池则指的是那些分布于湖边或河道两侧的浅水水面。高塘，则指那些在陆地上的荫田、池塘等水面，一般可以用于水产养殖和农田灌溉。

鄱阳湖在洪水与枯水时的水面和容积相差极大。每年4~9月是鄱阳湖的汛期，10月至次年3月为枯水期，最高水位多出现在5~6月，最低水位多出现在12月至次年1月。[②] 由于鄱阳湖这种特殊的水文特征，在历史上渔民形成了一套独特的捕捞作业方式。根据时间、季节和水位的不同，湖区的渔民形成了与之匹配有效的捕鱼方法。在春、夏渺水季节，由于湖区水位较高，渔民的捕捞作业主要以各类不同的网具为主，也有使用鸬鹚等泛湖捕鱼。在汛期过后的秋、冬枯水季，上游的江河来水流量下降，湖区水位开始回落，有些需要一定水深才能作业的渔船和网具逐渐无法继续工作。于是，

---

① （明）范涞修，章潢纂《新修南昌府志》卷九《渔课》，第8页a~8页b；（清）聂当世修，谢兴成等纂《进贤县志》卷六《河泊》，第32页a~34页b。

② 尹宗贤、张俊才：《鄱阳湖水文特征》，江西省水利学会、鄱阳湖水文气象试验站内部资料，1982，第6页。

在秋、冬枯水季节，渔民掌握了一些其他的捕捞方式，值得注意的主要有两种：一种是"拦笙"，另一种则是"禁港"。

（一）渺水浮办

鄱阳湖区的渔民至今还流传着两句口头禅，即"有（就）水取鱼"和"打出鄱湖三百里"之说。就是说，在春、夏渺水季节，只要有水的地方渔民就可以去打鱼，没有固定的捕捞边界，整个鄱阳湖都是可以自由捕捞的渔场。这虽然有夸张的嫌疑，但却说明渺水季节的鄱阳湖要比枯水时更具开放性，渔民的捕捞界线也同时相对宽松。其实，在明清的鄱阳湖地区，并非任何人都可以入湖捕鱼，至少在制度上有两个方面的限制：第一个限制是明代的户籍制度。明初规定："是渔户不得出，非渔户不得入。"对于不是渔户的农民，虽然也生活在湖边，却并不能随意进入湖区捕鱼，抓捕零星的食鱼除外；第二个限制是"入湖权"。鄱阳湖的主体水面都是有固定业主或使用者的官湖、官池。这些湖池都有一定的区域边界，没有这些湖池"入湖权"的渔民或家族，也不能肆无忌惮地跨界进行捕捞。

明清时期，渔民在春、夏渺水时进行捕鱼作业，需要向河泊所交纳"浮办课"。所谓"浮办课"，系指"凡官港除秋冬禁外，听小民各色网业长江泛取纳课"。① 这就是说，除了秋、冬停禁的官港之外，长河在其他时候都任由各色渔民进行捕捞。而且春、夏没有深潭和浅水之分，渔民各处网取鱼利，缴纳"浮办课"。值得注意的是，此处的渺水时期自由取鱼，并不是对所有人开放的，而是只对那些在河泊所登记承认了"浮办课"的渔民才有效。在前文引用过的明嘉靖七年一份渔民文书中，笔者就注意到一条很有意思的史料：

> 洪武十四年，柴棚河泊所渔户邹毛仔，系瑞州府高安县一

---

① （明）范涞修，章潢纂《新修南昌府志》卷九《渔课》，第8页a～8页b。

都，闸办春、夏、秋季浮办课米，鸬鹚船七支，课米七十石。渔户易尚，系吉安府吉水县卅都，闸办春、夏、秋季浮办课米，鸬鹚船七支，课米七十石。柴棚所该年课甲依时催收送所，家居窎远，遇山拾柴，逢水取鱼，五所湖内湖港，不许阻挡。[①]

这条史料提到两个在柴棚河泊所“闸办”了春、夏、秋浮办课米的渔户——高安县的邹毛仔和吉水县的易尚。二者使用的捕捞工具都是鸬鹚，是一种可以协助渔民捕鱼的鸟类。高安县和吉水县距离鄱阳湖很远，柴棚河泊所不仅给了邹毛仔和易尚“遇山拾柴，逢水取鱼”的权利，而且在五个河泊所管辖范围内的湖池中，其他渔民都不可以阻挡他们用鸬鹚捕鱼。有趣的是，高安县邹毛仔在明代确立的这种捕捞传统一直延续到了 20 世纪中叶。

在前文讨论的《嘉靖二十一年都昌县渔米课册》中，明代都昌县渔民使用的渔网种类就已达 17 种之多，如草网、大网、旋网、密网及爬网等。春、夏涉水湖面，是渔民用各类网具勤劳捕鱼办课的主要时期。进入秋、冬枯水季节之后，长河中的官港开始进行停禁，但承纳了“浮办课”的渔民还可以在官港之外的浅水区进行捕鱼，也可以待开港时向官港的承课户登记捕鱼，并按照网具的数量、大小帮纳课钞，开港的收益是课户与网户各半。但是，相比枯水时的“禁港”和“拦堑”，涉水季节的捕捞作业要困难得多。因为整个湖区的水位高、水量大，鱼类的密度被水稀释，渔民捕捞的难度也要比枯水时大。

（二）拦堑与禁港

在每年 9 月以后，直至次年的 3 月，由于长江水退，对湖水的顶托或倒灌作用减弱，而鄱阳湖上游的来水也显著减少，以致湖区

① 《嘉靖七年高安县来苏邹氏渔民文书》（嘉靖七年戊子月），原件存于都昌县周溪镇来苏邹氏家族。

水位明显下降。在枯水季节，鄱阳湖沙洲显露，湖水落槽，上游来水都汇集在东西两大河道，① 最后通过河道经湖口流入长江，即"枯水一线"。各种鱼类的适温性是不同的，有的鱼类会为了避寒而集群到较深的水域过冬，人们把鱼类冬季栖息的水域称为"越冬场"，而鄱阳湖历史上的"禁港"水域实际上就是鱼类的"越冬场"。② 在鄱阳湖区广泛流传一句俗语，即"七湖八港"，其意思就是在农历七月开始"堑湖"，八月开始"禁港"。③ 在湖水退落过程中，"禁港"和"堑湖"是渔民最主要的两种捕捞作业方式。这两种捕捞方式，不仅投资少，出鱼集中，且在短时间就可获得较高的渔获量。

相比"禁港"，"拦堑"不仅在时间上要更早一些，且选择拦堑的地点往往是湖区蝶形洼地和干流河道相连通的港汊地段。"拦堑"一般用建闸挂网或者插竹箔、装溜囚的方式来取鱼。这些蝶形洼地在形态上具有"周高中低"的特征，且仅以港汊与入湖的干流河道相连通，基本上属于季节性湖泊，有"春夏水涨来，秋冬退水去"的特征。但是，这种捕捞方式对于湖面"拦堑"的时间要求更为严格，有"赶早不赶晚"之说，如果"拦堑"时间过晚的话，大一点的鱼类或主要的经济鱼类大多已经随着退水逃逸，会直接影响到当年的渔获量。由此，质量好的"堑湖"往往位于入湖河流的上游，且湖盆地势较高，相对落差较大，在退水时"拦堑"也较早，可以赶在退水初期完成"拦堑"。但是，"堑湖"也面临着一个不小的威胁，在"起堑"之后如遇到"返水"漫埂，就容易导致"堑湖"中

---

① 赣江自南昌以下分四支，主支在吴城与修河汇合，进入鄱阳湖的北部，为湖区西水道；赣江南、北、中三支与抚河、信江、饶河均先后汇入鄱阳湖的南部，为湖区东水道。引自尹宗贤、张俊才《鄱阳湖水文特征》，江西省水利学会、鄱阳湖水文气象试验站内部资料，1982，第4页。
② 王育泉、周茂德：《鄱阳湖主要经济鱼类越冬场调查报告》，江西省鄱阳湖管理局、江西省科学院生物资源研究所内部资料，1986，第1页。
③ 《江西省农林厅函复关于"堑湖"、"禁港"的解释及征收管理费问题》（1953年9月18日），江西省档案馆：X097-1-116。

的鱼类借水外逃。①

所谓"禁港"，就是渔民根据鱼类潜伏深潭越冬的规律，于每年农历八月中秋前后选择港湾深潭、背北风的湖港加以"停禁"，不准任何渔船网具入港捕鱼。这些港湾、深潭往往水位较深，水流较缓，水温也比其他水域要高，随着秋冬湖水退落，鱼类聚集。在万历《南昌府志》和康熙《进贤县志》中，都载有湖港"停禁"取鱼纳课的记录。其中《南昌府志》载："潭钞课，凡官港中有深潭，潭有定界，每岁秋冬停禁，渔户当官承认，取鱼纳钞。"② 而《进贤县志》的记载则更为详细，"每年自八月起，当年课户分段停禁，俟冬月开采，仍召各网户取鱼，一半分与课户完纳料钞，一半分与渔户完纳浮办料银"。③ 这表明，鄱阳湖"禁港"的传统早在明代即已形成，历经明清延续至民国。

此外，在明清时期"禁港"需缴纳专门的渔课，即"潭钞课"。每年的冬月，当年的"禁港"课户召集网户"开港"取鱼，帮纳渔课。这里"课户"指的应该是那些向官府承纳税课的"湖主"，大多为沿湖的"势豪"之家，而"渔户"和"网户"则指的都是以捕鱼为生的人家。二者略有差别之处在于"渔户"指称范围更大，根据捕鱼网具种类的不同，又可分为不同的"网户"。尽管有少数渔户或网户也可能成为拥有水面产权的课户，但大多数渔网户却只能向"湖主"承租水面捕鱼。

由此可见，明清之"禁港"与现今的"禁渔"并非同一概念。"禁港"开始的时间多在农历八月中秋前后，目的在于不惊扰鱼群以便深冬的集中捕捞，而现今 3～6 月的"禁渔"则是在鱼类的繁殖产卵期，目的是保护鱼类的正常生长或繁殖。有研究者以明清的"禁港"来说明古人早已有了资源保护和可持续发展意识，则没有真正

---

① 《中国科学院南京地理研究所鄱阳湖垦湖渔场综合调查研究》（内部资料）（1965年 12 月），江西省档案馆：X106－1－240。

② （明）范涞修，章潢纂《新修南昌府志》卷九《渔课》，第 8 页 a。

③ （清）聂当世修，谢兴成等纂《进贤县志》卷六《赋役·河泊》，第 32 页 a～32 页 b。

理解"禁港"的本质含义。在明清时期，人们"禁港"的目的在于鱼类的"蓄养"，以便"开港"之日对鱼类进行集中的捕捞，往往只需半天或一天的时间，渔民就可将港内的大小鱼类基本捕取干净。这种取鱼方式时间短、产量高，是鄱阳湖区渔民冬季一项主要的渔业生产活动，沿用至今。

（三）捕捞规则

秋冬枯水季节是鄱阳湖区渔民捕捞作业的旺季，此时湖水退落，气温逐渐下降，鱼类随水而下或深藏于深潭、港湾之中，为渔民的捕捞作业提供了绝佳的时机。一般而言，"堑湖"和"禁港"这两类渔场的边界相对容易进行辨识，可以借助肉眼可见的物理边界进行圈定。或有人问，谁有权利对深潭、港湾进行"停禁"？而其他渔民的船网却不允许在"停禁"期间入内作业。此外，谁又有权利可以对某一季节性湖泊进行"拦堑"呢？渔民的回答一般很简单，声称："这是历史以来形成的习惯，过去祖先遗留下来的传统。"对此，明清方志中也有许多记载，如"课户预纳钞银，方许承佃，禁蓄取鱼"，"每年自八月起，当年课户分段停禁"。[①] 由此可知，课户需要预先向河泊所交纳钞银，才能获得长河深潭的禁蓄权利。

明万历南昌知府卢廷选就认为："若长河官港一节，先令课户纳银，而后承佃，固便于官，惟是闾右豪家，岁享深泽之利若恒产，然而渔民缯网入深潭者，除自纳浮办外，仍照大小网业，帮纳课户埠银。以故滨水之民，每瞋目相视官司者，计欲裁豪佃之兼并，而恣渔人之采取，顾官港派米之钞，与带征之料，又非零星网户之所能认也。"[②] 由此可知，预先让课户纳银于官而后才能承佃长河官港的政策，对于官府而言甚为便利，但一般的零星网户根本没

① （清）聂当世修，谢兴成等纂《进贤县志》卷六《赋役·河泊》，第32页a~32页b。
② （清）陈兰森、王文涌修，谢启昆等纂《南昌府志》卷一三《民赋》，第24页b。

有能力认课，于是长河官港就成为"闾右豪家"的恒产，每年从中渔利。

有记载称："南昌府额征渔课……地连三邑，名分五所，花户五千有奇，管业河湖地名，有数户共管一处，亦有一户兼管数处，所完渔课自一二厘至四五两、十两不等。"[1] 在清初，南昌府共有纳课渔户 5000 余户，其中不仅有数户共管一处湖池的情况，也有一户兼管了数处湖池的现象。需要追问的是，共管一处湖池的渔民，该如何避免相互之间的作业冲突？这里需要面对的主要有两个问题：其一是要协调好捕捞时间；其二是防止捕捞网具之间的作业冲突。前文提到，渔民社群通过"年分轮管"的方式，可以有效解决了渔民在捕捞时间上的冲突。这种方式不对渔场进行空间范围上的物理分割，而是在时间上对渔场进行了收益分配。在同一个湖池水面作业，渔民之间也必须对捕捞工具建立空间或时间上的分配机制。

在 20 世纪五六十年代，江西省水产厅曾组织人员对鄱阳湖区水面、渔具的所有权和使用权做过调查。在报告中，调查人员几乎一致认为："解放以前，渔民捕鱼是有一定界线的。"[2] 让人疑惑的是，这些捕捞"界线"从何而来呢？实际上，所谓的"界线"就是历史上形成的捕捞习惯。在明清时期，鄱阳湖区的大部分捕捞场所，均为家族、湖主及"势豪"之家等占有，有的水面同时租给了几个不同地方的渔民，而有的渔民又向几个不同的家族或湖主租了水面，使用关系错综复杂。为此，一条湖港内，哪一段属于哪几个地方的渔民使用，哪一段可以使用哪几样捕捞工具，都在漫长的历史过程中形成了一定的习惯，以此来避免或减少渔民之间的纠纷和械斗。在同一个湖面内，又要根据不同的网类、钩类以及埠位，从空间或时间上细分成无数的小块使用权。此外，自明初就有"永远是渔户

---

① （清）陈兰森、王文涌修，谢启昆等纂《南昌府志》卷一三《民赋》，第 20 页 b ~ 21 页 a。

② 《关于捕捞场所和生产资料所有制问题》（1961 年 8 月 12 日），江西省档案馆：X100 - 1 - 149。

不许出，非渔户不许入"① 的规定，那些没有租赁水面和捕捞习惯的耕地农民，历来都是不能添制网具随意下湖捕鱼的。这些规定、习惯祖辈相传，一直沿袭层累，形成了一种不可侵犯的捕捞界线。②

不过，这些捕捞规则一直只停留在民间惯例的层面，并未成为国家的律法。直到 1979 年，国务院颁发《水产资源繁殖保护条例》才明确规定："建立渔业许可证制度，核定渔船、渔具发展数量和作业类型，进行渔船登记。"为执行上述规定，国家水产总局发布《渔业许可证若干问题的暂行规定》，正式规定从事渔业的单位或个人，必须向渔政管理部门申请渔业许可证，方准进行生产。③ 1989 年，农业部正式发布《渔业捕捞许可证管理办法》，规定"渔业捕捞许可证由县级以上渔业行政主管部门，按不同作业水域、作业类型、捕捞品种和渔船马力大小实行分级审批发放"。④ 在鄱阳湖水域，1985年冬省鄱阳湖管理局曾给渔民发过"捕捞卡片"，上面规定了捕捞场所和捕捞工具等信息。20 世纪 80 年代末期，江西省农业厅发行《内陆水域渔业捕捞许可证》，除了船主姓名、船牌编号等基本渔船登记内容之外，捕捞许可证的主体内容是"核准作业内容"一项，主要包括"作业类型（捕捞工具）"、"作业范围（捕捞场所）"、"作业时限"、"主要捕捞品种"和"网具的数量和规格"等条目。⑤ 这是国家渔政部门在制度上首次对内陆水域民间历史捕捞习惯的正式确认。

自明初湖港"闸办"承课以来，湖池水面一直是被沿湖不同的

---

① 《嘉靖七年高安县来苏邹氏渔民文书》（嘉靖七年戊子月），原件存于都昌县周溪镇来苏邹氏家族。
② 《关于捕捞场所和生产资料所有制问题》（1961 年 8 月 12 日），《关于渔业生产问题的调查报告》（1961 年 9 月 9 日），江西省档案馆：X100 - 1 - 149。
③ 上海市水产局编《渔政工作手册》（下册），内部资料，1987，第 486~488 页。
④ 农业部政策体改法规司编《农业法律法规规章全书》，经济科学出版社，1998，第 260~261 页。
⑤ 《杨光贵内陆水域渔业捕捞许可证》（发证机关：江西省农业厅，1997 年），藏于永修县吴城镇杨光贵家。

家族或人群分散占有，随着分家析产、市场转让和渔户补替等的发生，水面的使用关系变得更加错综复杂。在这种情况下，渔民社群为了维护自己的利益，避免无休止的纠纷和械斗，不得不对湖池水面的使用划分界线并制定规则。不过，这些湖池水面的使用习惯或捕捞规则并非短时间内就得以形成，而是经历了明清数百年的互动过程。那么，这些如今习以为常的渔业捕捞规则是如何从历史中发展出来的？又是在怎样的条件下得到"层累"和"进化"？遗憾的是，限于史料不足，我们无法追溯这些捕捞规则形成的源头，只能从某些历史片段出发，展现渔民社群在处理和解决渔业冲突上的持续努力，以及捕捞秩序的"生成"过程。

三　捕捞纠纷、合同议约与水面秩序

在清代的鄱阳湖区，伴随着人口的增长，以及"水面权"的分化与市场流转，湖面的使用关系渐趋复杂化。在笔者搜集的湖区文献中，有关沿湖渔民之间渔业纠纷的资料占了很大的比重。或因业权不清，或因捕捞越界，或渔网作业秩序上的冲突，湖区渔民之间的捕捞纠纷时有发生，原因则不一而足。这些资料虽然显示出湖区社会渔业纠纷的多发，但也容易给人造成一种感觉，即"只见纠纷，不见秩序"的湖区社会。然而，在明清500多年的历史长河中，鄱阳湖区的渔民一直延续了自己的正常生活和捕捞作业，并无明显的中断。由此可知，冲突与纠纷只不过是现今留存文献给我们造成的假象，因为平静的日子不会造就大量的文字资料。这提示我们注意，湖区渔业纠纷与冲突可能只是非常态的小概率事件，渔民及其社群如何在纠纷与冲突中维持和建立常态的水面秩序才是更为值得深究的问题。

由于赴官呈控的成本很高，一般渔民之间发生纠纷首先会选择在渔民社群内部寻求解决。当然，笔者所及的材料中，也有不少的例子是赴官呈控多年不结的情况下，双方妥协寻求亲友、邻人出面调解息讼。在多次的田野访谈中，笔者注意到一个现象，不同姓氏或地区的渔民往往使用不同的祖传网具，甚至同一姓氏的渔民也会使用不同的捕捞工具。因渔民捕捞工具或住地的不同，不同的渔民社群会被其他人称呼为不同的"帮"，如"鸬鹚帮"、"布网帮"、"罾网帮"以及"来苏帮"等等。这些"渔帮"一般都有自己相对固定的渔场边界和网具类别，且多数都以家族为组织单位。据渔民讲述，这种捕捞秩序是祖宗传下来的，因捕鱼技术传承以及顾及与其他渔民的关系，捕捞水域和作业工具不能随意更改。这些至今在渔民社群中得到认同的水面捕捞规则，在历史上是如何形成的？

（一）渔场权属纠纷

嘉庆十五年（1810），余干县康山的王、吴二姓与新建县南山的万、张、谢三姓因余干县东源吴氏恃强图占东湖取鱼一事进行商议并立有议约，详见下文：

> 立合同议约字人余邑康山王、吴，新邑南山万、张、谢众等，窃南山村傍，世传东湖，历与康山王、吴二姓附同取鱼二百余载，相安无事。突于庚申年间，东源吴姓陡起枭心，恃强图占，以致两相互讼。幸得康山王姓悉知东湖原情，愤力匡勷，出具公词，其湖始得归以南山谢、张、万等承课著册。爰是两山人等同堂商议，置酒立约，凡属东湖，无任春泛冬涸，彼此各照祖业，共取鱼利，均不准妄自增添，两山业名详列于左。至于冬水归冬涸，其湖所租税银，概归谢、张、万收纳，以便上供国课。王、吴不得混争，致伤和睦，况康、南二山，地相毗连，谊关秦晋。在先世尚有顾恤之情，岂嗣后可无分金之义。自议之后，身等务须恪遵古道，永敦旧好，以保世世子孙无相残害。今欲有凭，特立合同议约，编立和、合字样二纸，各执一纸，以为永远炳据。
>
> 和字号，康山王、吴归执；合字号，南山张、谢、万归执。
>
> 计开两山在湖网业：

一康山，惟丝、霍二网俱系祖传，仅可赴湖起取鱼，余者
不得混争。

一南山，惟布网向系祖遗传，仅可入湖取鱼，余者亦不得
混争。①

这份合约现收存在余干县康山王家，内容涉及余干康山王、吴二姓
和新建南山万、张、谢等姓，焦点在康山与南山之间的东湖捕鱼权
问题。康山，即明初朱元璋与陈友谅交战的康郎山，是鄱阳湖南部
的一个岛屿。在清初，康山村和东源村分属于余干县洪崖乡三十五
都的四图和二图。② 南山，即今南矶乡，位于县治东北二百里的鄱阳
湖中，与余干县康郎山相对，在清代隶属新建县东乡五十六都二
图。③ 两山人等控争的东湖因位于南山东面而得名，坐落在南山门口
（见图 8−1）。据 1953 年江西省鄱阳湖草洲渔港管理处颁发给南山
乡渔民的使用许可证记载，东湖每年的鱼产量可达 6 万余斤。④ 从
"附同取鱼二百余载"推断，这五姓渔民在东湖共取鱼利已有两百多
年的历史，即在明代中后期就已形成了捕捞习惯。

康山出土的两块南宋圹记显示，王氏的祖先早在南宋就已在此
生活。对于南山人群的定居历史，康熙《新建县志》中只有"有民
家、地产橘"的记载。⑤ 这说明，至迟在清代初期已有人在南山上居
住和生活，并出产有橘子。在南山《谢氏族谱》中，谢氏子孙把他
们祖先永昌公定居南山的时间定在明嘉靖二年（1523），因"演李耳

---

① 曹树基主编，刘诗古、刘啸编《鄱阳湖区文书》第 6 册，第 22~23 页。

② （清）李暕修，洪锡光纂《余干县志》卷二《城池志·邑里》，清道光三年
（1823）刻本，第 6 页 b。

③ （清）杨周宪修，赵日冕等纂《新建县志》卷一一《山川考》，清康熙十九年
（1680）刻本，第 19 页 a。

④ 《江西省鄱阳湖草洲渔港管理处颁发给新建南山乡邱仁宾、陈安发等十人东湖渔
湖使用许可证》（1953 年 9 月 12 日），原件藏于新建县南矶乡谢姓村。

⑤ （清）杨周宪修，赵日冕等纂《新建县志》卷一一《山川考》，第 19 页 a。

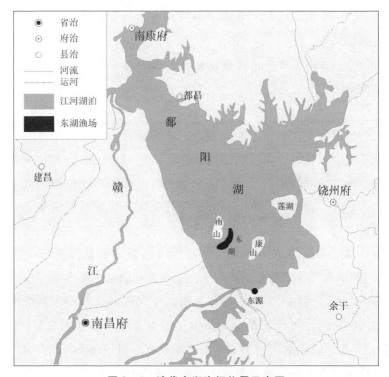

图 8 - 1　清代东湖渔场位置示意图

资料来源：本图绘制的底图来自复旦大学历史地理研究中心"中国历史地理信息系统"中的"1820 年层数据"，http：//yugong. fudan. edu. cn/views/chgis_ download. php，最后访问时间：2016 年 2 月 6 日。此外，亦参考了谭其骧主编《中国历史地图集》第 8 册，中国地图出版社，1996，第 33～34 页。

之教"由南昌徙居新建南山，入赘张氏。① 谱序中"演李耳之教"指的应该是传播道教，"入赘张氏"则表明张氏应该早于谢氏在南山居住，谢氏则借"入赘"获得了在南山定居的权力。除了张、谢两姓之外，南山还生活有万、陈、邱等几大姓氏，主要以打鱼为业，后来也有人以开采红石营生。

　　上引合同议约显示，嘉庆五年（1800）余干县东源吴氏聚众纠

---

① 《谢氏源流序》（乾隆二十一年仲秋月），新建县南矶乡《南山谢氏族谱》卷序，1993。

抢乱湖，致使新建县南山渔民赴县控诉在案，但未得及时究办。东源吴氏复又于嘉庆七年（1802）聚集百余船只捣毁新建渔民的渔具及渔舍，再次激起新建南山三姓渔民的不满，致两相互讼多年不结。在我们走访新建南矶乡的过程中，在谢氏家族还找到了一本《嘉庆年间新建县南山谢万锡等控告余干县东源吴允辉等纠抢乱湖案册》，里面详细记录了嘉庆五年以来两山东湖讼案的情况。该册并非诉讼文书的原件，而是抄册，文本破损较为严重，首页和底页已经残缺，字迹脱落。本文限于主题，并不对此案的诉讼过程展开详细讨论，只想指出案件进入州县审理后"久而未决"，府、县甚至臬、藩都无法及时催提人犯到案堂讯，最后反而回归民间调解。

南山三姓渔民与东源吴氏各执一词，州县审判持续数年并无进展，同在东湖取鱼的康山王氏悉知东湖原情，出具公词，帮助新建南山三姓渔民夺回了东湖的权利。那么，康山王氏究竟出示了什么样的证据呢？竟然成功化解了两山渔民之间长达数年的争讼。原来，康山王氏出示了一份康熙八年（1669）东源吴氏典卖泥湖的文契，记载了吴氏祖先将泥湖典卖给都昌磡上曹家为业的故事。只因对早年典卖之事，吴允辉等人并不知情，误将东湖视为自家旧业泥湖，以致两山人等争讼多年不结。为了防止纠纷的再次出现，五姓渔民置酒立约，承诺"各照祖业，共取鱼利，不妄自增添网具"。这份合同议约签订时，共有经场人14位，除了新建当事湖主谢万锡、万昭态、张宝柱以及佃湖捕鱼的张绍谱之外，还有嘉庆十一年充当调解人的监生严美珍等，以及附近其他沿湖渔民家族的代表，如康山的袁雍十和王德纯，但东源吴氏却只有一位乡耆吴德馨在场。此外，合约还重申了对祖传捕捞习惯的尊重，康山只能用丝、霍二网赴湖取鱼，而南山则只能用布网入湖取鱼，其余网具不得入湖混争。

东源吴氏的"聚众乱湖"，缘起于东源吴氏误将东湖视作自己早年出典的泥湖，但实情究竟如何已无从考察。值得注意的是，谢万锡、张宝柱等在控词中提及"犯族千烟，财势两炽，又恃吴允辉出入衙门，故尔任横无忌"。在南山渔民的眼中，东源吴氏族大人繁，有财有势，其中族内的吴允辉与衙门的关系也颇为亲密，坐县"包揽"词讼，熟悉衙门事务，才使吴氏族人胆敢一直"匿抗"不到案听审。在道光年间的《余干县志》中，新增了多条东源吴氏的记录，如康熙年间曾任南昌市汉司巡检的吴起龙，乾隆三十四年岁贡生吴勋，乾隆五十四年恩科吴云鹤。[①] 虽然有关吴起龙之记述得不到南昌县材料的佐证，但方志内容的变化足以表明清中叶以来东源吴氏家族在当地势力的壮大。这应该是东源吴氏不断对鄱阳湖渔场范围提出新占有诉求的重要背景，但这种诉求遭到了湖区其他渔民群体的反抗。

在各执一词的诉讼过程中，官府的审断并不容易做出，而渔民社群之间的自我调解，对于纠纷的解决反而更具效力。在此次纠纷之后，两山渔民在东湖权属问题上有过 150 多年的平静，各自遵守旧有习惯和作业方式。1953 年，江西省草洲渔港管理处将东湖的使用权划归南山乡渔民，并颁发了使用许可证。[②] 这说明政府在重新分配水面权属过程中重视渔民在历史上形成的捕捞习惯。渔民的历史捕捞习惯虽可以靠口头传承，更为重要的是文字记载。这或许是各渔民村庄重视保存各类历史文书的原因之一。

嘉庆年间的东湖渔场权属纠纷，东源吴氏没有打破之前业已形成的渔场格局。但是，咸丰六年（1856）冬月，东源吴氏又与康山袁家因在"团营课港下段"取鱼发生争执，经亲友调处，立有合同议字，议定吴氏出资三千文获得此港摇网取鱼的权利，详见下文：

> 立合同和议字人江华元、江春怀、江松纹、王世川、王桂

---

① （清）李暕修，洪锡光纂《余干县志》卷一〇《选举志》，第 49 页 b、37 页 b、27 页 a。

② 近些年来，南矶乡与康山乡围绕东湖的发包使用权问题再次爆发激烈的冲突。2012 年 6 月，南矶乡政府在一份《关于东湖权属的情况说明》中，指责康山乡政府将东湖内的湖池违法发包给他人管理，从中收取租金，致使南矶乡的渔民无法到东湖捕鱼，酿成"5·24"两乡渔民械斗事件。

馥、徐宗挺、程汝铎等，缘团营课港下段，土名杓山，地方袁、吴二姓取鱼，滋闹互讼。据袁姓云，此是王、曹、胡、邹、段等姓公共大洪流水一所。据吴姓云，此系团营腹内。以致互讼不休，未经讯断。予等情关戚谊，不忍终讼，从中调处，劝吴姓出赀三千文交六姓收纳，以为吴姓摇网取鱼，免后同业相争，吴姓后亦不得新兴别业，至六姓网业，各照旧规，不得新增摇网。而三千文之数，本年为止，日后不得再收。自台子河口下，吴姓永不得网取鱼利，以上公共取鱼，双方俱允。爰立和议字三纸，两造各执一纸，案存一纸，以为永远之据。

计开：

一东源吴姓摇网，东岸上自沙洪至蛇山傍沟外立脚取鱼为止，西岸至台子河口为止。

一吴姓说傍此另有四坝，向系都邑洪姓缳箔租取鱼利，其租系东源吴姓独取。

一团营港，瑞州高安邹姓下帮罩网租系四甲轮收。①

这实际是一份息讼调处和议字，江华元等人因袁、吴二姓在团营课港取鱼互控，不忍二姓互讼不休，于是从中进行调处。从和议字据内容看，袁、吴互讼的关键在团营课港的权属关系，袁姓坚持此港属于王、曹等五姓共管的大洪流水，② 而吴姓则把此港视作团营港腹内。这种争湖纠纷大多源自渔场边界的不清，即"水无硬界"的自然属性，一片水域很难明确区分物理界线。由于这样的自然特性，渔民社群之间为了争夺湖池权属，往往会在湖池的名称上做文章。在双方各执一词的情况下，州县官按规定需要亲临现场勘察，由于

① 曹树基主编，刘诗古、刘啸编《鄱阳湖区文书》第1册，第154~155页。
② 大洪流水，又称五股港，位于都昌县周溪镇南面，绵亘十余里，上至飘山，下至饶河口。在历史上，大洪流水原为新建罗溪、都昌箸筪、鄱阳棠荫、余干康山以及高安来苏五村渔民之共业，因位于饶河、信江的交叉口，水深较大，冬季鱼类聚集于此过冬，渔产较之他处丰富，历来渔业纠纷频发，争讼不断。

湖池的边界范围并没有正规的勘测地图可资参照，州县官的会勘也难以对此给出准确的结论。在这份合同议字中，按照袁氏的说法，如此港确系大洪流水一段的话，吴姓就没有在此捕鱼的习惯。与此相同，这也是吴姓坚持团营港下段系团营港腹内而不是大洪流水的主要原因。这次前来调处的戚友，似乎也并不执着于"杓山"地方到底是属于大洪流水还是团营腹内这一问题，而是劝说吴姓出资3000 文交付六姓收纳，以此作为吴姓在此水面摇网取鱼的"准入金"。

奇怪的是，这份和议字据并非由纠纷的当事方签订，而是由江华元等戚友居中商议，并征得袁、吴二姓允诺的情况下形成的。在戚友出面调处渔场纠纷之外，这份和议字据也没有忽视确立新的水面捕捞规则。第一是重申各姓捕鱼网具仍照旧章，以免同业相争。吴姓只可摇网取鱼，不得再新兴别业，其他六姓亦只可使用原有网具，不得新增摇网取鱼。第二是对吴姓取鱼范围进行了明确的界定，以台子河为界，以上水域为公共取鱼场所，以下则吴姓无"分"。第三是对过去旧有捕鱼习惯的再确认，如都昌洪姓取鱼之租归吴姓独取等。同时，这份和议字据一式三份，文契的尾部有押缝"半书"，与单份买卖契约明显不同。除了袁、吴各执一纸外，还须"案存一纸"，即保存一纸在官府，作为息讼和以后查照之据。

综上所述，前一份合同议约由纠纷当事人商议，而后一份则是由戚友等人促成和议。这两份合同议约都是在告官久讼不结的情况下达成的，意味着渔民社群会在寻求官方解决不成功的情况下，对渔业纠纷的诉讼成本及可能结果进行再评估，并在戚友的调解或协商框架内做出妥协。每次的渔业纠纷都是有人试图对当前的渔场权属以及捕捞范围提出挑战，进而引发不同渔民群体之间的利益冲突，甚至构成暴力械斗。在渔业纠纷发生之后，有些案件会进入到官方司法层面，但由于司法制度、诉讼程序及审理技术本身的不完善，官方审理和判决效率往往不尽如人意。在这个过程中，地方读书人、乡村耆老或主动或被动地介入渔业纠纷的处理中，在息讼之后会促使纠纷当事双方书立合同议约，对渔场权属、捕捞网具以及作业范围制定新的约束规则。在这个意义上，湖区社会的常态捕捞秩序更多的是建基于渔民社群在长期的日常博弈互动中应对各类纠纷而确立的系列规则上。这些在渔民社群间形成的水面规则，通过契约、合约、族谱、碑刻等文字得以在渔民社会"层累"并延续下来。

（二）渔场准入纠纷

光绪十四年（1888）十月，袁、吴二姓众等再因"团营课港"的开港捕鱼问题争吵，双方怕因此小事而酿成宗族械斗的大祸，邀集中人从中调解，立有合同议约一样五纸，双方确立了轮流开港取鱼的捕捞规则，详文如下：

> 立合同议约袁、吴二姓众等，窃闻边女争桑，结哄两国，宋就灌水，梁宋交欢，祸福无常，总由处置何如。予等团营课港，虽与张姓公共之业，而设网取鱼独归予等两姓。予两姓世联姻戚，厚相往来，每岁冬时合同开港，迄今世守如昨，莫或有殊。但迩来人心不古，开港之时，彼此争吵。予等恐致两相鱼肉，因小怨而酿成巨祸，爰今会集凭中酌议，甲、丙、戊、庚、壬年港归袁开，乙、丁、己、辛、癸年港归吴开，二姓轮取港鱼，各宜谨遵约法，庶朱、陈之好，不致成胡、越之邦矣。为此编立合同议约一样五纸，以恭、宽、信、敏、惠五字为号，中执一纸，袁、吴各执两纸，以为绵远存照。
>
> 再批，此港约计数十余里，其分籍吴登一半，张、袁等姓共登一半，自约之后，完课仍照旧章，所禁轮管之地大约里余，以外不禁之地，两姓网业每年并取鱼利，毋得翻异，亦不得私租外姓。[1]

---

① 曹树基主编，刘诗古、刘啸编《鄱阳湖区文书》第 1 册，第 172～174 页。

这份合同议约是当时编立合同中的惠、敏两字号，现由康山袁氏保存了下来，文书的尾部亦有押缝"半书"。与上文咸丰六年的息讼和议字不同，这是一份袁、吴二姓人等自己邀集中人达成的议约字。颇为遗憾的是，限于资料的不足，我们无法了解这份合同议约究竟是由袁、吴二姓中的哪些人参与签订的。这份文书的落款只列出了四位中人和一位代笔人，至于这些人与袁、吴二姓的关系，亦无从清晰判断。这种情况在鄱阳湖地区的渔民文书中颇为普遍，即签署各类买卖或合同文书的主体大多是代表一个家族人群的姓氏，如"袁""吴"等，而非个体的人。比较而言，在我们见到的大量土地类文书中，签订契约或合同文书的主体往往是个人，而非代表一群人的姓氏。这种差异与财产控制的模式有直接关系，明清中国乡村的土地大多掌握在核心家庭手中，家长就是所有人，但湖池水面的税额往往是登记在某个祖先的名字下，演变为家族内所有子嗣共享的财产，个人只有入湖捕鱼的"分"。

团营课港，长约数十里，在产权上系袁、吴、张三姓公共之业，但是此港设网捕鱼的权利仅归袁、吴二姓。尤为要注意的是，在团营课港内还有一处长约"里余"的禁港，在光绪十四年以前，袁、吴两姓每年冬季相约一起开港取鱼，只因最近两姓在开港时发生争吵，于是邀集中人共同商议，以图制定一套双方满意的开港规则，避免两姓在取鱼作业时间上的冲突。经中人以及当事双方协商，袁、吴两姓在开港时间上错开，轮流在禁港取鱼，以天干纪年为一个轮值周期，各管五年。至于禁港之外的水面，每年袁、吴两姓依然可以共取鱼利，但任何一方都不得私自将此水面转租给外姓取鱼。这份合约的签订进一步明确了袁、吴二姓在"团营课港"的捕捞作业秩序，但却没有对进入该水域捕鱼的船网类型进行限定。

在上份议约书立后不久的光绪二十六年（1900）二月，东源吴姓与康山袁姓又立有合同议约一样五纸，就双方在"团营课港"一带取鱼使用的网具制定了新的限制条件。

　　立合同议约字人东源吴姓、康山袁姓，缘团营洲课港上下一带，向来取鱼均安无异，兹两姓俱因族大人繁，当杜争端，力戒龙（垄）断，经中公议，除大网一业本循旧规外，取鱼之具，不准二样旁出名目歧添，吴姓照旧止用四人摇网、两人罾网两件，袁姓照旧止用六人扯网，八人、六人篾罾爬网两件，两姓任在禁港上下取鱼，不得藉添新样别名网业，至该港上下地段及中段，轮年分管开取之禁港，向有定章，不必再议，自约之后，恪遵成议，以敦和好，毋得各自怀私，恣用别样取巧渔具，致出祸衅，为此书约五纸，编立仁、义、礼、智、信字号，骑缝书铃，呈宪盖印，仁字号存县立案，义字号、礼字号吴姓收执，智字号、信字号袁姓收执，听宪分给，永远存据。①

　　这份合同议约的"中人"一共有 13 位，余、刘、张、王、李、曾、吴等姓都有，全部分别具有举人、贡生、廪生、职员、生员、童生等身份，可见都是地方上的读书人。已有的研究表明，这些读书人是联系国家与社会最为重要的力量，也在地方公共事务上发挥着重要的作用。② 但是，与之前的合同议约一样，签订者依然是代表一群人的袁、吴二姓。

　　可能正因为之前有光绪十四年的议约，才使得袁、吴二姓在团营课港一带向来取鱼均安。不曾想到，仅 12 年之后，两姓又因"族大人繁"之故，在港取鱼争端不断出现。从这份议约的内容看，两姓在先前就已在取鱼网具上达成了一些捕捞协议，具体时间则不得而知。除了大网一项遵循旧规之外，其他取鱼网具不得在种类、数量上私自增添。吴姓渔民只能在港内用四人摇网和两人罾网取鱼，而袁姓则只能用六人扯网和八人、六人篾罾爬网捕鱼。这一事关作

① 曹树基主编，刘诗古、刘啸编《鄱阳湖区文书》第 1 册，第 176～177 页。
② 张仲礼：《中国绅士：关于其在十九世纪中国社会中作用的研究》，李荣昌译，上海社会科学出版社，1991，第 54 页。

业网具的旧有规定，袁、吴想必也是在经历了多次取鱼争端之后才形成的捕捞习惯。然而，令人不解的是，多数合同议约都只力图限制各姓渔民使用的网具种类，但却鲜有对网具数量进行约束的规定，这岂不是留下了一个威胁传统捕捞秩序的漏洞。此外，对于禁港，"向有定章，不必再议"，说明光绪十四年议约确立的规则依然有效，并成了双方认同的历史习惯。与前引咸丰六年的议约一样，在骑缝"半书"处盖有余干县的官府印章。

袁、吴二姓围绕团营港产生过一些历史文书，只是许多已经遗失不见。早在乾隆三年（1738），袁氏就与东源吴姓在团营港用"撑竿跳"的方式议定过界址，并立有公亲合约一纸。乾隆五十年（1785），团营港中因泥沙淤积长出新的湖洲，袁、吴二姓为此新生湖洲的权属互讼多年，并留有词状一本。遗憾的是，现今袁氏家族留存下来的历史文书中并无这两份文件，仅见于同治年间的目录中。据载，团营港系康山袁氏、东源吴氏和洪溪张氏共有之业，三姓四年轮流管业，袁族登一年，吴氏登两年，张氏登一年，而且只有那些有"分"之人才能管业。道光三十年（1850），鄱阳莲湖朱家有渔民在团营港内私放捆钩，被三姓抓获送县告官，诉讼费用三家按湖分分摊。这些历史上形成的文书，历来被渔民视为"要件"，并有"无事不甚介意，有事可执为确据"的功能，可以为湖区渔民应对生活中的各类渔业纠纷提供了历史证据。于是，在湖区这样一个纠纷频发、冲突不断的社会里，保存各类历史文书就显得尤为必要，因为这些文书不仅留有过去处理各类纠纷的历史记录，更让不同时间点上协商形成的湖区捕捞秩序得以延续与层累。

由上可知，在清代的鄱阳湖地区，合同议约作为一种文书形式，在防止或调处渔业纠纷过程中，有着不容忽视的重要意义。这类合同议约文书的形成，是依托于由地方读书人、乡耆、族老等组成的民间调处网络。此外，借助"中人"的制度设计，以及把合同议约交付县衙盖印备案的方式，一定程度上保障了议约的执行。在一次次处理捕捞纠纷的过程中，渔民社群通过书立合同议约的方式逐渐建立起了水面捕捞规则，其中主要包括在一个渔场内，哪些渔民有"分"，以及可以使用何种捕捞网具的问题。这些在渔民社群中不断累积的合同议约，构成了鄱阳湖区一套连续、层累的水面捕捞秩序。这套渔场捕捞习惯来自渔民社群长达数百年的生产、生活经验，其中不乏暴力流血冲突以及各式各样的妥协故事，每一条捕捞规则的形成几乎都要历经多次的协商和修补过程。简言之，在长期的渔业生产实践中，清代鄱阳湖区渔民逐渐形成了一套"层累"的渔场捕捞秩序。这些规则的生成经历了复杂的历史互动过程，并在湖区有效避免或减少了渔民社群之间的纠纷和械斗。

四　捆钩捕鱼技术对湖区秩序的冲击

在第四章中，笔者曾对《嘉靖二十一年都昌县渔米课册》中的征课种类进行过统计，结果发现，除了湖池课之外，绝大部分是网业课，如草网、大网、爬网等类。这表明，明代鄱阳湖地区渔民的捕捞作业主要还是以网或罾为主，铁质的鱼钩还没有出现。在实际的捕捞作业中，网具与鱼钩会出现冲突，在一个湖面下钩取鱼，就不能再进行拉网作业，否则大量的鱼钩会拉毁网具，造成渔民的财产损失。捆钩，又称滚钩，系指渔民把大量的铁制鱼钩依次系在一根竹竿或绳索上，鱼钩间保持一定的间距，放置于水中勾取鱼类。只要鱼类被鱼钩不幸勾中的话，就会拼命挣扎，结果是越挣扎越难以逃脱。此外，渔民可以根据不同鱼类分布于不同水层的生活习性，调整鱼钩入水的深度，从而捕取到不同水层的鱼类。

在笔者所见文献中，最早出现捆钩记载的是"道光十三年瑞州邹、刘二帮，鄱、余邑王纯光、朱达瑞、袁确九等公同严禁捆钩合同议约"。遗憾的是，这份合同议约的实物并没有流传下来，只在同治五年（1866）余干县康山袁氏族人整理的文契目录中出现过。值得注意的是，自道光中期以后，有关捆钩问题的合同议约和立犯字频繁出现。这提示我们，至迟在清道光年间，鄱阳湖地区的部分渔民已经开始使用捆钩进行鱼类的捕捞。然而，这一新的捕捞技术并没有受到大多数渔民的欢迎，反而引发了一系列的捕捞冲突。这是因为捆钩的引入对传统的捕捞秩序构成了直接的威胁，特别是与渔民传统的网具作业方式形成了冲突。

道光十五年（1835），新建县罗溪、都昌县箬堑、鄱阳县棠荫和余干县康山等地渔民立有严禁在大洪流水港私放捆钩合同议字，认为："所有取鱼之业，向来各有定章"，而"无知之徒贪图苟利，不顾别业，突然兴放捆钩"，致使"船只、网具时或被害"，于是合同商议严禁。这一新的捕鱼技术的出现，对传统的网捕作业构成了直接威胁，许多渔民社群对此很快做出了制度回应。为了防止在捕鱼时渔网和捆钩发生物理干扰，渔民社群订立合约严禁捆钩入湖捕鱼。如果别姓渔民在该港私放捆钩被拿获的话，则要被罚钱或送官究办。

但是，道光年间的严禁议约并没有被严格遵守，仍有渔民私放捆钩，光绪十四年（1888）各村渔民再次订立议约，重申要对"私放捆钩"行为进行惩戒：

> 立合同议约人罗溪、箬堑、康山、棠荫、来苏村众等，情缘公共置买鄱湖大洪流水课港一所，上至杓山起，下至饶河口止，绵亘十余里，往取鱼利，原为仰资是事，俯资是富，比助农桑之所，不及各姓网业，向有定章，近今人心不古，舍旧更新，私放捆钩，专图一己之利，为各网被害指不胜屈，是以会全各姓众等宰牲立约，用申严禁。嗣后各姓网业务须各遵旧章，不准私放捆钩，庶几鱼利不可胜食，而守望相助之义昭然矣。倘有异姓越界盗取港鱼，无论何姓，举手拿获，不拘招祸获福，概归五股承当，均不得推诿。恐口无凭，立此合同议约一样五纸，编立仁、义、礼、智、信五字为号，以为永远存照。
>
> 一议永远不准私放捆钩，有分此放钩拿获罚钱一百千文，无分拿获送究。
>
> 一议此港上至铁门槛，下至饶河口，照界取鱼，不得越界，

如或越界被人拿获，不干五股之事。

　　一议港内驳浅，先行驳活，后至此无分，如未驳活，照人均分，不得争论多寡，未驳之先，只许一人议价，不准业集乱章，倘有客船遗失货物，无论何姓须问装船赔补，不与众船相涉。

　　一议此港不准私放别姓之网，如起□船，公同商放。①

相比道光年间的议约，立议约人增加了来苏村的渔民。来苏村位于瑞州府高安县，主要以邹氏渔民为主，专靠鸬鹚在鄱阳湖泛舟捕鱼为生。在这份议约中，不仅强调了"各姓网业，向有定章"，还指出了"各网被害指不胜屈"的问题。于是，各姓宰牲立约，再次申明严禁捆钩入港捕鱼，各姓遵照祖传网业生产。这份合同议约与之前讨论的稍有不同，首先是立约的主体不是袁、吴等姓众，而是康山、来苏等村庄的村众。然而，无论是袁、吴等姓众，还是康山、来苏等村众，实际上都是一个人数众多且异常复杂的社群。这份议约由15 个经场人出面签订，包括了各村主要的代表——袁、王、段、曹、胡和邹等姓。

　　在重申严禁私放捆钩、各遵旧章的规则之外，这份合同议约也对那些违反捕捞规则的行为建立了制裁机制，用以监督和保证合约的执行。如果有异姓渔民入港捕鱼，无论被谁发现拿获，"招祸"还是"获福"，责任概由五股人等共同承担。但是，对于在大洪流水有捕捞权利的渔民私放捆钩，罚钱一百千文，如果在大洪流水没有捕捞权利的外姓渔民入港私放捆钩的话，直接送官究办。这份议约也说明，渔场的边界非常严格，除了规定异姓渔民不能入港捕鱼之外，五姓人等也不能越过大洪流水港的边界至其他渔场捕鱼，如越界被别姓拿获，也不干五股人等的事，自行负责。此外，在大洪流水界内扣留的别姓网具，不准自作主张私自放回，必须五村人等共同商量才能释放。在港内接驳的活计，亦建立有规则。

---

　　①　曹树基主编，刘诗古、刘啸编《鄱阳湖区文书》第 1 册，第 168 ～ 169 页。

　　五姓渔民共同使用大洪流水港，这一习惯的形成可能经历了多次的家族析产和市场转让过程。对于渔场之间的边界，往往需要借助自然物进行标识，如山脉、岛屿、树木与河流交叉口等物体。但是，在一个湖面有捕捞权利的渔民往往来自几个不同的地方或家族，而因捕捞作业的需要又不能对湖面进行更为细小的边界划分，于是在湖面建立起一套互不冲突的捕捞规则尤为重要。这套捕捞规则应该包括船只数量、网具种类及数量、捕捞时间等具体内容，以及一套可以约束渔民行为的惩治办法。如咸丰十年（1860），都昌县磡上曹珙、曹琦公裔孙人等置酒商议，立有严禁在祖遗课港内私放捆钩取鱼的议约字：

　　　　立合议字人曹珙、曹琦公裔孙等，缘祖遗湖港世守，维有历年兴取鱼利，向有器业成规，不容在湖港放钩。今因人心变乱，不思祖遗旧业具在，可任兴取鱼利，而竟擅自放钩，败坏祖业，且放钩系王朝厉禁，安敢败祖德而复乱王章。我等是以置酒商议，合立禁条，永远不许在课内湖港四界放钩，一以遵王章，一以保祖业，嗣后如有私行放钩，一经捉获，合众重罚，决不轻饶。倘有恃强不遵者，我等务宜同心顾祖保业，以承国课，不得徇情畏缩，奋志送官惩治，庶课业可保而王法亦不致藐若弁髦，为有知情不夆（讲）者，与放钩者同罚。恐后无凭，合立公议禁条开列于后，永远存据。

　　　　一议万公湖港四址界内，放钩者罚钱廿四千文。
　　　　一议佛僧强港、架垱口、山下垱、茅家垱，放钩者罚钱廿四千文。
　　　　一议外村、外姓合伙放钩者罚钱廿四千文。
　　　　一议报本村放钩信者赏钱四千文。
　　　　一议捉获放钩者赏钱八千文。①

---

① 曹树基主编，刘诗古、刘啸编《鄱阳湖区文书》第 7 册，第 22～23 页。

这份曹氏族内子孙之间的议约，略不同于前文五姓渔民之间的议约。在曹氏家族的祖遗课港内，子孙取鱼也形成了"向有器业成规，不容在湖港放钩"的规定。此外，从"放钩系王朝厉禁"推测，清王朝地方政府出于对湖面传统捕捞秩序的维护，对放钩取鱼一事也持"禁止"态度。这一说法并非孤证，在余干县康山袁氏保存下来的同治五年文书目录中，有这样一条记录："道光二十九年十一月，鄱阳县沈严禁毋许置用滚钩告示，一样二纸（盖印原示）。"这说明，鄱阳县曾经颁布过严禁滚钩的告示，用以告诫渔民不许在湖港内用钩取鱼。这份议约不仅有"在湖港放钩罚钱二十四千文"的规定，而且对那些举报和抓获放钩者的人分别有四千文和八千文的奖赏，对知情不报者则要受到与放钩者同等的惩罚。

这些严禁捆钩的协议并非由地方政府参与制定，而是出自在湖区作业的渔民社群，但却构成有效的约束力。从笔者目前所见的文献中，还有许多"立领字"、"立犯字"或"立领罚字"文书，内容基本上都是因"立字人"在业主湖内私放捆钩窃取鱼利被捕获，央托中人从中调处，恳求业主不要送官究办，自愿罚钱若干以领回钩、船等物，并保证永不再犯。如道光二十七年（1847）九月，鄱阳县段云注等人向大洪流水港渔民立有"收领字"一纸，内称："詹起福、张进三等钩船数只，絮入大洪流水湖放钩，被湖伙拿获，比蒙湖伙减轻处罚九七钱三千文，将衣物船只一概付与身全钩船之人领回，毫无疏失，所领是实。"道光二十八年十二月，鄱阳县慕里村张大人、张显应等人因在余干县康山村白船舍私放捆钩，被业主抓获人二名，船二支，捆钩数千只，自知理亏，央求公亲再三哀恳免送官，并保证永不再犯。这些立犯字、收领字的大量存在，表明在鄱阳湖渔民社区中存有一个民间的渠道，处理因越界取鱼或窃取鱼利而发生的扣留船网、渔民等事件，缓解日常的捕鱼冲突。

由此可知，在渔民社群之间存在一套处理网具与捆钩作业冲突的调处机制，通过以地方读书人、乡耆、族老为主的地方人际网络，在交流和沟通的基础上订立合同议约来约束同业渔民捕捞工具的使用，并借助乡村熟人社会作保的方式书立合同文契，以此来处罚和排斥其他"无分"渔民入湖放钩取鱼，在"送官究办"之前自行把纠纷尽可能解决。但是，仍有相当一部分的渔业纠纷还是诉讼到了官府，借助官方的司法程序进行审理。如道光年间，都昌县市二图邹民绍等人为余忠任等在自己管业矶池内恃强设钩窃取鱼利事告官。

> 为杀后复抢，提禁勒书，迫号急究事。情民姓管业之矶池一所，坐落大、小矶山，岁纳课米数十余石。惟赖此池，每年冬间，水退取鱼，供课活生。所以每年自七月起，赁船备带食费、衣被，在彼防守窃取池鱼。其三姓轮管之长河各处，今年亦值民姓管业纳课。前于道光七、十年暨十三年，被高、杨、张各姓，作佣设钩，窃取鱼鲜。讼经各前主，断令永远毋许钩取在案。伊又立有戒后，字据星炳。今年七月起，民照旧赁船，轮着邹太密等在矶池防守。殊余、查、王各姓十余船，百有余人，恃强设钩，强窃两横。胆于本月廿一夜半，各持枪棍，窃取池鱼，反杀伤多人。昨晨抬沐验录，赏签拘凶，讵愈触威，遭余忠宇等多人复将看守大防船一号，连人及食费、衣被，并小船一只，先将货物、衣被强抢一空，并将守船之邹太治、邹太加、邹民禄捆缚禁拷，各受重伤，又勒书被抢单一纸，不许照实全开，于今早始行释放……①

这份告官的禀文显示，都昌县邹民绍家族有管业湖池一所，坐落在大、小矶山之间，每年上纳国课数十余石。从"每年冬间，水退取鱼"推测，矶池应该属于前文提及的长河禁港水域，每年秋冬厉行停禁，且需派人巡湖守鱼，防止其他渔民窃取鱼利。道光七年至十三年间，高、杨、张三姓渔民多次在邹姓湖内设钩取鱼，被邹姓拿获送官究办。最后，官方判定高、杨、张三姓人等永远不得在此湖

---

① 曹树基主编，刘诗古、刘啸编《鄱阳湖区文书》第 9 册，第 154~155 页。

设钩取鱼，三姓并立有字据在案。不料，道光十八年（1838）七月又有余、查、王等姓渔民纠众恃强在矶池设钩取鱼，引发枪棍之争，邹姓渔民不仅受伤，而且还被抢去船只、衣物等，于是再次具文上禀告官，要求官府究办。

其实，很多纠纷之所以无法在民间通过调处解决，主要在于纠纷的程度不同，如出现人命案的冲突，民间调处在初期往往无法发挥作用，因为人命仇恨已经并不是单纯的利益问题，而是实力、道德、面子等更为复杂因素的较量。但是，在经过长时间的无效率诉讼之后，两造人等以及戚友就会寻求和解之道，进而又回到民间调处的环节。这类恃强设钩取鱼的行为，本为王朝所禁，又冲击已有的捕捞习惯，从而酿成频繁的纠纷和讼争，成为清代中后期以降湖区取鱼纷争的一大主因。

综上可知，清代中叶铁制捆钩取鱼在鄱阳湖区开始普遍出现，并引发了渔民社群在取鱼方式上的冲突。从湖区渔民收存的历史文书中，可以发现渔民之间并不是单纯依靠暴力方式来实现水面秩序的建立，而是通过协商签订"合同议约"建立一种新的约束性秩序。这种为了解决纠纷而在当事者之间订立合约的情形并不限于湖区社会，在土地社会也非常普遍。这些民间合约的存在，不仅弥补了官方成文法典在基层社会的缺失，而且以此构成了明清中国地方社会中人与人之间各种各样社会关系的基础。在这个意义上，这些渔民订立的合约关系构成了清代以降鄱阳湖区水面秩序的一个重要部分，并逐渐发展成为隐性制度。

五　小结

明清中国，官方没有制定一套明确的法律体系以规范渔民对沿海或内陆水域的使用。事实上，如果没有一套有效的规则可以对渔民的捕捞行为进行限制，那么渔民之间因竞争性捕鱼引发暴力冲突的可能就会一直存在。由此，捕捞秩序是必要的，但它们却并非天然存在。如今，经济学和政治学已经有了广泛共识，"制度或规则在人类社会中异常重要"，但是，大多数人却并不了解那些如今习以为常的制度和规则是如何形成的。在多数情况下，那些直接或间接经历过暴力冲突的渔民，会逐渐认识到这种冲突的成本过大，并试图协商制定出一套大家认同的捕捞规则，以分配权利与责任。麻烦的是，每个渔民都有自己的"小算盘"，统一的集体行动面临很大的现实困境。难题在于，一群渔民如何才能将自己组织起来解决捕捞冲突？而渔民社群解决捕捞冲突的互动过程也是湖区捕捞制度和规则形成的过程。

自明洪武初年湖港"闸办"承课以来，湖池水面一直被沿湖的不同家族或人群分散占有，而且此种占有因向国家登记纳税而获得了排他性的专有准入权。而后，随着分家析产、市场转让和渔户补替等过程的发生，水面的使用关系变得更加错综复杂。为此，来自同一个家族、村庄或使用同一类网具的渔民很容易形成一个利益团体，以此维护他们在湖里的资源份额，防止他人的侵占。大多数水面的占有者并非个人，而是以家族为单位，族内的子嗣共同享有份额。因渔业捕捞纠纷时有发生，为了避免无休止的纠纷和械斗，渔民社群开始通过协商方式书立合同议约，对湖池水面的使用划分界线并制定捕捞规则。

在鄱阳湖地区，"合同议约"作为一种普遍的民间文书形式，对于捕捞秩序的形成和"层累"，有着不容忽视的重要意义。这类"合同议约"文书的形成，依托于一个稳定有效的民间调处网络，并能够对订立议约的渔民形成约束力。这个调处网络主要由地方读书人、乡耆、族老等人组成，这些人的身影时常见于其他的地方公共事务中。这些在渔民社群中不断累积的合同议约文书，包括了对准入权、捕鱼范围、捕鱼时段、捕鱼网具等多层次的制度安排，构成了鄱阳湖区一套严密的渔场使用规则。清代中叶，随着乡村土铁业的发展和洋铁的进口，一种用铁制捆钩取鱼的新技术在湖区开始出现，但却引发了一系列捕捞纠纷和取鱼冲突。因为捆钩的引入对传统的湖面捕捞秩序构成了直接的威胁，特别是与渔民传统的网具作业方式形成了冲突。然而，渔民社群对此新技术的出现做出了有效的制度回应。

　　在长期的渔业生产实践中，鄱阳湖区渔民逐渐"层累"形成了一套湖池水面捕捞规则。这些捕捞规则大多初步生成于渔民社群对历次渔业纠纷的处理，并最终以合同议约的签订得以在渔民社区中世代流传。与其他渔场类似，鄱阳湖区渔民也更趋向于解决捕捞场地、捕捞时点的分配和捕捞过程中各类船、网之间的物理干扰问题，但没有资料和证据显示渔民试图直接解决渔业资源的提取问题。此外，大量留存至今的"立犯字""立收领字"则记录了对那些违犯捕捞规则越界取鱼或窃取鱼利渔民的处罚，人们会把违禁者及其船只、渔网等扣押，做出罚金或送官的处罚。简言之，明初的"闸办"登课，从国家层面限定了谁可以在水面捕鱼的问题，但却没有对渔民的捕捞行为建立起有效的限制规则，但渔民社群在处理捕捞纠纷的过程中，以书立"合同议约"的方式对渔民的捕捞行为建立约束规则，可以与官方的司法审理形成互补，二者共同维持了鄱阳湖区渔业纠纷和渔民械斗频发下的水面秩序。

第九章
清代渔业"隔属"纠纷的
审理困境

一 引言

  在已有的研究中，虽然利用的诉讼档案体量很大，但却主要来自以土地为中心的社会，湖区社会的诉讼文献鲜见。在案件类型上，已有研究的讨论对象主要以民事"细故"纠纷居多，其中又以户、婚、田、土案最为常见，另有相当一部分的"重情"命案。令人遗憾的是，大多数法律史研究者往往并不会力图详细地对一个案件进行深度的社会解读，而是从案卷中选取若干个片段，以满足或佐证自己试图阐述的观点。这类研究有两个层面的问题：一是文献资料不支持深度的解读，如案卷过程文件残缺或缺乏其他匹配的辅助性文献；二是无法把诉讼案件放入特定地域社会进行理解。由于湖区诉讼文献的不易获得，对于湖区渔业纠纷的发生机制以及官方对民间纠纷的处理实践，学界依然不甚明了。

  无论是渔民对于水面捕捞权的争夺，还是对湖区草洲业权的争讼，"势管青山力管湖"或"强势格局"的解释都不免过于简单化，容易忽视湖区社会的复杂性。在前面的两个章节中，笔者分别讨论了水面权交易市场和渔民社群调处机制的存在对湖区资源分配和产权秩序维持上发挥的积极作用。但是，市场原则和民间调处都有其自身的局限性，并不能完全解决湖区渔民之间潜在的利益冲突。于是，清代鄱阳湖区仍有相当一部分的渔业纠纷控告到了官府层面，试图通过官方及法律途径解决冲突。① 本章利用一批新近在鄱阳湖区发现的渔业诉讼文献，不仅详细讨论民间渔业纠纷进入官府司法审判阶段之后的历史过程和审理困境，更力图揭示出国家司法制度、湖区社会秩序以及二者在实际的诉讼过程中的互动和妥协。

在新近发现的鄱阳湖区诉讼文书中，主要涉及两类案件，一种是水面权及越界捕鱼纠纷，另一种则是草洲业权或越界盗砍纠纷。为了突出主题并保持各章节之间的逻辑连贯性，本章将重点对渔业诉讼文献进行分析，草洲讼案留待将来另行讨论。在以往的研究中，大多数的诉讼案件发生在同一行政区域内，尤其在土地社会中，人们的生活空间基本限定在一定的范围之内，不大会出现跨县、跨府、跨省争讼的情况。与此不同，沿湖各县渔民因为都需要在鄱阳湖中讨生活，水面的使用关系相对复杂，涉及沿湖 11 个县，渔业纠纷的两造往往就分属不同的府县管辖。由此，本章将有针对性地选取三起发生于清代嘉庆、道光年间的跨县渔业讼案进行重点分析，以期有助于深化我们对两造"隔属"案件的理解和认识。

二　渔业纠纷与告官争讼

余干县地处鄱阳、新建两县中间，位于鄱阳湖的南端。该县北部的康郎山，曾是元末明初朱元璋与陈友谅交战之地。朱元璋建国之后在此建有"忠臣庙"以祭祀"鄱湖大战"中阵亡的 36 位将领。在康郎山的东北、西北，分别是鄱阳县的莲荷山和新建县的南矶

---

① 如张朝阳、曹树基《法律与市场：乾嘉时期鄱阳湖区"曹杨讼案"研究》，《清史研究》2017 年第 1 期。

山。① 在尚未大规模围湖造田之前的渺水季节，康郎山、莲荷山与南矶山都是湖中四面环水的孤岛。这三个地方没有形成像华南一样普遍的单姓村庄，但也形成了由一个或两个姓氏占主导的村庄人群结构。康郎山主要有袁、王两个大姓，莲荷山则有朱姓，南矶山有万、谢、张等姓主导。明清时期，这三个地方颇有相似性，在大规模围湖造田之前，除了有少许的旱地之外，水田很少，当地的居民大多以捕鱼为生。因此，湖池水面一直是当地居民最重要的产业。清代嘉庆、道光年间，余干、鄱阳和新建三县渔民之间因争湖取鱼屡次发生纠纷，久讼不休。在正式进入清代司法审判制度的讨论之前，对这三起讼案的案情进行简单梳理尤为必要。

（一）“东湖”讼案

嘉庆十年（1805）四月十四日新建县谢万锡、张宝柱和万昭态三人向新建县衙门投词，控诉余干县大塘吴允辉等纠抢乱湖一事，有投词一纸，详文如下。

> 为扶捏徇从，投恳究办，立剿凶患事。民等公共土名山东课湖一所，自嘉庆五年飘遭余干惯聚众不法之吴允辉等纠抢乱湖，控奉各宪，未尝不沐严办，奈犯神手，弊朦府审，宽未究办，以致纵虎归山。嘉庆七年复行焚抢，旧十月十二日，复又哨聚百余船只，阵毁湖口箔削及渔舍物件，罄行抢去。一经吴城主簿验明，一经鄱湖营主验明，各通报属实一案。其为纵犯不究之害，不已可见，旧迭嵩差，抗无一解。幸蒙府宪□□□陈爷亲提，仍抗一月，昨仅解到三名，即首犯吴正福、吴允辉□□□□□□仍行包藏，乞查……即此弊蔽，情弊显然，何须指辨，但聚众至十人以上，亦干例令。该犯一案三抢，聚

---

① 南矶山，原系鄱阳湖中的两座岛屿南山与矶山之合称，位于今新建县南矶乡，有公路与南昌、新建相通。

众数百余人，五年三犯，应恳一面严行跟究，一面将现在抢犯，严行究办。庶民等数百生命，万惨千冤，得以免成械斗矣。为此投到，立候审办，万代阴功，切告。①

这本诉讼抄案册来自南矶乡谢氏，共30余页。② 由于破损较为严重，有些纸张和字迹已经脱落，难以辨识。不过，从上引投词推断，嘉庆十年四月十四日并非此案的开始，之前肯定还有其他更早的控诉文书，只是因时代久远，或脱落或损毁，难以追寻。虽然残缺，但却不致影响到我们对关键信息的提取。据新建县谢万锡等人禀称，早在嘉庆五年（1800），世管山东课湖一所，突然遭到余干县吴允辉等人的纠抢，曾向各宪控告，虽经新建县、南昌府审讯，但未对吴允辉等详加追究。嘉庆七年，吴允辉等人再行在东湖焚抢。嘉庆九年十月十二日，东源吴氏又聚集"百余船只"，在东湖捣毁他人取鱼工具及渔舍等物，当时经吴城主簿和鄱湖营主验明属实，谢万锡等人又向新建县主禀明在案。

在谢万锡等人进呈的同一天，鄱阳县民张绍谱也进呈了一份投到词，声称自己是向张宝柱等人租赁东湖取鱼的佃湖人，吴氏纠众捣毁的工具、渔舍等物，正是自己花费"六百余金"置办的。此外，张绍谱提到此案"至今被抗半载"未结，由此推断此次讼案应始于嘉庆九年的年底。本书前一章曾提到，东源吴氏与南山谢、万、张三姓在东湖共同取鱼二百余载相安无事，之所以会出现上述纷争，主要原因在于东源吴氏认为自家有泥湖一所与东湖毗连，并有嘉靖年间之印册、纳粮串票为据，于是混将"东湖"视为"泥湖"。简言之，南山谢、万、张三姓渔民与东源吴氏对于捕捞水域的归属各

① 《嘉庆年间新建县南山谢万锡等控告余干县东源吴允辉等纠抢乱湖案册》，原件藏新建县南矶乡朝阳村谢氏家族。
② 此件诉讼抄案册并非一般的抄册，不仅有人对册内词状进行了断句，而且有数处张泰裕对状词写的评语，评语之后盖有张泰裕的私人印章。查阅笔者所及文献，很遗憾目前无法对张泰裕的身份做出判断。

执一词，以致酿成双方冲突。

在谢万锡、张宝柱等人看来，大塘吴氏人等"五年三犯"实为前宪"纵犯不究之害"。其实，新建县主受理此案，光凭谢万锡等人的状词，肯定无法审断定案。按照原告方的控词，新建县主需要把涉案的其他原、被告及见证人提拿到案讯问，查明原委，逐一追究。然而，虽然历经多次差人去余干县提解吴允辉等人到堂，但无一人解到。后谢万锡等人又控经南昌府，由府宪陈爷"亲提"，在抗延一个月之后，才于四月十三日解到三名人犯到案，但首犯吴允辉等人依然没有到案。在谢万锡等原告看来，这是余干县和差役舞弊故意抗延的结果。至此，我们不难明白，此案的关键在于把余干其他被告人犯提解到案，两造当堂接受新建县主讯问，方能避免各说各话的局面。但是，此案的两造分属两个县管辖，新建县主并不能直接差人去余干县提人，必须经过余干县衙的协助，所以案件的审理过程并不容易。

（二）小湖讼争

嘉庆十三年（1808）九月十日，余干县康山村王盛三赴鄱湖营都阃府、捻司衙门具禀上控鄱阳县莲湖村朱瀚川等聚众抢去该族王源八船网、衣被，详文如下：

> 王盛三为蛊众明炬，持械凶掳，迫叩移究事。民族祖遗课湖一所，向与张、袁、胡四姓共管之业，课纳府库三区四甲，串票炳据，历管无异。适今八月十七日，民族王源八等在己课湖取鱼，飘遭鄱邑朱瀚川等挥众抢去货物，人幸无伤，物失甚细，畏伊势焰，忍置未伸。奈民等住居湖滨，靠渔活命，不取不食。迨今九月初八日，仍在己湖取鱼，泊居东北汛首，不料二更时分，又遭朱瀚川蛊集多人明火持械，将民等船只、衣被并寄汛钱米、网物抢掠一空，汛目李怀玉等确见。奈伊凶锋难遏，民等乘间脱命。似此蛊众凶掳，律应大辟，非叩速赏移究，酿害匪轻，苦民一族老幼赖渔资活，无辜屡遭掳害，民难安生。

为此情迫汤火，粘呈失单。伏恳速赏移究，按律详办，命课两赖，上禀。①

这是一份王家保留下来的诉讼抄案册，细述了该案的前因后果。在上引禀文中，王盛三提到自己族内有祖遗课湖一所，历来与张、袁、胡四姓共管，并向饶州府三区四甲纳课，有纳税串票为据。颇为奇怪的是，在王盛三控词中，没有明确列出具体的湖名，只是泛泛地称之为"课湖"。早在八月十七日，王源八在该湖取鱼，就遭到鄱阳县莲湖村朱瀚川等的"抢掠"，但没有人受伤，因"畏惧朱家的势力"，没有向官府告理。九月八日，王姓族人仍在该湖取鱼，停泊在东北汛附近过夜，却又遭到朱瀚川等人的"抢掠"，有汛目李怀玉见证。再次的"抢掠"，使得王姓族人难以取鱼安生，先就近向鄱湖营都阃府、捻司衙门具禀上控。

九月十二日，王盛三又赴余干县衙门上告，请求县主"速关拘究"。但是，余干县主却做了如下批语："查律载，原、被在两处州县者，听原告就被论官司告理归结，又例载赌博等事，即于犯事地方告理各等语"。余干县主认为，按照《大清律例》，原、被告分属两处州县的，听从原告就被告论官告理的原则，但是赌博等事，又要在犯事地方告理。于是，余干县主把王盛三的诉状发还，要求王盛三照例赴犯事地方所属州县控告。九月十四日，王盛三再次赴县控告，提出"康山汛统归余邑所辖，故鄱湖凡有报抢夺者，无分东北西南，阃宪统移余主究办"的主张，再次请求余主受理。基于此，余主批："准关提讯究。"

然而，就在王盛三赴余干县控告的当天，即九月十二日，莲湖村的朱海南也赴鄱阳县和鄱湖营阃府控告。奇怪的是，在朱海南的控词内，并无提及王盛三控诉之抢掠事，只是提及朱姓之蚌壳湖与余邑胡、张、王三姓的小湖相连，胡、张等姓历无越界，但是袁姓

---

① 曹树基主编，刘诗古、刘啸编《鄱阳湖区文书》第 6 册，第 238 页。

素不守分，又乘着两姓还有讼案未结，更是纠集王姓越界侵窃朱姓湖鱼。由此，两姓互控不休。

（三）蚌壳等湖之争

余干县康山村与鄱阳县莲湖村隔湖相望，两姓湖洲也大都毗连。嘉庆十二年九月八日，莲湖朱家多人赴羊屎洲砍草，被康山袁氏族人抓获送余干县究办，此后朱、袁二姓围绕两村中间地带的湖、洲之争多次酿成人命重案。在袁氏保存下来的众多诉讼文书中，就有一本记载嘉道之间朱、袁二姓控争蚌壳等湖的抄案册，共计 35 页。该册开篇就提道：

> 署鄱阳、余干县为禀明事。道光三年十二月十二日奉宪台牌，开道光三年十二月初七日奉布政使司潘牌，开奉巡抚部院程批，据鄱阳县民朱据尤呈称，缘民族蚌壳等湖坐落袁文达等妄占羊屎洲下，有争洲部案可凭，藩照府册，印串迭据。讵袁文达等倚恃占洲得志，复于二十五年以来，纵令族匪袁恒山等盗窃民族蚌壳等湖鱼利，并沿河劫掠，激民粘呈领字具控府县，并控藩、臬二宪，批府檄饬鄱、余两县会勘究详。旧蒙余主李爷委员金爷诣勘，民族蚌壳湖坐羊屎洲下，沙洪口湖坐沙洪洲旁，泥湖坐棠荫瓢蛇山，太溪等湖均各坐民鄱疆。袁文达妄扯不是，袁业小湖而大灌等湖，统坐余境，与吴姓北口毗连。嘉庆二十五年，胡寿山争界命案可凭。袁文达等抗不赴案，民迭禀催，府县批关虽严，袁终不到。现又纵匪携带枪铳，日在民湖强取，民不敢阻，似此铁案莫结，只得抄案匐叩。[①]

这是一份鄱阳、余干两县为禀明朱、袁二姓争湖案情给上级的禀文，其中引述了朱据尤之前的呈控内容。控词的内容大致可概括如下：

---

① 曹树基主编，刘诗古、刘啸编《鄱阳湖区文书》第 2 册，第 174～176 页。

朱姓有蚌壳等湖，坐落在袁文达妄图占据的羊屎洲之下，朱、袁二姓为此洲曾有诉讼案可资查证。因袁姓在之前的草洲纠纷中获得了优势，嘉庆二十五年以来，企图"以洲占湖"，"纵容"族人袁恒山等在蚌壳等湖盗取鱼利，并在沿河劫掠船只，促使朱氏上控府、县并藩、臬二司，获批鄱阳、余干两县会勘。余干县主曾派金爷会同鄱阳县一同会勘，只是袁姓指称网取鱼虾之处系在羊屎、坐水洲边，而朱姓则指称系在小湖。然而，对于小湖位于何处，朱、袁二姓也各指一方，难以勘断。

上引朱据尤控词中的"呈领字具"，朱、袁二姓在各自的控词中也是各有表述。在袁文达的控词内，称："藉民族土名小湖，近坐伊姓门首，凡民赴该湖者，辄擒而勒写犯字，希符占计控县。"由此可知，在袁氏族人看来，控争之湖实为己业，朱姓拿获袁氏取鱼者，并逼迫他们书立永不犯字，是为了保留两造赴县控告时的证据。与此相反，朱慎权在控词中提到"民族世管蚌壳等湖，照呈在卷，册据在府，冤遭余邑已革刑书袁文达等占洲得志，纵匪袁恒山等屡次在民蚌壳等湖窃鱼被获，迭央钱雨田少爷并两县亲友程效骞、王德成等求领，领归仍窃，致民粘呈究，袁文达等匿不到案"。朱氏的表述肯定了立领犯字的正当性。

清代司法中依案情轻重分"重情"与"细故"两类，但这种分类并未形成明文的制度规范，仅在于州县官主观上对案件的轻重把握。[①] 以上三起争湖讼案的控词中，全系争湖取鱼之利益纠纷，但都提及了"聚众纠抢"的行为。在新建县谢万锡等人的控词中，屡次提及"聚众至十人以上，亦干例令"、[②] "切聚众纠抢重件"和"纠

---

① 俞江：《明清州县细故案件审理的法律史重构》，《历史研究》2014 年第 2 期，第 40～54 页；邓建鹏：《词讼与案件：清代的诉讼分类及其实践》，《法学家》2012 年第 5 期，第 115～130 页。

② 查《大清律例》在《盐法》第六条例文中有"凡民兵聚众十人以上，带有军器兴贩私盐拒捕杀人及伤三人以上，为首并杀人之犯，斩决"之记载，但只是针对"贩运私盐"之行为的律例。

抢聚众并非细故可比"等语。此外，嘉庆十四年十月一日，余干县正堂陈在写给鄱阳县正堂冯的移文中，也提到"王盛三具控朱海南等纠众明火持械抢掠船网、什物"事关"抢占重案"。由此推断，无论是当事人或州县官，都把"聚众纠抢"性质的纠纷视为"重情"案件，而非一般民间"细故"纠纷。

以上三个争湖讼案的两造都分属不同的县管辖，按《大清律例》的规定，控诉应该归犯事地方审理。但是，无论是原告还是被告，都更愿意在自己所属行政区内进行控诉。这些纠纷的发生，都在于两造对湖权及取鱼界线上的不同主张，从而引发抢掠及械斗之事。此外，在州县审理阶段，审案官员很关键的一步是要提拘两造人证到案讯问，否则两造的控词各执一词，根本无法分辨是非曲直。但因两造"隔属"审理，人犯的提解尤为复杂，各县主往往"各子其民"，更是增加了提解人犯的阻力和难度。① 加上很多湖面的自然边界不清，对同一个湖面各姓人等也会有不同的称呼，在诉讼过程中，两造各执一词，县官的审理又要受到季节的影响，因春夏渺水季节无法进行实地查勘，只能等到秋冬退水之后，才能审断。

三　告理制度与官府角色

在过去的法律史研究中，对清代县官在各类纠纷案件中的作用，主要有两种代表性看法：其一，滋贺秀三认为由于只有一些零散而不具体的法律条文，州县官在民事案件中并不能像裁判员一样，按

---

① 时至今日，纠纷的"隔属"处理问题依然存在。2012 年 5 月 24 日，新建南矶乡渔民与余干康山乡渔民为了"东湖"的捕鱼权再次爆发激烈冲突。在两方人员的械斗中，致死南矶乡渔民一人，酿成"5·24"事件。据康山乡原书记洪占强先生口述，"5·24"事件发生后，他首先想到的是要确认事发地点，当时比较担心的是争抢械斗发生在新建县境内。如果事发在新建县境内，此事将由新建县公安局、渔政局调查处理，不免会对康山乡不利。这从侧面说明，直到今天两县渔民纠纷的发生，依然还会存在"隔属"审理的顾虑。

照既定规则做出明确的裁定，而是主要起着教喻式的调解作用；① 其二，黄宗智认为滋贺秀三没有区别州县官的"听断"和民间的"调处"，从诉讼档案中看到的州县官听讼，一般极少从事调解，堂讯也多是当场断案，是非分明。② 最近，俞江对黄宗智的观点重新提出了商榷，认为黄宗智"清代州县官一贯是依据法律作出判决"的结论没有反映事实，夸大了律例在细故审理中的作用。此外，黄宗智把判词视为唯一的结案形式，就忽视了一大批"官批民解"和自行和解的案例。其实，州县官是重视调解的，只要有可能，就会促使或命令调解。由此，州县官的"审"与民间的"调"并不完全割裂，反而紧密联系。③

（一）告状不受理

在《大清律例》之外，各地方官员都会颁布自己辖区内的案件受理规则，即"状式条例"。这种条例一般印制在状纸之末，重点约束案件当事人的各种诉讼行为。在目前所及的鄱阳湖区诉讼文献中，一共有二十余份嘉庆年间的状式，末尾之"状式条例"基本相同，如下：

> 一告衙蠹索诈无赃，数月日过付，命案不指明伤痕、凶器，盗窃不开出入情形、赃物确数者不准。一婚姻无媒约、婚帖，田土、坟山无契据、粮额、界至者不准。一无故以妇女出名，或牵连妇女，并罗织多人，及老幼、笃疾、废疾，并绅宦、生监，妇女告状不开抱告，亦系老幼不开年岁、歇家住址、姓名

---

① 〔日〕滋贺秀三等：《明清时期的民事审判与民间契约》，王亚新等译，法律出版社，1998。
② 黄宗智：《清代的法律、社会与文化：民法的表达与实践》，上海书店出版社，2001。
③ 俞江：《明清州县细故案件审理的法律史重构》，《历史研究》2014 年第 2 期，第 40~54 页。

者不准。一字多逾格，准迭写，隐匿真情，吞吐其说，或故人乡音土语，有意含糊诈愍者不准。一抄呈原案，混行贴签，指驳者不准。一词内不直书被告名字，混写彪虎、豪悉及从前示禁一切讼师恶派上字者不准。一不遵告期，拦舆喊控者不准。一正副状式，每套止许卖钱，代书叙稿，呈用戳记，每词止许取银五分，如敢任意多索，察出重究。一代书写呈，照依原告口词，据情直书，如敢装点捏饰，颠倒是非者，除原告照诬告治罪外，仍将代书一并究处。一旦被人控告即以原名具诉，或注明某人即某人字样，其有弟男被告，而父兄出诉者，声明服制，违者重处。一催人代遁词状者，除不准外，先将代遁之人重责。一被告不得过五人，词证不得过三人，如违例罗织多人者不准。①

该条例对状纸的书写格式、控词字数、案情叙述方式及特定诉讼人群等进行了限制和说明。有研究指出，"状式条例"中的很多内容其实不过是《大清律例》的进一步细化。但是，就算状纸全部遵照了"状式条例"之规定，依然可能被州县官拒绝受理。嘉庆十三年九月十二日，余干县康山村王盛三赴县衙门控告朱海南等持械抢掠事。余干县主写了一条很长的批词，内称："查律载，原、被在两处州县者，听原告就被论官司告理归结，又例载赌博等事，即于犯事地方告理各等语，今尔被朱海南等掠去衣物在东北汛边，该处地方系鄱阳所辖，朱海南等又籍隶鄱阳，着即照例前赴犯事地方控告可也，单发还。"这表明，余干县主拒绝受理此案，并援引了《大清律例·刑律·诉讼》"告状不受理"②律文和"越诉第十四条"③例文之规定，要求王盛三赴犯事地方鄱阳县控告，状纸发还。不难发现，州

① 曹树基主编，刘诗古、刘啸编《鄱阳湖区文书》第3册，第8~9页。
② 马建石、杨育棠主编《大清律例通考校注》，中国政法大学出版社，1992，第879页。
③ 马建石、杨育棠主编《大清律例通考校注》，第872页。

县官对《大清律例》之各式条例还是比较熟悉的，在日常受理案子时也会援用。

不过，王盛三在看到县官的批语之后，并没有转赴鄱阳县控告，而是在九月十四日向余干县衙门第二次呈送了状纸。为了回应县官的批语，王盛三在第二次的状纸中新增加了一段内容，称："切康山汛统归余邑所辖，故鄱湖凡有报抢、报夺者，无分东北西南，阃宪统移余主究办，宪可移查，蚁湖坐落康山汛，余邑界内，越界强掠犯事之处系蚁余邑地方，蚁是以吁请宪究，就地控告。"王盛三认为，康山汛归余干管辖，而与朱氏控争之湖又坐落康山汛余干界内，犯事地方应该属于余干界内，希望可以在本县控告。经过王盛三的解释，余干县主并没有再提出反驳意见，而是在状纸末尾批了"准关提讯究"五字，受理了此案。在县官第一次依律驳回原告的控诉之后，原告还可以有继续申诉、具禀上告的机会。

在上述三起湖案中，也确有不遵守"状式条例"之规定，导致控状被拒的情况。嘉庆十年五月十八日，新建县民谢万锡等因与余干大塘吴氏控争东湖一案在新建县候审，由于余干县"一味抗搁"，只解到三犯到案，其首犯伏犯，一直不到，以致新建县迟迟不能审理。为此，谢万锡等奔赴藩宪（布政使）控告，称："前二月内，奉府委员提拿，才解三犯，其首犯伏犯，仍抗不到，民以拖陷情惨，即恳县审，乃守候至今，现犯既未审理，余犯亦未催提，惨莫如何，切聚众纠抢重件，俱经文武官员，验报属实，事关课湖，五年三犯，该犯并非化外，何以弊抗五载？"谢氏等人因新建县对案件的审理过于缓慢，候审日久，于是就直接向布政使呈控，只抄粘了一份鄱湖营的移文，并没有附上新建县、南昌府的处理文件。

对此，藩宪批有一段长文："查例载，凡控告状内，将控过衙门，审过情节，开载明白，上司方准受理，若未告及已告，不候审断越诉者治罪等语。本司颁发状式，已将各例开载于后，今尔具控词内，并不遵照声明，该代书又不查明，混用有案小戳，均属不合，着即另行叙明，呈候察夺。"在批语的开头，藩宪依然先是援引了

《大清律例·刑律·诉讼》"越诉第十三条"例文①的内容，指出谢万锡等人的控状已属越诉行为。随后，又指出谢万锡等人的控词并没有遵照"状式条例"进行书写，且代书混用了有案小戳，都是违犯规则的行为。查《大清律例·刑律·诉讼》"越诉第十三条"例文之内容，还有"上司官违例受理者，亦议处"的规定。② 这也就是说，上司官如违例受理，也要受到处罚。律例虽规定对越诉者要治罪，但藩宪并未对谢万锡等人进行处罚，而是指出不合之处，要求"另行叙明"。

上述内容表明，地方官员在受理各类民间控状时，大多遵循了《大清律例》的规定。对于状词中的"不合"之处，各宪在批词中也会援引律例条文进行解释或说明。但是，地方官员对于有"不合"之处的状告行为，如不候审越诉、不赴犯事地方呈控，并不会按律例进行处罚，甚至还会再给予呈控的机会。从地方官可以熟练援引《大清律例》批示案件的审理看，《大清律例》之各式条文并不是停留在纸面上的"摆设"，而是部分进入了地方实践。

（二）地方官的批词

清代的诉讼一般有三个基本的阶段。第一阶段从告状开始，到州县官做出初步反应为止。这里所谓的"初步反应"即是州县官的"批词"，会成为诉讼过程中公开记录的一部分，当事双方在赴县候审前，一般都能通过吏役、传票或张贴的榜示得知其内容。③ 由此"批词"可以成为我们观察地方官员对案件审理态度及官府角色的切入口。一般而言，州县官对涉讼人的每份呈词都会加以批阅，诉讼当事人如要再次呈控，总是会把之前州县官对上次词状的批语进行复述，以此增加州县官对先前案情处理的了解。在大多数情况下，

① 马建石、杨育棠主编《大清律例通考校注》，第872页。
② 马建石、杨育棠主编《大清律例通考校注》，第872页。
③ 黄宗智：《清代的法律、社会与文化：民法的表达与实践》，第108~112页。

州县官在撰写批词时都会非常谨慎，字数少则一两个，多者几十个，简单明了，力求准确。

在前文的讨论中，已经分析了两例批词，都对呈状提出了质询，没有直接准理。在嘉庆十三年九月十日开始的余干县王盛三控告鄱阳县朱瀚川、朱海南持械抢掠一案中，王盛三先是就近向鄱湖营阃府具禀上告，两天之后才赴余干县衙门递交呈控状。在第一份状纸上，余干知县批写了意见，认为王氏应赴犯事地方鄱阳县控告。又过了两天，王盛三再次呈控，提出"就地呈控"的理由，余干知县才准理了此案，随即就向鄱阳县正堂冯写了一封移文，希望鄱阳县饬差协助余干派去的差役拘押朱海南到案，并把朱氏抢去的船网衣物押解过县，以便余干县质讯审断。在王盛三赴余干县控告的当天，朱海南亦赴鄱阳县和鄱湖营阃府具呈告词。对此，鄱阳县主批："已饬差查矣"，意指已经派遣差役去调查了。

鄱湖营本为驻防鄱阳湖的军事机构，在接连收到王盛三和朱海南的控状之后，认为"事属民情，未便越俎管理，除移明余干县正堂究办外，合就据情移明贵府，请烦查照"。于十月一日向饶州府、余干县同时发文详述了王、朱二姓控争情由。余干县虽"迭次移提"被告人等到案，朱海南等人却一直抗延不到。九月二十八日，王氏族人奔赴饶州府具控，获有批词："候。檄饬鄱阳县勒拘，移解讯究。"意思是，府宪要求王姓人等候审，并去文斥责鄱阳县赶快把涉案人员拘押，解送到余干县讯问。十一月三日，府宪在王廷兴的催审词上再次批写了意见，称："此案现据朱海南具控，已批万年县并讯，候。檄催鄱阳县拘解归案审办。"此时，饶州府收到了朱海南的具控词，并认识到纠纷的两造分属两县，此案不适合交与余干县单方面审理，于是要求临近的万年县一并审讯，以尽可能避免各县对子民的包庇。

只是，饶州府宪为何在批词中要使用"并讯"一词？十一月十八日，王廷兴又赴余干县衙门具呈莲湖朱氏"串通"都昌县民余贤杰"捏控"帮架一事，称朱瀚川、朱海南"自知抢占难掩，反即主串都民余贤傑架以抢题，牵连袁起光控伊占洲之案，县府同日并控，欲盖弥彰，致奉府仰万年县并讯。"由此不难明白，朱、王二姓控争湖业，又牵连了袁、朱争洲讼案。余贤傑，都昌人，历来租赁朱家湖池取鱼为生，因袁、朱二姓之间发生讼案，在朱姓湖池捕鱼时遭到康山村袁业九、王德成等人的凶抢。于是，朱海南、余贤傑合词上控县府。至此，案情不断趋于复杂，涉案人员也增多，余干县主陈对王廷兴的控词，批有"现据余贤傑控，奉府宪批，委万年县与袁起光控朱海南之案并讯，具详应遵照解归万邑审办，候。差拘人证解讯"。余干县主陈根据案情的推进，要求王廷兴等遵照府宪批示，转由万年县审办。

以上批词基本属于常规的审理意见，言辞相对平和。嘉庆十年六月八日，新建县谢万锡等人因"犯串保在外"赴南昌府呈控，提及"前二月内，蒙委员提，仅得三犯解到，案发新邑收审，犯发南邑□□，大宪至公至明，民即赴县遵投，讵棍刘以赞坐省包讼，胆敢挺身□□□□□，勾通经差，捺案不讯……一任讼棍把持"等语。很明显，谢万锡等表面上指责刘以赞勾通经差，把控案子不加审讯，实际是对南昌府把押解到案的吴庆七等人取保释放表达不满。想必南昌府知府也看出了谢万锡等控状中的意思，批："此案现在严催新邑审详，尔等即赴投审，毋再匿延，至吴庆七等，经本府饬县取保，何得以刘以赞勾通经差等词，混禀不合，并严饬。"这一批词明显措辞严厉了许多，指出吴庆七等人是南昌府勒令余干县取保释放的，并不是刘以赞勾通经差所为，谢万锡等人有"混禀"之嫌，给予严厉斥责。在获知南昌府的批词之后，谢万锡等人在之后的控词中再也没有提及"勾通经差"之事。

在嘉庆十年新建、余干两县民人控争东湖案册中，总计有二十五条批词，其中有十条出自新建县，有十条出自南昌府，饶州府、按察司各有两条，布政使一条。这本抄案册并不是完整的诉讼记录，只有嘉庆十年四月十四日至十月二十四日之间的文献。这个诉讼案超出了州县自理的范畴，不仅向上告到了南昌府、饶州府，还惊动了按察使和布政使。在嘉庆十年十月，余干县大塘吴氏两次向南昌府呈控，对第一次控词南昌知府批有："尔等被控有名之人，未到甚多，屡经催提在案，尔应寄信，令其速赴余邑，投解赴省，以凭另委，秉公确审，毋得预请提案，藉词抗延。"从批词看，南昌知府没有受理吴复胜的状词，并指出吴姓被控人数众多，虽经屡次的催提，吴姓人等仍未到案，要求吴复胜给这些族人寄信，让他们尽快赴余干县衙门投到并赴省接受审讯，不要再行控诉，以此作为拖延的借口。之后，首犯吴允辉以及吴嗣昌等又分赴新建县、南昌府呈控，批词均要求被告有名人等先投到听审。

　　地方官员对当事人控状的批词，一般会直接推动案件的审理进入下一阶段。在上述王、朱二姓控争湖案中，余干县主准理了王盛三第二次控状之后，标志着案件进入第二阶段，也就是审理阶段。由于涉案人员并不同属一个县，于是余干县主需要去文鄱阳县寻求帮助，以便能顺利拘解被告人等到案讯问。但是，鄱阳县显然并不乐意将本县管辖之人拘解至他县审理究办，于是一再拖延，导致此案无法按时讯问。在本章讨论的三起湖案中，没有一个案子顺利进入了第三阶段的堂审，全部都在第二阶段止步不前，其中一个主要的原因是被告人等拒不到案接受审讯。一般而言，原告人等赴县城住在歇家候审，每日之开销及成本颇大，而被告人等久不到案，于是必定会一再"催呈"衙门尽早审讯，以便早日结案回乡。所以，一旦进入审理阶段，如衙役办事缓慢，地方官员的批词中出现频率最高的就是"候"或"催"。其中"候"是告诉当事人耐心候审，而"催"则是对差役或其他相关部门的催办。

四　"隔属"审讯与民间调解

　　前文提到，本章讨论的三起湖案没有一个进入最后的堂审阶段，全部都在审讯阶段止步不前。最大的阻碍来自无法及时提解到别县的被告人等到堂审讯，虽经屡次"催提"，仍然抗延不到。问题是原告提出控诉，州县衙门受理之后就会发出传票，传唤涉讼双方到庭候审，为什么被告人等可以屡次不理官府的"催提"，一再拖延不到呢？再则，对于这种不准时到堂听审的行为，官府为什么没有相关的法律条例可以进行约束并惩戒？

（一）"隔属"审讯的困境

在嘉庆十年四月十四日谢万锡等人呈给新建县的控词中，提到"旧迭尚差，抗无一解，幸蒙府宪□□□陈爷亲提，仍抗一月，昨仅解到三名，即首犯吴正福、吴允辉□□□□□仍行包蔽"。该案中的吴姓被控数百余犯，而新建县在差牌中仅列出九名，曾多次派出差役前往余干县提解，都没有一个提解到案，后经南昌府陈爷亲提，一个月后才提到三名，首犯吴允辉等人依然抗延不到。此后，谢万锡、张宝柱及佃人张绍谱多次赴新建县、南昌府及饶州府催审具控，各级官员的批词大体都是"候。照案关拘讯究"。直到三个月之后的七月十三日，江西省按察司同时向新建县、南昌府发出宪牌，详文如下：

> 为严催事。案查新建县民谢万锡等，具控余干县民吴允辉等，纠众肆掠、焚烧鱼舍等情一案。查此案前据该府审详，业经前司详奉抚宪批结。嗣据张宝柱等，复以吴允辉等纠抢烧舍等情续控，并据鄱阳县民张绍谱及万昭态等，复控请檄提，又经前司批饬南昌府，确查究报，并据吴复胜、谢万锡等以捺蔽延搁等情，赴司具控，亦经本司迭檄饬催拘在案。延今日久，仍未据究详，实属疲玩。兹据谢万锡等以刘以赞贿串县差取保私逃等情，控催前来，除词批示并行南昌府、新建县外，合就抄词严催。为此牌仰该府、县立即查明，前批词控，及今抄词檄催事理，迅速专差干役，前往余干县，守关拘吴允辉等，务获到案。随督同南昌府、新建县一并确究实情，详候察夺，至保户刘以赞，有带串差张锦等，私放吴复胜等情事，并即查明

　　*办理，毋再任延干咎，切切。*①

按察司是设立在省一级的司法机构，主管一省之刑名、诉讼事务。如果说新建县与余干县之间是平级关系，无法督促其提解被告人等到案，那么南昌府、饶州府作为上级衙门，本可要求余干县尽早将所涉案犯尽速解送衙门问讯，更不要说按察司的迭次檄催。在按察司看来，"延今日久，仍未据究详，实属疲玩"，用词可谓严厉，对此案的处理进度明显不满。在同一天，按察司也给饶州府去了一份宪牌，也是严厉斥责了饶州府"一任频催，抗不拘解具报"的行为，并把此定性为"实属玩纵"。对此顽抗行为，按察司本应该向上"揭参"，姑且再严檄飞催一次，希望饶州府此次务必将吴允辉等人解赴南昌府进行究办，毋再玩不拘解。然而，纵使按察司如此严饬饶州府派得力差役前往余干县关拘吴允辉等到案，但饶州府、余干县不仅没有只字回禀，也没有将吴允辉等押解赴南昌府究办之行动。

　　八月九日，江西省按察司再次行牌给饶州府，详文如下：

　　　　*同前延今，案悬两载有余，一任频催，抗不拘解，亦无只字申覆，玩纵殊甚，本应揭参，姑再严檄飞催。为此牌仰该府，立即委员前往余干县，守提案内有名之吴允辉、吴正福、吴元贵、吴此浪、吴兆发、吴发仔、吴橘绿、吴复胜、吴庆七、吴伦十、吴毕超、吴香发等到府，限三日内，一并移解南昌府，确究详办。此催之后，如再玩不拘解，定将该县玩悮职名，揭参不贷，火速火速。*②

这份给饶州府的宪牌，比之七月十三日的更为严厉，用词从"实属

---

① 《嘉庆年间新建县南山谢万锡等控告余干县东源吴允辉等纠抢乱湖案册》，原件藏新建县南矶乡朝阳村谢氏家族。
② 《嘉庆年间新建县南山谢万锡等控告余干县东源吴允辉等纠抢乱湖案册》，原件藏新建县南矶乡朝阳村谢氏家族。

疲玩"到"玩纵殊甚"，可见按察司已对饶州府、余干县极为不满。
不知什么原因，饶州府先前接到按察司的宪牌，竟然没有给按察司
"只字申覆"，这实在让人不解。这次按察司限期三天之内要饶州府
派差役立即前往余干县，将案内有名之十二人悉数拘解到南昌府究
办，否则就要对余干县知县"揭参"不贷。八月二十六日，余干县
迫于"揭参"之压力，给南昌府去了一封"申覆文"。

> 蒙差余魁到县，奉此卑职遵即饬差勒拘吴允辉等。去后兹
> 据差禀，吴允辉即允恢，现在鲁光斗控告抢案未结，所有吴正
> 福、吴元贵早已病故，吴此浪、吴发仔、吴兆发、吴橘绿等外
> 出未回等情。据此卑职复查无异，容俟鲁光斗控案审明之日，
> 并催拘未到人证，一并另文批解。外兹奉差提，理合具文申覆
> 宪台，暂销差号，为此备文具申。①

在案内有名的人中，吴允辉与鲁光斗有控案未结，两人已经病故，还
有七人在外未回。由此，余干知县认为，只有等吴允辉与鲁光斗控案
审明之日，才能催拘其他未到人证一并解赴南昌府。姑且不管余干知
县所述是否属实，仅从文字上看，并无违例之处，就算是敷衍之词，
也难以查证。对此，新建县谢万锡等人不服，再次赴按察司和南昌府
控告，而按察司似乎也没有其他更好的办法，只得再次发文给南昌府、
饶州府和新建县，催其提解审讯。尽管一而再、再而三的催提，但此
案却一直停滞不前，只能等待吴允辉等人案结之后再催拘。

　　从江西省按察司与南昌府、饶州府、新建县、余干县之间的
公函往来看，提解涉案人员到案并非易事，不仅有两造"隔属"
上的程序不便，还有各级官员、差役的故意拖延。此外，虽然谢
万锡等人一开始在新建县控告，但由于新建县与余干县之间属于

---

① 《嘉庆年间新建县南山谢万锡等控告余干县东源吴允辉等纠抢乱湖案册》，原件藏
　新建县南矶乡朝阳村谢氏家族。

同一个级别，此案的审讯却划归了南昌府，结合前文提及的嘉庆十三年王、朱控争小湖一案，由于余干、鄱阳同属饶州府管辖，知府把此案批给万年县审理，而没有直接由府接管审讯。在原告王廷兴等看来，朱海南、朱瀚川等之所以迭催关提却拒不到案，主要的原因就是"棍恃隔属，任余干关，不若一蔽"。这表明，王廷兴认为朱海南等人抗不到案，关键就是"隔属"，任凭余干迭次关提，也无法撼动鄱阳县对本县子民庇护的弊病，一直采取敷衍了事的态度。

嘉庆二十五年（1820）八月十三日，都察院左都御史普恭等向嘉庆皇帝呈奏，摘录如下：

> 为奏闻请旨事。据江西饶州府余干县民袁名山以奇怨极枉、无路求伸等情，赴臣衙门具控，臣等共同讯问，据供民族居住鄱湖之滨，全赖洲坪湖港为业，因屡被鄱阳朱姓占害，鄱阳县主庇护本邑子民，置之度外，以致讼奸连年，凶蛮愈甚，胆于去年六月二十八日乘民族袁讨三等在己业团营港网鱼，朱慎权等辄纠众乘船持枪铳越境寻杀，追至都昌县四山地方将袁窦仔立时杀毙，袁恩祥受伤被擒，连尸带人并船物一并抢归伊穴。鄱阳县主欲生其民，即以鄱阳为死者毙命之区，一肩承当，置不究办，以朱姓初词称酿事在太溪湖者改为泥湖。民等禀府委鄱邑县丞勘覆，又委浮梁、余干、鄱阳三县会审，讯明酿事实在民业团营港……奈鄱阳县主既枉于前，终蔽于后，并不严讯朱姓灭尸，反待浮梁、余干二县回署之后私提见证，刑逼反供，又改原问之供，混捏通详，称死者毙命之区为棠荫、四山……①

---

① 《都察院左都御史普恭、都察院左都御史汪廷珍等奏为饶州府余干县民袁名山呈控袁讨三等被朱慎权等追杀毙命灭尸鄱阳县令改词捏详事》，中国第一历史档案馆藏：04-01-27-0014-018。

在普恭引述的袁名山的呈控词中，多次提及鄱阳县主"庇护本邑子民"，将余干县民的控词"置之度外"，并与余干县争夺"犯事地方"的审理权。前文已经提到，《大清律例》规定："户婚、田土、钱债、斗殴、赌博等细事，即于事犯地方告理，不得于原告所住之州县呈告。原籍之官亦不得滥准行关，彼处之官亦不得据关拘发，违者分别议处。其于事犯之地方官处告准关提质审，而彼处地方官匿犯不解者，照例参处。"① 如此不难解释袁名山控词中屡次强调"毙命地方"的意义，确定了"犯事地方"，就明确了在何处州县呈告的问题。但是，原告赴他处州县呈告，往往比在本县控告更为不便，甚至遭遇刁难，而他处州县官也多偏袒自己的子民，对原告提出的状词采取消极的态度，从而影响审讯的进度。

除了行政上的"隔属"之外，清末余干县知县黄秉湘还提及地方治理上的"四难"：其一，地方辽阔。余干县西北各乡大小四十余村，民风向称蛮悍。该区以瑞洪市为中心点，但瑞洪离县陆路九十里，水路则要一百二十里，至于康山袁姓、大塘吴姓这些械斗最凶的地方，又离瑞洪二三十里，且康山等处"孤居洲岛，与陆隔绝，风浪阴恶，舟楫难通"，从而形成"天高皇帝远"的状态，地方官府对西北乡的治理时常"鞭长莫及"；其二，绅士隔阂。各村各族均有绅耆，一切公事本可责成开导，但西北各村因有宿嫌，互相猜忌，彼此隔绝，无法秉公处理地方事务；其三，差役疲玩。余干县民悍如虎，但役缩如鼠，"东南各处差役奉公尚敢下乡，至西北各处则不敢径入村庄，必须投请绅董地保，方得转达，一饭不给，一宿不留，殴差逐役，视若故事"。因此，只要遇有案件需要"发票传人"，就不免出现"值役皱眉，承差却步，抗传不到，累月经年，积案累累，延不能结"的局面；其四，官吏懈怠。县差素忌惮西北各乡的蛮悍，不敢轻易勒传涉案各犯，以免滋事。遇有械斗等人命重案，派道府

---

① 马建石、杨育棠主编《大清律例通考校注》，第 872 页。

大员带兵拿办，不仅供费巨大，且委派各员多坐城镇中，或驻隔该村较远之处，不敢入村拿凶。这些营兵并不是不能入村拿凶获犯，而是知道此地民风蛮悍，势必抗拒，互相格杀。有此"四难"，历任余干县官只能采取"姑息"和"将就"的态度，束手无策。①

这份奏牍是在黄秉湘刚到任余干县不久之后写的，以陈述余干西北乡民风蛮悍，难以进行有效治理，请求宪台给予军事、律法等多方面的支持。此外，黄的奏牍还反映出至迟在清末，余干西北乡康山一带滨湖村庄及人群依然还是"业渔者多，务农者少"，且"因细故微嫌互相斗杀，遂致子孙累世结成深仇"。② 至此，不难发现，屡次"催提"不到固然有"隔属"审理的客观因素，但水域社会本身的"捉杀""械斗"等蛮悍风气的存在，以及"天高皇帝远"的水、陆隔离状态，都给司法审理带来了阻力，从而使审判陷入停滞的困境。

（二）久讼不决下的调解

原告在城候审，而被告久催不到，于是原告只有向州县衙门连续催审。嘉庆十年四月十七日，张宝柱等人向新建县呈送催审词，提到"迭奉严提，抗庇五载，兹蒙府主严明饬委陈爷亲提，首犯吴正福、吴允辉等展转捏故，仅将吴庆七等三犯解案，其余数百余名凶犯，一并藐抗，切民拖陷五年，赔课绝命，流离法城，冤苦万状"。在整个诉讼过程中，虽然新建县、南昌府、按察司一再向饶州府、余干县催提人犯到案，但被"抗庇五载"。张宝柱等人表露了自陷入官司以来的处境，不仅虚赔了国课，还要一直流离在县城候审。

同年五月二十六日，佃湖人张绍谱向新建县呈控，提及"泣民

① 《余干县俞省三条陈地方利病恳求破格准予四事禀批》，《江西官报》1904年第19期，第12～23页。
② 《余干县俞省三条陈地方利病恳求破格准予四事禀批》，《江西官报》1904年第19期，第13页。

农业穷民，旧蹈半载，今自二月二十日来城，迭叩前宪，守候法门，延经四月，未蒙一审，可怜衣被典尽，农务抛荒，查此凶恶，惨苦万状"。这些用语可能有些夸张成分，但张绍谱身为农民，租佃谢万锡、张宝柱等东湖设箔取鱼，却遭到余干县吴正福等人的抢掠，于是联合湖主赴县控告。在二月二十日来城之前，已经陷入官司半年了，之后一直守候在新建县衙门候审，却"未蒙一审"。由于张绍谱是鄱阳县人，离新建县较远，在候审期间衣被等物都被典尽以作盘缠，家里的农田抛荒。由此可见一般民人陷入诉讼，需要大量的人力、物力支出。在这本抄案册中，最后一份诉讼文件的时间是嘉庆十年十月二十四日，也就是又拖延了五个月，依然未结。

由上可见，无论是湖主谢万锡、张宝柱等，还是佃湖人张绍谱，都因陷入官司背井离乡，花费甚巨，急切希望可以尽快结案。嘉庆十一年（1806）六月二十四日，由监生刘以忠、严美珍等出面，向新建县递交了息词，两造经中调解得以和解，请求销案，详文如下：

> 中人等具呈新建县宁瑞大老爷台前息词，为恩恩详销，恩全两好，以免拖累事。缘宪治民谢万锡、张宝柱、万昭态等，于嘉庆五年具控余邑吴允辉、吴庆七等乱湖纠抢案，经前府杨宪审明详结，嗣七、九两年，复缴谢万锡等，并鄱邑佃湖人张绍普（谱）以统众焚抢等情，迭叩各宪，而吴允辉、吴复胜、吴庆七等奉提到省，□以层诬并占等情，具诉五载未结。生等俱系戚友，不忍坐视□讼，兼体各宪爱民息讼至意，从中和解。但吴允辉等所控泥湖，久经祖手出典与都邑曹廷云为业。今已查悉泥湖，坐落都地，委与谢万锡等山东湖，相距八十余里，毫不相涉。而吴允辉等原不知祖典情由，以致误控在案。至于七、九两年谢万锡湖舍内所被毁失箔箭等件，比□湖中人杂，无从查出。生等理会吴允辉等量赔银两，以服谢、张各姓之心。两造俱听解释，允服无词，为此粘具允服，公呈大父师台前，

开一线之恩，息后来之祸，迅赏详销，共相和好，不惟两造沾恩，即生等亦戴□无既矣。①

在案件久讼不决的情况下，民间调解又开始发挥作用。从事调解的人都自称是两造的戚友，因不忍坐视两造具讼不结，两相拖累，于是出面居中和解。需要注意的是，戚友的调解是在两造呈控五载没有结案的情况下进行的，此时涉事双方都已经深受诉讼的拖累。中人们根据康熙八年（1669）十二月东源村吴高四所立的典卖文契，证明吴允辉等控争的泥湖，坐落在都昌县境内，早已经被吴允辉等的祖辈典卖给了都昌县曹廷云为业，与谢万锡等人的东湖相距有八十里，毫不相干，只是吴允辉等并不知情，才会产生误会，以致互讼。此外，对于谢万锡等人湖内被毁的箔簖等物，由吴允辉等赔偿银两，以补偿谢、张各姓的损失。嘉庆十五年（1810），余干县康山王、吴二姓与新建县南山万、张、谢三姓就早些年控争东湖一事进行商议并立有议约字，从中透露出康熙八年的典卖文契是康山王氏出具的。

除东湖讼案以调解销案以外，其余两起湖案也因久讼不止，最终也不得不在戚友的调处下，经过官方的认定，两造取得和解。在以前笔者曾讨论过"朱慎权等立永佃湖契"，其实就是在朱、袁、王三姓多年控争小湖和蚌壳等湖难以结案的情况下，戚友想出的和解方法。道光三年（1823），职员程丙、吴定诚、张文炎，生员程书，监生吴声杨等人呈称："缘鄱邑朱慎权等与两造均关戚友，从中劝令袁姓将承买余邑詹绍光等祖遗柴草坪田地共一所……永出佃与朱姓划草耕种管业，洲税仍归袁姓完纳，而朱姓湖北凡属部案承课分内浮水湖，亦劝朱姓概行永出佃与袁姓，仝朱姓各守本艺，共取鱼利，湖课仍归朱姓取完，向来朱姓拦栈之湖，袁姓不得籍浮混取……自此劝明，洲湖两佃之后，以湖利抵洲税，以洲息抵湖课，各完各课，

---

①　曹树基主编，刘诗古、刘啸编《鄱阳湖区文书》第 6 册，第 4~5 页。

永无反悔，永杜后祸，两造自愿出具允服，各立永佃字据，理合禀请会同详销等情。"与上文新建谢、张、万与余干吴姓控争东湖一案的调解一样，向州县官禀请销案的都是地方上的生员、监生、职员等具有半官方身份的人，但在地方上具体居中调解的往往还有一些没有功名的地方人士，如地保、族长、耆老等，经常出现的如王德纯、吴德馨等。

在收到职员程丙等人呈送的息词和各样字据之后，州县官随即就对公亲及两造人等进行了查询。据公亲职员程丙等人供称："职员们与朱、袁两姓都是亲戚，朱姓需洲划草，袁姓需湖取鱼，往往朱姓越砍，袁姓越取，屡成命案……他们都已悦服，自愿各具遵允，并佃字交给职员们呈案请销的，只求会详销案就是。"这说明，两造在戚友的调解下，朱、袁二姓相互立有永佃字据，把自己名下的湖或洲永佃给对方管业，以此解决朱姓需洲划草、袁姓需湖取鱼的矛盾。此外，两造还要出具允服字，连带典契委托戚友呈请销案。此后，州县官还相继审问了中人王德纯、高境铭等人，以及朱、袁两姓涉案当事人，以确认两造是否真的允服，并有意愿作销案处理。这表明，州县官对于民间调解也是持相对慎重的态度。

本章讨论的三起争湖控案都经历了长时间的审理过程，但都因"隔属"审理不能有效传讯被告人等到案而停滞不前，导致久讼不决，少则一年半载，多则十几载。在这一漫长的诉讼过程中，两造人等（尤其是原告）往往深受其拖累，需要长期在城候审，背井离乡，不仅家业抛荒，而且家中数年积蓄也要花费一空，费力伤财。在原告赴官告理的同时，地方社群之间也在积极寻求两造和解的办法，但在诉讼的开始阶段两造往往并不会接受戚友的调解，而是对官府做出正义的判决抱有很大的希望。结果并不理想，在州县官受理案件之后，就会发出传票，传讯涉案人员到堂接受讯问，但因传票来自"隔属"县，很多接到传票的州县和涉案人员并不积极理会，而是采取抗延不到的态度，导致案件审理无法继续进行。在清代的司法制度中，对于这种屡次催提不到的行为，并没有条例可以援用进行惩戒。案件的"久讼不决"会推动民间调解的进行，涉案两造为免于官司的拖累，也会做出妥协参与和解。

五 小结

在清代鄱阳湖地区，因湖面边界的模糊或水面权的争执，时常引发渔民家族之间的控争。这些纠纷主要发生在家族之间，鲜见渔民个体之间的控争。这与水面属于家族共管的结构有密切关联，渔民只是拥有水面的使用权和收益权，底权属于家族，即"族产私业"。沿湖的渔民在遇到纠纷时，利益被侵占的一方往往会努力寻求官府和法律的帮助，并不会直接使用家族械斗的方式捍卫湖面的利益，因为大家都明白，械斗需要付出惨痛的代价。州县衙门是清王朝的基层法庭，只有州县拒绝受理的控诉，或其判决被认为不公时，人们才会向上级衙门申诉。州县官及其代理人一般会根据《大清律例》的规定，对人们呈交的控词书写"批词"。在批词中，州县官一般会宣布受理，或说明不受理的理由。这些批词一般比较简洁，以免词多出错，无法使两造人等信服。此外，批词是州县官表达对案情看法及发出处理意见的关键途径，而涉案的两造也主要通过"批词"来了解州县官的态度和处理意见。

本章讨论的三起渔业纠纷案，都属于跨县渔业纠纷，控案的两造隶属不同的州县管辖。根据《大清律例》的规定，对于"聚众纠抢"类案件，要在犯事地方告理，这就产生了司法审判的"隔属"问题。余干县渔民与鄱阳县、新建县人发生争湖取鱼纠纷，首先要确定的是纠抢、斗殴或凶杀发生的地点，以此来确定案件该归哪个县审讯。很显然，没有人愿意赴他县控告，不仅路途遥远，衣食住行都不方便，更怕对方刻意刁难，借故拖延，久讼不决。在"隔属"案件的审理中，在提解人犯阶段往往就会陷入困局，被告人所在县往往持消极态度，不愿意配合原告所在县的催提文书，以此拖延审讯，庇护本县子民。然而，因为拖延审判并没有刑责，许多州县官基本上无视审讯的期限，于是就会引发原告人等的持续催审。

一县催审，一县拖延，导致争湖控案"久讼不决"，两造深受拖累。在州县官正式审讯陷入困局之后，地方社会的民间调解就会积极行动，在两造之间寻求和解之道。如果说，在诉讼的开始阶段，两造并不会轻易接受戚友的调解，而是对官府做出正义的判决抱有很大的希望。那么，在"久讼不决"和"劳力伤财"的现实面前，两造更容易参与和解，做出妥协。参与调解的人，大都是地方上有功名的监生、生员、职员人等，以及地保、族长等。这些人在促成两造和解、允服之后，就会向州县官呈交息词，出示和解字据，请求销案处理。在诉讼和调解之间，体现了国家与地方的复杂互动，共同塑造着地方社会的秩序。在历经长时间的诉讼而得不到解决的情况下，民间调解就会成为官方司法审判之外的补充措施。

这类财产权属纠纷就算到了堂审阶段，州县官要想做出明确的判决，同样面临着多重挑战。两造控词中所提及的湖池，很多时候甚至并无具体的名称与位置可供表述，可能只是浩渺鄱阳湖中某一块无明显界址的无名水域。由于清王朝非常有限的行政管理能力，对土地都无法进行中央层面的系统登记，更遑论那些没有物理边界的浩渺江湖水域。明清王朝并不掌握每一块土地、湖池的产权信息，唯一知道的是每年可以从这些土地、湖池征到一定数额的赋税。但是，征课册、纳税执照大多只记载了纳税人和数额，并无具体界址和方位，可以被人们用来指称任何一块土地或一片水面。因此，州县官对于民间社会财产权属纠纷案件的审理，并没有一套官方的证据系统可资参考，可能的判定只能依据两造提供的有限凭证。这些凭证之间往往充满矛盾与对立，需要通过州县官或其他胥吏的实地会勘加以确认，但会勘所需的人力、时间成本往往会让州县官与胥吏缺乏行动的动力和积极性。很多时候，这类产权纠纷只有发展到人命重案，因结案时限与职位考成的压力，才可能得到州县官的及时处理。而这类处理结果也并不完全是依据两造提供的证据做出的判决，而是出自对人命伤亡方的补偿。

第十章

结　论

本书通过对唐宋时期文人文集、诗词游记与地理志书等文献的重新梳理和考辨，并结合其他新近发现的重要乡土文献，对历史上鄱阳湖的形成和演变获得以下认识。

其一，隋唐时期，鄱阳平原可能相继遭遇了多次的水浸，逐渐由沼泽、河网向湖泊水面发展。至迟在唐中叶，在鄱阳平原的南部出现了一个被时人称为"担石湖"的水体，位于饶州与洪州之间，是当时人们往来的水路交通要道。唐代末期，"鄱阳湖"之名开始正式见载于史籍，并逐渐被当时的文人所接受，进而取代"担石湖"之名，成为鄱阳平原上各湖泊水体的总称。

其二，尽管"鄱阳湖"之名早在唐末五代就已出现，但此"鄱阳湖"的范围尚无法得到其他史料的确证。可以基本确定的是，唐末北宋初期，北部彭蠡湖水体顺着水道向上游方向侵蚀鄱阳平原，并逐渐与南部的"担石湖"水体连成一片，从而导致鄱阳平原大部沦为湖泊。但是，今天鄱阳湖的基本范围，最早在北宋末期至南宋初期的史籍中才得到广泛且明确的证明，其南界在邬子港一带，西界则临近赵家围一带，东界已到达鄱阳县附近的双港，北界与今天相似，在周溪、四望山一带。

其三，至元明清时期，鄱阳湖的南部地区相继发育出新的湖汊，湖区范围进一步扩大，与此同时在沿湖地带开始出现大量人为修筑的圩堤，开发出不计其数的圩田，虽然增加了可耕地面积，但水面的湖田化现象日益严重，湖泊面积持续萎缩。

一　中国历史上的鄱阳湖水域

据考古学界的研究，先秦以前江西境内大部基本上还是未开发状态，只有零星几个点发现了聚落遗存。在万年仙人洞、修水山背等处考古遗址，发现了稻作农业的痕迹。[①] 在《山海经》中有这样的记载："南方有赣巨人，人面长臂，黑身，有毛、反踵，见人笑亦笑，唇蔽其面，因即逃也。又有黑人，虎首鸟足，两手持蛇，方啖之。"[②] 可见那时的人对于包括鄱阳湖在内的南方地区，所知甚少，视此为"赣巨人""黑人"活动之地。西汉初年才有了统辖现江西全境的豫章郡，下设有 18 个县，近半数设置在今鄱阳湖周边。新近江西海昏侯墓的考古发掘显示，这座墓葬可能与刘贺有关，出土了大量等级高的随葬文物。[③] 有学者认为，今天鄱阳湖所在的区域在两汉时期已经有了北方人口的南迁和初步的经济开发。[④]

至隋唐时期，江西地区人口和耕地都出现了大幅度的增长，因科举制度的推行，一般人开始有了向上流动的渠道，有些江西人开始出现在中国大历史的记录中，如欧阳修、王安石、曾巩等。[⑤] 虽然唐宋以后的江西科举人才辈出，但在很长一段时期内，"鄱阳湖"并未进入大多数中国人的视野，也很少出现在各类正史文献中，只是

---

① 彭适凡：《江西先秦农业考古概述》，《农业考古》1985 年第 2 期；许怀林：《江西历史上经济开发与生态环境的互动》，《农业考古》2000 年第 3 期。

② （晋）郭璞：《山海经传·海内经第一八》，据北京图书馆藏南宋刻本影印，中华书局，1983。

③ 徐长青：《南昌西汉海昏侯墓的撼世价值》，《江西日报》2016 年 1 月 22 日第 C02 版。

④ 王子今：《海昏侯故事与豫章接纳的移民》，《文史知识》2016 年第 3 期。

⑤ 可参阅朱祖德《唐五代江西地区的经济发展》，《淡江史学》第 19 期，2008，第 37～55 页。

在文人墨客的诗词、游记中偶有提及。反而，赣江作为沟通岭南与中原的重要交通线，却时常见诸早期的文献中，其在江西历史上的意义可能远比鄱阳湖重要。在近代铁路开通以前，赣江一直发挥着重要的交通航运功能，但是鄱阳湖中自然资源的价值却是明代以后才逐渐被沿湖居民发现的。

元末，朱元璋与陈友谅大战于鄱阳湖的康郎山，并取得了决定性的胜利，为明王朝的建立奠定了基础。1364年，朱元璋为祭祀那些在鄱阳湖战斗中死亡的将领，要求在康郎山上建"忠臣庙"，设丁普郎等人的像于庙中，令有司每岁祭之，以展现"崇德报功"之意。这是鄱阳湖首次与一个中央王朝建立直接的联系，在今天的鄱阳湖地区还可以听到各式各样有关朱元璋的故事。这些"皇帝"故事成为湖区人日常生活的一部分，一代代流传下来。在明代的各类正史文献中，有关鄱阳湖的记录也大量出现，但内容都与朱元璋有关。

在鄱阳县莲湖朱家，流传着一个"神兵天降"的传说，提到"朱元璋在鄱阳湖攻打陈友谅，几年没有成功，心中着急，于是带兵到鄱阳湖察看地形，不料却遇到了驻扎在余干县康山、锣鼓山一带的陈友谅'寇军'，双方厮杀了起来。朱元璋寡不敌众，向东撤退到靠近莲湖朱家的新湖洲草坪上。此时正值春雨季节，天上阴云密布，下起了雨，莲湖朱家村和邻村一百多人戴斗笠，穿着蓑衣，手挥着草刀正在草坪上打草。看到了撤退而来举着'朱'字军旗的朱元璋军队，想必是自己的宗亲，于是就把他们放了过去，紧追而来的陈友谅匪军，误以为这些朱家打草之人是'神兵天降'，吓得掉头就跑，于是救下了朱元璋一行人"。① 之后，朱元璋与莲湖朱家认了宗亲，并称赞莲湖风水好。但是，在余干县康山忠臣庙文物保护领导小组编印的《康山忠臣庙史话》一书中，讲了一个与莲湖朱家截然

---

① 这个民间传说收集自笔者 2012 年在鄱阳县莲湖乡的田野考察，信息提供人是莲湖朱家村的朱凑早、朱安腾、朱蔚初、朱许样和朱坤顺等先生，特此致谢。

不同的故事，即"朱元璋与陈友谅争战鄱阳湖时，朱元璋有一次被打得惨败，逃到莲湖朱家，可莲湖朱家害怕连累自己，没有接纳朱元璋，倒是有人告诉他康郎山好"。[①] 这些故事情节虽然是虚构，但却真实反映出了清初以来莲湖朱家与康山之间的关系，二者因水面、草洲权属纠纷不断。

　　限于资料的不足，本书无法更多地分析朱元璋与陈友谅在鄱阳湖大战的详细情况，[②] 也难以呈现此次战争对湖区社会结构带来的影响。但可以确定的是，在湖区流传的故事显示，朱元璋登基之后，很多人在讲一个自己与朱元璋之间关系的故事，或帮助或支持，甚至借助朱元璋的故事表达一些自己想说的话。在今天湖边的很多地方，人们都会告诉外来者，这里曾经是朱元璋来过的地方，有时也会指认说某地就是朱元璋当年站过的地方，或者喂马之地。然而，可以确定有关系的只有康郎山的忠臣庙，多次重修，至今犹在。在鄱阳湖地区，除了常规的府州县体系外，还有两个藩王系统，一个是南昌府的宁王，另一个是饶州府的淮王。正统八年（1443），明英宗同意"拨饶州府近城长港一段，赐淮王府捕鱼食用，鱼课除豁"。[③] 正德十四年（1519），朱宸濠起兵造反，再次让西鄱阳湖地区陷入战火。王阳明坐镇吉安平乱，因发现有"九姓渔户"参与叛乱，平乱之后开始对渔户、船民进行牌甲登记。

　　明清鼎革以及紧随其后的"三藩之乱"，一定程度上给江西带来了影响。康熙十六年（1677）抵任都昌县知县的曾王孙，就一再提到"两遭残破，民生困苦"、"田地荒缺，招徕开垦"以及"劝课农桑"事宜。这些可以视为长期战乱的直接后果，也可以是地方官应付皇帝的说辞。此时鄱阳湖的一个显著变化是明中叶以来的大量圩

① 康山忠臣庙文物保护领导小组编印《康山忠臣庙史话》，2011 年 4 月。感谢袁景柜先生赠送此资料。
② 关于朱、陈鄱阳湖之战的详细过程，可参阅陈俊华《元末朱、陈鄱阳湖之战试析》，《台湾师范大学历史学报》第 22 期，1994，第 31～55 页。
③ 《明英宗实录》卷一一一"正统八年二月"，第 2045 页。

田开发，扩大了王朝的税粮基础。明代以来，江西都是重赋地区之一，而鄱阳湖—赣江流域又是漕粮北运的重要通道。中国第一历史档案馆留存的清代文献显示，清代皇帝了解鄱阳湖的方式，很多时候是通过地方官的奏折，其中有很多关于江西粮食收成和运漕船只在鄱阳湖—赣江水域遭遇风暴沉溺的事件。

江西地方政府为了护佑漕船，请求皇帝赐封地方神，令有司春秋祭祀，以安妥神灵、安澜卫漕，如吴城的张令公庙、左蠡的元将军庙等相继进入国家祀典。现今鄱阳湖地区流行的主要神明信仰，有令公庙、康王庙、晏公庙以及元将军庙等。[①] 其中令公系指唐代的张巡，康王则是北宋的康保裔，这些都是唐、宋时期的北方抗敌名将，被王朝相继列入祀典。这些庙宇在鄱阳湖地区的出现是个历史的过程，伴随北方动乱、人口迁移、经济重心南移，以及中原王朝向南方的权力扩张，反映了王朝国家进入江西地域社会的过程。

鄱阳湖地区港湾河汊繁密，河流纵横其间，渔产丰富，一直被视为内陆水域重要的渔场之一。然而，虽然沿湖各人群为了水面捕捞权不惜屡次争讼，乃至大规模械斗，但是渔产的经济价值却并不高，渔户的生活也艰苦。拥有湖池水面的人，与打鱼为生的渔民，往往并非同一群人，而是湖区两群不同的人。一份民国年间的渔业调查报告显示，迟至民国时期，江西鄱阳湖区各产鱼地每年产额共336000余担，但渔产基本还是以江西当地消费为主，鲜鱼每担在5～10元，盐鱼10～15元，部分运销至福建崇安、上海、汉口、安庆等地。[②] 由此，我们大致可以认为，明清时期鄱阳湖的渔产并不能对中国的鱼贸市场产生大的影响。相反，值得提及的是，有世界瓷都之称的景德镇的青花瓷则通过鄱阳湖运往全国各地。

---

① 根据笔者 2015 年 12 月在鄱阳湖地区的田野调查，包括西鄱阳湖的赣江流域及鄱阳湖东部的鄱阳、余干。关于明清鄱阳湖地区的民间信仰问题，可参阅程宇昌《明清时期鄱阳湖地区民间信仰与社会变迁》，江西人民出版社，2014。

② 光平：《江西之渔业》，《经济旬刊》第 4 卷第 2 期，1935，第 4～19 页。

二　渔课制度与水面产权结构

一些地方文献显示，现今生活在鄱阳湖周边的大族，并非原来生活在鄡阳平原的土著后裔，而是在不同时期陆续迁入的移民。在这些家族的历史陈述中，关于"湖产"来历的描述几乎都会追述至明初的"闸办"。在珠江三角洲地区，人们在追述自己的祖先来历时往往都会与南雄的"珠玑巷"发生关联，二者叙述的结构十分相似。这套移民历史表述的背后，并不一定能真实反映移民历史本身，但这种有意识的集体记忆实际上反映了定居历史与明初户籍登记之间的关系。① 与此类似，不同历史时期鄱阳湖地区人们对于"湖产"或"湖权"来历的类似历史陈述或社区记忆，实际上反映了明初重大的制度变革。

洪武初年，明王朝在鄱阳湖地区设立河泊所，派出致仕千户人等开始对湖池、港汊进行系统的丈量和登记，并对渔户、渔船和网具进行逐一造册征课。借此，王朝的力量开始正式介入到湖区的管理，而在王朝进行湖港清丈和船网造册过程中，人们也以"闸办"湖港及承纳"渔课"的方式初次取得了水面权，从而基本奠定了明清乃至民国时期湖池、港汊的产权结构。其实，在陆地社会，这种只要缴过税的土地就被推定为合法所有的基本观点也很常见。② 此后，明初编定的渔课册不仅是河泊所向渔户征税的主要依据，也成为官府和民间认定湖池、港汊业权的关键凭证。明初的造册认课不仅遵从了"优先占有"的原则，而且经过国家的渔课"闸办"制度

---

① 刘志伟：《附会、传说与历史真实——珠江三角洲族谱中宗族历史的叙事结构及其意义》，载上海图书馆编《中国谱牒研究——全国谱牒开发与利用学术研讨会论文集》，上海古籍出版社，1999。

② 〔美〕安·奥思本（Ann Osborne）：《产权、税收和国家对权利的保护》，载〔美〕曾小萍、欧中坦、加德拉编《早期近代中国的契约与产权》，李超等译，2011。

将这种"占有"合法化。在湖区的人看来,祖先的定居史与国家对湖池水域的"闸办"征课,是早期确定湖区"水面权"的两条重要原则。

在明初河泊所初设时,渔户对于"闸办"和"纳课"之事并不主动积极,加上湖池水面的丈量和渔民、船网的登记并非一件简单的行政事务,明王朝历经了十几年的时间才在鄱阳湖区初步完成渔户、湖池和船网的登记和造册,建立起一套专门的渔课制度。尽管如此,这类登记主要还是以"税课的自我申报"为基础,而不是建立在真实的湖池丈量和登记上。在明初人口数量与自然资源并没有形成紧张关系的湖区社会里,"入湖权"并非一种渔民争相竞争的资源,甚至有些渔民为了规避渔课,选择了逃亡。从很多渔民的口述中,都可以体会到捕鱼不是一件轻快的活计,不仅收入微薄,且因常年在水上作业,有着许多不可预测的风险。有些渔民家庭为了防止出现水上不可预测的风险,也出于增加渔业捕捞劳动力的考虑,沿湖渔民村落的人口增长迅速,入湖捕鱼日益成为一种竞争性资源。

在攒造程序或课册体例上,渔课册与明代的黄册基本相似,然而在内容上却与黄册的"人丁事产"登记不同,其重点在于渔课种类和税额的确定,不在"户口"和"湖池"的登记。此外,渔课册中"库甲—头户—贴户"的赋役编派结构与黄册中"里长—甲首—畸零"的结构十分相似,且"头户"与"甲首"的职能也类似,负责单独或轮流代官府向其他课户催征赋税。与明代中前期相比,清初对于承课人户的管理已经趋于松懈,加上清康熙年间"课户照票"的发行,课额渐趋固定,自封投柜的实行,改变了明代以来"以册征课"的模式,从而导致渔课册在赋役征收中的功用也有逐渐弱化的趋势。纵观明清两代,渔课册对于渔民而言都具有不可替代的意义,不仅是各族对湖管业的关键凭证,也是官府征课的依据。

明清时期并没有建立起一套水面产权的法律制度和登记办法,而是主要依赖于以税收为中心的渔课制度来认定产权归属。这套明初建立的渔课制度从一开始就面临着诸多不确定性挑战,诸如课册攒造过程中的书吏舞弊，渔户逃移和亡故，以及湖池的淤塞等。这些时刻变动的社会和自然情况，使得明初编造的渔课册无法及时反映最新的社会状况，而渔课册的更造周期非常缓慢，有时长达五十余年才能有内容的更新。于是，渔课的征收与解运不得不以某一特定年份所收为定额，长期固定不变。在《明实录》中就频繁出现"渔课在册而承课户已逃亡"的记载。在渔课定额化而课册更造周期过长的情况下，为了保证渔课册登载之税额的征收，河泊所往往佥补新置船网的渔户顶替逃亡课户纳税，甚至佥派非渔户纳课。

明末清初，河泊所相继被裁革，渔课转入所在州、县带管，课额则力在维持定额。《赋役全书》的推行，使渔课在制度上趋于固定，但经办税收的胥吏、所书仍然得以有机会上下其手，出现私勒、滥征之弊。康熙三十八年（1699），江西承宣布政使司要求各府发给承课渔户"照票"，告知具体的课米银数，让他们赴柜完纳，以杜所书私勒、滥征。这一制度设计固然理想，但因路途遥远，成本颇高，有些课户并不会每年都亲自赴府投纳，于是地方社会出现了一批包承完课的"代理人"。这些人一般由"图头"充任，专门处理地方社会与官府打交道的各项事务。在明代，可以看到只有课米多的"头户"才负有单独或轮流代官府征收或催办赋税的差役。至清代，在正额渔课之外，课户还得承担十年一届的衙门"大差"。

在这群定期向官府纳税的课户之外，湖区还活动着一群游离于王朝统治边缘的渔船户，一直被国家视为湖区秩序的主要威胁者。在"宸濠之乱"之后，王守仁在江西推行渔户牌甲编审，试图在湖区建立与陆上"里甲"系统相类似的登记制度，以此将渔户纳入王朝的管理，约束他们不在江、湖之间"为非作歹"。对于这个计划的成效，我们了解不多。同样让地方官头痛的还有那些来往江湖之间的船户管理，因其频繁的移动，明朝主要有两种方式：一是取保结于邻船、户族，类似于王守仁提出之"十家牌法"，实行邻船、户族的连坐；二是借助船只停泊埠头以及各处营汛的稽查。清代雍、乾之际，凌燽进行了革新，取保连坐之法主要用于本邑船只，而埠头、营汛稽查则专责于外地船只。此外，为了防止驻防在紧要位置的汛兵与奸盗之徒熟悉之后产生利益勾结，开始实行半年换防、按季抽换制度。嘉、道年间，更是设立了巡河委员，各县分段派员巡缉以安商旅，后因经费不足，逐渐被裁撤。

在明清时期的鄱阳湖地区，除了"官湖"和"官港"之外，其余大多数的水面都是私人或家族所有，可以被继承、买卖和转让。从大量的水面买卖契约中，不难发现明末以降鄱阳湖地区除了族内的分家析产之外，还存在一个活跃的"水面权"交易市场。因其自然特性，鄱阳湖拥有两个变动的物理"表面"。一个是"春泛渺水"时的水面，一个是"冬干枯水"时的水底。在产权形态上，"湖权"可以分割成"水面权"与"湖地权"。在"水面权"的杜卖中，交易遵循了一定程度的内部优先原则，亲族房内、本山邻人、同由人等和原先上手契的湖主都享有优先的购买权，与土地的买卖颇为相似。但是，拥有"水面权"的人并不一定就是捕鱼的人，也可能是沿湖拥有资本的投资者，从事水面的出租业务。

由于水面不能像土地一样进行空间上的物理分割，"水面权"的交易无法以面积为单位进行，只能以虚拟的"股"或"分"为单位进行转让。"水面权"之转让，与土地交易最大的不同在于，随着"水面权"在家族内部的分化和市场流转之后，呈现出股份化的占有格局，水面业主也从个人或家庭演变为家族共同体或地缘共同体。在水面不能进行空间物理分割的情况下，人们转而寻求对"水面权"进行时间维度上的切割，并逐渐形成了湖区以"年分轮管"方式进行"水面权"分割、转让和管理的模式。此外，人们也会把"股""分"与船只、网具的数量建立直接的联系。就产权的分割形式而言，水面要较陆上田地复杂得多。

简言之，明清中国虽没有建立一套国家层级的产权登记制度，但却成功建立了一套征税的行政管理制度，包括课户、湖池、船网和税额的登记等，以此维持整个国家的运作。这套税收管理制度的重点在于课户和税额的登记，以便能掌握清晰的纳税者，而不在于详细掌握土地以及湖池水面的信息。斯科特（James C. Scott）对东南亚的研究发现，对于前现代国家而言，人口远比土地更为重要，因为没有人口的土地仅仅是荒野，根本产生不了任何的财富和税收。①由此，早期国家更关注人口而非土地，似乎同样适用于明清中国。但是，随着人口的增加，国家控制了土地等资源也就意味着控制了渴求以土地为生的臣民。当人群与资源之间出现紧张时，人们就不得不积极寻求第三方证据来说明自己对某些资源的权利主张。

地方社会的普通人与国家的直接接触主要有两处，一个是纳粮当差，一个是纠纷诉讼。明清中国的产权体系基本上是以"纳税记录"和"各类契约"构筑起来的，前者是作为第三方的国家之认可，后者是地方社会财产交易的凭证。但是，这些湖池水面买卖契约显示，交易大都发生在亲族房内、本山邻人、同由人等熟人社会之间，没有出现跨地域或远距离的财产交易文契。很多的契约书写都是非常不清晰的，甚至充斥了地方性的内容，外人一般难以看懂。原因就在于，明清中国的契约缺乏国家法律制度的有力保障，无法离开特定的地域社会从事财产交易，因为权利的保障需要依靠地方中人、熟人社会等的作用。或者说，离开了特定的地域人群网络，如家族、亲戚、邻人或村庄的范围，契约很容易变成不具约束力的废纸。

三　鄱阳湖与公共资源的治理

在文献资料留存不多的宋元时期，因人口与资源之间并未形成紧张的关系，鄱阳湖的各类水面可能还是个被沿湖势豪之家占据的状态。随着明初河泊所的设立，以及随后进行的湖池"闸办"和渔户"承课"，渔课制度开始逐渐建立起来。明王朝"是渔户不得出，非渔户不得入"的规定，本来是为了保证赋税不致散失，后来被人

---

① 〔美〕詹姆士·斯科特：《逃避统治的艺术：东南亚高地的无政府主义历史》，王晓毅译，三联书店，2016，第71～82页。

们视为鄱阳湖区第一道入湖捕鱼的身份准入门槛。这在制度上限制了沿湖居住的民户并不能随意入湖捕鱼，渔民有其特定的渔户身份，但在实际生活中也存在身份的转换路径。伴随水面捕捞纠纷的出现，渔民围绕湖池水面的产权展开了长时间的博弈。在此过程中，沿湖渔民通过祖先定居历史的追溯，并结合明初王朝对湖池水域的征课册籍，用以证明祖先早就有了特定水域的"入湖权"。这些记述显示，鄱阳湖虽属公共自然资源，但却并非一个完全开放的空间，而是一个"准入"受到限制的资源单位。除了"身份"限制之外，第二个重要的"准入"限制是"入湖权"。

至迟在明代末年，就已经出现了湖池水面的买卖记录。至清代中期，伴随"水面权"的分化和转让，"湖分"越分越细碎，湖池水面的使用关系也变得异常复杂。明清中国没有制定一套明确的法律体系以规范渔民对沿海或内陆水域的使用。明初的湖池"闸办"与渔户"承课"，虽从国家制度层面限定了谁可以在特定水域捕鱼，但却没有对渔民的捕捞行为建立起有效的限制规则。由此，大多数的湖池水面虽由固定的渔民或渔民社群使用，但各类渔业捕捞纠纷时有发生，不仅渔船、网具受到破坏，而且渔民的身体或生命也因暴力冲突受到威胁。这些"水面权"纠纷不仅集中在产权的归属问题上，而且也在如何处理集体"共有"湖池的捕捞范围和作业秩序上。在没有明确限定作业时段、船只数量和网具种类的情况下，"同由"人等很容易在"共有"水面发生捕捞冲突。然而，明清时期大量契约、合同与协议的出现，都显示出了鄱阳湖渔民社群在解决公共渔业资源治理问题上的努力。

如果没有一套有效的规则可以对渔民的捕捞行为进行有效限制，那么渔民之间因竞争性捕鱼引发暴力冲突的可能就会一直存在。在多数情况下，那些直接或间接经历过暴力冲突的渔民，会逐渐认识到冲突的成本过大，并愿意协商制定出一套大家认同的捕捞规则，以分配权利与责任。这套规则需要符合两个基本的原则，一是要契合捕捞水域的自然属性，二是符合多数渔民的利益诉求，有明确告知渔民什么行为是允许或禁止的条款。渔民社群通过协商方式书立合同议约文书，对湖池水面的使用划分界线并制定捕捞规则。在一条湖港内，哪一段属于哪几个地方的渔民使用，哪一段可以使用哪几样捕捞工具，逐渐形成为习惯。

各渔民群体之间并不是单纯依靠强势或暴力方式来实现水面捕捞秩序的建立，更多的是依托地方读书人、乡耆、族老等组成的人际关系网络，部分保证了渔民在冲突发生之后的有效交流和沟通，继而通过当事双方、在场耆老以及中人的协商、监督，致力于签订"合同议约"，建立一种新的约束性捕捞秩序。可以说，在鄱阳湖地区，合同议约作为一种普遍的文书形式，在防止或调处渔业纠纷过程中，起着不容忽视的重要作用。这类合同议约文书的形成，依托于一个渔民社群内部的民间调处网络，并能够对订立议约的渔民形成一定的约束力。这些在渔民社群中不断累积的合同议约文书，包括了准入权、捕鱼点、捕鱼时段、捕鱼网具等多层次的制度安排，构成了鄱阳湖区一套"层累"的渔场使用规则。

清代中叶，随着乡村土铁业的发展和洋铁的进口，一种用铁制捆钩取鱼的新技术在湖区开始出现，但这一新技术却引发了一系列捕捞纠纷和取鱼冲突。这是因为捆钩的引入对传统的湖面捕捞秩序构成了直接的威胁，特别是与渔民传统的网具作业方式形成了冲突，即下网就不能放钩，放钩就不能拉网。然而，渔民社群对此新技术的出现进行了有效的制度回应，通过交流和协商，制定了一系列新的约束规则，如白天拉网、晚上放钩。与全球其他近海渔场的案例相似，鄱阳湖区渔民也更趋向于解决捕捞过程中各类船、网之间的物理干扰和捕捞场地、捕捞时点的分配问题，但没有资料和证据显示可以解决渔业资源的提取问题。

活跃的水面权交易市场和渔民社群之间的调处机制，都在一定程度上对湖区资源分配和产权秩序的维持发挥了积极作用。但是，市场原则和民间调处都有其自身的局限性，并不能完全解决湖区渔民社群之间潜在的利益冲突。由此，清代鄱阳湖区仍有相当一部分的渔业纠纷控告到了州县衙门，并不会直接使用家族械斗的方式捍卫水面利益，而是努力寻求官府和法律的帮助，因为人们的心里都明白，械斗需要付出惨痛的代价。沿湖各县渔民因为都需要在鄱阳湖中讨生活，水面的使用关系相对复杂，涉及沿湖十一个县，渔业纠纷的两造往往就分属不同的府县管辖。根据《大清律例》的规定，对于"聚众纠抢"类案件，要在犯事地方告理，这就不可避免会产生司法审判的"隔属"问题。

在"隔属"案件中，在提解人犯阶段往往就会陷入困局，被告人所在县往往持消极态度，不愿意配合原告所在县的催提文书，以此拖延审讯，庇护本县子民。然而，因为拖延审判并没有刑责，许多州县官基本上无视审讯的期限，导致争湖控案"久讼不决"，两造深受拖累。在州县官正式审讯陷入困局之后，地方社会的民间调解就会积极行动，在两造之间寻求和解之道。司法诉讼和民间调解，并非两个完全割裂的过程，而是相互影响。这两者不仅体现了国家与地方的复杂互动，而且还共同塑造着地方社会的秩序。在历经长时间的诉讼而得不到解决的情况下，民间调解就会重新成为官方司法审判之外的替代性处理办法。

很多时候，地方上的人为了一块地、一块水面或者一座山发生争执，只能拿出一堆买卖契约或者一张纳税执照，用以证明自己的产权正当性。只要仔细看一眼这些文书，就不难明白，这些文字里很多根本没有具体的坐落或四至信息，或者只有一个地名。很多人抓住这个地名，开始把这个地名联系到自己主张有权利的产业上，于是产权诉讼就变成了一个围绕地名实际坐落位置的争执。州县官因没有掌握土地、水面的有效信息，只能去实地会勘。两造各执一词，地方官又没有一套官方的登记记录可资查考，会勘也变成一种没有实际意义的"走过场"，并无益于两造争执的实际解决。因为这个地名可以被用来指称任何一块未登记的土地，这是为什么清代出现大量为了产权的归属而试图把土地、山脉改名的主要原因。

在目前所及的鄱阳湖区文献中，并没有任何迹象显示出渔业资源的过度开发问题。我们也没有有效办法对"资源过度开发"做出实证性的判断，一是历史资料的残缺，二是渔业资源数量本身受到自然环境与人类活动等多方面的影响，难以孤立地讲某一因素。在长期的捕捞作业实践中，渔民注意到不同鱼类的习性，从而发展出形式多样的捕捞技术。如明清秋冬季节的"禁港"制度，并非为了保护渔业资源的可持续，而是一种渔民用以大规模捕鱼的方式。鱼类游动的习性，造成了不同渔场的渔获量是不同的，从而对渔业资源的产权分配带来挑战。有些渔获多的渔场，如饶河口的"大洪流水"，就很容易成为渔民争夺的焦点。

　　明清地方官府对于湖区水面产权纠纷的处理，部分证实了地方州县审理的无效率。很多控告到州县衙门的案件，因为久讼不决和拖延日久，不得不寻求地方社会的民间调解。或者可以说，明清中国乡村社会的大部分纠纷之所以会通过民间调处自行解决，部分原因就在于州县审理的无效率。对于鄱阳湖地区而言，"水无硬界"加剧了建立排他性产权的困难，相比有固定边界的陆地社会更容易出现各类产权纠纷案件。但是，更为根本的问题在于，明清中国没有建立一套有效的土地管理制度，有的只是一套征税的办法，国家并不掌握每块土地的位置、大小、四至、产量及其产权人的信息，有兴趣的只是保证每年可以收到税。当然，国家没有一套产权管理制度，并不意味着地方上不存在一套界定产权的非正式规则。

四　鄱阳湖区以外的水域社会

　　最后，不得不回应这样一个略为可怕但又非常重要的问题，即"鄱阳湖区域以外的地方又是如何？"这个问题的背后其实是想表达，一项作为个案的区域研究，如何超越地方掌故而产生宏观的分析。这也可以说是学界对于区域研究的期望。正如科大卫所言："事实上，也只有利用宏观分析，才能明白区域的历史，而要测试这些宏观分析，就不能只限于一个区域。"一项成熟的区域研究，可以迫使研究者对中国其他区域提出新问题。①

尹玲玲在其关于明清长江中下游渔业经济的开创性研究中，已经说明了元末明初在江河湖泊地区设立河泊所征收渔税是一个全国范围内的现象。② 与鄱阳湖地区相似，洪武十四年（1381）是个很关键的时点，王朝派出致仕千户翁等到各地丈量水域、核定面积以及攒造课册。元末明初文人童冀曾写有一首《渔荡行》，提道：

> 永州江清稀见鱼，永民岁岁输鱼租。
> 当年差官闸湖荡，尺水从兹起波浪。
> 江滨湖岸多沙洲，一望不见天尽头。
> 常时风色黄尘起，一夜雨声潢潦流。
> 丈量绳引计顷亩，半抑编氓强分受。
> 黄绫大册书入官，岁岁催粮烦甲首。③

这是童冀在湖南永州地区观察到的明初差官闸办湖荡、丈量湖池水面以及编课入册的情境。此外，在太湖地区，亦有"里长逋窜甲首出，相将荡漾水晶窟。上下从流细丈量，长绳细算牛毛密。河泊编氓居釜底，天赐青草一带水"之记载。④ 可见，作为明初制度性的湖池"闸办"、水域丈量与河泊所编户造册登课，偶有被明清时人记录下来，并非只是地域性现象。

这类河泊所及渔政制度的变迁研究，从制度史层面提供了一个观察王朝管理江河湖泊水域及渔户的切入口。但是一个明显的不足是，这类制度史研究没有呈现出地域社会及人群对一系列制度的应

---

① 科大卫：《皇帝与祖宗：华南的国家与宗族》，卜永坚译，江苏人民出版社，2009。
② 尹玲玲：《明清长江中下游渔业经济研究》，第 300～301 页。
③ （明）童冀：《尚絅斋集》卷三《南行集》，载《丛书集成续编》第 169 册，台北，新文丰出版公司，1989，第 175 页。
④ （清）金友理：《太湖备考》卷一一《集诗二·丈湖行》，载《四库全书存目丛书》史部第 225 册，台南，庄严文化事业有限公司，1996，第 203 页。

用和互动过程，也无法回答当河泊所和渔课制度出现在水域社会时，当地的人群结构以及水面产权结构是怎样的？徐斌关于两湖地区湖池水域的所有制研究，对深入这一议题的讨论非常有帮助。在明清的两湖地区，湖池水域的占有形式大致分为书院学校所有、官方祠祀所有、王公贵族所有、一般民众所有、宗族所有和地方共有等类型。随着经济的发展和产权的流转，特别是大量外来移民进入两湖地区，湖池水域的所有权日益从官方流向私人，并且因渔业生产的特殊性，产权演化模式与土地不同。① 在两湖地区，有些人也是以向官府交纳渔课的方式获得了特定水域的捕鱼权，这与鄱阳湖地区甚至土地社会相似。

从徐斌和张小也关于湖北水域社会的研究，可以看到一个与鄱阳湖地区相似的历史过程。在两湖地区发现的"赤历册"，是河泊所对所属渔户业甲的编排、具体办课水域以及承担的课额等内容进行记录的征税册籍。② 这些"赤历册"记录了承课渔户的课额以及承课的湖池水名，依然是一种基于征税目的的册籍，并非严格意义上的湖池水域登记册。对明清王朝而言，这些"赤历册"是征税的主要凭据，同时在湖池水面出现产权纠纷时，地方社会也以这类官方纳税登记作为产权正当性的主要证据。张小也对汈汊湖水域的研究，显示了地方社会各类人群为了湖产的归属，与周边众姓进行了旷日持久的争讼。这些频发的产权纠纷，无疑强化了水域社会人群的权利观念，于是他们也更为重视相关历史文书的保存。③

对于明清洞庭湖区域渔课制度与水域社会的研究并不多见，相反堤垸纠纷吸引了更多研究者的注意。已有的文献似乎也看不到渔

① 徐斌：《明清湖池水域所有制研究——以两湖地区为中心》，《中国社会经济史研究》2006 年第 1 期。
② 徐斌：《明清河泊所赤历册研究——以湖北地区为中心》，《中国农史》2011 年第 2 期。
③ 张小也：《明清时期区域社会中的民事法秩序——以湖北汉川汈汊黄氏的〈湖案〉为中心》，《中国社会科学》2005 年第 6 期。

民社群之间捕捞纠纷的存在，关于"公共池塘资源"的治理困境在洞庭湖的实践历史只能期待将来的进一步研究。但是，江南地区的太湖及其大量的河流水网则显示出了一些不同的情况。张朝阳的研究指出，17～18世纪江南的官湖、官河是一种真正意义上的"公共资源"。[①] 这不得不让人联想到萧山的湘湖和丹阳县的练湖，前者有水利灌溉的功能，后者则兼有水利和漕运的功能，因此在历史上这些湖泊被赋予了"官湖"的性质，在管理上也给予了特别的照顾。但是，这些湖泊尽管被称为"官湖"，显然并非没有"准入限制"的公共物，而是只有特定人群才能享有灌溉或开垦湖田的权利。[②]

穆盛博对舟山渔场的研究力在分析，在长达两百年的时间里，舟山渔场的资源利用者是如何管理和使用公共资源的？他坦率地承认，公共资源的问题有时候并不一定是过度开发的问题，而是人们为了获得资源而展开的暴力争斗。其实，何为"过度开发"是一个很难界定的概念，因为我们并不掌握历史时期的完整数据，也没法排除自然环境自身对渔业资源的影响。舟山渔场的主要使用者是一群从清中叶陆续从浙江和福建来的人。这些早期来的渔民在事实上拥有渔场并确立捕捞规则，以协调他们对资源的利用。他们成立以区域为基础的同乡组织，将渔场划分为不同的片区，每一个渔帮有在特定区域捕鱼的权利。在捕捞争端发生时，地方官虽是名义上的最终仲裁人，但他们总是力不从心，效率低下，不得不将纠纷下放给同乡组织去协助解决。舟山渔场的这些捕鱼者，依靠大量的非正式策略，避免暴力冲突。[③]

自古江湖多纷争，部分原因就在于排他性权利不容易得到确立，

① 张朝阳：《公众权益与17～18世纪江南官河、官湖纠纷》，《中国农史》2016年第3期。
② 〔日〕森田明：《清代水利社会史研究》，郑樑生译，台北，"国立编译馆"，1996年；钱杭：《库域型水利社会研究——萧山湘湖水利集团的兴与衰》，上海人民出版社，2009。
③ 〔美〕穆盛博（Micah S. Muscolino）：《近代中国的渔业战争和环境变化》，胡文亮译，2015。

人们为了资源的争夺，频繁发生各类产权纠纷。大量的区域或个案研究显示，人们的自组织以及非正式规则，在处理这类"公共池塘资源"治理困境的过程中发挥了重要的作用。明清王朝在产权纠纷发生之后的有限介入，也是为了保证国课的正常完纳，并非为了建立有效的地方治理。有些江河湖泊因其自身不同的功能，所有制形式也会存在较大的差异。一些担负着灌溉及漕运任务的湖泊，王朝的介入相对其他湖泊更为频繁，立在保证"官湖"的性质，以防止被侵占。对于鄱阳湖、洞庭湖以及其他并无特定灌溉及漕运功能的湖泊，私人所有制占主导。产权秩序主要建立在国家税收制度以及民间契约制度的基础之上，并在历史实践中层累与变迁。

五 简短的结论

简言之，本书就明清时期鄱阳湖区渔课制度与水域社会得出以下结论。

其一，虽然"鄱阳湖"之名最早出现于唐末五代时期的诗文中，而后得以被接受和沿用，但今天鄱阳湖的大体范围可以被史籍文献确证的却要到北宋末期至南宋初期。虽然浩渺的湖面没有像土地一样的硬界，明晰的排他性产权不容易得到确立，但在明清漫长的历史过程中，渔民社群在日常实践中形成了一套严格的边界规则和捕捞秩序，对权利进行了限定。这些边界规则祖辈相传、子孙相继，由此形成了一套神圣不可侵犯的权利体系。

其二，虽然在洪迈生活的南宋时期，有些湖池水面已经被湖边的势豪之家占据。但是，在国家层面明洪武初年的"闸办"才是把水面从"无主"变为"有主"的关键制度。沿湖各姓以主动或被动承纳国课的方式，获得了特定湖池水面的使用权利。明清中国只建立了一套征税的渔课管理制度，并以此作为地方社会认定产权归属的办法。伴随"水面权"的买卖和转让，"湖分"越分越细碎，湖池水面的使用关系日渐复杂。明初时期确立的湖港"私有"或"族有"形态，在不断的市场买卖或租佃中逐渐向集体"共同使用"的格局演变。

其三，明初的"闸办"登课，从国家层面限定了谁可以在水面捕鱼的问题，但却没有对渔民的捕捞行为建立起有效的限制规则。那些在渔民社群中不断累积的"合同议约"文书，不断把民间的习惯或非正式的传统变成正式的书面规则，其中包括对准入权、捕鱼范围、捕鱼时段、捕鱼网具等多层次的制度安排，以弥补国家在水面产权管理上的角色缺失。国家没有一套产权管理制度，并不意味着地方上不存在一套界定产权的非正式规则。在这个意义上，地方官府和渔民社群在解决渔业捕捞冲突过程中层累形成了湖区渔民之间的捕捞规则。很多民间契约或非正式约定也借助这类诉讼得以官方化和合法化，进而成为产权合法性的凭证。这些捕捞规则的生成及演变经历了一个漫长的历史互动过程，既得益于渔民社群之间有效的调处和沟通机制，又从官方的司法审判获得补充，共同构成水域社会的常态秩序。

附录一
鄱阳湖区文书的发现、收集与整理[*]

鄱阳湖，古称彭蠡泽、彭蠡湖或宫亭湖，位于江西省北部，长江中游的南岸，被认为是中国最大的淡水湖泊。汇集赣江、修水、鄱江、信江、抚江等水经湖口注入长江。以松门山为界，湖面可以分成南北两部分，南部主湖区水面宽广，湖水较浅，北部狭长，为入江水道，湖水较深。鄱阳湖也是一个季节性变化大的吞吐型湖泊，洪水期与枯水期面积、蓄水量差异悬殊，形成"高水是湖，低水似河"的地貌特征。湖中鱼类种类繁多，渔业资源丰富。在明清时期，鄱阳湖地区主要由南昌、饶州、南康和九江四府管辖，下辖沿湖 12 州县。这些州县的设置基本被延续至今，整个鄱阳湖地区共有 11 个县，即南昌、新建、进贤、余干、鄱阳、都昌、湖口、九江、星子、德安和永修。2010 年，我们曾为收集鄱阳湖血吸虫病防治档案去过新建、进贤、九江、星子和永修五县。然而，这五个县的馆藏档案情况非常不理想，个中缘由已难以追溯。由此，这五个县没有列入笔者 2012 年第一次田野考察的范围。

---

[*] 原文曾发表于《田野与文献：华南研究资料中心通讯》2014 年第 76 期。收入本书后原文有所删节和修改。

一 20世纪50年代的渔政档案

南昌县离南昌市区近，又是我硕士期间研究的地点，与档案馆工作人员也相对熟悉，于是成为这次田野行程中的首站。值得一提的是，南昌县档案馆是江西省为数不多，或许可能是唯一做了档案数位化工作的县级馆，这给我们研究者查阅提供了极大的便利。2010 年，我第一次去南昌县查阅资料时，数位化工作还没有开始。当我说明来意后，档案馆工作人员很快从系统中帮我检索到了相关草洲文件，我抄录并复印了一些，于当天就回到了南昌市。第二天一早，坐上了南昌开往余干的班车。在车上我遇到了一位非常热心的退休老干部，到余干后他热情地帮我安排了住宿，温暖犹在。余干县档案馆尽管非常破旧，但工作人员却热情质朴，不厌其烦地帮我调阅有关卷宗，资料相对丰富，我在余干工作了三天。

（一）鄱阳县

离开余干县后，我乘车前往邻近的鄱阳县。几年前，我们曾经在当地政府部门的帮助下进入过该县档案馆查阅过资料。由于时间匆忙，加上当时关注重点的不同，湖港、草洲资料没有仔细查阅。基于此，我决定再次到鄱阳县档案馆，以求不遗漏资料。只是该馆已经从旧址搬迁到了新馆，紧靠鄱阳县委大院。由于是刚刚搬入的新馆，各个办公室的门口没有任何的标示。我一连转了好几圈，一个工作人员也没有找到，加上天气炎热，气温已逾 38 摄氏度，每个办公室都大门紧闭，为的是不让外面的热气破坏了空调带来的舒适环境。于是，我只有一个个办公室敲门询问，终于在一楼找到了档案查阅室。查档接待员是位刚来这里工作的新人，我出示了证件和介绍信，并告诉她我想查阅湖管局或水产局的档案目录。

她显得有些犹豫，并告诉我查阅一份文件，需要交纳 61 元的查档费。然而，一个卷宗的档案，少则有几十份文件，多则有几百份文件，如此仅一个卷宗，就需要支付上千元的查档费。这是我跑过的档案馆中听到的最昂贵的档案查阅费，或许她把我的查档等同于那些查阅婚姻、房产档案的人。我一再向她解释，我查档的目的仅仅在于学术研究，而非其他用处。一般而言，对于没有研究经费的学生而言，查阅有关档案用作学术研究是不收取任何费用的，这是各大档案馆通行的做法。基于如此昂贵的查档费，我最后只选取了水产局的两卷档案进行了复印，在我一再地解释和说明下，这位查档员请示了领导，允许我支付一份文件 61 元的查档费用。众所周知，鄱阳县位于鄱阳湖的东岸，水域面积广阔，湖港、草洲非常多，但文献资料的保存却比其他地方少？我内心对此充满了疑惑。

离开档案馆，我有些沮丧，但没有放弃。在门口拦下一个脚蹬三轮车。这种车是由自行车改装而来，相当于鄱阳县城的"出租车"，我询问车主鄱阳县渔政局的地址。蹬车的老伯迟疑了片刻，叫我上车，径直拐进了一条街道，十来分钟就到了鄱阳县渔政局的大门口。至此，有必要对鄱阳湖地区的渔政系统稍做简单的介绍。为了加强鄱阳湖的管理，早在 1953 年 3 月，江西省人民政府设立了"江西省鄱阳湖渔港草洲管理处"，并在环鄱阳湖各县下设了 12 个工作站。这是江西省最早建立的省级渔政管理机构。1984 年 8 月，经省政府批准，成立"江西省鄱阳湖管理局"，现名"江西省鄱阳湖渔政局"，下设湖口、星子、都昌、永修、鄱阳、余干、南昌、新建、进贤九个县渔政（鄱阳湖）管理分局，为省渔政管理局（省鄱阳湖管理局）派出机构，直接受省局和所在县人民政府的双重领导。

我上到二楼找人询问，有个中年人正在打电话，当我说明来意后，中年人即示意两个年轻人招呼我，他自己说有事出去了。在随后的交谈中，我才知道刚刚这位中年男人就是鄱阳县渔政局的局长，他走后局里的年轻人根本无法做主，不敢擅自做主让我去档案室查阅资料，只是告诉我要等局长回来。这一等就是整整一个下午，一直到下班的时间，局长依然没有出现。两位年轻的公务员示意我明早再来，今天肯定是等不来了。第二天一大早我又到渔政局办公室等候，结果工作人员又告诉我"局长在县里开会，不知道什么时候才能回来"。不得已，我再次向曹老师的当地朋友求助，他告诉我局长一会就回局里，叫我耐心等着。大概在 11 点左右，局长终于回来了，我跟他说明了自己的来意。

他告诉我，局里是有个档案室，但资料不是很多，且多年没有整理，非常的凌乱。在一番交谈之后，在两个副局长的陪同下，我们打开了布满灰尘的档案室大门，里面竖立着几个玻璃柜子，柜子里存放着散落且已经发黄的纸张和草图。他们一再告诉我，事关鄱阳湖湖港、草洲纠纷的文件，不能让我查阅，原因在于这些文件过于敏感，涉及许多棘手问题。我交涉了几次，他们很坚持，我也拗不过，只有放弃，匆忙把一些草洲图纸复印带走。

（二）都昌县

在鄱阳县折腾了这么久，但资料的搜集工作并不成功。于是，我决定启程前往都昌县。从地图上看，虽然鄱阳与都昌相邻，相距也不过 100 公里，然而都昌县境内的道路坑坑洼洼，正在整修，尘土满天，小客车开了足足 5 个多小时才到。此时，江西师范大学历史系的游欢孙老师也带着他的都昌籍学生，来到都昌县搜集资料。游老师曾是曹树基老师在复旦大学时指导的博士生，也是我在大学阶段的论文指导老师。我到达都昌县时，游老师一行已经提前到达，并已到过县档案馆查阅过目录。根据他们的介绍，都昌县档案馆的资料相对丰富。然而，县档案馆的查档员在听力上有些问题，无法听到我们的讲话，只能用笔和纸交流。

次日，我们三人再次来到档案馆。我们先查阅了水产局的卷宗目录，大约有 50 个卷宗涉及湖港、草洲协议和纠纷文件。在不断地追问下，管理员拿出了一本"特藏文献"目录，里面有清代至民国湖港、草洲文书，1949 以后的纠纷文件以及宗谱资料，内容非常丰富。遗憾的是，管理员坚持不让我们拍照复印，而一字一字地抄录对于我们这些外地研究者来说，是非常不现实的。在百般协商下，管理员允许我们部分地拍照，通过这种方式我们获得了一些有用的资料和信息。然而，不管如何劝说和解释，对于"特藏文献"，管理员始终不让拍照或复印，至今这仍然是一个不小的遗憾。

随后，我们在一幢类似于烂尾楼内找到了都昌县渔政局。不巧的是，渔政局长也不在，正巧轮到他在鄱阳湖上值班，以防止渔民发生纠纷。于是，第二天游老师带着学生去了安徽桐城等地调研，而我则直接下到了都鄱交界的乡村，试图寻找到一些族谱资料。

2007 年 4 月，我还在江西师范大学上学的时候，在梁洪生老师的指导下，曾组织过一个小组，前往鄱阳与都昌交界的"蟠龙殿"进行民间信仰的考察。因为不熟悉地名，被当地的摩托车司机带到了另一个寺庙——"百福寺"，在那里结识了一位都昌县中馆乡的朋友，对我们的考察帮助甚大。时隔五年之后，我再次到这个地方做研究，当然还得找老朋友帮忙。一到中馆朋友的家里，朋友的母亲就告诉我说："这边的族谱一般是不给外姓人看的，连同族的女性也很难看到族谱。"这也正是我所担心的，一个完全陌生的人，没有当地官方的介绍，走进一个陌生的社群，试图去查阅别人家的族谱，难免会让人起警惕之心。

七月的盛夏，艳阳高照，朋友骑着摩托车载着我，奔驰在乡野小路上。遗憾的是没有看到一份族谱，大致碰到以下三种理由：其一是管理族谱的人不在家；其二是没有族谱，早年毁掉了；其三是不知道族谱放在谁家。我已分不清哪些理由是真实，哪些是敷衍我的托词。我一连跑了都、鄱交界地区的五六个村庄，这些村庄都在县档案馆保存的文件中出现过，在历史时期曾经频繁出现过宗族间的草洲纠纷和械斗。庆幸的是，在都昌县档案馆和图书馆中，收藏了部分当地家族的谱牒资料和清代文书。其中就有民国己未年（1919）续修的《京兆段氏宗谱》，收录了大量明清至民国时期的湖池买卖契约和诉讼文件。

在我第一次走进鄱阳湖地区进行资料搜集的时候，主要集中在各县档案馆和渔政局，查阅的资料也主要是档案和谱牒。其中档案资料主要是 1949 年以后形成的湖港草洲纠纷文件和协议书，包括大量的调查报告和调解文书。可以说，这批渔政档案是我们从事档案搜集工作以来，第一次成系统、大规模的发现。而后，这批档案提供了非常丰富的历史信息，指引着我们有针对性地走访了沿湖历史时期与湖港草洲存在产权关系的近二十个村庄，搜集到了大量明清契约、诉讼文书及渔课赋册，以及散见于各村落的族谱资料。

二　明清时期的契约文书

7 月 15 日，我结束了都昌的工作，经九江返回南昌，然后乘坐南昌至上海的过夜火车回到上海。这次的走访很幸运又略有遗憾，幸运的是获得了南昌、余干和都昌三个县的湖港草洲的档案资料，遗憾的是没有能在乡村找到更多的谱牒文献，更未见明清时期的契约文书。在这 15 天的行程中，我几乎每天都跟曹老师电话汇报最新的进展情况，并在遇到困难时向他寻求可能的帮助。虽然这些渔政档案和纠纷档案的获得，对一些议题的研究非常重要，但这些文献的时段都在 1949 年之后，如果没有更早的民间谱牒和其他文献相匹配的话，我们试图梳理明清以来鄱阳湖区域历史的想法显然是不现实的。在这样的情况下，曹老师决定亲自出马，陪我再到鄱阳湖各沿湖村庄走一趟，一个一个村庄地进行走访和调查。本套《鄱阳湖区文书》收录的 10 册文献，大部分都是在这次的田野工作中陆续发现的。

（一）鄱阳县的纠结

我们此次田野工作的第一站就是鄱阳县的莲湖乡。在明清时期，莲湖是鄱阳湖中的一个岛，位于鄱阳湖东岸、饶河的下游，如今已经与鄱阳县的陆地相连，并通了公路。2012 年 8 月 31 日，我们在乡政府见到了莲湖第一大姓朱氏的老族长朱凑早先生，虽然已经头发花白，但他精神状态却非常好，也很健谈。在他的帮助下，我们找到了民国时期编印的《朱氏族谱》，以及 2003 年新修的家谱。在民国的《朱氏族谱》中，收录了许多有价值的历史信息。

此时的鄱阳湖正值渺水季节，湖面捕捞界止难以辨识，而大批渔船集中于水面捕鱼。鄱阳县渔政部门联合县公安局、乡镇等部门联合在鄱阳湖执勤，以防止渔民越界捕捞酿成械斗。于是，我们也跟随执勤大队上了渔政局的船，在鄱阳与余干交界的湖面执勤了半天。

在此之后，我们相继走访了鄱阳县与都昌县交界的银宝湖乡的鸣山金家和万家湖万氏，除了金家尚还保留有民国的谱牒之外，仅有的文献就只有近几年新修的族谱了。在渔政局的档案中，提到都昌与鄱阳交界地带，由于"两县人民路隔咫尺，禾穗相连，湖港相汊，土地插花等客观条件"，经常发生宗族或村庄间的纠纷或械斗。然而，我们并未在当地找到更早的文献资料，也就难以对这些家族明清的历史进行更深入的讨论。

一连数日，我们都没有好的进展，内心不免有些沮丧，于是决定再去一个位于鄱阳湖水域之中的渔民小岛碰碰运气。这个小岛现名叫长山岛，以前曾被称为"强山"。"渺水"季节，这个小岛与外界的联系就只能靠船只，冬季水涸之后才会出现一条泥路通往对岸的陆地。那天，我们租用了一艘快艇，冒雨在鄱阳湖上疾驰，风很大，水浪拍打着船体，湖面上飘着渔民投放的渔网，密密麻麻，时不时还可以看到一些露出水面的湖草。船工过渔网阵时，每每降速，将尾桨撬起，以防丝网缠住螺旋桨，然后又是一阵轰鸣，劈浪而去。这个小岛上主要生活着杨、陈两姓，靠打鱼为生，几乎没有土地，只有少量的柴山。遗憾的是，我们只看到了民国时期的《杨氏宗谱》，其中也没有我们需要的史料。傍晚，我们回到鄱阳县城，从长山岛原任村长手中获得了一些 1949 年以后的湖港、草洲纠纷协议书和示意图。

从这些晚近的谱牒资料和纠纷协议书中，依然可以感受到过去湖港、草洲纷争的历史痕迹，因为它们或多或少都提及家族的湖产，以及与他姓发生纷争的故事。不过，我们没有见到明清时期契约文书的踪迹，而这类文书才是我们此行的重点。我们深知，历史学首先是史料学，没有新史料，也就没有新史学。对于一项高水平的研究而言，不仅存在史料解读上的突破问题，而且存在新史料量的突破问题。如果不是关键的新史料，仅凭作者发现的几条新史料，有时候也并不足以支持一项新研究，构造一篇新论文，并推翻成说。

（二）余干县的突破

9 月 4 日，我们离开鄱阳县前往邻近的余干县。根据从档案中得到的线索，选择了余干县北部的康山乡作为此次田野工作的地点。康山又称康郎山，是明初朱元璋大战陈友谅的战场。为了工作的方便，我们联系了余干县委宣传部的常务副部长艾向荣先生，由他带我们到康山乡政府驻地。在我们说明来意后，乡政府派人陪同我们一起找到了当地大姓的族长。一般而言，找到了族长或有威望的老人，就等于找到了他们家族的谱牒。在鄱阳湖地区，家族的谱牒一般都存放在一个老房子正厅的木箱子里，轻易不示人，看谱需要燃放鞭炮。

康山乡主要有两个大姓——袁姓和王姓。遗憾的是，两姓的老族谱均在“文革”中被烧毁。2005 年，袁姓新修了族谱，王姓甚至连自己的谱系都还没有重建起来，我们能看到的仅是王家人从附近其他的王姓族谱中抄来的谱序。不过，在王家村王茂平先生的家中，保存了多份碑刻，其中一份就是王氏始祖的墓志铭，形成于南宋末期。这份墓志铭为我们讨论王氏祖先迁居康山的时间提供重要的线索。王茂平是康山当地学校的中学老师，算得上地方的文化人。当我们问到是否还有其他祖宗遗留下来的文字资料时，王茂平与陪同我们的村主任王旺凡相互使了一个眼色，这个简单的动作给了我们一丝的希望。进一步询问后，王旺凡从自己的房间里捧出了一堆用报纸包裹着的破烂纸张，不用说这正是我们想要找的契约文书。

这批文书破损严重，且非常不平整地卷在一起，几乎每张都需要先用手抚平，然后再进行拍照。在种类上，王家保存的文书有水面、湖田和草洲的买卖契约和议约合同字，立收领或经催大差字，纳税执照以及草洲诉讼文件。这批文书总共 253 张，主要集中形成于清代嘉庆、道光、咸丰、同治和光绪年间，也有少量形成于明末崇祯年间和清初康乾时期。我在拍照的时候，曹老师负责与当地村民聊天，重点在于了解，村庄上是不是还有其他的人手中保存有类似的资料。村民告诉我们，退休老乡长袁景柜先生手中好像有一些东西，上午他到县城去了。袁景柜曾任康山乡长、党委委员，现已退休在家，但依然还热心乡里的大小事务。预计袁景柜从余干县城回到了康山，曹老师就去了乡政府找他询问情况，我就一个人留在王旺凡家中继续工作，王旺凡在一旁陪同协助。在大约一个小时之后，我接到曹老师的电话，通过声音可以感受到他的兴奋。他说，袁乡长手里也保存有大量的明清契约文书。王家村的工作结束后，我立即前去乡政府，与他会合商量下一步的事情。

这对我们来说，是个不寻常的日子。这天的发现，构成了本套《鄱阳湖区文书》前六册的内容。在袁景柜办公室的老柜子里，存放着袁家村历年来的水面、草洲文献。袁景柜告诉我们，这些文书虽然年代久远，但现在依然发挥着作用，特别是在水面捕捞权的争夺纠纷中，仍然可以作为家族捕捞习惯和过去业权的证明。这类资料是湖边生活的人非常重视的历史文献，细心保存至今而没有全部损毁。在数十年的从政生涯中，袁景柜参与处理和调解过不计其数的水面、草洲纠纷，而这些文书每次都能提供重要的历史证据。在保存历史文书的同时，每次的纠纷都会留下不少的新协议或官方处理文件，他也一并保存了下来。于是，康山袁姓几百年水面和草洲的复杂历史，在袁景柜一个老旧樟木柜子里得到沉淀和延续。

在袁家保存的文书中，有一本形成于同治五年（1866）的文书目录册。在这本目录的封面上，有这样的一段说明文字，但有些字迹已经模糊不清。所幸在丁亥年（1887 年或 1947 年）有人就因"簿面纸破，字迹难寻"，重新将这段文字在另一张纸上抄录了一遍。

其案件各样字迹，查明分类，每类用布包，共计七包。原以纸包，易于破烂，布包可垂久远。后有作者，仍要依照旧章，自不至有损坏疏失之患矣。以后寻字据者，看簿落在何包字号，易于寻查，若查出看后，仍要归转原包，不可乱放别包之内，免致错误，猜疑难寻，切切为要。

在同治五年（1866）之前，袁氏就有保存各样文书字迹的传统，但是用纸包裹，容易破烂。同治五年，有袁氏族人把各样字据分类，编立字号，用布包好，共计有七包。这样不仅不易破烂，且容易查找，而后来新增之各类字据文书亦可依类分别放入布包保存，不致损害和错乱。当我们第一眼看到这批文书的时候，也是用一个已经发黄的白布包裹着。在数量上，袁家保留下来的文书要比王家多很多，大约在 600 张上下。在文书的类别上与王家基本相似，主要有买卖契约、合同议约、收领犯字、草洲底册和诉讼文书等。其中诉讼文书占的比重最大，袁家留存的文书一共可以编五册，诉讼文书就占了四册。根据内容，诉讼文书又可分为状式、移文、札书、宪票或宪牌、关文、口供、验尸图格、内堂审讯记录等类别。在形状上，诉讼文书一般要比买卖契约、收领犯字长，如完整的"状式"长 160 厘米，宽 31 厘米，垂直拉开足足有一个成年人这么高，而契约和收领犯字的长度大多不会超过 100 厘米。

另外，在同治五年的目录册中，还有一篇当时整理者袁霖写的前言：

尝思书契者，所以志天下，古今万物之事理也。无书契则前代之典章何以传，无书契则后人之事业何以垂。上古圣人结绳以治，中古圣人画卦陈畴，文明渐启，莫不有赖于书契。是书契利及于天下万世者，何其重且大，顾可不爱之惜之而珍重之乎？然而典籍文章为天下所共有，付之梓房发为剞劂废缺，尚有可买。若夫乡里之中，寻常应酬字样，大则案牍、买卖文契，小则合约、收领犯字等件，无事不甚介意，有事可执为确据，倘忽略不谨，任其废失，从何购办？悔莫能及。余于同治丙寅岁，深念族众湖港洲坪产业甚多，案迹并各样字据不少，实有关于五百余烟之要件。虽藏之笥中，年湮日久，无人修理，杂乱无章，霉烂不堪，心窃伤之，于是不辞劳瘁，悉心翻阅，分门别类，立簿一本，编立字号、目录，用作布包，某字放与某包之内，俾乱而无次者，有序可寻，且于霉烂之中细心补葺，俾之原纸虽残，字迹颇存，犹有可观，后之寻觅字迹者，极为简便明白，当不致有烦恼残缺之嗟焉。愚自愧谫劣，不揣冒昧，妄为修理，虽不敢谓有功于一族，亦可谓一族之小补云尔。

　　同治五年丙寅岁季春月　　霖　谨识

　　在这篇序言的开头，袁霖先强调了书契的重要意义。他认为，一般的典籍文章都可以在市场上买到，但乡里之中的寻常应酬字据，大则案牍、买卖文契，小则合约、收领字等，平常没有事情的时候无所谓其重要性，但若发生了诸如纠纷、争讼之类的事情，则可"执为确据"。如任其废失的话，又不能像典籍一样可以市场购买，必定会追悔莫及。此外，袁家的湖港洲坪众多，所立的各样字据也不少，都是袁氏家族五百年来之要件。但是，随着年代远去，又无人整理，散乱无章，有些甚至霉烂了。对此，袁霖于心不忍，决定悉心翻阅，分门别类，编立字号目录，装订成册，如此方有序可寻。更为难得的是，袁霖还对有些霉烂的字据文书进行了补葺，使得有些字迹留存了下来。袁霖在序中表现得很谦虚，姑且不论其对袁氏宗族的贡献，仅从文献留存的角度，其贡献也是非常大的。同治五年袁霖的系统整理，对袁氏家族这批文书的保存起到了很重要的作用，否则很多文书可能散失或霉烂。

　　由于这些文书大多不平整，卷在一起，有些已经霉烂或字迹脱落，不仅加重了拍摄工作的难度，而且还增加了拍摄的时间。当天我们没有回到余干县城住，而是直接在村上找了一个小宾馆住下，把袁景柜先生保存的1949年以后的湖港草洲协议书和其他文件，抱回宾馆继续工作。那天，曹老师与我一直工作到晚上十二点多，借着不算明亮的灯光，完成了这批文件的拍照。第二天一大早，光线充足，我们在乡政府办公室完成了明清契约文书的拍照工作。离开时，我们分别与袁景柜与王旺凡约定，开学以后，请他们带着这些契约文书来上海交通大学，我们负责整理装裱，修复好后再送回给他们。他们则授权我们公开出版。

在结束康山乡的工作之后，我们搭乘当地人的便车前往南昌市，并顺访了江西省鄱阳湖渔政管理局了解情况，结果依然令人沮丧。尽管如此，这次在康山乡大批明清时期湖区文献的发现，在给我们很大震撼的同时，也给了我们继续开展沿湖田野工作的信心。

（三）都昌县的发现

9月7日，我们离开南昌前往都昌县。在都昌县委宣传部的介绍下，我们认识了曾长期在都昌县渔政局工作，后来调任永修县渔政局工作的王旺春先生。在王旺春家中，我们看到了一些他在以前工作中搜集保存下来的湖港、草洲资料，以及都昌县各姓的新修族谱。9月8日，县委宣传部常务副部长汪国山先生和王旺春先生陪同我们从县城出发，前往都昌与鄱阳交界的中馆、南峰以及沿湖的芗溪、万户四个乡镇进行田野调查。根据在一些档案中获取的线索，这次主要是去走访中馆的段氏、南峰余晃村的余家以及芗溪、万户的洪、于等姓。这些不仅是当地的大姓，而且在草洲或湖港问题上争讼纠纷频发。

这天的工作仍然是先看谱牒，然后与村里的长者聊天，听他们讲述地方和家族的故事。我们看到的谱牒多系近一二十年里新修的，偶尔也可见到一两种民国时期印行的族谱。有关湖港草洲的文书，偶尔会在谱牒中见到零星的记载，原件则遗失或损毁。中馆的段氏保存了一本涉及湖面、草洲的买卖文契和纠纷诉讼资料的族谱，集中了清代、民国时期段氏与周边各姓买卖湖池、草洲，以及发生纠纷后产生的司法文件。可惜的是，段氏族长考虑再三，将我们婉拒在外。这种情况在乡村田野工作中时常遇到，我们也充分理解当事人的顾虑。

9月9日，我们租用了一辆出租车再次前往沿湖的西源乡和周溪镇。在西源碛上曹家，我们再次有了新的发现和收获。经过跟当地的乡民短暂交流之后，曹老师激动地与接待我们的曹元建村长来了一个拥抱。因为，曹老师的老家在鄱阳县磨刀石，而磨刀石曹家据说是宋代从都昌县碛上曹家迁过去的，如此曹老师也算是从碛上曹家分迁出去的。这层关系顿时拉近了大家的距离。虽然《曹氏宗谱》中有比较多湖港、草洲内容的记载，但我们仍然询问是否还有其他的文字资料。曹元建先生没有迟疑地告诉我们，自家楼上就有。曹老师跟着曹元建上楼去寻宝，我留在一楼继续拍谱牒。不一会，他们手里拿着一叠略显破旧的纸张下来了。在碛上曹家发现的这批文书一共约有180份，构成了本套资料第七册的内容。在种类上，也主要是湖池买卖契约、立收领字、纳税课册和诉讼文件等。在品相上，这叠文书的破损程度相对严重，由于在过去浸过水，很多纸张已经黏在一起，字迹也变得模糊。

在结束西源乡的工作之后，我们本想继续南下周溪镇，然而已经到了开学的时间，第二天就是新学期注册报到的日子。我们连夜回到了上海，田野工作也只能暂告一个段落。经过前后两次的资料搜集，我们主要获得了两类大宗文献，一是1949年以后的渔政档案，二是明清时期的契约、诉讼文书。在我博士入学之际，基本完成了博士论文的文献搜集。

故事并没有就此结束。2012年7月，我在都昌县档案馆查阅水产局的档案时，发现一份抄写于1962年的《江西省南康府都昌县渔米课册》，抄件全册共有120页。这份抄件是当时县政府用以处理渔民纠纷问题的重要历史资料。在这份抄件的开头有这样一段文字：

> 根据都昌县处理民事纠纷领导小组决定，现将都昌县北山公社邹家咀大队渔民所存《江西省南康府都昌县渔米课册》照

抄于后。其中有部分地方因原存本破旧以致察看不清，或残缺遗漏者，照样留给空白，或加注明，以便查改。

这段文字透露出一个信息，这份抄件的原件有可能还保存于"邹家咀大队渔民"的手中，只是原本就有部分的破旧和残缺。循着这一信息，2013年1月，我与曹树基教授一起再次前往都昌，找到了北山乡邹家咀村。在一个邹氏村民家中的悬梁下，我们找到了《江西省南康府都昌县渔米课册》的原本。依据其实际内容，我们将此课册原本命名为《嘉靖二十一年都昌县渔米课册》（以下简称《都昌县渔米课册》），长37cm，宽28cm。除此之外，我们还意外地发现，邹家咀村还保存了两本清代的渔课册以及清代至民国时期的契约、收领字、租湖字、纳税执照和诉讼文件，一共约350页，成为本套书中第八、九册的内容。

出于研究的需要，我一直在阅读1949年之后的渔政档案。在阅读的过程中，偶尔会得到一些关于明清时期契约文书的新线索。这些零星的线索促使我们不断返回鄱阳湖区进行田野走访。2013年下旬，我在都昌县的渔政档案中，获得了一条可靠的信息。在都昌县周溪镇邹姓渔民的手中，还存有一些明清时期的契约文书。我与曹老师商定在寒假期间一起再去一趟都昌，寻访这些文书的下落。然而，2013年对于我而言尤为忙碌，小孩的出生使我没有太多自由支配的时间。这一年的寒假，我没有回江西老家过春节，而是留在了上海。

2014年2月7日，在王旺春先生的陪同下，曹老师按照已有的线索前往都昌县周溪镇，最后在现居九江的邹氏子孙家中获得了一份《嘉靖七年高安县来苏邹氏渔民文书》。该文书记载了明洪武至永乐年间鄱阳湖地区渔课制度建立以及部分湖港、长河的"闸办""承课"情况。这份文书共有十五条记录，内容主要集中在洪武时期，永乐年间的记录只有一条，可谓弥足珍贵。只是，令人遗憾的是，我们只获得了此文书的照片，由于原件破损非常严重，又没有进行修复和装裱，且未得到邹家人的授权，无法收录到本套书中。2月8日，曹老师与王旺春又去了永修县渔政局，查阅和复印了该处保存的渔政档案。

2月11日，曹老师前往高安县来苏村，试图寻找活动于鄱阳湖的来苏邹氏的谱牒与文书，结果也令人沮丧。当天，又追寻到高安县鸬鹚村的邹姓渔民，除了族谱之外，也没有其他的发现。第二天，曹老师开车前往新建县的南矶乡。南矶乡地处在鄱阳湖之中，东与鄱阳县莲湖乡、余干县康山乡相望，涨水季节四面环水，枯水季节是一望无际的草洲、湖泊和湿地。在康山乡袁、王二姓的文书中，我们注意到在历史时期康山与南矶曾经围绕东湖的鱼利和石厥洲的获草问题频繁发生宗族纠纷。经过与当地村民的交谈，最后在谢姓家中发现了一本清嘉庆年间的诉讼抄本，一共38页。我们本想沿用之前的做法，也邀请南矶乡谢家派村民代表携带这本诉讼册到上海，由我们组织人员进行修复和装裱。但是，这项计划由于当地村民的种种顾虑，最终未能实现，只能留下这一缺憾。于是，我们只拥有该诉讼册的照片，而这些照片不仅不平整，且在视觉上欠美观，又未得到授权，故未能编入本套书中。

三　鄱阳湖区文书的整理

（一）文书进城

近些年，民间文书大量被发现。但是，我们不赞成像文物贩子一样，将村庄中各种有价值的文献，带离这块生产这些文献的村落和人群，而是主张"在地"保存，研究者使用电子版进行学术研究。为了让学术界更多的学者能够看到并使用这批文书，我们决定将这批文书整理出版。只是有些民间文书的原件破损较为严重，甚至已无法正常辨识字迹。于是，我们相继邀请了当地的村民代表携带这些册籍和文书到上海，由上海交通大学历史系地方文献研究中心组织专业人员对这批文书进行了抢救式的整理、修复和装裱。乡民们都非常热心这批文书的整理，经过双方讨论和协商，装裱好的文书原件由村民代表带回当地保存，同时村民代表授权同意上海交通大学历史系地方文献研究中心保存这批文书的扫描件，用以学术研究和文献出版。这一过程有时顺利，有时则充满曲折，现仅录三例，以备后人资鉴。

作为康山袁氏文书保管者的袁景柜先生，对于我们的行为十分理解，也深表赞同，给我们工作很大的支持。来上海后，有一天，我们俩人去宾馆看望袁先生，推开门，他正伏案写作。曹老师问："你在写什么？"答："记日记。"曹问："记了多少年？"答："几十年。"经过一番交谈，袁先生答应将其 40 年所记日记及工作笔记，全部捐献给上海交通大学历史系。现在，袁景柜的几十本日记及工作笔记已经存放在上海交通大学图书馆中。

2013 年 4 月 21 日，正值曹老师 57 岁生日，我们驱车来到邹家村。在上海时，我们一直电话联系村主任邹圣生先生，只不过，他对于是否能携带契约文书来上海，一直不能确定。因村中有人反对，当天晚上虽历经了几个小时的商谈，却一直没有结果。直到晚上九时，邹圣生告诉曹老师，村民没有达成一致意见，他们不能带这批文书来上海。曹老师满脸沮丧地对我说："这是一个最不幸的生日！"不过，曹老师并没有放弃。他让我和司机等在村口，自己再次进村，继续与村民交涉。一个小时以后，曹老师满脸喜气地跑出来。村民们同意来上海了。翌晨，我们三人开车在村口等了很久，邹圣生等却一直没有露面。直到上午九时，邹不仅将契约文书带出，而且还找来一部康熙版的《邹氏宗谱》来上海修复。这真让我们喜出望外。在邹家，宗族文献是族人轮流保管的。原来，刚才他们是去找宗谱了。

在新建县的南矶岛上，村民先是称村庄上并没有什么文书。曹老师将我们在康山村发现的资料展示给他们看，其中一份正好是嘉庆年间康山袁家、王家与南矶谢氏签订的一份合同字。曹老师一边读，一边做解释。于是，村民才将他们收藏的诉讼抄底交给曹老师翻阅。曹老师与村民谈妥，开学以后，他们可以派三人携文书来上海修补。然而，开学后，我们再三催问，何时可以动身，答复却是不来了。这令我们十分沮丧。

（二）修复与编辑

这批文书的整理，主要经历了六个步骤：一是对文书的原件进行修复和装裱，该项工作由上海交通大学历史系地方文献研究中心聘请专业的装裱人员进行；二是对装裱过的文书进行扫描处理，其中有些纸张大的文书无法一次性扫描，需要分成多次扫描，这就要求在扫描之后对文书进行图像的拼接；三是对文书按照家户、类型和性质等进行编辑、整理，主要涉及两个县的四个家族，一共编为10册；四是对各册文书的内容进行编目。以上三项工作主要由我承担；五是对照文书原件进行文字的录入，我承担了其中四册的抄录工作，其余由上海交通大学历史系的研究生协助抄录；五是对录入的文字进行校对，上海交通大学历史系刘啸博士担任初校，曹树基老师担任终校。从2012年底至今，这一整理工作进行了将近五年的时间，可以说时间和精力花费了不少，过程也颇为不易。

第一批到访上海交通大学的是余干县康山乡的袁、王两姓的三位村民代表。我们随即就组织了三个装裱师进行紧张的修复，三天之内就完成了王家村大部分文书的修复工作，交由王家村的村民带回了村庄。这批破损严重的文书，经过装裱师们细致耐心的整理，不仅实现了文书的平整化，而且也拯救了很多丢失的字迹。在此之后，都昌县西源乡礄上曹家和北山乡邹家嘴村的村民代表也陆续带着自家的文书来访。这一修复、装裱的过程，持续了将近一年多的时间，中间有过中断，并不一直连续进行。在装裱师傅完成了文书的基本修复之后，我负责拿回办公室进行扫描和拼接处理，这一过程有点类似于工厂的流水线。在对文书进行扫描存档之后，我对文书原件的尺寸进行了测量，以便能保留原件的实际大小。

这两年来，我们经手修复和扫描的鄱阳湖区文书约有 1500 余页，主要包括了契约、收领字、纳税执照、渔课册和诉讼文书等五种类型。在这些文书类型中，尤以湖港、草洲诉讼文书的数量最多，呈现的内容也较其他更为繁杂。不过，需要说明的是，在每个家族保存下来的文书中，基本上都包含有以上提及的五种类型的文本，只是在数量上存有差异。我们的整理工作是以文书保存的家族为基本单位进行编辑的，同一个家族内的文书，又依据文本类型的不同，分为契约、立收领字、纳税执照、渔课册和诉讼文书等项，每册收录各类文书近 200 页。《鄱阳湖区文书》一共 10 册，主要来自余干县康山乡的袁、王两个家族，以及都昌县西源乡的曹家和北山乡的邹家。其中余干县康山乡袁家保存的文书就占了 5 册，余干县康山乡王家和都昌县西源乡礅上曹家各有一册，而都昌县北山乡邹家保存的文书有两册，都昌县档案馆保存了礅上曹家的部分文书以及中馆段氏的一册文书族谱，编为第 10 册。

（三）内容简介

《鄱阳湖区文书》第 1~5 册主要收录了袁家保存的文书。袁家文书的时间始于明末崇祯年间，终于新中国初期的 20 世纪 50 年代，以清代的文献为主。其中第 1 册一共收录了四个类型的文书，合计 201 页。其一是同治五年三月袁氏族人自己编立的湖港、洲坪书契目录册。其二是湖港、草洲的买卖契约，也包括有各村之间的合约或议约字。其三是立收领字，涉及的收领对象有渔船、网具、银钱、尸体、衣被等物。其四是长河和草洲清册，登载有长河或草洲的四至范围、管业纳课人等信息，部分册籍还盖有官府的印章。这些文书不仅反映了明末以来康山袁家湖港、草洲文书的保存状况，还展示了族产的买卖流转情况以及承课管业的范围。袁家文书除第 1 册以外，其余四册全部系诉讼类文件，但涉及的案情却并不复杂。

这四册诉讼文书主要讲了一个袁、朱二姓因湖池、草洲争讼的故事。其中一个故事的内容可以大致简述如下：嘉庆年间，鄱阳县莲湖朱海南等见自己的课册载有"赢输洲"名目，但并无实际的洲地管业，而袁姓之羊屎洲坐落鄱湖锣鼓山洲下，鄱阳县志内载有湖图，并有"鄱阳山"字样。莲湖朱氏误认鄱阳山为锣鼓山，而羊屎洲与赢输洲土音相同，于是怀疑羊屎洲就是自己的祖业——赢输洲，只是被袁姓混占而已。嘉庆十二年（1807）九月初八日，朱可宁等十七人赴羊屎洲砍草，并在小湖取鱼，受到余干县康山袁起光等人的阻挠，抓获朱可宁等五人赴县衙呈控。嘉庆十五年二月二十日，康山袁昂四等在锣鼓山洲采草，莲湖朱达荣等赴湖取鱼路过，向袁昂四讨火吃烟，闲谈之中提及之前两姓之间的草洲讼案。袁昂四斥责朱姓控争洲地之非，致使双方互不服气，引起争闹互殴。结果，袁昂四被朱达荣等殴打身死，袁轩一被朱如珍等致伤身死，袁尼三、袁甫三被朱干妹等致伤逃走。由此导致朱、袁二姓之间的湖、洲之争渐趋白热化，并开启了一场长达数十年的诉讼案。

这个长达数十年的讼案留下了丰富的资料，有些资料已被整理成册，大多数则是散落在外。本套书的第 2 册，主要收录的是六本成册的诉讼案件的抄本，其中五个的内容是朱、袁二姓在嘉庆年间发生的草洲讼争案，另有一个的内容是光绪十四年余干康山袁家与新建县严姓之间的越界采草讼案。从第 3 册开始，收录的诉讼文书大多系单件，根据每个文书自身的特点，可以分为状式、移文、宪票、宪牌、札文、关文、内堂文书、审讯口供、验尸图格等。对于那些可以提取出完整时间信息的文书，我们按照时间的先后顺序进行编辑。至于时间信息不完整的文书，比如只有月、日没有具体年份，只有年、月、日但没有年号，或者只有日期没有年月、年号等信息，我们按照时间信息的完整程度依次排列。年号和年、月、日信息都齐全的文书，编在最前面，年、月、日完整的次之，月、日齐全的再次之，而对没有时间信息的放在最后进行随机的编排。在袁家文书中，不仅有许多无法提取完整时间信息的散件，也有一些纸张和字迹残缺不全的残件，我们将这些散、残件统一收录在了第5 册。

第 6 册收录的是康山王家的文书，主要有交易契约、收领字、纳税执照和诉讼文书。这些文书始于明末崇祯年间，终于民国时期，与袁家文书一样，也以清代的文献为主。王家保存的文书一共 253 页，文书的类型与袁家相似，但是出现了 147 件纳税执照，时间从道光十一年始，止于光绪二十五年。这些纳税执照涉及三个纳税户名，即"王兴宪"、"王元亮"和"詹王涂"。由于家谱资料的缺失，我们已经无法对这三个人进行更为详细的介绍。其实，"王兴宪"和"王元亮"两个户名在王家保存下来的其他类别的文献中，也曾经出现过。"詹王涂"这个户名更像是詹、王、涂三个姓合在一起的纳税户头，并非源自一个真实的自然人名。这些执照可以分为两类，一类是向饶州府缴纳麻铁银，另一类则是向南昌府缴纳地丁渔课。值得注意的是，"王元亮"同时向两个机构交纳渔课，即"官所"和"赵所"。

第 7 册收录的是都昌县西源乡碐上曹家的文书，主要也有契约、收领字、课册抄件、纳税执照和诉讼文件。这些文书的时间主要集中于清代和民国时期，一共 176 页。曹家文书有一显著的特点，就是曹家保存下来的契约大多系合约或议约性质的合同，仅有少量的租湖契，而没有袁、王二姓文书中大量出现的湖产买卖文契。这似乎说明，碐上曹家的湖产并不向外姓流转和出让，而是保持了一种家族共享性质的公产管理体系。在曹家的诉讼文书中，主要涉及了三个比较大的讼案。一是清乾隆年间碐上曹家与长山杨姓控争湖池案，二是清光绪年间碐上曹家因陶姓在湖汊钉椿妨碍捕鱼作业搆讼案，三是民国年间曹家与对面的长山杨姓控争柴山一案。这些争讼案都关乎各家族间的湖池界止和作业权利的确定。

第 8、9 册收录了都昌县北山乡邹家咀村邹氏文书。其中第 8 册主要包含了一本明代嘉靖二十一年的《都昌县渔米课册》，两本清代初期的《都昌县原额通共课米册》，以及一本民国十七年市二图十甲邹道三户赋税清册。此外，还收录了一份康熙三十八年的《邹祥三课户照票》。这些册籍中除了明代课册的封面和封底已经出现纸张脱落和文字残缺之外，其余的品相和内容都基本保存完整。这些资料不仅在时间上有着延续性，而且在内容上也可相互匹配，非常成系统。这给我们深入讨论明清鄱阳湖区渔课制度的演变提供了可能。

第 9 册则主要收录了邹氏文书中的契约、收领字、租湖字、纳税执照和诉讼类文件。与其他家族的文献略有不同，邹氏文书中有十张乾隆年间的租湖契，基本上是外姓渔民向邹氏租湖取鱼的凭据，其中规定了出租湖池的范围，以及租湖取鱼的价格。更为有趣的是，邹氏文书中还有大量民国年间邹祥三等完纳湖课的存票。在明初的鄱阳湖地区，国家通过设立河泊所进行渔户的管理和渔课的征解，明代中后期各河泊所陆续被裁革，至清代初期河泊所全部被裁，渔课改由各府、州、县带管，但我们一直对清末及民国时期的渔课制度缺乏了解，知之甚少。在之前所述的各姓文书中，也没有发现有民国时期渔民缴纳渔课的文献，邹氏保存的这批完纳湖课存票不仅弥补了这一缺憾，还提醒我们注意民国时期的渔课问题。

第 10 册主要收录了都昌县档案馆所藏的明清湖区文书，主要包括两个部分的内容：一是西源乡磡上曹家与周边其他人群争夺湖港、柴山留下的诉讼文书，以及曹家历年缴纳湖课、麻铁料银的纳税单据；二是民国八年（1919）中偌乡段家洲村《京兆段氏宗谱》，收存了大量清代至民国时期的草洲买卖文契，以及争夺草洲业权的诉讼文书。有意思的是，都昌县档案馆收藏的曹家文书，与本套文书之第 7 册并没有出现大量重合，相反还可以互补。在查阅时，读者可以将二者结合起来阅读，因为二者不仅出自同一个家族，而且内容可以互补。在鄱阳湖区，除了渔业问题之外，草洲始终是一个绕不开的话题，《京兆段氏宗谱》无疑可以给我们提供一个有趣的案例，从而帮助我们理解地方人群围绕草洲业权的复杂互动。

四 结语

在已经发现的明清文献中，如此大规模的湖区文献的发现，也尚属首例。这一发现，不仅填补了湖区文书类文献的不足，更为重要的是，它可以与其他丰富的土地类文书形成有价值的比较，从而丰富我们对明清中国社会的基本认识。目前发现的 1500 余页鄱阳湖区文书，主要分布在上饶市余干县和九江市都昌县，来自沿湖的四个渔民家族，余干县康山乡的袁、王二姓，都昌县西源乡的曹家和北山乡的邹氏。这些渔民文书，不仅有湖港、草洲的买卖契约和规范捕捞秩序的合约、议约字，也有渔课册和大量的纳税执照，更有大宗的诉讼文献。这些文书贯穿了明代中期至新中国初期的 400 余年，种类丰富，有较高的研究价值。

鄱阳湖区文书是散存于鄱阳湖区域的珍贵渔民历史文献，大多来自沿湖一些渔民家族。近三十年来，民间文书大量在中国各地被发现和整理，其中最引人注目的有徽州文书，不仅数量巨大，而且涉及的内容也最为广泛。其次就是极具特色的清水江文书的大量发现，以山林契约为主，不同于以往大量出现的田土文书，有独特的研究和整理价值。我们在鄱阳湖地区渔民家里发现的这批文书，主要以湖池水面、草洲契约及诉讼文献为主，集中反映明末至民国时期沿湖居民围绕"湖池水面和草洲产权的获得、转让与保护"展开的持续互动过程。从这些文书中我们可以了解到，整个鄱阳湖区域的湖池水面被一些沿湖的大家族以向王朝承纳渔课的方式占有和控制。这些控制水面的家族，多数是分配给自家的子孙后裔捕鱼，有时则出租给其他人，每年从中收取一定的租金，以帮贴国课，有时也不得不买卖湖池。

对于鄱阳湖区文书的搜集和整理，我们力在尽量保留文书原来的"归户性"和"系统性"。以保存这批文书的家族为基本整理单位，然后根据这些文书的类别进行整理，对一些原来并无年、月、日信息的诉讼散件，根据内容进行以案件为中心的归类整理，尽量把同属一个案件的诉讼文件集中在一起。沿湖各族为了处理水面捕捞纠纷，也形成了数量不等的合同议约文书。这类议约往往不止一份，而是有多份，分别保存于各相关当事人手中。因此，有些合同议约不仅可以在康山袁家看到，也可能在王家的文书中找到。这些文书对于保存的家族而言，至今依然具有重要的现实意义，时常出现在各类湖区水面纠纷的调解或协议文件中，用以证明家族对特定水域的历史习惯。因此，对于这批文书的整理和解读，需要特别注意不能脱离原有的地域环境和历史脉络，否则就难以真正理解和把握湖区社会及人群的历史。

　　当然，我们对鄱阳区文书的发现、收集与整理，只是整个研究工作的开始。在未来的工作中，我们的重心将集中于这批文书的解读与研究，并陆续推出与之相关的论著。同时，我们也相信，此次发现的《鄱阳湖区文书》只是整个鄱阳湖区文献的一小部分，其可能的总量或许远远不止于此。仅从目前已经获知的线索，可能尚有数量不小的湖区文献沉睡在村民的小木箱或悬梁下，至今不为人所关注。我们期待在不久的将来，会有更多湖区文献的发现。由此，本套《鄱阳湖区文书》的出版，不仅希望可以推动一些新的研究主题的出现，而且也期待着这批渔民历史文献可以进一步引发讨论，深化学界对明清以来水域社会的认识。在这个意义上，这套渔民历史文书的出版，并非一项工作的结束，而是意味着一个新的开始。

附录二

草洲使用纠纷中的法律、习惯与业权[*]

一 问题与资料

在历史上，鄱阳湖从来没有正式划定过行政区域界线，一直是属于沿湖各县群众共同使用的自然资源。然而，在长期的使用过程中，沿湖各县群众为了避免纠纷、维持秩序，实际上形成了一定的历史边界与作业范围。1952 年，一份由江西省省长邵式平签署并得到中南局批准颁布的文件就规定："其较大水区或草洲跨越两行政区或因特殊原因不易划清界限者，得由双方协商组织管理委员会管理之，但仍按原有习惯和作业范围进行捕鱼打草，不受行政区域的限制。"① 这就说明，中华人民共和国成立初期湖沼河港以及湖区的草洲虽然收归国有，但其使用者仍照历史使用习惯捕鱼、打草，只进行小范围的适度调配。更为重要的是，捕鱼、打草不受行政区域的限制，仍按原有习惯和作业范围。

在 1996 年开始的勘界工作中，都昌县与毗邻的鄱阳县、余干

---

* 原文曾以"'习惯'与'业权'：明中叶以降鄱阳湖区的圩田开发与草洲使用纠纷"为题发表于《西华师范大学学报》（哲学社会科学版）2016 年第 6 期。收入本书后原文有所删节和修改。

① 《江西省人民政府关于湖沼河港及鄱阳湖草洲暂行管理办法》（1952 年 8 月 29 日），江西省档案馆藏：035 - 2 - 1952 - 692。

县、新建县、永修县、星子县、彭泽县、湖口县都签订了界线协议
书，并委托江西省地勘局测绘大队进行测绘，设立界桩，实现了湖
区行政区界线的贯通。① 都昌县与其他各县的勘界都进展顺利，唯独
与新建县在勘界问题上无法达成一致意见。2000 年 5 月 31 日，都昌
与新建两县勘界办联合签署了贯通协议，然而这份协议随即引起了
新建县沿湖乡镇群众的不满，为了防止发生械斗和流血冲突，新建
县主要领导否决了这份勘界协议，要求江西省勘界办介入裁决。②

　　新建县与都昌县争执的焦点在于"南岸洲"湖区，因地处鄱阳
湖南岸而名，位于新建、南昌、永修与都昌县之间。这里是赣江下
游冲积扇平原，春夏渺水期为湖，秋冬枯水期为广袤的草洲，总面积
达 20 万亩，主产湖草和芦柴。都昌县根据"行政区域界线的勘定，原
则上要与自然资源权属一致"的规定，认为"南岸洲"区域历来是都
昌县沿湖 12 个乡镇农民、渔民采草打柴之所，应划归都昌县管辖；但
新建县则认为草洲管理使用习惯只体现了自然资源的使用权属，不能
作为划定行政区域管辖权的依据。但是，无论两县在勘界问题上如何
争论，双方都共同承认"边界勘定后，两县在鄱阳湖区域的渔业生产、
草洲、湖港、沙塘的管理和使用权仍按勘界前的协议和历史习惯不
变"。③ 因为两县政府都明白，如果勘界会直接关涉鄱阳湖资源使用
权的再分配，勘界就将不再是单纯的行政界线问题。

　　"南岸洲"并非一个 20 世纪末才出现的新问题，有记载显示两

---

① 1996 年 8 月 12 日，国务院发出《关于开展勘定省、县两级行政区域界线工作有
　关问题的通知》，打算用 5 年的时间完成省、县两级陆地行政区域界线的勘定任
　务。海域行政区域界线的勘定工作，待陆地行政区域界线勘定后另行组织。国务
　院强调，此次的全面勘界不是重新调整行政区划，而是以现有的行政区域管辖为
　基础，明确行政区域界线的走向位置，即核定法定线、勘定习惯线和解决争议线。
　此后，江西省出台了《江西省勘定县级行政区域界线勘定办法》，要求各市、县开
　展实地调查和勘界工作。可参阅《国务院关于开展勘定省、县两级行政区域界线工
　作有关问题的通知》（1996 年 8 月 12 日），载国务院法制办公室《中华人民共和
　国法规汇编（1995 ~ 1996）》第 12 卷，中国法制出版社，2005，第 501 ~ 502 页。
② 冯孔茂、易志刚等编《都昌县行政区域界线资料汇编》，内部资料，2002。
③ 冯孔茂、易志刚等编《都昌县行政区域界线资料汇编》。

县之间的草洲冲突至迟发端于明代后期，两县百姓因采草肥田时有冲突，可见至今两县官、民之间已有了近300余年的互动历史。康熙三十三年（1694）刊刻的《都昌县志》，就有如下记载：

> 都昌所至，道里相距，延袤接壤，各安疆土，地无遗利，民亦鲜争。惟南连新建，东界鄱阳，湖洲生草，堪以肥田。自建邑以来取之无禁，并未有争端也。后以新民构难，彼此仇雠，亦大异矣。夫采草之役，实我都东南赋税所出，在前朝时争夺告讦，动烦有司会勘，当道鲁折衷之，以息争安民矣。①

有三点值得注意：一是湖洲可以生草，用以肥田，但自建邑以来取之无禁，并未发生争端；二是不知从明代何时起，都昌人照旧往湖洲取草，却遭到新建人的"构难"，并且有过诉讼官司；三是采草对于都民而言尤为重要，被视为都昌东南地区赋税的基础。

都昌县称之为"南岸洲"的区域，在新建县的清代文献中称之为"三河草洲"。所谓"三河"，意指赣江由南昌而下除了赣江主支之外分出的三个支流，分别是赣江南支、中支和北支，最终向东北方向注入鄱阳湖。在这三条赣江支流中间，有大面积的草洲和湖泊分布其间。春夏水涨，这些草洲沉入湖底，秋冬水枯之后，草洲又显露出来。"三河草洲"所在区域，土壤系由河流或湖水漫盖之沉积物组成，较之其他土壤更为肥沃，所产湖草质量也最佳。在现代化肥没有发明和大规模使用之前，明清中国的农业生产主要依靠的肥料主要有四类，即人畜粪便、绿肥、饼肥和水里沉积的淤泥。② 长期以来，草肥一直是鄱阳湖区农业生产最为主要的肥料之一，其肥田的效果"直视菜饼、楷灰较贱"。每年在清明以前的二三月间，新

---

① （清）曾王孙修，徐孟深等纂《都昌县志》卷一《封域》，清康熙三十三年（1694）刻本。
② 李伯重：《明清江南肥料需求的数量分析——明清江南肥料问题探讨之一》，《清史研究》1999年第1期。

建、都昌、南昌、进贤、余干等县的农人，就会驾船前往"三河草洲"采草，并向草洲业主交纳一定的租米，用船只把洲草载归肥田，成为滨湖地区农耕生产的重要环节。[①]

在地形、地貌上，都昌县滨湖地区主要由低丘岗地与河谷堆积平地交错组成，而新建县的滨湖区主要位于赣江下游，大都系河流堆积平原地貌。湖滩草洲系由鄱阳湖上游五条河流的泥沙淤积而成，每年汛期湖区水位漫滩之后，各河的水、泥入湖就容易受到湖区水体的阻遏，致使流速迅速减小，河水携带的泥沙大量沉积在入湖扩散区，使得河口三角洲成扇形扩展，不断向湖中心推进，河流两侧的天然湖堤淤高。鄱阳湖西部的赣江、抚河、修水河口区的湖滩草洲发育最快，规模最大，而湖区东部的饶河、信江东支的河口发育不快，规模小。[②]由此，鄱阳湖区的湖滩草洲主要位于五大河流的入湖三角洲区域，且随着泥沙的淤积不断向北发展，形成了鄱阳湖南部大面积的草洲滩地，"三河草洲"就是其中面积最大的一片。这也就基本决定了位于鄱阳湖主体水面北部的都昌县，除了东部与鄱阳县交界之樟田河一带分布有西岸草洲、上岸洲和下岸洲三片草洲外，其他滨湖区并无大面积的草洲可用。因此，在历史上，都昌县滨湖民人为了采草肥田，每年春天不得不越湖前往新建的"三河草洲"打草，久而久之都昌民人不仅忘了"畛域之别"，并且形成了每年赴洲采草的"习惯"。[③]

康熙年间的《都昌县志》不仅强调"都民乘春刈草，势所必需"的历史习惯，而且试图淡化都昌民人越湖采草有"畛域之别"。但是，在新建邑人曹绳柱的眼中，"三河草洲者，记新建地也。洲滨鄱湖，为民业，纳课于官而已"。[④]曹绳柱（1702～1763），字介岩，

---

① （清）雷学淦修，曹师曾纂《新建县志》卷六〇《三河草洲图记》，清道光十年（1830）刻本。

② 可参考秦泰毓、黄金平等《鄱阳湖湖滩草洲资源及其开发利用：湖滩草洲的形成及植物资源》，《江西科学》1987年第1期，第45～53页。

③ （清）曾王孙修，徐孟深等纂《都昌县志》卷九《艺文》。

④ （清）雷学淦修，曹师曾纂《新建县志》卷六〇《三河草洲图记》。

康熙庚子年举人，官内阁中书，雍正庚戌进士，授刑部主事，卒于福建布政使的任上，时年 62 岁。① 乾隆十五年（1750），新建知县邸兰标"奉檄修志"，邀请曹绳柱出任参校，而曹氏"固辞不获"。有意思的是，曹氏的身份颇有讲究，其祖先是"自都昌徙居新建"，对于他而言新建和都昌两县"皆父母之邦，无分畛域"。这或许也是邸兰标请他写作此文的考量之一。据曹氏的观察，在新建县地方，"草洲之害，童而闻之"，而"都昌民人越湖刈草，岁与新民争，多官弹压，迪屡弗静"。② 由此可见，新、都两县民人争洲打草问题之严重。

至此，或许有人要问，"建邑以来就取之无禁，并未有争端"的湖草，为何会在明代中后期开始变成沿湖民人竞相争夺的资源？有意思的是，虽然清代新建县的官员和读书人一再重申"三河草洲"是新建县辖地，而且草洲的"业权"也归新建县的业户所有，每年纳课于官，但无论是新建县的官员还是草洲业主，都没有表露出可以完全禁止都昌民人越湖采草的意图，而都昌县民人则一再声称自己在历史上就有赴"三河草洲"地区采草肥田的"习惯"。至此，我们或许可以推测，都昌民人在"三河草洲"采草肥田的历史，可能要比王朝进入当地对草洲进行登记和征税的历史更早。因为"业"所代表的"产权"概念只有在人们向王朝纳税的基础上才会有其实际的意义，但是都昌人在此割草的"习惯"比这更早。

本文主要以清代康熙年间嘉兴县曾王孙所撰《清风堂文集》为基础。该文集收录了曾氏在康熙十六年（1677）以后出任都昌知县期间经手处理新建、都昌两县草洲纠纷时的重要书牍和公文，翔实记录了两县官、民在"采草"问题上的互动过程。本文结合了两县清代地方志中所载草洲文献以及新近在湖区发现的民间文书，并查阅了第一历史档案馆所藏刑科题本中有关两县民人因采草起衅致死的系列案卷，力图通过对湖区自然生态结构及人群生计图像的大致

---

① （清）雷学淦修，曹师曾纂《新建县志》卷六〇《三河草洲图记》。
② （清）雷学淦修，曹师曾纂《新建县志》卷三四《人纪志·贤良下》。

勾勒，考察伴随明代中叶以降鄱阳湖区大规模圩堤修筑及湖田开发而来的农业生产扩张、肥料需求量增加以及由此引发的湖区草洲使用纠纷的内在历史脉络。在此基础上，本文希望通过对两县地方官、地方乡绅、草洲"业主"和都昌县越湖采草者之间复杂互动过程的细致讨论，进而尝试对三个充满历史张力的权利概念——"法律"、"习惯"与"业权"进行分析。这里的"互动"不仅涉及草洲"业主"与都昌县越湖采草者之间的各类冲突，而且也关涉地方官绅为了处理两县民人采草纠纷而进行的协商及对"他者"形象的建构。

二　康熙十九年的"折银易草"

随着湖区新土地的陆续开发以及农耕生产对肥料需求的加大，沿湖居住的人们发现湖中有洲，洲上生有一种湖草可以粪田，一直以来任人而采，且取之无禁。然而，不知始于何时，有些人已在官府把"三河草洲"地区的部分洲地进行了税粮登记，每年向新建县输课。其中有些是"田芜成洲"性质的洲地，新建人更是要每年按额输纳课粮。大概在明代后期，新建与都昌两县民人开始在草洲的采草问题上发生争执。为了息争，对那些越湖采草的都昌民人，新建县起初提议他们"每镰一张，交米三升"，而后又经历"奸讼"，改为"每镰一张交米一升五合"。这里的"镰"指的是都昌民人采草用的工具，每年于采草之期，"委官查验，给票交收"，初步形成了一套初始的打草制度。但是，这一时期的"按镰交米"之法还只是在官方督促协商之下的民间交易，一面取价，一面采草，以补新建县草洲业主课粮之需。①

这一方法虽然部分缓解了两县民人在采草问题上的利益冲突，但是自明清鼎革以来，"兵灾频仍，委官例废，共相因循者，垂二十

---

① 《会议通详各宪都民折银易草文》（康熙十八年），载（清）曾王孙修，徐孟深等纂《都昌县志》卷九《艺文》。

余年"，逐渐走向废弛。① 康熙十年（1671），新建洲民万钦等向院司道府叠词具控，认为都昌人"蔑法灭断"，赴洲采草却不照例"交米"，要求恢复先前"每镰一升五合"之议。不料还未来得及恢复，康熙十三年就发生了"三藩之乱"，波及江西地区，致两县滨湖之民皆陷于战乱，田地大多荒芜，采草者大为减少，"计镰交米"再度被搁置。康熙十六年九月，曾王孙抵任都昌知县，十二月新建县将万钦的呈词移至都昌县。② 为了寻找两县民人采草致讼的原因，曾氏传唤詹必第等乡民细加问讯，不过乡民都矢口否认万钦的各项指控，并辩称"因无官收，纵使有米亦无交处"。③ 可见，两者的态度截然对立，万钦指控都民不按镰交米，都民则说有米也无处可交。

曾氏认为，如果继续实行"按镰交米"的办法，"其镰数之多寡，果能悉穷而无遗乎？其交米之次第，果能鱼贯而无哗乎？"不难想见，"按镰交米"在实际操作中会遭遇许多问题，一是割草镰数难以穷尽无遗，二是交米的顺序不能保证鱼贯有序。更大的麻烦是，每年采草之际，都在农忙播种时节，都昌民人"结艇连舸，众成千百"，但是"洲在湖中，四面皆可泊舟，随地而采，亦随载而返，其能人人驯理而输米乎？"④ 这样的地理环境，使得业主对草洲的监管颇为不便，也难以约束都昌采草之人遵守"按镰交米"的规定。

由此，曾王孙认为新建、都昌二县民人"其不能不竞，不能不讼者，又势也"。这就是说，两县民人长期以来的草洲争讼，在某种

① 《会议通详各宪都民折银易草文》（康熙十八年），载（清）曾王孙修，徐孟深等纂《都昌县志》卷九《艺文》。
② 《申院司道府请究新建奸民垄草灭邻状》（康熙十八年七月二十日），（清）曾王孙：《清风堂文集》卷一七《公移（五）》，收入《四库未收书辑刊》第5辑，第29册，据清康熙四十五年（1706）曾安世刻本影印，北京出版社，2000。
③ 《移新建县议采草第一文》（康熙十七年），（清）曾王孙：《清风堂文集》卷一七《公移（五）》，收入《四库未收书辑刊》第5辑，第29册。
④ 《会议通详各宪都民折银易草文》（康熙十八年），载（清）曾王孙修，徐孟深等纂《都昌县志》卷九《艺文》。

程度上是必然会发生的。但是，如继续沿袭明朝"按镰交米"的老办法来试图达到"息争"的目的，反而会因都民未能"按镰交米"而启讼。如此以往，两县之民日益增多，却以"吴越相视"，矛盾及仇恨日深，纷争不休。为了能对两邑之间长期存在的草洲纠纷进行有效处理，康熙十七年（1678）曾王孙主动给新建县主事者写了一封信，提到两县民人"无米必争，有米亦争"的困境，并提出了一个"息争"的变通办法，即"以银易米"。① 但是，曾王孙的这一提议迟迟未得到新建县方面的回应。

康熙十七年六月间，有主张两县息争的南昌县贡生万仞前往都昌县交涉，与曾王孙见面时提及都民采草"纳米"一事。但是，曾氏以督院曾在旧案批语"不便准行"为由，声言不敢详请"委官查验"之法。为了不让万仞空手而回，都昌县议以三十金作为康熙十七年的纳米之资，付与万仞，双方立有字据。是年十二月二十九日，都昌县收到新建县关移公文，内叙"万钦告万贡生受贿事"。据曾王孙的称述，万仞新选为宁都广文，为了不耽误自己赴任，谎称自己受贿。这事让曾王孙"阅之骇极"，并痛斥人心险恶，大骂万仞"忝列衣冠"，竟不畏鬼神。康熙十八年（1679）正月二十一日，新建洲民陶仲玉前往都昌县，投靠在刘贵文家里，称愿意将自置草洲卖与都昌采草，于二月初三日写有卖契一纸，要价一百四十两。②

此时，曾王孙正在乡下征收钱粮，仲玉守候至三月初十日，亲自前往三汊港投见曾氏，并将先年买洲原契送验。从问讯中得知，陶仲玉住居新建县万罗墩，因万钦告状要他出钱，借债未还，于是想把草洲出卖与都昌，斩断两县葛藤，平息两县之争。这虽然很合曾王孙的心意，但也不敢相信一人之言。陶仲玉见其有迟疑，进而

---

① 《移新建县议采草第一文》（康熙十七年），（清）曾王孙：《清风堂文集》卷一七《公移（五）》，收入《四库未收书辑刊》第 5 辑，第 29 册。

② 《申院司道府请究新建奸民垄草灭邻状》（康熙十八年七月二十日），（清）曾王孙：《清风堂文集》卷一七《公移（五）》，收入《四库未收书辑刊》第 5 辑，第 29 册。

说明家里有侄陶士弘是秀才，随行的有侄陶宜甫，且都昌县的递年陶孝贞跟他是一家。在交易当日，陶仲玉又言武举人任家两位相公是他的至亲，可以作为中人，在文契上画押担保。曾王孙召集李十四等人筹集了一百四十两，当堂面交陶仲玉收领，新老契纸交付都昌，从此都民买新建之洲采草，完新建之课。然而，事情原非如此简单。万钦等人得知陶仲玉将草洲出卖与都昌，遂以"盗卖"具控新建县，而陶仲玉却以"官民合谋"为词，将责任推给都昌县。曾王孙对此进行了驳斥：

> 夫仲玉非鬼非蜮，潜住都昌三月，百计求信，惟恐都昌之不买，今中明契真价足，如此住县之久，如此而捏称贩柴都昌，既曰贩柴则原买草洲老契何故携带身旁？又捏称逼勒摸写，夫既受逼勒，则冤抑之气忿难待旦，仲玉一归即当遍控各宪，表明心迹，何待迟至五月初六日？万钦出告之后，又经新建县提讯，而始有此一诉，秦镜在上，固不待言，而知其诬也。[1]

本想斩断两县葛藤的草洲交易，不料却又引起新的官司。这在曾王孙看来是万钦等一班讼棍唆使的结果，各处疑点颇多，并不符合实情。他还提到，过去万钦曾"派"万仞议和为媒得三十金，以一告抹去，如今又串通陶仲玉卖洲得一百四十金，企图又以一告而白骗。为此，康熙十八年七月二十日，曾王孙给院司道府递交了一份"请究新建奸民垄草灭邻状"，首次向上级各司称述了"立一定额，以银易米"的主张。他声称，这样就不会再出现"或多或少，或纳或不纳"的事情，也可解决"征米难"的问题。这个主张的核心是将原来的"按镰交米"改为"折银易草"，每年由都昌县令负责向该县

---

[1] 《申院司道府请究新建奸民垄草灭邻状》（康熙十八年七月二十日），（清）曾王孙：《清风堂文集》卷一七《公移（五）》，收入《四库未收书辑刊》第5辑，第29册。

割草镰户征银，可保每年"数有定额"，并定时移解新建县，以供各洲业户赴县领取。都民每年于小满之日出银一百五十两，照数移解给新建县查收，以资新建业主纳课之需。① 这样就可以避开两县民人之间的直接接触，转由两县的官方协商处理。不过，这一主张历经三年的协商才得新建县同意。

康熙十八年（1679）十二月，新建生员涂缙等连名上控抚台，请于南山寨勒石，并加兵设炮。曾王孙马上给新建县写了第二封信，认为"新、都两邑，虽有大小远近之不同，皆系朝廷赤子，皆属上宪部民，都民采草肥田，上输国赋，其来已久，不知所犯何罪，而加兵设炮以待之也"。② 为此，他希望新建县主事者可以"平心而听"，细加考虑"折银易米"之法，商量一个两县折服的定数，以息纷争。曾王孙甚至多次表示"本县窃在下风，敢不惟命"之意，不仅最后同意以一百五十两为"折银易草"的定额，而且在关于康熙十三年以后旧补银数问题上，也一再退让，从一开始的五十金妥协至补交一百四十两。③ 康熙十九年四月二十九日，都昌与新建两县经过三年的持续协商，始由新建县令杨觉山主稿形成了《会详院司道府状》，两县同意实行"折银易草"之法，一定程度上给官、民都带来了便利，但因不问都昌县镰户之多寡，每年只需缴纳定额的一百五十两，在实际采草过程中不免还会出现其他问题。

"折银易草"实行不到三年，康熙二十一年（1682）新民严房旭复起风波，以灭宪毁碑等事向新建县具控，经南昌府移转南康府，备行到都昌县，要求究查越界采草人等的姓名。但是因无具体姓名，

---

① 《会议通详各宪都民折银易草文》（康熙十八年），载（清）曾王孙修，徐孟深等纂《都昌县志》卷九《艺文》。

② 《移新建县议采草第二文》（康熙十八年十二月初九日），（清）曾王孙：《清风堂文集》卷一七《公移（五）》，收入《四库未收书辑刊》第5辑，第29册。

③ 《移新建县议采草第三文》（康熙十九年三月三十日）、《移新建县议采草第四文》（康熙十九年四月）、《移新建县议采草第五文》（康熙十九年四月二十二日），（清）曾王孙：《清风堂文集》卷一七《公移（五）》，收入《四库未收书辑刊》第5辑，第29册。

曾王孙无从着手调查，于是具文请求销案处理。① 但是，都昌县的回文尚未抵南康府，南昌府就已具文上报臬宪，导致臬宪批允了南昌府的详文，要求都昌县就近拘审。曾王孙连续写有多份申状，坚持"原报并无犯人姓名，实不便于诛求"，甚至可能造成"池鱼林木之殃"，流祸于无辜。② 与此同时，他指出："夫以大湖浩渺，两邑各距百里之外，采草之时无论职县鞭长不及，即新令耳目亦不能远瞩，越与不越势难凭空悬断。"③ 可见越界纠纷往往发生在两县管理不及的地方。此外，曾氏一面承诺自己会竭力教化都民，在未采草之先，严加禁饬晓谕各户，并实行连坐法，让他们知道朝廷法度。如真的发现有越界采草生事之人，一定拿获正犯究问，但也不能任由新建民人一面之词，借端禁采。

三　乾隆年间两县采草纠纷的再起

新建县"三河草洲"区域分为东、西乡，以从鱼河为界，从鱼河以西为西乡，以东称为东乡。在康熙十九年两县定议时，新建县领银的草洲业户只有西乡的万钦、陶先和钱三甫，而东乡的严房旭、熊义周、赵十朋等人尚未进入领银之列。这说明，按照康熙十九年的协议，两县"折银易草"的范围只限定在西乡地区，东乡之草洲尚未允许都昌民人共采。

康熙十九年，都昌县登记在册的采草镰户共计 680 人，共向业户纳租银 150 两。乾隆十年（1745），新建又割了东乡熊义周、赵十朋等之十一洲，以供都昌民人采草，增交草价 50 两。在"折银易

---

① 《申府请销草案提审状》（康熙二十一年九月初一日），（清）曾王孙：《清风堂文集》卷一七《公移（五）》，收入《四库未收书辑刊》第 5 辑，第 29 册。

② 《再申署府请销草案提审状》（康熙二十一年十二月二十二日），（清）曾王孙：《清风堂文集》卷一七《公移（五）》，收入《四库未收书辑刊》第 5 辑，第 29 册。

③ 《申江西按察司议采草无庸添兵防御状》（康熙二十二年七月初八日），（清）曾王孙：《清风堂文集》卷一七《公移（五）》，收入《四库未收书辑刊》第 5 辑，第 29 册。

草"初期，"都昌令征之，移解新建给之，夙有期限"，但是至乾隆年间，都昌县每每不能按期，多有迟逾，大多数草洲业户把"折银之议"视为"失图"之策。与此同时，都昌越湖采草的人却越来越多，有记载称："今则船有千余，一船约十二人，是一万二千余镰也。"① 这虽是一个估计数，却几乎相当于康熙十九年在册镰户的 20 倍。问题在于，采草镰户的增加，并不会相应增加业户的租银，势必引起新建县草洲业主的不满。以一船计之，可以容纳草百石，一石草值银二分，共计可转载十余万石，约值银 2000 两，但都昌县镰户仅给折银 200 两，新建业主又岂能甘心？于是两县采草纷争必然再起。

乾隆十五年，曹绳柱在《三河草洲图记》中对当时的各类说法进行了一一的驳斥，文字充满了对新建业户的同情以及对都昌越湖而来采草者的指责。其主要论点有三：

其一，虽然都昌县一再强调"都邑十二都半之田，需用草肥"，曹认为新建、南昌、进贤、余干四县之田，都需要在此洲采草，且田亩数量是都昌县的四倍。除新、都共采的草洲外，东乡之草洲根本不足以供其他四县农人的采取，于是有些农人划船抵洲，费时费钱，不愿空载而归，就会伺机在新、都共采区域偷采。这被都昌人指责为新建业户的"放鲜"行为，意思是说新建业户故意租给其他县农人共采洲草。如果不幸遇到了都昌人的采草船，则不仅所割之草被夺，携带的米和被也会被劫掠，甚至遭到人身殴打、船只被毁。采草农人肯定"心愤不平"，但因"众寡不敌"，只能"饮恨而归"。有些稍有经济能力的人，就会选择去买其他肥料，但赤贫无力者，只能继续冒险前往采草肥田。都昌船每次前来都是割新生短草，草场日辟，而其他四县日促，由此不独新建业户受累不甘，其他各县农人也深受其害。

其二，当时人说两县"自康熙三十一年定案之后，垂四十余年相安无事"，曹氏则视此为"下情仰塞"的结果，实际上"前项疾

---

① 《三河草洲图记》（乾隆十五年五月），载（清）雷学淦修，曹师曾纂《新建县志》卷六〇《艺文记》。

苦，何岁蔑有也？"故此，东、西两乡之民，对于康熙年间万钦等人迫于形势接受"折银易草"之事一直很痛心。对于时任新建、都昌两县知县杨、曾二人，人们虽然不敢追究他们的责任，但也认为他们"不应以新、都共采之说，诳我乡愚也"。对于那些生活在东、西乡的民人，曹氏有这样一段文字描述：

> 世居洲侧，村落星罗，洲之高者为田，食米于是乎出，洲之下者为港，鱼鲜于是乎取，洲之生荻草者，柴薪于是乎供。惜其地处下游，春、秋二涨，水必伤稼。惟藉网鱼、卖草以足食，而其民又非皆有洲地者也，佃而耕之，租而渔与樵焉，计三百余里之洲中间，贫者何啻数万户，终岁勤动，不足事畜，心劳抚字者，亦莫之衰益耳。[①]

这些人世代生活在草洲两侧，主要以农耕、捕鱼、卖草为生，其中有些人是草洲业主，如西乡的万钦、陶先、钱三甫，以及东乡的熊义周、赵十朋、严房旭等，大多数则是佃耕者或半农半渔者，就算每天辛苦劳作，也只能过着不足温饱的艰苦日子。

　　前文提到，康熙十九年"折银易草"之议，将新建西乡之三十二洲开放给都昌民人割草。乾隆七年（1742），为了防止两县民人共采发生冲突，两县合议"亢子坽河以紫药坽为界，李家港河以宋家坽，即从前之老杨树为界，沙湖坽河以罩网顶为界，都蛮采北，新民采南"，实现了从早期"不问草洲之尔我"向"照界共采"的转变。[②]

　　在乾隆十五年的《新建县志》中，收录有一副《草洲图》，不仅清晰标示了东、西乡的界线，而且还标出了新建、都昌的采草分界线。在图1中，有两条重要的文字标注，一个是"西乡各洲俱已

① 曹绳柱：《三河草洲图记》（乾隆十五年五月），载（清）雷学淦修，曹师曾纂《新建县志》卷六○《艺文记》。
② 邸兰标：《草洲七可怜通禀稿》，载（清）雷学淦修，曹师曾纂《新建县志》卷六三《艺文禀》。

出租"，另一个是"东乡各洲俱未出租"。① 由此推断，这幅《草洲图》显示的内容大致反应的是介于乾隆七年至十年之间的情况，因乾隆十年新建又割了东乡十一洲给都民采草，但在这幅图中并未显现出来。奇怪的是，邑人曹绳柱和知县邸兰标都把东、西二乡割给都民采草的洲数写成了四十五洲，但实际却只有四十三。据曹绳柱的描述，这些草洲面积的大小，自数里至六七十里不等，草洲的价值自数十金至千余金不等。各洲的业主，有的只有一二股，有的多达一二十股，业权关系相对复杂。据统计，东、西乡割给都昌采草的四十三洲，有业权的就达二百余户，故难以全部勒令归公处理。②

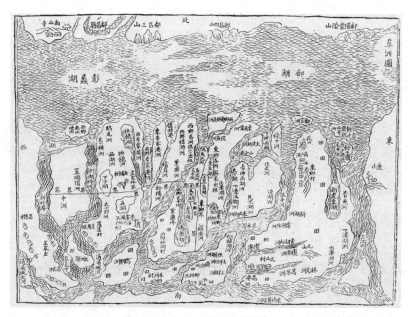

图 1　乾隆十五年（1750）刊《新建县志》所载《草洲图》

资料来源：《鄱阳湖研究》编委会编《鄱阳湖自然和社会经济历史资料选》，江西科学技术出版社，1985。

---

① 《鄱阳湖研究》编委会编《鄱阳湖自然和社会经济历史资料选》，江西科学技术出版社，1985。
② 曹绳柱：《三河草洲图记》（乾隆十五年五月），载（清）雷学淦修，曹师曾纂《新建县志》卷六〇《艺文记》。

其三，另有一种观点认为，湖中荻草乃自然生长之物，竟然有人视此为私人财产，是不合适的，应该以"大义"来开导他们。对此，曹绳柱不以为然，指出："业各有主，即官长、荐绅治家者，不能慷慨分润，况于小民使之，损己以益人，则必愤且争者，情也。"① 官长、荐绅之家，都不能慷慨分享利益，何况新建业主小民，与都昌民人争利，实乃人之常情。曹氏还提到，都民割草并非只是为了肥己田，有些富民每年冬天广放草债，一石约付价一分，第二年春天还草之后转售，价格翻倍。此外，都民恃其船多人众，一入洲界，所过村庄，乘便剽掠财物。这些对于都民的"指责性"描述多出自新建方面，都昌方面鲜有这方面的文献记录，但一直被认为是导致新、都二县民人"怨毒"固结不解的关键。

其实，对于乾隆九年（1744）两县民人因采草发生的命案，第一历史档案馆刑科题本中收存有一份档案，一共66页，得以让我们了解此案的来龙去脉。② 新建县昌邑陶姓向有草洲一片，名为"陶家洲"，坐落新坽港附近，历系陶姓管业输粮，采草肥田，都昌从未侵越。乾隆九年三月，正值采草之期，陶姓专门安排有轮值陶家谕、陶家栢等5人在洲看守，至初四日有都民陈伯宗、陈乞得、王子京等一行15人驾船一支，泊于陶姓洲岸，将陶姓割堆在地上的草搬取。陶家谕见此情状，出面阻止，反被都民推跌在地，被在洲割草之陶家景看见，告知陶家谕之子陶运禧，运禧随即喊同陶家荣、陶家胜等10多人往阻，陈伯宗见状欲开船离开，但因风急，阻力过大，不能将船撑离洲岸，且船内草已堆高，陈伯宗等俱站立草上。陶运禧等不满，执草叉、扁担、篙桡戳打，陈伯宗等人随草落水溺河，只有陈隆训、陈友茂与陈众得经渔民程恭人救起，其余12人俱

① 曹绳柱：《三河草洲图记》（乾隆十五年五月），载（清）雷学淐修，曹师曾纂《新建县志》卷六〇《艺文记》。

② 《题为会审江西新建县民陶运禧等因所割之草被抢起衅殴溺陈伯宗等十二命案驳回妥拟事》（乾隆十年七月十一日），中国第一历史档案馆藏：02 - 01 - 07 - 04727 - 005。

各淹毙身死。三月初六，都昌县尸亲陈我明等具控前事，称："世居鄱阳湖边，一向租新建新坽港洲采草肥田，不料被凶徒执持叉棍戳打，落水溺死"，请求捞尸验填，究出正凶，按律抵命。但死者亲属并不知人犯姓名，经验斗殴之地系属陶家洲，于是传讯陶松舟等前来，问明人犯姓名，并带同仵作前去验尸。

新建县知县黄登毂审讯认为，陶运禧与陈伯宗等素不相识，本无仇怨，并非预谋杀害，亦并非临时起意，查律例："聚众共殴，原无必杀之心，而乱殴一家三命至死者，将率先聚众之人不问共殴与否，斩决；为从下手伤重至死者，绞候；若杀一家非死罪，二人及三人而非一家者，拟以斩决。"依此，陶运禧拟以斩决处理，陶家荣等随同赴殴，拟绞监候，在场未曾伤人之陶昌仁及后续赴场未经动手之陶家景，均依混行斗殴，各枷号一个月，杖一百。乾隆九年十二月十七日，新建县合将各人犯押解到府，进行复审。乾隆十年二月初五日转司核审，同年二月二十二日转解到刑部，最后进入三法司会审。

最后，三法司会审认为："该抚因其惨毙多命，将为首之人拟以斩决，但兄弟同偷，难援一家二人之条，伙党肆窃，难比三人非一家之例，盖非死者云者，原非指强窃而言，以贼盗自有明条也。今此案衅起于窃，而命毙于水，即为从之人，亦不得概拟绞候，漫无区别。如云人命为重，将伙窃不问，从此益开强夺之门。如云贼情未确，则活口现存，何难细鞫起衅之故。事关重案，不便出入，应令该抚按律原情，悉心妥拟，到日再议。"从县到省，主事官员几乎一致重视人命案，主张判陶运禧斩决，其余人等绞候，但三法司会审结果则强调要注意陈伯宗等人的"伙窃"行为，认定巡抚之审断不妥，只问"人命"，不问"伙窃"，容易纵容民间"强夺"之风气，驳回此案给巡抚重审妥拟，改日再议。①

① 《题为会审江西新建县民陶运禧等因所割之草被抢起衅殴溺陈伯宗等十二命案驳回妥拟事》（乾隆十年七月十一日），中国第一历史档案馆藏：02-01-07-04727-005。

　　遗憾的是，限于文献的不足，我们无法对此案进行完整的追溯，不知道最后的判决结果。但是，从曹绳柱所写"新民已正典刑"看，似乎新建县陶氏族人还是受到了严厉惩处。此外，很可能受到此案的影响，乾隆十年新建县才又割东乡熊义周、赵十朋等十一洲供都民采草。在同治十年刊《新建县志》中，收录了一副初成于道光十年的《草洲图》（见图2）。在这幅图中，可以明显看到新建县已出租草洲的范围已经从西乡扩大到了东乡。图中还清晰标注了"已出租""未出租"草洲的名称、位置，以及附近坐落的村庄、营汛。在乾隆九年两县命案之后，新建、都昌两县围绕"三河草洲"采草冲突的文献资料并不多见，直到1949年之后，我们才从各类档案中重新发现了大量草洲纠纷案卷。这长时间段文献资料的缺失，并不必然表示两县民人之间的采草冲突获得了根本解决，而更可能的是冲突逐渐日常化。

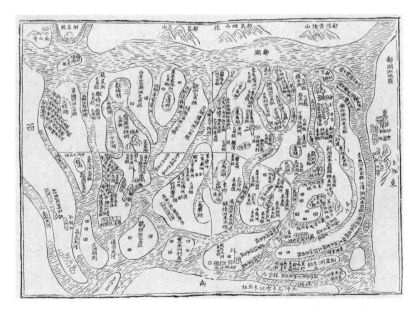

图2　同治十年（1871）刊《新建县志》所载道光十年《草洲图》

　　资料来源：《鄱阳湖研究》编委会编《鄱阳湖自然和社会经济历史资料选》，江西科学技术出版社，1985。

四　"习惯"的延续与"收归国有"

本文开篇提到，虽然新建县官员、士绅及草洲业主对都昌县采草民人有诸多的不满，但却没有办法完全拒绝或禁止都昌民人越湖采草，无法自由的退佃。在乾隆年间新建知县邸兰标看来，这是因为"都蛮采草已久，新民领价多年，定以章程，新、都合采"。由此看来，"都民采草已久"和"新民领价多年"是新建县官方及草洲业主无法拒绝都民继续采草的两个关键理由。上文的讨论显示，至迟在明末都民越湖采草，就需要向新建业主"按镰交米"，即"每镰一张，交米三升"，本质上是都昌人租用新建人的草洲采草肥田。康熙十九年，两县议定"征银折米"之法，都民每年出银一百五十两，官为收发和移解。然而，这种早期租洲采草的一般租佃交易最后却逐渐演变成了一种业主无法退租的"永佃"关系。

由于新建草洲业主无法退租，而都昌民人只是交纳定额草租，采草者实际获得了新建县部分草洲的"面权"。在这个意义上，只要都昌人坚持交纳草租，就可以一直在洲上打草肥田，甚至在两县共采区域有排斥其他人上洲采草的权利，也有约束新建业主不另租他人的权利。一直到清末甚至民国时期，都昌县越湖采草之人还在继续向新建县交纳草课银。

　　执照
　　都昌县正堂徐为酌定征银转解新邑洲租等事，今据六下都贴户曹奇应完光绪二十一年分草课银九钱三分二厘，照数收明，给票为据。
　　光绪二十一年　　月　　日完①

这份文件现存于都昌县档案馆，但记载的内容系光绪二十一年

---

① 曹树基主编，刘诗古、张朝阳编《鄱阳湖区文书》第 10 册，第 64 页。

（1895）都昌县六下都曹奇户向都昌县完纳草课银转解新建县的纳租
执照。"六下都"系指今都昌县西源乡沙塘村礐上曹家，位于鄱阳湖
边，主要以打鱼和农耕为业。据该村老人曹正宽先生口述，他在年
轻的时候，每年清明时节还会驾船前往"南岸洲"采草，自备锅具、
衣被在洲上驻扎割草，把湖草直接或晒干以后用船运回村里，而湖
草主要是给旱地上种植的棉花、黄豆等作物施肥，也可以放入水田
沤肥。① 但是，六都礐上曹家，属于低丘岗地，水田不多，旱地为主。
这份纳租执照表明，从康熙十八年以来，"折银易草"制度一直在两县
间存在，未曾中断。民国八、九年，尽管经历了清王朝至民国的政权更
替，六下都曹奇户依然继续向都昌县公署交纳草租银，且草租银的数额
与清末一样，没有变化，推测都昌全县依然还是清初的定额 200 两。

　　执照
　　都昌县公署为酌定征收转解新建洲租事，今据六下都贴户
曹奇应完民国八年分草租银九钱三分二厘，合给执照为据。
　　民国八年　月　日　第廿一号②

这份纳租执照出自礐上曹氏家族，还有一份民国九年的执照，与此
件内容相同。上述三份纳租执照现虽保留在不同地方，但内容却都
是六下都曹奇户。清康熙年间建立的"折银易米""官方征解"制
度，在 20 世纪 50 年代初"湖港草洲收归国有"之后被废除，按照
原有使用习惯，不受行政区域限制的原则，新建县属草洲的北部各
洲划归都昌县农人采草肥田。

① 曹正宽，生于 1947 年，上过四年半的学。父亲早年一直帮人驾船为生，自己也
曾打过鱼、参加过农业生产。1967～1977 年任沙塘礐上曹家大队主任，1978～
1989 年任大队书记，后调入乡建立的渔业养殖厂任厂长，1995 年调入西源乡政
府工作。1998 年因大水，沙塘村进行大规模搬迁改建，第二次指标下达之后村里
出现分歧，2002 年西源乡政府决定调曹正宽回村任书记主持工作，一直到 2009
年退休。
② 曹树基主编，刘诗古、刘啸编《鄱阳湖区文书》第 7 册，第 138 页。

此外，都昌人越湖采草，需要用船只搬运，但沿湖居民除了从事捕鱼的渔民之外，大部分人都没有自己的船只，只能在采草之期租船采草及装运。光绪二十九年（1903）五月，都昌县五、六、七都民众与鄱阳县广誉堂船厂签订了一份租赁船只的合同议约。

> 立合同议字都昌五、六、七都众，鄱阳广誉堂船厂人等，情因广誉堂各厂向造楼艇船赁与各处地方，都昌各都尝从船厂赁船采草，每年船价与交还日期旧有定规。近因本赀较昂，厂主议增船价。都邑采草利微，赁户难胜其重。于是厂主、赁户和同置酒商议，公平酌量妥增，每船□发夏还，小暑、大暑各有定价，秋冬船亦有定价。既议以□，□无异言。厂主船价既增，不得托词再增。赁户议价已□，不得藉词短少。赁船之日，前价既偿，厂主毋容推诿。交船之时，船价必办，赁户不可迟延。倘有风雨阻滞，又当另论。各遵定例，两得平情。所有条约，一一详明，违者向公理论。今欲有凭，立合同议字两纸，各执存证。①

这份合同显示，有鄱阳县广誉堂船厂一向经营造船业务，并租船与各处地方民人使用。都昌沿湖各都人都从广誉堂船厂租船采草，每年的船价与交还日期有定规。光绪年间，船厂因成本上升，厂主提议增加船租，但是都昌采草农人，难以承受租价的增加。于是，厂主和租户置酒商议，适当增加租价，不同时期租船定有不同的价格。小暑船价 17500 文，交船以五月二十五日为期，闰年的话以闰五月为期，如遇风雨可以延迟 5～10 日，再有延迟每日加钱 150 文。大暑船价 20500 文，交船以七月二十日为期，如延迟每日加钱 300 文。另有一种秋冬船，租价是 15500 文，交船期为来年一月十八日，延迟每日加钱 200 文。租船有三个时节，春夏以小暑、大暑为期，另

---

① 曹树基主编，刘诗古、刘啸编《鄱阳湖区文书》第 7 册，第 50 页。

有一类秋冬船，租价各不相同，大暑船租价最高，其次小暑，最便宜的是秋冬船。如此可见，沿湖居民因资源环境的不同，不仅形成了务农、捕鱼或半农半渔的生计方式，而且因分工的细化，市场的发展，出现了专门的造船及租赁业务。

1949 年新中国成立以后，江西省人民政府随即颁布了《关于湖沼河港及鄱阳湖草洲暂行管理办法》，规定："本省境内湖沼河港及鄱阳湖之为封建霸持的草洲一律收归国有。"[①] 这一规定实际上不承认明清以来形成的草洲、湖港私有产权制度。对于收归国有的草洲，须一律登记，依原有的采草习惯，予以调配使用。凡申请使用国有草洲者，须以村或乡为单位，经所属区人民政府审查后，始得向当地管理机构申请登记。但是，由于鄱阳湖草洲面积达 300 万亩，且历史上的使用关系相当复杂，牵涉滨湖八个县群众的利益。在解放后很长一段时间内，由于缺乏全省统一的管理机构，湖区新的生产秩序未能迅速建立，加上某些县区存在一定程度上的本位主义思想，因此发生了不少争夺草洲、渔港的纠纷。1953 年初，江西省人民政府专门成立"江西省鄱阳湖草洲渔港管理处"，经费由省自行解决，以便及时处理鄱阳湖沿岸草洲、渔港管理问题，并为今后划分湖区的行政区划做准备。[②]

1953 年，都昌县七区群众与新建县五区群众因草洲使用发生纠纷。在解放前，都昌县七区群众在春水未涨之前，一律都在南山东风望、花水里等大草洲上打草，但是这些草洲地势低洼，水稍涨，洲即被浸没，只能逐水至新建界内打草。新建界内有凤尾洲、大壮背等数十个草洲，一年四季有打不尽的柴草。这些草洲现为附近新建县松山松峰乡张、杨、陈等小村庄所管。除了都昌县群众在此有打草习惯之外，还有松门松峰乡群众也有打草习惯。在过去，松门

---

① 《江西省人民政府关于湖沼河港及鄱阳湖草洲暂行管理办法》（1952 年），江西省档案馆藏：035 - 2 - 692。

② 《江西省人民政府为设立"江西省鄱阳湖草洲渔港管理处"报请中南行政委员会鉴核由》（1953 年 3 月 7 日），江西省档案馆藏：X035 - 2 - 798。

群众是隔年交租钱，而都昌群众因距离草洲较远，早期是打一船草交一船的租，后来大部分改为官收、官解新建县。解放后，草洲收归国有，仍按历史习惯采草，但不交租金，而是向湖港草洲管理处交纳草洲管理费。1953 年，松门松峰乡群众向政府交纳了管理费，而据说都昌当时尚未成立管理处，群众无法交纳管理费。由此，新建群众认为草洲归新建，而都昌人不交租，不再允许都昌群众到以上草洲打草，引发两县群众之间的械斗。①

　　1953 年 5 月，江西省以及两县区乡都曾派代表前往纠纷地进行调解，形成了暂时的解决协议，但是这个协议在都昌方面无法执行，没有从根本上解决都昌群众在草洲被淹之后打不到草的问题，不利于都昌县部分区乡的农业生产。1954 年 4 月，都昌县第七区公所重新对前次处理结果提出新的意见，要求在新建界内不被水淹的草洲内划出一定范围由都昌群众打草。② 与此同时，1954 年春打草之际，江西省人民政府致函给都昌、新建两县人民政府，认为 1953 年两县群众因横坽港、杨家港等草洲的使用问题发生过纠纷，并经各级部门调解协商立有草洲使用协议，此协议仍然继续有效，要求各级干部坚决贯彻执行。③ 1955 年 4 月，为了有利生产，防止群众之间的打草纠纷，南昌、新建、都昌三县关于共同使用新建范牙墩至南山北面一带草洲，立有使用协议。这份协议规定，各县打草群众必须有组织并持县人民委员会介绍信向湖管处办理登记手续，在规定范围内打草。1949 年以后，类似的纠纷与协议大量出现，虽然草洲收归国有，但按照历史习惯，都昌人继续至新建县草洲打草。

－－－－－－－－

① 《关于都昌县七区群众与新建县五区群众为使用草洲纠纷情况报告》（1954 年 4 月 4 日），都昌县档案馆藏：SC－1－1954－5。
② 《关于都昌县七区群众与新建县五区群众为使用草洲纠纷情况报告》（1954 年 4 月 4 日），都昌县档案馆藏：SC－1－1954－5。
③ 《为通知 1953 年关于横坽港、杨家港等草洲协议生效由》（1954 年 4 月 11 日），都昌县档案馆藏：SC－1－1954－5。

五　结语

明末清初，鄱阳湖地区草洲使用纠纷的大量出现，是沿湖各县民人对于草肥需求日益增加所致。明中叶以后，南昌、新建、进贤等县在沿湖大量修筑圩堤，从而在湖区新开发出了数以万亩的圩田，农作物的种植面积得到迅速扩大，对于肥料的需求也相应地迅速增加，使得湖洲上自然生长的湖草逐渐变为一种"稀缺"物品。可以说，这是明末以降新建县草洲业主逐渐对一直越湖采草的都昌人进行"构难"的历史背景，此后两县民人之间的采草纠纷日渐频繁。在明末时，两县民人议定"每镰一张，交米三升"。康熙十九年，都昌、新建两县主事者曾、杨二人酌定"征银折米"之法，定议都昌每年出银150两，以资新建业主课粮之需，按照"都昌令征之，移解新建给之"的方法，一直延续至晚清、民国时期。

一个潜在的漏洞是，都昌每年只出定额银150两，虽后来又增加50两，但都民赴洲采草的镰户却不断增加，必然引起新建业户的不满，双方冲突自然会继续。虽然清代两县民人纠纷不断，但是新建人却无法阻止有"历史习惯"的都民越湖采草。概括而言，原因有两点：一是在新建业主对这些草洲进行纳粮登课之前，都民就已经有越湖采草肥田的习惯；二是草洲成为湖区的竞争性资源经历了一个历史过程，自然生长的荻草起初只不过是野草，"取之不禁，未有争端"是其早期形态的真实写照，但随着湖区圩田的开垦以及新建人正式向王朝纳粮登课，都昌人采草的"历史习惯"与新建人对草洲"业权"的主张之间发生冲突。都昌县民人通过"折银易草"向新建县交了一笔定额的草洲租税，以获得赴洲采草的权利。

在明代，赣江下游三角洲地带经历了一个泥沙沉积和淤涨的过程，因每年春夏定期水涨浸没，早期不适合人类的大规模居住，只在零星的高地上散居着一些村子。但是，与此片草洲滩地隔岸相望的都昌人，却可以很方便地划舟越湖来往，由此都昌人在这些草洲打草的"习惯"早于新建人在此"承课纳税"的历史。有意思的是，自然草洲从"官荒"变成"有主"的关键在于向王朝承课纳税，此后"业主"开始"构难"那些习惯在此采草者，要求他们一起帮纳国课。尽管新建草洲"业主"拥有"底权"，但却无法忽视都昌人因"历史习惯"而来的草洲使用权，因为在正式承课纳税以前，他们是一起共享这些自然草洲的权利。在鄱阳湖地区，对于水面捕捞权、草洲使用权等的认定，"历史习惯"扮演着重要角色。在《联合国海洋法公约》中也多次提到"历史习惯"，并被视为是主张海洋权利的重要依据。

　　1949 年中华人民共和国成立以后，草洲、湖港收归国有，废除过去的私有业权，在原有历史习惯的基础上，遵照有利于生产、有利于团结的原则，对草洲进行调配使用。因为废除了明清以来形成的旧产权体系，新的湖区生产秩序又未能迅速建立，沿湖各县的草洲、渔港纠纷大量涌现。为此，1953 年初，江西省人民政府专门成立"江西省鄱阳湖草洲渔港管理处"，负责处理鄱阳湖沿岸草洲、渔港管理问题。在过去，新建、都昌、南昌、永修等县农人都有在新建草洲打草的习惯，并在长期的互动中形成了一套规则和秩序，但是 1949 年之后各县农人之间开始了新一轮竞争，各种草洲、渔港纠纷甚至械斗不时发生。一旦纠纷发生，省、地委、县以及区、乡政府就会介入调解，通过多方的协商订立使用协议，按此协议建立新的使用秩序。自此以后，对于湖区的草洲、湖港纠纷，"协议治理"成为常态。

参考文献

渔民文书

曹树基主编，刘诗古、刘啸编《鄱阳湖区文书》（全10册），上海交通大学出版社，2018。

《嘉靖七年高安县来苏邹氏渔民文书》，原件藏于都昌县周溪镇来苏邹氏家族。

《嘉庆年间新建县南山谢万锡等控告余干县东源吴允辉等纠抢乱湖案册》，原件藏于新建县南矶乡朝阳村谢氏家族。

历代方志

（宋）周应合撰《（景定）建康志》，中华书局编辑部编《宋元方志丛刊》第2册，中华书局，1990。

（明）陈策纂修《饶州府志》，明正德六年（1511）刻本。

（明）陈霖纂修《南康府志》，明正德十年（1515）刻本。

（明）杜应芳修，陈士彦等纂《河间府志》，明万历四十三年（1615）刻本。

（明）范涞修，章潢纂《新修南昌府志》，明万历十六年

（1588）刻本。

（明）冯曾修，李汛纂《九江府志》，明嘉靖六年（1527）刻本。

（明）李贤等撰《大明一统志》，三秦出版社，1990。

（明）林庭㭹、周广纂修《江西通志》，《四库全书存目丛书》史部第 182 册，江西省图书馆藏明嘉靖刻本，齐鲁书社，1996。

（明）秦镒修，饶文璧纂《东乡县志》，《天一阁藏明代方志选刊》，据明嘉靖三年（1524）刻本影印，上海古籍出版社，1963。

（明）沈应文等修，张元芳纂《顺天府志》，明万历二十一年（1593）刻本。

（明）王宗沐纂修，陆万垓增修《江西省大志》，明万历二十五年（1597）刻本。

（清）陈兰森、王文涌修，谢启昆等纂《南昌府志》，清乾隆五十四年（1789）刻本。

（清）陈骧修，张琼英等纂《鄱阳县志》，清道光四年（1824）刻本。

（清）陈志培修，王廷鉴等纂《鄱阳县志》，清同治十年（1871）刻本。

（清）狄学耕等修，黄昌藩等纂《都昌县志》，清同治十一年（1872）刻本。

（清）范之焕等修，陈启禧等纂《湖口县志》，《中国方志丛书·华中地方》第 864 号，据清康熙十二年（1673）刊本影印，台北，成文出版社，1989。

（清）郭承缙修，曹河昆等纂《湖口县志》，清乾隆二十一年（1756）刻本。

（清）江璧等修，胡景辰等纂《进贤县志》，清同治十年（1871）刻本。

（清）蓝煦等修，曹徵甲等纂《星子县志》，清同治十年（1871）刻本。

（清）雷学淦修，曹师曾纂《新建县志》，清道光十年（1830）

刻本。

（清）李暕修，洪锡光纂《余干县志》，清道光三年（1823）年刻本。

（清）刘坤一纂修，赵之谦等纂《江西通志》，清光绪七年（1881）刻本。

（清）吕玮等修，胡思藻等纂《余干县志》，清康熙二十三年（1684）刻本。

（清）聂当世修，谢兴成等纂《进贤县志》，清康熙十二年（1673）刻本。

（清）区作霖纂修《余干县志》，清同治十一年（1872）刻本。

（清）邵子彝等修，鲁琪光等纂《建昌府志》，清同治十一年（1872）刻本。

（清）盛元等纂修《南康府志》，清同治十一年（1872）刻本。

（清）王克生修，王用佐等纂《鄱阳县志》，清康熙二十二年（1683）刻本。

（清）谢旻等修，陶成、恽鹤生纂《江西通志》，清雍正十年（1732）刻本。

（清）许应鑅等修，曾作舟等纂《南昌府志》，清同治十二年（1873）刻本。

（清）杨周宪修，赵日冕等纂《新建县志》，清康熙十九年（1680）刻本。

（清）曾王孙修，徐孟深纂《都昌县志》，清康熙三十三年（1694）刻本。

古籍文献

（晋）郭璞：《山海经传》，中华书局，1983。

（唐）杜佑：《通典》，王文锦等点校，中华书局，1988。

（唐）李翱：《李文公集》，上海书店出版社，1989。

（唐）李吉甫：《元和郡县图志》上、下册，贺次君点校，中华书局，1983。

（唐）李泰等著，贺次君辑校《括地志辑校》，中华书局，1980。

（唐）刘长卿：《刘随州集》，上海书店出版社，1989。

（唐）贯休：《禅月集》，台北，台湾商务印书馆，2011。

（唐）贯休著，胡大浚笺注《贯休歌诗系年笺注》上、下册，中华书局，2011。

（唐）张九龄撰，熊飞校注《张九龄集校注》上册，中华书局，2008。

（五代）韦庄：《浣花集》，台北，台湾商务印书馆，2011。

（五代）韦庄著，聂安福笺注《韦庄集笺注》，上海古籍出版社，2002。

（后晋）刘昫等：《旧唐书》，中华书局，1975。

（宋）陈起：《江湖后集》，台北，台湾商务印书馆，1985。

（宋）范成大：《骖鸾录》，中华书局，1985。

（宋）高翥：《菊磵小集》，上海古籍出版社，1987。

（宋）洪迈：《夷坚志》，上海古籍出版社，1995。

（宋）李昉等编《文苑英华》第2册，中华书局，1982。

（宋）李焘：《续资治通鉴长编》，中华书局，1979。

（宋）李心传：《建炎以来朝野杂记》，徐规点校，中华书局，2000。

（宋）欧阳忞：《舆地广记》上、下册，李勇先、王小红校注，四川大学出版社，2003。

（宋）王存：《元丰九域志》上、下册，王文楚、魏崇山点校，中华书局，1984。

（宋）王象之：《舆地纪胜》，李勇先校点，四川大学出版社，2005。

（宋）徐铉撰，吴淑编《骑省集》，台北，台湾商务印书馆，1986。

（宋）晏殊:《晏元献公类要》，国家图书馆出版社，2013。

（宋）杨万里:《诚斋集》，台北，台湾商务印书馆，2011。

（宋）杨时:《龟山集》，上海古籍出版社，1987。

（宋）袁说友:《东塘集》，上海古籍出版社，1987。

（宋）乐史:《太平寰宇记》，王文楚等点校，中华书局，2007。

（宋）赵抃:《赵清献公集》，厦门大学图书馆古籍库藏，明末刻本。

（宋）赵善括:《应斋杂著》，台北，台湾商务印书馆，1975。

《明实录》，台北，中研院历史语言研究所校印本，1962。

（明）陈有年:《陈恭介公文集》，上海古籍出版社，1995。

（明）顾起元:《客座赘语》，谭棣华、陈稼禾点校，中华书局，1987。

（明）赵东阳等撰，申时行等重修《大明会典》，据万历十五年司礼监刊本影印，台北，国风出版社，1963。

（明）宋濂等:《元史》第15册，中华书局，1976。

（明）童冀:《尚絅斋集》，台北，新文丰出版公司，1989。

（明）王圻:《续文献通考》，现代出版社，1986。

（明）王阳明著，吴光等编校《王阳明全集》（新编本）第2、4册，浙江古籍出版社，2011。

（明）熊明遇:《文直行书诗文》，北京出版社，2000。

（明）章潢:《图书编》，上海古籍出版社，1987。

（清）戴槃:《严陵记略》，台北，华文书局股份有限公司，1969。

（清）顾祖禹:《读史方舆纪要》，贺次君、施和金点校，中华书局，2005。

（清）江西按察司衙门刊《西江政要》（一），台中，文听阁图书有限公司，2011。

（清）金友理:《太湖备考》，台南，庄严文化事业有限公司，1996。

（清）凌燽:《西江视臬纪事》，《续修四库全书》第882册，上海古籍出版社，1995。

（清）刘锦藻：《清续文献通考》，商务印书馆，1936。

（清）吴文镕：《吴文节公遗集》，《续修四库全书》第1520册，上海古籍出版社，1995。

（清）许鸿磐：《方舆考证》，济宁，潘氏华鉴阁，1933。

（清）徐松：《宋会要辑稿》第6册，中华书局，1957。

（清）张廷玉等：《明史》，中华书局，1974。

（清）曾王孙：《清风堂文集》，《四库未收书辑刊》第5辑，第29册，北京出版社，2000。

马建石、杨育棠主编《大清律例通考校注》，中国政法大学出版社，1992。

国家图书馆编《明清赋役全书》第1编，国家图书馆出版社，2010。

研究专著

〔美〕埃莉诺·奥斯特罗姆（Elinor Ostrom）：《公共事物的治理之道：集体行动制度的演进》，余逊达等译，上海译文出版社，2012。

〔法〕埃马纽埃尔·勒华拉杜里（Emmanuel Le Roy Ladurie）：《蒙塔尤——1294～1324年奥克西坦尼的一个山村》，许明龙等译，商务印书馆，1997。

〔日〕岸本美绪：《清代中国的物价与经济波动》，刘迪瑞译，社会科学文献出版社，2010。

〔美〕步德茂（Thomas M. Buoye）：《过失杀人、市场与道德经济：18世纪中国财产权的暴力纠纷》，张世明等译，社会科学文献出版社，2008。

陈冠任：《萌动、递嬗与突破：中华民国渔权发展史（1912～1982）》，台北政治大学历史学系，2013。

曹树基:《中国移民史》第 5 卷,福建人民出版社,1997。

陈序经:《疍民的研究》,商务印书馆,1950。

程宇昌:《明清时期鄱阳湖地区民间信仰与社会变迁》,江西人民出版社,2014。

〔法〕费尔南·布罗代尔(Fernand Braudel):《菲利普二世时代的地中海和地中海世界》,唐家龙等译,商务印书馆,1996。

贺喜:《亦神亦祖:粤西南信仰构建的社会史》,三联书店,2011。

胡恒:《皇权不下县?——清代县辖政区与基层社会治理》,北京师范大学出版社,2015。

胡艳红:《江南の水上居民:太湖渔民の信仰生活とその変容》,东京,风响社,2017。

胡英泽:《流动的土地:明清以来黄河小北干流区域社会研究》,北京大学出版社,2012。

〔英〕华德英(Barbara Ward):《从人类学看香港社会:华德英教授论文集》,冯承聪等编译,香港,大学出版印务公司,1985。

华南研究会编《学步与超越:华南研究会论文集》,香港,文化创造出版社,2004。

黄宗智(Philip C. C. Huang):《清代的法律、社会与文化:民法的表达与实践》,上海书店出版社,2001。

黄宗智、尤陈俊主编《从诉讼档案出发:中国的法律、社会与文化》,法律出版社,2009。

江西省科学院、中国科学院南京地理与湖泊研究所和江西省山江湖开发治理委员会办公室主编《鄱阳湖地图集》,科学出版社,1993。

科大卫(David Faure):《皇帝和祖宗:华南的国家与宗族》,卜永坚译,江苏人民出版社,2009。

刘翠溶:《明清时期家族人口与社会经济变迁》,台北,中研院经济研究所,1992。

刘翠溶、伊懋可主编《积渐所至：中国环境史论文集》上册，台北，中研院经济研究所，1995。

刘翠溶编《自然与人为互动：环境史研究的视角》，台北，中研院、联经出版事业股份有限公司，2008。

李士豪、屈若搴：《中国渔业史》，上海书店，1984。

李文治、江太新：《清代漕运》（修订版），社会科学文献出版社，2008。

李玉尚：《海有丰歉：黄渤海的鱼类与环境变迁（1368～1958）》，上海交通大学出版社，2011。

梁方仲：《明代赋役制度》，中华书局，2008 年

梁方仲：《明清赋税与社会经济》，中华书局，2008。

刘志伟：《在国家与社会之间：明清广东地区里甲赋役制度与乡村社会》，中国人民大学出版社，2010。

刘志伟、孙歌：《在历史中寻找中国——关于区域史研究认识论的对话》，东方出版中心，2016。

栾成显：《明代黄册研究》（增订本），中国社会科学出版社，1998。

〔美〕罗伯特·C. 埃里克森：《无需法律的秩序：邻人如何解决纠纷》，苏力译，中国政法大学出版社，2003。

罗尔纲：《绿营兵志》，重庆，商务印书馆，1945。

钱杭：《库域型水利社会研究——萧山湘湖水利集团的兴与衰》，上海人民出版社，2009。

秦树才：《清代云南绿营兵研究：以汛塘为中心》，云南教育出版社，2004。

〔美〕R. 科斯、A. 阿尔钦、D. 诺斯等：《财产权利与制度变迁——产权学派与新制度学派译文集》，三联书店，1991。

沈同芳：《中国渔业历史》，上海小说林活版，1906。

森田明：《清代水利社会史研究》，郑樑生译，台北，"国立编译馆"，1996。

〔日〕寺田浩明：《权利与冤抑：寺田浩明中国法史论集》，王亚新译，清华大学出版社，2012。

唐文基：《明代赋役制度史》，中国社会科学出版社，1991。

王建革：《水乡生态与江南社会（9～20世纪）》，北京大学出版社，2013。

王建革：《传统社会末期华北的生态与社会》，三联书店，2009。

王建革：《农牧生态与传统蒙古社会》，山东人民出版社，2006。

王崧兴：《龟山岛——汉人渔村社会之研究》，台北，中研院民族学研究所，1967。

魏嵩山、肖华忠：《鄱阳湖流域开发探源》，江西教育出版社，1995。

吴佩林：《清代县域民事纠纷与法律秩序考察》，中华书局，2013。

许怀林：《鄱阳湖流域生态环境的历史考察》，江西科学技术出版社，2003。

〔美〕Y. 巴泽尔（Barzel Y. ）：《产权的经济分析》，费方域、段毅才译，上海人民出版社，1997。

〔英〕约翰·洛克（John Locke）：《政府论》下篇，商务印书馆，1996。

尹玲玲：《明清长江中下游渔业经济研究》，齐鲁书社，2004。

〔日〕中村治兵卫：《中国渔业史の研究》，东京，刀水书房，1995。

〔日〕中岛乐章：《明代乡村纠纷与秩序：以徽州文书为中心》，郭万平、高飞译，江苏人民出版社，2010。

中国渔业史编委会编著《中国渔业史》，中国科学技术出版社，1993。

〔美〕詹姆士·斯科特：《逃避统治的艺术：东南亚高地的无政府主义历史》，王晓毅译，三联书店，2016。

张修桂：《中国历史地貌与古地图研究》，社会科学文献出版社，

2006。

〔美〕曾小萍、欧中坦、加德拉编《早期近代中国的契约与产权》，李超等译，浙江大学出版社，2011。

张小也：《官、民与法：明清国家与基层社会》，中华书局，2007。

学术论文

阿风：《明清徽州诉讼文书的分类》，载卞利主编《徽学》第 5 卷，安徽大学出版社，2008。

曹树基：《学位论文的性质、内容与形式》，《社会科学论坛》2005 年第 10 期。

曹树基、李楠、龚启圣：《"残缺产权"之转让：石仓"退契"研究（1728~1949)》，《历史研究》2010 年第 3 期。

曹树基：《传统中国乡村地权变动的一般理论》，《学术月刊》2012 年第 12 期。

陈春声：《走向历史现场》，《读书》2006 年第 9 期。

陈俊华：《元末朱、陈鄱阳湖之战试析》，《台湾师范大学历史学报》第 22 期，1994。

春杨：《清代民间纠纷调解的规则与秩序——以徽州私约为中心的解读》，《山东大学学报》（哲学社会科学版）2008 年第 2 期。

杜洪涛：《金代公共资源问题的一个侧面——以大都大兴府仰山栖隐寺与三家村的"山林"之争为例》，《史学集刊》2014 年第 2 期。

傅衣凌：《〈王阳明集〉中的江西"九姓渔户"——附论江西九姓渔户与宸濠之乱的关系》，《厦门大学学报》1963 年第 1 期。

黄健敏、刘志伟：《流动的边界与凝固的权利：中山崖口村的定居历史与资源控制》，《历史人类学学刊》2011 年第 2 期。

贺喜：《从家屋到宗族？——广东西南地区上岸水上人的社会》，《民俗研究》2010 年第 2 期。

黄应贵：《王崧兴先生的学术研究》，载黄应贵、叶春荣主编《从周边看汉人的社会与文化：王崧兴先生纪念论文集》，台北，中研院民族学研究所，1997。

胡荣明：《民国鄱阳湖区的水利纠纷研究（1928～1948）——以水利纠纷档案为中心的考察》，硕士学位论文，南昌大学，2008。

李伯重：《明清江南肥料需求的数量分析——明清江南肥料问题探讨之一》，《清史研究》1999年第1期。

李敏：《"权势格局"与业权归属：鄱湖湖草洲纠纷的历史考察——以银宝湖黄土湖为中心》，硕士学位论文，南昌大学，2009。

李少南：《明清时期鄱阳湖区的圩田开发与乡村社会》，硕士学位论文，南昌大学，2007。

梁洪生：《捕捞权的争夺："私业"、"官河"与"习惯"——对鄱阳湖区渔民历史文书的解读》，《清华大学学报》（哲学社会科学版）2008年第5期。

鲁西奇：《中古时代滨海地域的"水上人群"》，《历史研究》2015年第3期。

鲁西奇、宋翔：《中古时代滨海地域的"鱼盐之利"与滨海人群的生计》，《华东师范大学学报》（哲学社会科学版）2016年第4期。

罗艳春、周鑫：《走进乡村的制度史研究——刘志伟教授访谈录》，《中国社会历史评论》第14卷，天津古籍出版社，2013。

刘志伟：《明清珠江三角洲地区里甲制中"户"的衍变》，《中山大学学报》1988年第3期。

刘志伟：《清代广东地区图甲制中的"总户"与"子户"》，《中国社会经济史研究》1991年第2期。

刘志伟：《附会、传说与历史真实——珠江三角洲族谱中宗族历史的叙事结构及其意义》，载上海图书馆编《中国谱牒研究——全国谱牒开发与利用学术研讨会论文集》，上海古籍出版社，1999。

片山刚：《清代广东省珠江三角洲的图甲制——税粮、户籍、同族》，载刘俊文主编《日本中青年学者论中国史》（宋元明清卷），上海古籍出版社，1995。

彭凯翔：《清代司法实践中的产权制度：若干评议》，《经济资料译丛》2016 年第 3 期。

彭宁：《晚清中韩渔业纠纷研究》，硕士学位论文，中国社会科学院，2012。

彭适凡：《江西先秦农业考古概述》，《农业考古》1985 年第 2 期。

秦泰毓、黄金平等：《鄱阳湖湖滩草洲资源及其开发利用：湖滩草洲的形成及植物资源》，《江西科学》1987 年第 1 期。

栾成显：《明代户丁考释》，第八届明史国际学术讨论会论文集，1999。

沈云龙访问，陈三井、陈存恭记录《周雍能先生访问记录》，台北，中研院近代史研究所，1984。

苏守德：《鄱阳湖成因与演变的历史论证》，《湖泊科学》1992 年第 4 卷第 1 期。

谭其骧、张修桂：《鄱阳湖演变的历史过程》，《复旦学报》（社会科学版）1982 年第 2 期。

王子今：《海昏侯故事与豫章接纳的移民》，《文史知识》2016 年第 3 期。

吴修安：《唐宋时期鄱阳湖流域的环境变迁与地域社会》，博士学位论文，台湾大学，2016。

吴赘：《"农进渔退"：明清以来鄱阳湖区经济、生态与社会变迁的历史内涵》，《江西师范大学学报》（哲学社会科学版）2013 年第 2 期。

吴赘：《民国以来鄱阳湖渔业与地方社会——以余干县瑞洪为中心》，硕士学位论文，江西师范大学，2009。

万振凡、周声柱：《清以来鄱阳湖区民间纠纷处理的历史惯性——以都昌、鄱阳两县为中心》，《南昌大学学报》（人文社会科学版）2011 年第 1 期。

徐斌：《明清湖池水域所有制研究——以两湖地区为中心》，《中国社会经济史研究》2006 年第 1 期。

徐斌：《明代河泊所的变迁与渔户管理——以湖广地区为中心》，《江汉论坛》2008 年第 12 期。

徐斌：《明清河泊所赤历册研究——以湖北地区为中心》，《中国农史》2011 年第 2 期。

徐斌：《清代水域上的征课体系、产权与湖区社会——以湖北大冶河泾湖册为中心》，《历史人类学学刊》第 14 卷第 1 期，2016 年 4 月。

徐斌：《以水为本位：对"土地史观"的反思与"新水域史"的提出》，《武汉大学学报》（人文科学版）2017 年第 1 期。

萧凤霞、刘志伟：《宗族、市场、盗寇与蜑民——明以后珠江三角洲的族群与社会》，《中国社会经济史研究》2004 年第 3 期。

许怀林：《宋元以前鄱阳湖地区经济发展优势的探讨》，《江西师范大学学报》（哲学社会科学版）1986 年第 3 期。

许怀林：《明清鄱阳湖区的圩堤围垦事业》，《农业考古》1990 年第 1 期。

许怀林：《江西历史上经济开发与生态环境的互动》，《农业考古》2000 年第 3 期。

尤陈俊：《司法档案研究不能以偏概全》，《中国社会科学报》2015 年 1 月 19 日。

俞江：《契约与合同之辨：以清代契约文书为出发点》，《中国社会科学》2003 年第 6 期。

杨培娜：《明代中后期渔课征纳制度变革与闽粤海界圈占》，《学术研究》2012 年第 9 期。

张朝阳：《公众权益与 17～18 世纪江南官河、官湖纠纷》，《中国农史》2016 年第 3 期。

张朝阳、曹树基：《法律与市场：乾嘉时期鄱阳湖区"曹杨讼案"研究》，《清史研究》2017 年第 1 期。

张佩国：《民间法秩序的法律人类学解读》，《开放时代》2008 年第 2 期。

张小也：《明清时期区域社会中的民事法秩序——以湖北汉川汈汊黄氏的〈湖案〉为中心》，《中国社会科学》2005 年第 6 期。

赵世瑜：《分水之争：公共资源与乡土社会的权力和象征——以明清山西汾水流域的若干案例为中心》，《中国社会科学》2005 年第 2 期。

赵思渊：《屏盗之迹、拯民之恫：明清苏州地区的巡检司》，《中国社会历史评论》第 11 卷，天津古籍出版社，2010。

朱海虹、苏守德等：《鄱阳湖的成因、演变及其三角洲沉积》，《中国科学院南京地理研究所集刊》第 1 号，科学出版社，1983。

朱祖德：《唐五代江西地区的经济发展》，《淡江史学》第 19 期，2008。

庄华峰：《古代江南地区圩田开发及其对生态环境的影响》，《中国历史地理论丛》2005 年第 3 期。

官方档案

都昌县档案馆：D004 - 7 - 00017。

都昌县档案馆：SC - 1 - 1953 - 3。

都昌县档案馆：SC - 1 - 1954 - 5。

都昌县渔政局：19 - 1 - 4。

江西省档案馆：X097 - 1 - 116。

江西省档案馆：X100 - 1 - 149。

江西省档案馆：X106 - 1 - 240。

江西省档案馆：X035 - 2 - 692。

江西省档案馆：X035 - 2 - 798。

中国第一历史档案馆：02 - 01 - 07 - 04727 - 005。

中国第一历史档案馆：02 - 01 - 07 - 05563 - 001。

中国第一历史档案馆：02 - 01 - 07 - 07371 - 021。

中国第一历史档案馆：04 - 01 - 01 - 0212 - 041。

中国第一历史档案馆：04 - 01 - 27 - 0014 - 018。

民间谱牒

都昌邹家咀村《邹氏大成宗谱》，清康熙末期。

都昌邹家咀村《邹氏宗谱》，1926。

都昌沙塘《曹氏大成宗谱》，清雍正庚戌（1730）年刻本。

都昌沙塘《曹氏宗谱》，清道光五年（1825）刻本。

都昌沙塘《曹氏沙塘宗谱》，1989。

都昌沙塘《曹氏沙塘宗谱》，2009。

泾县《泾川朱氏宗谱》，清乾隆三十年（1765）刻本。

鄱阳莲湖《朱氏宗谱》，1938。

鄱阳莲湖《朱氏宗谱》，2003。

鄱阳长山《杨氏宗谱》，1937。

余干康山《袁氏族谱》，2005。

中华邹氏高安族谱编纂委员会编《中华邹氏高安族谱》第 1 卷，
2008。

报刊

《经济旬刊》1935 年第 2 期。

《江苏省政府公报》1930 年第 469 期。

《江西官报》1904 年第 19 期。

《江西省政府公报》1931 年第 4 期、第 10 期。

《水产月刊》1936 年第 7、9 期，1937 年第 4 期。

外文文献

Arthur F. Mcevoy, *The Fisherman's Problem*：*Ecology and Law in the California Fisheries, 1850 – 1980*, Cambridge：Cambridge University Press,

1986.

David. Faure, *The Structure of Chinese Rural Society: Lineage and Village in the Eastern New Territories*, Hong Kong. Hong Kong: Oxford University Press, 1986.

Karen Ferguson, "Indian Fishing Rights: Aftermath of the Fox Decision and the Year 2000," *American Indian Law Review*, Vol. 23, No. 1, 1998/1999.

Michael Mylonas-Widdall, "Aboriginal Fishing Rights in New Zealand," *The International and Comparative Law Quarterly*, Vol. 37, No. 2, 1988.

Micah S. Muscolino, *Fishing Wars and Environmental Change in Late Imperial and Modern China*, Cambridge: Harvard University Asia Center, 2009.

Richard A. Epstein, "Past and Future: The Temporal Dimension In The Law of Property," *Washington University Law Quarterly*, 1986, Vol. 64.

Thomas W. Merrill, "Introduction. (Symposium: Time, Property Rights, and the Common Law)," *Washington University Law Quarterly*, 1986, Vol. 64.

Xi He and David Faure, *The Fisher Folk of Late Imperial and Modern China: An Historical Anthropology of Boat-and-Shed Living*. Oxon and New York: Routledge Press, 2016.

其他资料

冯孔茂、易志刚等编《都昌县行政区域界线资料汇编》，内部资料，2002。

江西省都昌县地名办公室编印《江西省都昌县地名志》，内部资料，1986。

江西省波阳县地名办公室编《江西省波阳县地名志》，波阳报社印刷厂，1985。

江西省余干县地名办公室编印《江西省余干县地名志》，内部资料，1985。

康山忠臣庙文物保护领导小组：《康山忠臣庙史话》，内部编印，2011。

《鄱阳湖研究》编委会编《鄱阳湖自然和社会经济历史资料选》，江西科学技术出版社，1985。

王育泉、周茂德：《鄱阳湖主要经济鱼类越冬场调查报告》，江西省鄱阳湖管理局、江西省科学院生物资源研究所内部资料，1986。

尹宗贤、张俊才：《鄱阳湖水文特征》，江西省水利学会、鄱阳湖水文气象试验站内部资料，1982。

索 引

219，224，227，228，232，233，
236，237，245，247，252，254，
272，297，307，308，310，311，
316

弛禁　155～160，182

船户　19，35，96，117，125，132，
135，163，186，187，192，197，
199～208，216，308

D

大差　13，171，172，175～177，
183，308

大洪流水　107，259，260，266～
269，314

担石湖　18，49～53，55，56，58，
65，66，301

东湖　53，54，231，254，255，257，
258，276，277，282，285，288，
296～298

东源　237，254～259，262～264，
277，290～292，296，297

都昌县　5，46，49，53，55，56，
65，69～71，75，77～79，87～
90，92，94，98，104～106，108，
110～113，115～118，120，121，
123，124，126，131，132，134，
135，137，139，141，145，150，
151，156，160，161，163，166～
169，173，174，176～179，191，
209，211，214，218～221，232，

233，247，251，259，265，266，
268，270，287，293，297，304

都昌县渔米课册　79，87～90，104，
105，108，110～113，120，121，
124，126，132，134，137，139，
145，151，156，160，163，168，
176，219，247，265

都昌县原额通共课米册　105，112，
156，160，161，166，169，232

杜卖　36，92，174，223～225，229～
232，235，236，241，309

F

范涞　61，62，121，123，129～131，
147，156～160，166，172，245，
246，249

浮办　95～99，101，106，116，130，
159，165，166，219，245～247，
249，250

G

港口　69，156，166，199，200

高安县　94，95，98，99，105，106，
115～118，169，218，220，233，
246，247，251，267

隔属　37，272，275，282，289，
290，293～295，298，299，313

公共池塘资源　3，7，25，26，317，
318

后　记

　　这本小书是在我博士学位论文的基础上修改而成的。2012 年 3 月，我从上海交通大学历史系硕士毕业，并于同年 9 月入科学史与科学文化研究院攻读博士学位。在硕士阶段我主要从事中国当代史的研究，博士阶段则转入明清中国史的学习。这种转变本身对我而言充满了挑战，意味着要重新进入一个相对陌生的领域。2015 年 6 月，我在匆忙之中"写完"了这篇博士学位论文。当时我深知，这篇论文的"完成"只不过是对这一学习过程的初步交代，接下来还有很多的文献需要阅读，也有大量新的问题需要解决，心情并没有一种"结束"式的轻松。在博士学位论文完成答辩程序之后，曹树基老师鼓励我申请香港中文大学历史系科大卫（David Faure）教授的博士后，于是我鼓起勇气给科老师写了一封邮件，向他说明自己的基本情况以及申请博士后的意向，有幸得到他和贺喜教授的积极回应和支持。在香港两年的博士后研究中，我对博士学位论文进行了系统的修改，形成了这本小书的雏形。

　　在这本小书即将出版之际，回顾自己的学术成长之路，一直有着诸多师友的帮助和关心，激励着我向前迈步。首先要感谢我的导师曹树基教授，是他把我引领到学术"世界"，让我找到学术研究的乐趣。自 2009 年 6 月开始，我在上海交通大学整整跟随曹老师学习了六年。犹记得我刚开始写学术论文时，曹老师一稿六改，从提问、字句、注释及论证等方面批满了意见。那时，我有幸时常跟随老师出差在外寻找档案资料，白天在外工作，晚上在宾馆他就坐在旁边指导我一字一句地修改论文。这种训练和指导让我能比较快速掌握学术论文的写作规范和分析路径。本书的选题缘起于我们在鄱阳湖地区查阅资料时的发现，在整个资料搜集和论文写作过程中，又无不凝聚着老师的心血。曹老师曾多次亲自陪我下乡调查，有时还要充当我的"司机"，酷暑寒冬，舟车劳顿，辛苦之极。每当我写完一个章节，都会第一时间将初稿发给曹老师审读，而他每次都能及时地给予回复，并一针见血地指出该文存在的问题和不足，提出下一步的修改意见。尽管曹老师对学术研究有着非常严苛的要求，但他直率、大度和宽容的性格，以及提倡学术合作和资料共享的学术态度，也对我影响极大。

在本书的资料搜集过程中，有许多的机构和朋友提供过热情的帮助。我要感谢江西省档案馆、都昌县档案馆、都昌县渔政局、南昌县档案馆和余干县档案馆给我查阅资料提供的便利，以及档案馆工作人员给予我热情和友好的帮助。此外，原江西省委宣传部陈东有副部长一直对我们在江西的研究工作给予了极大的支持，提供了诸多的便利。已退休的永修县渔政局局长王旺春先生对我们在都昌县的田野调查给予了很大的帮助，陪同我们跑了很多沿湖的村庄，并给我们详细介绍湖区的历史情况，对本文的写作有诸多的启发。余干县委宣传部艾向荣先生、都昌县委宣传部汪国山先生以及鄱阳县旅游局舒凯东先生都曾对我们在当地的调查工作给予过热心的帮助。余干县康山乡袁景柜、洪占强、王旺凡、王茂平等先生，都昌县西源乡礐上村曹正宽、曹元建、曹小华等先生，北山乡邹家咀村邹圣生、邹可球先生，以及鄱阳县莲湖乡的陈炳金、朱凑早等先生，对于我们的资料搜集工作都给予了很大的帮助，没有他们的支持我们难以获得大批的资料。在此一并向他们致以诚挚的谢意。

在交通大学度过的六年里，历史系的李玉尚老师、潘星辉老师、章毅老师、张志云老师、王媛老师和洪纬老师都在学习上和生活上给予过我很多的帮助。其中潘星辉老师阅读了本书的大部分章节，在指正了诸多的文字、标点错误之外，还给予了许多富有启发性的修改建议。章毅老师、张志云老师和洪纬老师也阅读了本书的个别章节，并给予过宝贵的写作意见。此外，蒋勤老师、赵思渊老师既是我的老师，又是学习、生活上的朋友，不仅给予我学术上的诸多指教，还帮我分担了系里许多其他的日常事务，让我得以有更多的时间投入本书的写作。科学史系江晓原老师、关增建老师和纪志刚老师的课程，不仅使我受到科学史的训练，而且还给予我学识上的启迪，开阔了我的研究视野，使我从中受益匪浅。黄庆桥、徐国良、汪雨申等老师也在学业和生活上给予过我诸多的关心和帮助。

在我需要绘制地图的时候，我多次找到王涛学长请教，他总会耐心给我以帮助。由于在家中无法使用校园网，下载期刊论文总有诸多的不便，每当需要我都会向师妹娄敏寻求帮助，她总能及时给我发来需要的资料。江伟涛学长阅读了本书的部分章节，并给了我许多中肯的修改意见。本书的部分章节还参加过许多的学术会议，得到过许多同行前辈学者的宝贵建议，如武汉大学徐斌教授、社科院近代史所的李晓龙博士、内蒙古大学的田宓博士、北京大学历史系申斌博士和浙江师范大学李义琼博士等。我还多次劳烦凯里学院的吴才茂兄帮我核对地方志的页码。江西省委党校的曾辉兄曾多次陪我一起下乡调研，帮忙联系地方上的朋友。承蒙吴佩林教授赐读大作，让我有机会学习到清代县域民事纠纷与法律秩序的诸多知识。

在论文的预答辩中，陈业新、董煜宇等老师给了我许多有益的修改意见。在正式的答辩中，安介生教授、林拓教授、冯筱才教授、钮卫星教授和李玉尚教授认真阅读了本书的各个章节，指出了文中存在的诸多错误，并提出了许多中肯且富有启发性的建议。这些建议对于本书的修改和完善，以及我后续的研究都有很大的启发和帮助。在后续的修改中，加州大学洛杉矶分校王国斌（R. Bin Wong）教授在来访香港时专门抽出宝贵的半天时间，与我讨论书稿的进展与修改。澳门大学杨斌教授在百忙中认真阅读了书稿，不仅指出了文中还存在的字句及用词错误，还提出了进一步修改的中肯建议。在此一并致谢。

在香港中文大学历史系从事博士后研究的两年，特别感谢科大卫教授的支持和宽容，让我有充足的时间从事研究工作，并有幸加入项目团队。在冯景禧楼的 221 办公室，不仅可以聆听到每周四下午的学术讲座，以及各类读书会、研讨会，还可以时常吃到贺喜老师亲自烘焙的蛋糕。我也时常跑到隔壁连瑞枝教授的办公室，向她请教各类研究中的困惑，有时一聊起来就耽误她一下午时间。我也特别怀念与曹树基、赵世瑜、吴佩林、徐斌、姚继德、马健雄、杜正贞、连瑞枝、胡克诚、陈瑶等师友一起做饭、爬山和打球的日子，让一直沉浸在故纸堆的我可以享受到轻松的生活时光。还要感谢卜永坚、张瑞威、贺喜等"地主"时常组织饭局，让我在吃腻了中大食堂饭菜之余可以享受到美食。在港期间，陈文妍、凌滟、李维谊、王永曦、黄壮钊、任雅萱、刘怡辰等兄弟姐妹们时常给我以帮助和鼓励，与他（她）们在一起工作的日子总是充满欢乐，我至今怀念。

本书的资料搜集工作得到曹树基教授主持的"徽州与浙南地区契约文书的收集与整理"（TS0120409001）项目的支持。《鄱阳湖区文书》（全十册）的整理与出版则得到了 2013 年国家古籍整理出版资助项目的资助。本书的修改得到科大卫教授主持的香港特别行政区大学教育资助委员会卓越学科领域计划（第五轮）"中国社会的历史人类学"（AoE/H‑01/08）的资助。本书的出版得到广东省东方历史研究基金会的资助，感谢匿名审稿专家对申请书稿提出的宝贵修改建议。此外，本书的部分章节曾先后发表于《清史研究》、《历史人类学学刊》、《新史学》（台湾）、《近代史研究》等杂志，感谢各刊编辑部及匿名审稿专家提出的宝贵意见，促使我对本书的相关内容进行了进一步的修改和完善。社科文献出版社的宋荣欣女士以及宋超先生为书稿的进一步完善付出了大量时间和精力，特此表示感谢。

在这些年里，除了这本小书的写作和修改之外，我的人生也发生了两个重要的变化。2012 年，我与硕士班同学凤飞结婚，2013 年我们的小孩 Leo 来到这个世界，在带给我们责任和压力的同时，也给这个家增添了许多的欢乐。我要特别感谢妻子这些年的陪伴和包容，她在繁忙的工作之余，还要悉心照顾孩子和家庭，给我提供了一个安心做学问的条件。在我决定去香港从事博士后研究之后，她不得不辞去上海的工作，跟我移居到香港，成为一个全职的家庭主妇。她为这个家牺牲很大，而我在学术研究的路上则亏欠她和小孩越来越多。此外，还要特别感谢双方的父母，没有他们的理解和帮助，我也难以安心从事研究和写作。自小孩出生以来，母亲长期在上海帮忙照顾，远离父亲和家乡，给我们很大的支持。岳母在关键时刻也帮我们悉心照看了小孩，对他呵护有加，为我们分忧解难。除了在"前线"支持我们的父母，还有很多的亲朋好友给予我鼓励和关心，在此一并感谢。

一切都是最好的安排，感谢那些给过我批评意见和帮助的人，没有他们就没有今天的我。学术没有终点，"完成"这本小书，不意味着研究的结束，而是一个新征程的开始。

图书在版编目（CIP）数据

资源、产权与秩序：明清鄱阳湖区的渔课制度与水
域社会 / 刘诗古著. -- 北京：社会科学文献出版社，
2018.11

（东方历史学术文库）

ISBN 978 - 7 - 5201 - 3194 - 0

Ⅰ.①资…　Ⅱ.①刘…　Ⅲ.①捕捞 - 渔业管理 - 史料
- 中国 - 明清时代　Ⅳ.①F326.40

中国版本图书馆 CIP 数据核字（2018）第 174333 号

· 东方历史学术文库 ·

资源、产权与秩序：明清鄱阳湖区的渔课制度与水域社会

著　　者 / 刘诗古

出 版 人 / 谢寿光
项目统筹 / 宋荣欣
责任编辑 / 宋　超

出　　版 / 社会科学文献出版社 · 近代史编辑室（010）59367256
　　　　　　地址：北京市北三环中路甲 29 号院华龙大厦　邮编：100029
　　　　　　网址：www. ssap. com. cn
发　　行 / 市场营销中心（010）59367081　59367083
印　　装 / 三河市龙林印务有限公司

规　　格 / 开　本：787mm × 1092mm　1/16
　　　　　　印　张：26　字　数：358 千字
版　　次 / 2018 年 11 月第 1 版　2018 年 11 月第 1 次印刷
书　　号 / ISBN 978 - 7 - 5201 - 3194 - 0
定　　价 / 115.00 元

本书如有印装质量问题，请与读者服务中心（010 - 59367028）联系